高等教育“十三五”规划教材
立信会计专业系列
总主编　张世体

U0958398

审计实务

主　编◎张世体　董国庆
副主编◎陈　明　刘慧丽

立信会计出版社
LIXIN ACCOUNTING PUBLISHING HOUSE

图书在版编目(CIP)数据

审计实务 / 张世体主编. —上海：立信会计出版社，2020.6(2021.12 重印)

高等教育“十三五”规划教材. 立信会计专业系列

ISBN 978-7-5429-6521-9

Ⅰ. ①审… Ⅱ. ①张… Ⅲ. ①审计学—高等学校—教材 Ⅳ. ①F239.0

中国版本图书馆 CIP 数据核字(2020)第 095097 号

策划编辑 陈 旻
责任编辑 陈 旻
封面设计 南房间

审计实务

SHENJI SHIWU

出版发行	立信会计出版社		
地　　址	上海市中山西路 2230 号	邮政编码	200235
电　　话	(021)64411389	传　　真	(021)64411325
网　　址	www.lixinaph.com	电子邮箱	lixinaph2019@126.com
网上书店	http://lixin.jd.com		http://lxkjcbs.tmall.com
经　　销	各地新华书店		

印　　刷	江阴金马印刷有限公司	
开　　本	787 毫米×1092 毫米	1/16
印　　张	17.75	
字　　数	466 千字	
版　　次	2020 年 6 月第 1 版	
印　　次	2021 年 12 月第 2 次	
印　　数	2 101—3 200	
书　　号	ISBN 978-7-5429-6521-9/F	
定　　价	42.00 元	

总 序

当今世界，科学技术突飞猛进，知识经济已见端倪，国际竞争日趋激烈。教育在综合国力的形成中处于基础地位，国力的强弱越来越取决于劳动者的素质，取决于各类人才的质量和数量，这对于培养和造就我国21世纪的一代新人提出了更加迫切的要求。新时代新形势，改革开放和现代化建设，要求我们抓住机遇、超前布局，以更高远的历史站位、更宽广的国际视野、更深邃的战略眼光，对加快推进教育现代化、建设教育强国作出总体部署和战略设计。要在增强学生综合素质上下功夫，教育引导学生，培养综合能力和创新思维。

作为高等教育体系中的一个重要组成部分，高等职业教育近几年来进入了高速发展时期，其中财经专业学生占有相当大的比例。围绕培养财经专业高技能人才这个根本目标，加强财经专业的教材建设是实现教学计划，达到培养目标的重要保证，是加强教学管理、提高教学质量的重要措施，是深化教学改革，提高人才培养质量的根本途径。教材建设重在提高质量，培育特色。

经过多方努力，高等教育"十三五"规划教材，立信会计专业系列教材已正式出版发行。这是十几所院校几十位既具有扎实的理论基础，又具有丰富的实践经验的"双师型"教师倾注了大量的人力、物力和财力共同努力的结果。

本系列教材在编写上充分体现了培养高素质应用型、技能型人才的教育理念，在注重培养学生掌握基本理论知识和基本技能的同时，还能够帮助学生顺利获得相应的专业技能等级证书，加快学生由学习型向实践型角色转换的速度。同时为学生未来走向工作岗位奠定认识和能力基础。

本系列教材在力争正确阐述会计专业学科的科学理论和概念的同时，还注意理论联系实际，以案例阐述理论；符合认知规律，富有启发性，便于学生自主学习，所选理论教学内容完全可以满足学生未来从事会计工作所需的最基本、最常用的理论知识；能完整地表达本课程既应包含学生未来职业活动所需的最基本、最常用的理论知识，同时也包括学生未来可持续性发展所必须深化和拓展的知识；让学生能自然地做到由基础理论到专业基础理论、由专业课到实践课的从容转换；正文、训练与实务操作齐全且著录准确；符合人才培养目标及本课程教学的要求，所选会计理论内容的广度和深度能够满足实践教学和未来从事会计岗位工作的需要。

本系列教材在编写中，力求做到理论与实际相结合，既保持理论体系的系统性和方法的科学性，更注重教材的实用性和针对性。每本教材的编写，注意吸收国内外优秀教材的成果，教材力求深入浅出，突出重点和通俗易懂。在广泛调查研究的基础上，经过多所高等职业院校一批有着丰富教学和实践经验的专家学者的论证和推荐，优化选题，优选编者。

与已出版的同类教材比较，本系列教材突出的特点如下：

(1) 理论够用。理论上，突出会计专业基本理论与核算方法阐释，强调实践业务的处理。

(2) 学做一体。在设计上按照能力点出现的先后顺序编排内容，在语言上力求精炼、简洁，尽量避免高深化、学术化的表达方式，让学生易懂、易做，增强学生在学习过程中的感性认识，提高教学效果；改变"先理论，后实践"的时间分板块模式，体现"从理论，到实践，再应用"的结构特点，使理实相融，更接近人们的认知规律。

(3) 知识定位。在编写过程中均按照"以具体化工作内容的需要确定目标、选取单元内容、设定学习知识要点"的思路，搭建"是什么、为什么、做什么、怎样做"的框架，以"是什么"和"为什么"为教学核心内容，来教会学生"做什么"和"怎样做"，真正体现了"以教师为引导，学生为主体，循序渐进地提高学生职业技能"的教学培养目标。

(4) 结合实践。本系列教材不但介绍了会计专业的基本概念、基本原理和经常性业务的处理方法，还相应添加了会计工作的扩展知识和最新的案例，增强了教材的实用性。

值此出版之际，我们谨向所有支持本套教材出版的各校领导和参编老师表示诚挚的谢意。感谢立信会计出版社陈旻女士对本套教材的热情帮助。

本系列10本教材出版后，我们将继续努力，在现有基础上不断修订、锤炼，同时，我们也热忱欢迎各使用院校对本系列教材提出宝贵的意见和建议，力争经过二三年的努力，使本系列教材成为国家级精品教材。

张世体

2020年5月

前　言

《审计实务》一书作为高等教育会计专业核心课程教材，主要针对高等教育财务会计和经济管理类相关专业的学生。全书贯穿“理论实践一体、突出技能培养”这一指导思想，保证了教材的实用性和可操作性。

本书以注册会计师审计的基本理论、基本程序和基本方法为主线，兼顾政府审计和内部审计的相关内容。在编写过程中，注重吸收、借鉴国内外审计理论的新成果和实践工作的经验，突出教材的通用性、可读性和实践性。

本书能正确阐述审计学的科学理论和概念，注意理论联系实际，以案例阐述理论，对实践具有指导作用；符合认知规律，富有启发性，便于学生自主学习，所选审计理论教学内容完全可以满足学生未来从事会计工作所需的最基本、最常用的理论知识；能完整地表达本课程既包含学生未来职业活动所需的最基本、最常用的理论知识，同时，也包括学生未来可持续性发展所必须深化和拓展的知识；导学目标、导学案例、知识要点、单元测试、实务训练和参考答案等齐全；符合人才培养目标及本课程教学的要求，所选审计理论内容的广度和深度能够满足学生实践教学和未来从事会计岗位工作的需要。

本书由张世体（第一至第五单元）和董国庆（第六至第八单元）任主编，陈明（第九和第十单元）和刘慧丽（第十一和第十二单元）任副主编，刘正（第十三单元）和荣映菡（第十四单元）参加了编写。全书由张世体教授负责总纂定稿。

由于时间仓促，加之水平有限，书中内容编排和语言表达存在疏漏之处，恳请读者和同行批评指正。

编　者

2020 年 6 月

目　录

第一单元　导　论

导学目标

通过本单元课程教学，学生应该了解审计的产生和发展；掌握审计的概念和分类；熟悉我国审计的监督体系及其关系；理解审计的基本方法。

导学案例

南海公司审计案例

——世界上第一份民间审计报告的诞生

17 世纪末到 18 世纪初，英国正处于经济高速发展时期。长期的经济繁荣使得私人资本不断集聚，社会储蓄不断膨胀，投机机会却相对不足，大量暂时闲置的资金有待寻找出路，而当时股票的发行量极少，拥有股票还是一种特权。在这种背景下，1711 年南海公司成立。

1719 年，英国政府允许中奖债券总额的 70%即约 1 000 万英镑，可与南海公司的股票进行转换。为了促使债券转换，公司的董事们开始对外散布所谓的利好消息，即南海公司在年底将实现大量的利润，并煞有其事地预计在 1720 年的圣诞节，公司可能要按照面值的 60%支付股利。这一消息的宣布，促进了债券转换，进而带动了股价上升。次年，南海公司承诺接收全部国债，作为交易条件，政府逐年向公司偿还。为了刺激股票的发行，南海公司允许投资者以分期付款的方式购买新股票。当英国下议院通过接受南海公司交易的议案后，南海公司的股票立即从每股 129 英镑跳升到 160 英镑；而当上议院也通过议案时，股票价格又涨到每股 390 英镑。投资者趋之若鹜，其中包括半数以上的参议员，就连国王也禁不住诱惑，认购了 10 万英镑的股票。由于购买踊跃，股票供不应求，因而价格狂飙，到 7 月，每股又狂飙到 1 000 英镑以上，半年涨幅高达 700%。然而，公司的真实业绩与人们期待的投资回报相去甚远，公司泡沫随时都可以破灭。

1720 年 6 月，为了制止各类“泡沫公司”的膨胀，英国国会通过了《泡沫法案》，即《取缔投机行为和诈骗团体法》，自此许多公司被解散，公众开始清醒，对一些公司的怀疑逐渐扩展到南海公司。从 7 月份起，南海股价一落千丈，12 月份更跌至每股 124 英镑，南海泡沫由此破灭。

1720 年 9 月，英国议会组织了一个由 13 人参加的特别委员会，对“南海公司事件”进行秘密查证，在调查过程中，该委员会发现该公司的会计记录严重失实，于是，特邀了一位名叫查尔斯·斯奈尔(Charls Snell)的资深会计师对南海公司的会计账目进行审计,结果发现该公司存在舞弊行为和会计记录严重不实等问题。当年年底,政府对南海公司的资产进行清理,发现其实际资产所剩无几,查尔斯·斯奈尔以"会计师"名义提出了"查账报告书",从而宣告了独立会计师——注册会计师的诞生。

资料来源:根据网上资料整理。

思考:

1. 你认为注册会计师的主要工作是什么?
2. 注册会计师与会计师有何区别和联系?

第一讲 审计的定义

【知识要点】

审计是由独立的专门机构或人员接受委托或根据授权,依法对国家行政机关和企事业单位及其他经济组织的财务收支及其有关的经济管理活动,进行审查并发表意见。以上对审计的定义概括了审计的主体、依据、对象、目的和性质等方面的内容。

一、审计的主体

审计的主体是审计的专门机构或人员,即审计监督的执行者。按照我国发布的有关审计的法律、法规和条例规定,审计的主体包括国家审计机构和人员(国家审计)、内部审计机构和人员(内部审计)及社会审计机构和人员(民间审计)。他们根据审计委托者或授权者的委托,对被审计单位财务报表和其他资料及其所反映的经济活动进行审查并发表意见。

二、审计的依据

审计的依据是对查明的事实进行评价和判断,据以提出审计意见、作出审计结论的客观标准。按照审计依据的性质和内容分类,审计依据可以分为四大类:

(1) 国家颁布的法律、法规和各项方针、政策,如《宪法》《民法》《会计法》和《审计法》等。

(2) 中央各部委、地方行政主管部门制定的规章制度,如《企业会计准则》和《企业会计制度》等。

(3) 国家、地方各级政府和企事业单位编制的预算、计划,签订的经济合同等。

(4) 国家、中央各部委、地方各级政府和企事业单位制定的业务规范和技术经济指标等。

三、审计的对象

审计的对象是与审计主体相联系的审计客体。审计是以他人所作的会计记录和财务事项作为对象的。自己审查自己所作的会计记录、财政收支和财务收支不能称为审计。因此,审计的对象是被审计单位的财务收支及其有关的经济管理活动。由于审计主体不同,其审计对象也略有不同。

四、审计的目的

审计的目的是指通过审计所要达到的目标和要求。即对被审计单位的财务报表及相关资料的合法性和公允性发表审计意见,如审查会计核算资料的正确性和真实性;贯彻国家有关政策、法规和维护财经纪律的情况;完成国家预算和经济计划的情况;关注和揭示经济领域中的贪污、舞弊和违法乱纪行为等方面。

五、审计的性质

独立性是审计的重要特征,也是审计的精髓。审计人员在实施审计过程中要做到客观、公正和实事求是,必须保持独立性。独立性是审计的本质属性,正是因为如此,审计工作才深受社会各界人士的重视,赢得社会的信任。

所谓独立性,就是秉公、按原则办事。审计人员在执行审计业务、出具审计报告时应当在形式上和实质上独立于委托单位和其他机构,不受外力的干扰和影响。具体地说,独立性包含四方面的内容:

(1) 机构独立,即审计机构独立于被审计单位,与被审计单位没有组织上的隶属关系。审计机构要依据国家的法律规定,独立行使审计监督权,在审计过程中不受任何部门、团体和个人的干涉。

(2) 人员独立,即审计人员应当独立于被审计单位,与被审计单位之间没有任何利害关系,这是保证审计工作客观和公正的前提。《中华人民共和国审计法》第十三条明确规定:"审计人员办理审计事项,与被审计单位或者审计事项有利害关系的应当回避。"

(3) 经济独立,即审计机构从事审计业务活动需要的经费,应当有合法的来源和法律保证,不受被审计单位的牵制。《审计法》第十一条明确规定:"审计机关履行职责所必需的经费,应当列入财政预算,由本级人民政府予以保证。"这一规定,体现了国家对审计事业的重视和支持,也是独立行使监督权的保证。民间审计组织实行有偿服务,依据国家规定的计费标准计算审计费用,作为经济来源,保证其生存和发展的需要。

(4) 工作独立,即审计人员在实施审计工作的过程中,应当依法独立行使审计监督权,作出审计判断,表达审计意见,提出审计报告。

审计经过不断的完善和发展,到今天已经形成一套比较完备的科学体系。人们对审计的概念也进行了深入的研究,最具代表性的是美国会计学会(AAA)在颁布的《基本审计概念说明》的公告中,把审计概念描述为:"为确定关于经济行为及经济现象的结论和所制定的标准之间的一致程度,而对与这种结论有关的证据进行客观收集、评定,并将结果传达给利害关系人的有系统的过程。"

注册会计师审计作为审计的一种类型,其内涵具有特殊性。因此,国内外许多会计职业组织都对注册会计师审计概念下了定义,其中,影响较大的是国际会计师联合会(IFAC)和美国注册会计师协会(AICPA)的定义。

IFAC下设的国际审计与鉴证准则理事会(IAASB)将注册会计师审计概念描述为:"财务报表审计的目标是,使审计师(有时也指其所在的会计师事务所,下同)能够对财务报表是否在所有重要方面按照确定的财务报告框架编制发表意见。"

AICPA在《审计准则说明书》第1号中,对审计概念的描述为:"独立审计师对财务报表审计的目标是,对财务报表是否按照公认会计原则在所有重大方面公允地反映财务状况、经营成果和现金流量发表意见。"

《中国注册会计师审计准则第1101号——财务报表审计的目标和一般原则》对审计概念的描述为:"财务报表审计的目标是注册会计师通过执行审计工作,对财务报表的下列方面发表审计意见：①财务报表是否按照适用的会计准则和相关会计制度的规定编制。②财务报表是否在所有重大方面公允反映被审计单位的财务状况、经营成果和现金流量。”

第二讲　审计的产生与发展

【知识要点】

审计是基于经济监督的需要而产生和发展的。随着社会经济的发展，管理者内部出现多层次的经营管理分权体制，财产所有权与经营权发生分离，形成了受托经济责任关系。为了维系受托经济责任关系，需要进行经济监督，于是，审计应运而生。由于世界各国的历史进程不同，审计的发展也不完全相同，下面就我国和外国的审计史分别按审计主体作简要介绍。

一、政府（官厅）审计的产生与发展

政府审计是指由政府审计机关执行的审计，又称国家审计。政府审计的主要职能就是经济监督，其主要对象就是国家的财政收支，即封建时期的王室财产、资本主义时期的政府收支和社会主义时期的国有财产。审计作为一种经济监督手段，其产生与发展的根本原因在于财产所有权与经营管理权的分离。

原始社会末期，当社会生产力发展到一定水平，私有制出现之后，少数人可以脱离体力劳动，单凭对生产资料的占有权剥削他人的劳动成果，这使人们之间有了根本的利害冲突。尤其是国家形成以后，拥有大量财富的最高统治者，实行分权控制，必然要分封一些臣僚去代为征收和经管各项财粮赋税，这就促使了财产所有权与经营管理权的分离，形成受托的经济责任关系。统治者为了维护其统治，保护财产的安全完整，必然要对那些代为经管财产的臣僚进行检查监督，这就促使了政府审计的产生与发展。

1. 我国政府审计的产生与发展

我国是世界上较早产生审计的国家之一，它经历了一个漫长的发展过程。

（1）西周时期：我国政府（官厅）审计萌芽时期。西周时期设有“宰夫”一职，独立于财计部门之外，负责政府的审计工作。这是我国政府审计的雏形。有《周礼》记载为证：“宰夫岁终，则令群吏正岁会。月终，则令正月要。旬终，则令正日成。而考其治，治以不时举者，以告而诛之。”即年终、月终和旬终，宰夫都要命令各部门官吏将其财务收支情况进行汇总整理并上报，由宰夫进行审核，如果发现违法乱纪者，就要向皇上汇报，加以处罚。

（2）秦汉时期：我国政府（官厅）审计基本确立。秦汉时期均设“御史大夫”一职，该职为“三公”之一，掌管全国的民政、财政以及财物审计事项，直接辅佐皇帝，行使对国家的政治、军事监察和财物审计大权。这一时期还建立了“上计”制度，各地的财政收支都要上报御史大夫并受其审查。

（3）隋唐宋时期：我国政府（官厅）审计日臻健全。隋唐时期均设“比部”，以负责国家财经各领域的审计工作。其审查范围极广，项目众多，而且具有很强的独立性和较高的权威性。宋代设置了“审计司”，北宋时，宋太宗又将这一机构改称“审计院”，南宋时，湖、广、川等地也设有审计院。这是我国“审计”一词的正式运用，并对中外以后的审计建制具有深远的影响。

（4）元明清时期：我国政府（官厅）审计停滞不前。元代取消了“比部”，由“户部”兼管会计报告的审核，独立的审计机构宣告消亡。明朝初期设“比部”，不久即取消，后设“督察院”，审查中央财计。清朝秉承明制，也设置“督察院”。这一时期由于取消了独立的审计组织，其财计监督和政府审计职能严重削弱，与唐代相比，后退了一大步。

(5) 中华民国时期：我国政府（官厅）审计不断演进。1912 年，北洋政府在国务院下设审计处；1914 年 6 月，北洋政府改设审计院，同年颁布了《审计法》。1920 年，南京国民政府设立审计院；1928 年，改为隶属于监察部的审计部，各省设立审计处，直属中央的企事业单位等设审计办事处。1928 年，国民党政府也颁布过《审计法》和实施细则；1929 年，还颁布了《审计组织法》，审计人员有审计、协审和稽察等职称。

(6) 中华人民共和国成立后：我国政府审计得到振兴。1932 年，成立中央苏区审计委员会，1934 年，颁布《审计法》，在山东、陕甘宁等革命根据地，也设有审计组织。中华人民共和国成立之后，在较长一段时期内未设立独立的审计机构，对财政、财务收支的经济监督是由财政、税务和银行等部门通过其业务在一定范围内进行的。1982 年，在修改后的《宪法》中正式明确了实行审计监督制度；1983 年 9 月，正式成立国家审计署，审计署隶属于国务院，随后又在县以上各级政府设置了各级审计机关；1984 年 12 月，中国审计学会成立；1985 年 8 月，国务院发布了《国务院关于审计工作的暂行规定》；1988 年 12 月，国务院颁布了《中华人民共和国审计条例》；1994 年 8 月，第八届全国人大常委会第九次会议通过并于 1995 年 1 月 1 日实施了《中华人民共和国审计法》；2006 年 2 月，第十届全国人大常委会第二十次会议对该法进行了修订，时任国家主席胡锦涛签署第 48 号主席令予以公布。这些都标志着我国政府审计的迅速发展和完善。

2. 外国政府审计的产生与发展

在国外，古埃及于公元前 3000 多年，就设有监督官审查财务收支。古罗马在公元前 400 多年，就由元老院及其所属的监督官对国库和地方的财政收支进行监督。古希腊在公元前 2000 多年，也设有审计官对官员离任的经济责任实行审计检查。至中世纪，随着社会经济的发展，西欧国家的政府审计有所加强。例如，英国王室于 11 世纪在财政部门内部设立上院和下院，上院为收支监督机构，对下院编制的会计账表进行检查监督。法国王室于 13 世纪设置审计厅，对国库和地方财政收支进行检查监督。步入近代社会后，西方国家的政府审计有较大发展。美国在独立战争时期，即有负责审计工作的专任委员。在第一次世界大战之后的 1921 年，美国正式设立了隶属于国会的联邦总审计署（GAO），这种政府审计体制一直延续到现在。英国在 1866 年颁布《国库和审计部法案》之后，也成立了独立于政府之外的国家审计机构，对国库的收支进行审计监督。

二、内部审计的产生与发展

内部审计是指由本部门或本单位内部专职的审计机构和审计人员对本部门或本单位的财务收支、经营管理和经济效益等所实施的审计。

一般认为，内部审计是伴随政府审计而逐步形成和发展的。古代的内部审计与政府审计很难截然划分清楚，直到进入中世纪后，内部审计才具有较为完整的形态。在当时的行会、庄园及寺院中，由于内部管理职能的分工和分权控制，行会的首领、庄园的领主和寺院的长老，与经营管理者之间形成了委托与受托的关系，出于监督的需要，就出现了内部审计的雏形。

现代内部审计产生于 20 世纪 40 年代。第二次世界大战后，由于公司经营规模不断扩大，管理机构和层次增多，许多企业还设立了不少外地机构，资本积累加快，竞争日益加剧，使很多企业越来越重视加强内部经济监督。最初的情况是，大企业要对在外地的下属公司进行审查，如果完全聘用民间审计进行审查，可能花费太大而得不偿失，因此，一些有本企业管理经验的人才就担当了对下属机构进行监督检查的重任，这就是现代内部审计的早期阶段。

内部审计标志性事件：①德国的克虏伯公司早在 1875 年就实行了内部审计制度。②19 世纪初，美国的铁道部门开始对本系统实行内部财务审计和经营审计。③1941 年，美国成立了“国际内部审计师协会”(IIA)，该协会制定了《内部审计职责条例》《内部审计实务标准》等，使内部审计得到了空前的发展。

我国现在的内部审计是伴随政府审计的恢复和重建而产生与发展的。我国国家审计署成立后，曾于 1985 年颁布《关于内部审计工作的若干规定》。目前，我国很多大中型企业集团都设置了内部审计机构，制定了有关内部审计的规章制度，这对我国内部审计的发展产生了巨大影响。

三、民间审计的产生与发展

民间审计又称注册会计师审计、社会审计和独立审计等，是指由经政府有关部门审核批准的注册会计师组成的会计师事务所进行的审计。

1. 西方注册会计师审计的产生与发展

西方民间审计是伴随着资本主义生产力和生产关系的发展而发展的。它萌芽于意大利的合伙企业制度，形成于英国的股份制企业制度，发展和完善于美国发达的资本市场，一般分为以下两个阶段：

(1) 注册会计师审计的起源。15 世纪，在意大利的威尼斯出现了世界上最早的合伙企业。合伙企业的出现产生了对独立会计师业务的需要。在这种情况下，注册会计师职业便应运而生。于 1581 年创立的威尼斯会计师协会，是世界上第一个注册会计师职业团体。其后，米兰等城市的职业会计师也成立了类似的组织。

(2) 注册会计师审计的形成。在创立和传播注册会计师审计事业的过程中发挥历史性作用的是英国的职业会计师们。

18 世纪中期以后的工业革命，使社会生产力得到了前所未有的发展，工厂逐步代替了手工作坊，企业的所有权与经营权也开始分离，从而产生了对审计的需要。工厂主希望有外部的会计师来检查他们所雇佣的管理人员，特别是会计人员是否有贪污、盗窃和其他舞弊行为，于是，英国出现了一批以查账为职业的独立会计师。他们受业主委托，对企业的会计账目进行逐笔检查，检查的目的是查错防弊，检查结果只向工厂报告，是否聘请会计师查账也完全根据工厂主需要自己决定。

股份有限公司的兴起，使企业的所有权与经营权进一步分离，绝大多数股东已完全脱离了对企业的经营管理。因此，这在客观上进一步产生了由独立会计师对公司财务报表进行审计，以保证财务报表数据真实可靠的需求。同时，由于当时对股份制企业缺乏必要的管理制度，从而在客观上助长了舞弊行为，甚至导致公司因经营失败而破产倒闭。1721 年的“南海公司事件”，为英国产生第一位股票上市公司的审计师创造了条件。为了监督经营者的经营管理，防止营私舞弊，保护投资者和债权人的利益，避免“南海公司事件”的重演，英国国会于 1844 年通过了《公司法》，规定公司的账目需经董事以外的第三者——监事的审查。由于监事未必熟悉会计、审计业务，1845 年，英国国会又对《公司法》进行了修订，通过了《公司条款联合法》中改为“监事可以用公司的费用聘请有记账技能的会计师和其他人员协助办理审计业务。”于是，独立会计师业务得到迅速发展，独立会计师人数越来越多。此后，英国政府对一批精通会计业务、熟悉查账知识的独立会计师进行了资格确认。1853年，苏格兰爱丁堡创立了“爱丁堡会计师协会”，被后人认为是第一个注册会计师的专业团体，标志着注册会计师职业的诞生。这一英国模式的注册会计师审计对当时欧、美及日本等国产生了重要影响。

英国式注册会计师审计的特点主要是：①注册会计师审计由任意审计转为法定审计。②审计目的是查错防弊，保护企业财产的安全与完整。③审计方法是对会计账目进行逐笔审计——详细审计。④审计报告使用人主要为企业股东、债权人和其他有利害关系的人。

(3) 注册会计师审计的发展。19世纪后期，世界经济发展的重心开始向美国转移，美国股份公司的规模不断扩大，并吸引了大量的英国资本，英国会计师也来到美国，并于1883年开始在美国陆续成立了会计师事务所。1887年，美国成立了“美国公共会计师协会”，其审计方法主要是沿袭英国的详细审计。1916年，该协会改组为“美国注册会计师协会”(AI注册会计师)，成为世界上最大的注册会计师职业团体。由于当时美国尚无全国性的资本市场，公司周转金主要靠银行贷款来解决，而不是靠发行股票和债券来筹集，银行最关心的是企业的偿债能力，而最能说明企业偿债能力的是企业的资产负债表，于是，银行要求申请贷款的企业提供由职业会计师署名的资产负债表，以了解企业周转资金的流动程度，并在公司不履行债务责任时作为向法院起诉的依据。贷款企业也发现，经过职业会计师审查署名的资产负债表更容易获得信用。这样，在美国就产生了帮助贷款人及其他债权人了解企业信用的资产负债表审计，即美国式注册会计师审计。

从1929年到1933年，西方各国经历了历史上最严重的经济危机，大批企业倒闭，投资者和债权人蒙受了巨大的经济损失。这从客观上促使企业利益相关者从只关心企业财务状况，转变到更加关心企业盈利水平，产生了对企业利润表进行审计的要求。1933年，美国《证券法》规定，在证券交易所上市企业的财务报表必须接受注册会计师审计，向社会公众公布注册会计师出具的审计报告，使审计报告使用人也扩大到社会公众。这一时期(20世纪三四十年代)注册会计师审计的主要特点是：①审计对象转为以资产负债表和利润表为中心的全部财务报表及相关财务资料。②审计的主要目的是对财务报表发表审计意见，以确定财务报表的可信性，查错防弊成为次要目的。③审计的范围已扩大到测试相关的内部控制，并广泛采用抽样审计。④审计报告使用人扩大到股东、债权人、证券交易机构、税务机构、金融机构及潜在投资者。⑤审计准则开始拟订，审计工作向标准化、规范化过渡。⑥注册会计师资格考试制度广泛推行(1917年开始举行全美注册会计师统一考试)，注册会计师专业素质普遍提高。

第二次世界大战后，经济发达国家通过各种渠道推动本国企业向海外拓展，跨国公司得到空前发展，国际资本的流动带动了注册会计师审计的跨国界发展，形成了一大批国际会计师事务所，并在竞争中逐渐合并为“八大”国际会计师事务所，20世纪80年代末，又合并为“六大”国际会计师事务所，之后又合并为“五大”国际会计师事务所。2001年，美国出现了安然公司会计造假丑闻。安然公司在清盘时，不得不对其编造的财务报表进行修正，将近3年来的利润额削减20%，约5.86亿美元。安然公司作为美国的能源巨头，在追求高速增长的狂热中利用会计准则的不完善，进行表外融资的游戏，并通过关联交易操纵利润。出具审计报告的安达信会计师事务所，因涉嫌舞弊和销毁证据受到美国司法部门的调查，之后宣布关闭，世界各地的安达信成员所也纷纷与其他国际会计师事务所合并。因此，时至今日，尚存“四大”国际会计师事务所，分别为“普华永道”“安永”“毕马威”“德勤”国际会计师事务所。与此同时，审计技术也在不断发展:抽样审计方法得到普遍运用,风险导向审计方法得到推广,计算机辅助审计技术得到广泛采用。

2. 中国注册会计师审计的产生与发展

我国注册会计师审计起步较晚。1918年9月,北洋政府颁布了我国第一部注册会计师法规——《会计师暂行章程》,并于同年批准著名会计学家谢霖先生为中国的第一位注册会计师,其创办的中国第一家会计师事务所——"正则会计师事务所"也获准成立。此后,又逐步批准成立了一批会计师事务所,包括著名会计学家潘序伦先生创办的"潘序伦会计师事务所"(后改称"立信会计师事务所")。1930年,国民政府颁布了《会计师条例》,确立了会计师的法律地位。之后,上海、天津和广州等地也相继成立了多家会计师事务所。1925年,在上海成立了"全国会计师公会",1933年,成立了"全国会计师协会",到1947年,全国已拥有2 619名注册会计师。但由于当时我国正处于半封建半殖民地状态,又加上事务所都集中在上海、天津和广州等沿海城市,我国的注册会计师审计事业没有得到较大发展,其业务也主要局限于为企业设计会计制度、代理申报纳税、培训会计人才和其他会计咨询服务等。

中华人民共和国成立初期,注册会计师审计在经济恢复工作中发挥了积极作用。由于当时不法资本家囤积居奇、投机倒把、偷税漏税,造成了极为险恶的财政状况,当时负责财经工作的陈云同志大胆聘用数千名注册会计师,依法对工商企业查账,他们为平抑物价、保证国家税收和争取国家财政状况好转作出了突出贡献。但1956年公私合营后,对私有企业的社会主义改造基本完成,并推行高度集中的计划经济模式,我国的注册会计师审计便自然中断。

中共十一届三中全会后,我国实行"对外开放、对内搞活"的方针,工作重点转移到经济建设上来,商品经济得到迅速发展,为注册会计师制度的恢复和建设创造了客观条件。1980年,财政部发布《关于成立会计顾问处的暂行规定》,标志着我国注册会计师行业开始复苏。1981年1月1日,"上海会计师事务所"成立,成为中华人民共和国第一家由财政部批准独立承办注册会计师业务的会计师事务所。当时,主要服务对象是"三资"企业。1986年,国务院颁布《中华人民共和国注册会计师条例》,同年还开始建立审计师事务所。1988年,我国成立了注册会计师协会;1993年10月31日,第八届全国人民代表大会常务委员会审议通过了《中华人民共和国注册会计师法》。1991年起,我国正式实行注册会计师全国统一考试制度,截至2006年10月31日,全国共有会计师事务所6 440家,注册会计师72 037人,这为改革开放、国有企业转换经营机制和社会主义市场经济体制的建立及有序运行发挥了积极的作用。

1996年10月4日,中国注册会计师协会加入亚太会计师联合会,并于1997年4月亚太会计师联合会第四十八次理事会上当选为理事。1997年5月8日,国际会计师联合会(IFAC)全票通过,接纳中国注册会计师协会为正式会员。按照国际会计师联合会章程的规定,中国注册会计师协会同时成为国际会计准则委员会的正式成员。目前,中国注册会计师协会已与50多个国家和地区的会计师团体建立了友好关系。

第三讲　审计监督体系

【知识要点】

从国内外审计的历史和现状来看,审计按不同主体划分为政府审计、内部审计和注册会计师审计,并相应地形成了三类审计组织机构,共同构成审计监督体系。

政府审计是由政府审计机关代表政府依法进行的审计。政府审计主要监督检查各级政府及其部门的财政收支及公共资金的收支和运用情况。目前,世界各国政府建立的审计机构,因领导关系不同而大体分为三种类型:①由议会直接领导并对议会负责。②在政府内建立审计机构并对政府负责,政府则对议会负责。③由财政部门领导,在财政部门内部设审计机构兼管财政监督,实行财政、审计合一制度。从审计的独立性和权威性来讲,由议会领导最为适宜。我国目前的审计机关由政府领导,分中央与地方两个层次。我国《宪法》规定,审计机关独立行使审计监督权,不受其他行政机关、社会团体和个人的干涉。

内部审计是由各部门、各单位内部设置的专门机构或人员实施的审计。内部审计主要监督检查本部门、本单位的财务收支和经营管理活动。目前,世界各国内部审计部门的设置因领导关系不同,大体分为三种类型:①受本单位总会计师或主管财务的副总经理领导。②受本单位总经理领导。③受本单位董事会领导。从审计的独立性和权威性来讲,领导层次越高,越有保障。我国目前的内部审计部门一般由本部门、本单位的主要负责人领导,业务上接受当地政府审计机构或上一级主管部门审计机构的指导。相对外部审计而言,内部审计的独立性较弱。

注册会计师审计是由经政府有关部门审核批准的注册会计师组成的会计师事务所进行的审计。在西方国家,注册会计师的组织形式主要有独资和合伙两种,近年来,已有有限责任公司和有限责任合伙等组织形式出现。在我国,会计师事务所是注册会计师的工作机构,注册会计师必须加入会计师事务所才能接受委托,办理业务。会计师事务所不附属于任何机构,其自收自支、独立核算、自负盈亏和依法纳税,因此,在业务上具有较强的独立性、客观性和公正性,并且为社会公众所认可。

一、注册会计师审计与政府审计的关系

最初的政府审计是随着国家管理事务中经济责任关系的形成,为了促使经济责任的严格履行而诞生的。现代意义上的政府审计是近代民主政治发展的产物。按照民主政治的原则,人民有权对国家事务和人民财产的管理进行监督。因此,各级政府机构和官员在受托管理属于全民所有的公共资金和资源的同时,还要受到严格的经济责任制度的约束。这种约束方式就表现为政府审计机关对受托管理者的经济责任进行监督。因此,政府审计担负的是对全民财产的审计责任。

注册会计师审计是商品经济发展到一定阶段的必然产物,也是商品经济条件下社会经济监督机制的主要表现形式。由于所有权与经营权的分离,以及债权人对自身权益的关心,必然产生对投资运用或债务收回前景的密切关注。这种关注即依赖于注册会计师的审计结果。因此,相对于审计客体而言,政府审计和注册会计师审计均是外部审计,都具有较强的独立性。从我国来看,两者在许多方面存在区别:

(1) 两者的审计目标不同。政府审计是对单位的财政收支或者财务收支的真实、合法和效益依法进行的审计。注册会计师审计是注册会计师对财务报表是否按照适用会计准则和相关会计制度编制进行的审计。

(2) 两者的审计标准不同。政府审计是审计机关依据《中华人民共和国审计法》(以下简称《审计法》)和国家审计准则等进行的审计。注册会计师审计是注册会计师依据《中华人民共和国注册会计师法》(以下简称《注册会计师法》)和中国注册会计师审计准则进行的审计。

(3) 两者的经费或收入来源不同。政府审计履行职责所必需的经费,应当列入财政预算,

由本级人民政府予以保证。注册会计师的审计收入来源于审计客户，由注册会计师和审计客户协商确定。

（4）两者的取证权限不同。审计机关有权就审计事项的有关问题向有关单位和个人进行调查，并取得有关证明材料。有关单位和个人应当支持、协助审计机关工作，如实向审计机关反映情况，提供有关证明材料。注册会计师在获取证据时很大程度上有赖于被审计单位及相关单位的配合和协助，对被审计单位及相关单位没有行政强制力。

（5）两者对发现问题的处理方式不同。审计机关审定审计报告，对审计事项作出评价，出具审计意见书；对违反国家规定的财政收支、财务收支行为，需要依法给予处理、处罚的，在法定职权范围内作出审计决定或者向有关主管机关提出处理、处罚意见。注册会计师对审计过程中发现需要调整和披露的事项只能提请被审计单位调整和披露，没有行政强制力，如果被审计单位拒绝调整和披露，注册会计师视情况出具保留意见或否定意见的审计报告；如果审计范围受到被审计单位或客观环境的限制，注册会计师视情况出具保留意见或无法表示意见的审计报告。

二、注册会计师审计与内部审计的关系

内部审计是由各部门、各单位内部设置的专门机构或人员实施的审计。它是随着企业规模扩大、内部分级管理的出现而逐步形成的。早期的内部审计诞生于19世纪中叶的英国。第二次世界大战后，市场经济竞争更加激烈，促使企业更加重视内部经济管理，内部审计得到迅速发展。

内部审计与注册会计师审计一样都是现代审计体系的组成部分。从我国情况看，注册会计师审计与内部审计在许多方面存在很大区别：

（1）两者的审计目标不同。内部审计主要是对内部控制的有效性、财务信息的真实性和完整性以及经营活动的效率和效果所开展的一种评价活动。注册会计师审计主要对被审计单位财务报表的合法性和公允性进行审计。

（2）两者独立性不同。内部审计为组织内部服务，接受总经理或董事会的领导，独立性较弱。注册会计师审计为需要可靠信息的第三方提供服务，不受被审计单位管理层的领导和制约，独立性较强。

（3）两者接受审计的自愿程度不同。内部审计是代表总经理或董事会实施的组织内部监督，是内部控制制度的重要组成部分，单位内部的组织必须接受内部审计人员的监督。注册会计师审计是以独立的第三方对被审计单位进行的审计，委托人可自由选择会计师事务所。

（4）两者遵循的审计标准不同。内部审计人员遵循的是内部审计准则。注册会计师遵循的是注册会计师审计准则。

（5）两者审计的时间不同。内部审计通常对单位内部组织采用定期或不定期的审计，时间安排比较灵活。注册会计师审计通常是定期审计，每年对被审计单位的财务报表审计一次。

注册会计师审计与内部审计尽管存在很大的差别，但是，注册会计师审计作为一种外部审计，在工作中要利用内部审计的工作成果。任何一种外部审计在对一个单位进行审计时，都要对其内部审计的情况进行了解并考虑是否利用其工作成果。这是由于：

第一，内部审计是单位内部控制的一个重要组成部分。内部审计作为单位内部的经济监督机构，虽然不参与单位内部的经济管理活动，但主要对各项经营管理活动是否达到预定目标，是否遵循了单位的规章制度等进行监督，属于单位内部控制体系的一个组成部分。外部审

计人员在对被审计单位进行审计时，要对内部控制进行测评，就须了解其内部审计的设置和工作情况。

第二，内部审计和外部审计在工作上具有一致性。内部审计在审计内容和审计方法等方面都和外部审计有许多一致之处。例如，在进行财务审计时，两者在方法上都要评价内部控制制度，检查凭证和账册，核对账表一致性等。这就为外部审计利用内部审计工作的成果创造了条件。

第三，利用内部审计工作成果可以提高工作效率，节约审计费用。外部审计人员在对内部审计工作进行评价以后，利用其全部或者部分工作成果，可以减少现场测试的工作量，提高工作效率，从而节约被审计单位的审计费用。

第四讲　审计的种类与方法

【知识要点】

一、审计的种类

审计可以从不同角度加以考察，从而作出不同的分类。例如，按主体不同，分为政府（国家）审计、内部审计和注册会计师（社会）审计。按目的和内容不同，分为财务报表审计、经营审计和合规性审计。按与被审计单位的关系不同，分为内部审计和外部审计。按审计范围不同，分为全面审计和局部审计。按审计实施时间不同，分为事前审计、事中审计和事后审计。按审计执行地点不同，分为报送审计和就地审计。按审计动机不同，分为强制审计和自愿审计。按审计执行地点不同，分为报送审计和就地审计。按审计使用的技术方法不同，分为账项基础审计、制度基础审计和风险导向审计等。

以下按目的和内容的不同，对审计类别进行介绍。

1. 财务报表审计

财务报表审计的目的是注册会计师通过执行审计工作，对财务报表是否按照规定的标准编制发表审计意见。规定的标准通常是企业会计准则和相关会计制度。当然，对按照计税基础、收付实现制基础或监管机构的报告要求编制的财务报表，注册会计师进行审计也较普遍。财务报表通常包括资产负债表、利润表、现金流量表、所有者权益（或股东权益）变动表以及报表附注。

2. 经营审计

经营审计是注册会计师为了评价被审计单位经营活动的效率和效果，而对其经营程序和方法进行的评价。在经营审计结束后，注册会计师一般要向被审计单位管理层提出经营管理的建议。在经营审计中，审计对象不限于会计，还包括组织机构、计算机信息系统、生产方法、市场营销以及注册会计师能够胜任的其他领域。在某种意义上，经营审计更像是管理咨询。

3. 合规性审计

合规性审计的目的是确定被审计单位是否遵循了特定的程序、规则或条例。例如，确定会计人员是否遵守了财务主管规定的手续，检查工资率是否符合工资最低限额的规定，或者审查与银行签订的合同，以确信被审计单位遵守了法定要求。合规性审计的结果通常报送给被审计单位管理层或外部特定使用者。

二、审计方法

100多年来，虽然审计的根本目标没有发生重大变化，但审计环境却发生了很大的变化。注册会计师为了实现审计目标，一直随着审计环境的变化调整着审计方法。审计方法从账项基础审计发展到风险导向审计，都是注册会计师为了适应审计环境的变化而进行的调整。

1. 账项基础审计

在审计发展的早期(19世纪以前)，由于企业组织结构简单，业务性质单一，注册会计师的审计主要是为了满足财产所有者对会计核算进行独立检查的要求，促使受托责任人(通常为经理或下属)在授权经营过程中作出诚实、可靠的行为。注册会计师审计的重心在资产负债表，旨在发现和防止错误与舞弊，审计方法是详细审计。详细审计又称账项基础审计，是指以会计账目为直接审查对象的审计。由于早期获取审计证据的方法比较简单，注册会计师将大部分精力投向会计凭证和账簿的详细检查。根据有关文献记载，当时的注册会计师在整个审计过程中，约3/4的时间花费在合计和过账上。从方法论的角度上讲，这种审计方法就是账项基础审计方法。

2. 制度基础审计

19世纪末，会计和审计步入了快速发展时期。注册会计师的审计重点从检查受托责任人对资产的有效使用转向检查企业的资产负债表和利润表，判断企业的财务状况和经营成果是否真实和公允。由于企业规模日益扩大，经济活动和交易事项内容不断丰富、复杂，注册会计师的审计工作量迅速增大，而需要的审计技术日益复杂，使详细审计难以实施，企业对审计费用难以承受。为了进一步提高审计效率，注册会计师将审计的视角转向企业的管理制度，特别是会计信息赖以生成的内部控制，从而将内部控制与抽样审计结合起来。因为职业界逐渐认识到，设计合理并且执行有效的内部控制可以保证财务报表的可靠性，防止重大错误和舞弊的发生。从20世纪50年代起，以控制测试为基础的抽样审计在西方国家得到广泛应用，从方法论的角度上讲，这种方法被称为制度基础审计方法。

3. 风险导向审计

审计受到企业固定风险因素的影响，如管理人员的品行和能力、行业所处环境、业务性质、容易产生错报的财务报表项目、容易遭受损失或被挪用的资产等导致的风险，又受到内部控制风险因素的影响，即账户余额或各类交易存在错报，内部控制未能防止、发现或纠正的风险。此外，审计还受到注册会计师实施审计程序未能发现账户余额或各类交易存在错报风险的影响。因此，职业界很快开发出了审计风险模型。审计风险模型的出现，从理论上解决了注册会计师以制度为基础采用抽样审计的随意性，有效地解决了审计资源的分配问题，要求注册会计师将审计资源分配到最容易导致财务报表出现重大错报的领域。从方法论的角度上讲，注册会计师以风险模型为基础进行的审计方法，被称为风险导向审计方法。

单元测试

1. 单项选择题

(1) 下列关于政府审计、内部审计和注册会计师审计的论述中，正确的是(　　)。

A. 注册会计师审计和政府审计都是随着商品经济的发展而产生和发展的

B. 注册会计师审计和内部审计尽管存在很大的差别，但注册会计师审计作为一种外部审计，在工作中要利用内部审计的工作成果，因此，内部审计是注册会计师审计的基础

C. 从独立性和权威性上讲，由议会领导的政府审计最为适宜

D. 相对审计客体，政府审计和注册会计师审计均为外部审计，都具有较强的独立性，而仅在审计方式上存在较大区别

(2) 以会计账目为直接审查对象的审计，称为(　　)。

A. 账项基础审计　　B. 制度基础审计

C. 风险导向审计　　D. 计算机信息系统审计

(3) 下列提法中，正确的是(　　)。

A. 政府审计是独立性最强的一种审计

B. 财务报表的合法性是报表使用者最为关心的

C. 注册会计师的审计意见应合理保证财务报表的可靠程度

D. 内部审计在审计内容和审计方法等方面与外部审计具有一致性

(4) 我国政府审计机关由(　　)领导。

A. 中国注册会计师协会　　B. 财政部

C. 国务院　　D. 全国人民代表大会

(5) 注册会计师审计的特征是(　　)。

A. 独立性和权威性　　B. 独立性、客观性和公正性

C. 独立性、一贯性和公允性　　D. 合法性、一贯性和公允性

(6) 审计对象是指审计的客体，高度概括为被审计单位的经济活动。审计对象的本质是指(　　)。

A. 被审计单位财务收支及其有关的经营管理活动

B. 被审计单位财务收支及其有关的经营管理活动，以及作为提供这些经济活动信息载体的会计资料及其相关资料

C. 被审计单位的财务报表

D. 被审计单位的会计资料及其相关资料

(7) 下列内容中，不属于财务报表审计所要达到的目标和要求的是(　　)。

A. 财务报表审计的目标是通过审计使注册会计师能够对被审计单位的财务报表发表意见，以说明财务报表是否符合国家颁布的企业会计准则和相关会计制度的规定

B. 是否在所有重大方面公允反映了被审计单位的财务状况、经营成果和现金流量

C. 注册会计师的审计意见旨在提高财务报表的可信性，不应被视为是对被审计单位未来生存能力或管理当局经营效率、效果提供的保证

D. 注册会计师应当合理保证财务报表整体不存在重大错报

(8) 审计的最本质特征是(　　)。

A. 公正性　　B. 独立性　　C. 客观性　　D. 盈利性

(9) 风险导向审计要求注册会计师将审计资源分配到(　　)。

A. 最容易导致财务报表出现固有风险的领域

B. 最容易导致财务报表出现控制风险的领域

C. 最容易导致财务报表出现检查风险的领域

D. 最容易导致财务报表出现重大错报的领域

(10) 注册会计师的审计意见应合理保证财务报表使用人确定已审计财务报表的可靠程度。这意味着(　　)。

A. 不应由注册会计师保证已审计财务报表的可靠程度

B. 财务报表使用人应合理保证已审计财务报表的可靠程度

C. 注册会计师应合理保证已审计财务报表的可靠程度

D. 注册会计师的审计意见应合理保证已审计财务报表的可靠程度

(11) 财务报表审计目标是注册会计师通过执行审计工作对(　　)发表审计意见。

A. 会计资料的真实性和合法性　　B. 经济活动

C. 财务报表的合法性和公允性　　D. 财务状况、经营成果和现金流量

2. 多项选择题

(1) 注册会计师审计是商品经济发展到一定阶段的产物,其产生的直接原因包括(　　)的分离。

A. 所有权　　B. 受益权　　C. 经营权　　D. 处置权

(2) 注册会计师审计发展到资产负债表审计时期时,下列说法正确的包括(　　)。

A. 审计对象由会计账目扩大到资产负债表

B. 审计抽样方法得到广泛应用

C. 审计主要目的是通过对资产负债表数据的检查,判断企业信用状况

D. 审计报告使用人除企业股东外,扩大到债权人

(3) 内部审计与注册会计师审计的一致性主要表现在(　　)。

A. 审计内容　　B. 审计作用　　C. 审计标准　　D. 审计方法

(4) 注册会计师审计的特点包括(　　)。

A. 双向独立　　B. 强制审计　　C. 有偿审计　　D. 受托审计

(5) 注册会计师在工作中利用内部审计的工作成果的原因包括(　　)。

A. 内部审计是单位内部控制的一个重要组成部分

B. 内部审计具有相对独立性

C. 内部审计和外部审计在工作上具有一致性

D. 利用内部审计工作成果可以提高工作效率、节约审计费用

(6) 审计按内容和目的不同,可以分为(　　)。

A. 财务报表审计　　B. 经营审计　　C. 合规性审计　　D. 注册会计师

(7) 内部审计与独立审计都是现代审计体系的组成部分,但是两者在(　　)方面存在着很大的区别。

A. 审计的独立性　　B. 审计方法　　C. 审计目的　　D. 审计职责和作用

(8) 审计一般目的合法性是指被审计单位财务报表的编制是否遵循了(　　)。

A. 适用的会计准则　　B. 企业内部控制制度

C. 相关的会计制度　　D. 企业财务会计报告条例

(9) 时至今日,被称为“四大”国际会计师事务所的分别是(　　)。

A. 普华永道　　B. 安永　　C. 毕马威　　D. 德勤

E. 安达信

(10) 审计报告的使用人包括(　　)。

A. 委托人　　B. 债权人

C. 潜在投资者　　D. 证券交易机构、税务和金融机构

(11) 注册会计师通过执行审计工作对财务报表发表审计意见，注册会计师发表审计意见的内容包括(　　)。

A. 财务报表是否按照适用的会计准则和相关的会计制度编制

B. 财务报表是否按照企业的会计准则和国家其他有关法规编制

C. 财务报表是否在所有方面公允反映被审计单位财务状况、经营成果和现金流量

D. 财务报表是否在重大方面公允反映被审计单位财务状况、经营成果和现金流量

3. 判断题

(1) 由于审计的目的是注册会计师对被审计单位的财务报表进行审计，并发表审计意见，因此，注册会计师应合理保证财务报表的可靠程度。(　　)

(2) 虽然注册会计师对发表审计意见以及确定审计程序的性质、时间和范围独自承担责任，但内部审计工作的某些部分可能有助于注册会计师的工作。(　　)

(3) 政府审计具有强制性，被审计单位必须无条件接受审计，所以，政府审计独立性高于注册会计师审计。(　　)

(4) 注册会计师应当对发表的审计意见独立承担责任，其责任因为利用内部审计工作而减轻。注册会计师应当对与财务报表审计有关的所有重大事项独立作出职业判断，不应完全依赖内部审计工作。(　　)

(5) 内部审计是指由被审计单位内部机构或人员，对其内部控制的有效性、财务信息的真实性和完整性以及经营活动的效率和效果等开展的一种评价活动。(　　)

(6) 如果注册会计师利用了内部审计的工作成果，则表明所利用的这些工作成果对外具有一定的鉴证作用。(　　)

(7) 不论企业财务报表是否遵循会计的一贯性原则，注册会计师均应在审计报告中予以反映。(　　)

(8) 民间审计担负的是对全民财产的审计责任。(　　)

(9) 无论是国家审计还是独立审计，在对一个单位进行审计时，都要对其内部审计情况进行了解，并且可以利用其工作成果。(　　)

(10) 风险导向审计要求注册会计师将审计资源分配到最容易导致财务报表出现重大错报的领域。(　　)

(11) 由于利用内部审计工作成果可以提高工作效率，因此，注册会计师在对一个单位进行审计时，必须了解该单位内部审计情况并利用其工作成果。(　　)

实务训练

1. 泰信会计师事务所在2020年3月，接受以下不同委托人的不同委托：

(1) 接受AB公司股东委托，对AB公司2019年度财务报表进行审计。

(2) 接受CD公司监事会委托，对CD公司提供内部审计。

(3) 接受审计署委派，对某大电站工程资金运用情况进行审计。

请你指出泰信会计师事务所在承办以上三项业务时相似的地方以及不同的地方(最少指

出 3 处）。

2. 在审计监督体系中，为什么政府审计、内部审计和注册会计师审计三方既相互联系，又各自独立、各司其职和泾渭分明地在不同领域实施审计？

3. 在审计工作中，注册会计师为什么能利用内部审计的工作成果？在了解内部审计并对其进行评估时，注册会计师应当考虑哪些重要因素？

第二单元　审计组织与职业道德

导学目标

通过本单元课程教学，学生应该掌握我国审计的三种组织形式的性质、内容和特点；熟悉并理解我国注册会计师的职业道德和法律责任。

导学案例

麦克逊·罗宾斯药材公司破产案

麦克逊·罗宾斯药材公司（以下简称罗宾斯公司）是美国纽约州的一家上市公司。1938 年，该公司突然宣布倒闭。该公司及其子公司十余年来的会计报表均由美国著名的普赖斯·沃特豪斯会计师事务所（以下简称沃特豪斯会计师事务所）进行审计，且沃特豪斯会计师事务所对罗宾斯公司的财务状况和经营成果均出具了无保留意见的审计报告。罗宾斯公司突然宣布倒闭，使债权人朱利安·汤普森公司（以下简称汤普森公司）遭受巨大损失。

1938 年年初，长期贷款给罗宾斯公司的汤普森公司，在审核罗宾斯公司财务报表时发现两个疑问：其一，该公司制药原料部门，原是个盈利率较高的部门，但该部门却一反常态地没有现金积累，而且，流动资金亦未见增加。相反，该部门还不得不依靠公司管理者重新调集资金来进行再投资，以维持生产。其二，公司董事会曾开会决议，要求公司减少存货金额，但到 1938 年年底，公司存货反而增加 100 万美元。汤普森公司表示，在没有查明这两个疑问之前，不再予以贷款，并请求官方提请证券市场的权威机构——纽约证券交易委员会调查此事。

纽约证券交易委员会在收到请求之后，立即组织有关人员对罗宾斯公司的财务状况与经营成果进行了重新审核。事实真相是：①全部资产的 20%以上并不存在，1937 年 12 月 31 日的合并资产负债表虚构 1 907.5 万美元的资产，其中包括虚构存货 1 000 万美元，应收账款 900 万美元，银行存款 7.5 万美元；虚假的销售收入和毛利分别达到 1 820 万美元和 180 万美元。②合谋舞弊。公司经理菲利普·科斯特及其同伙穆西卡等人，都是犯有前科的诈骗犯。他们都使用假名混入公司并爬上公司管理岗位，还将亲信安插在掌管公司钱财的重要岗位，相互勾结、侵吞公司资产。③伪造存货和应收账款，购买材料虚构了加拿大的卖主，天然药的销售虚构了代理商，代收款虚构了蒙特利尔银行。

根据调查结果，罗宾斯公司的实际财务状况早已“资不抵债”，应立即宣布破产。而首当其冲的受损失者是汤普森公司。为此，汤普森公司指控沃特豪斯会计师事务所。汤普森公司认为，其之所以给罗宾斯公司贷款，是因为信赖了会计师事务所出具的审计报告。因此，他们要求沃特豪斯会计师事务所赔偿他们的全部损失。在听证会上，沃特豪斯会计师事务所拒绝了汤普森公司的赔偿要求。会计师事务所认为，他们执行的审计，遵循了美国注册会计师协会在1936年颁布的《财务报表检查》（审计准则的前身）中所规定的各项规则。罗宾斯公司的欺骗是由于经理部门共同串通合谋所致，审计人员对此不负任何责任。最后，在证券交易委员会的调解下，沃特豪斯会计师事务所以退回历年来收取的审计费用共50万美元，作为对汤普森公司债权损失的赔偿。

资料来源：根据网上资料整理。

思考：

1. 你认为注册会计师的业务范围是什么？
2. 注册会计师应遵循哪些职业道德规范？

第一讲　审计组织机构

【知识要点】

审计组织是指有权力或有资格行使审计职能，开展审计工作的群体。我国的审计组织是由国家审计机关、内部审计机构和民间审计组织（注册会计师事务所）三大部分组成的。

一、国家审计机关

国家审计机关是代表国家执行审计监督的机构，包括国务院和县级以上的地方各级人民政府的审计部门两个层次。

（1）国务院设立中华人民共和国审计署（以下简称审计署）。国务院设立审计机关，对国务院各部门和地方各级政府的财政收支、对国家的财政金融机构和企事业组织的财务收支进行审计监督。审计机关在国务院总理的领导下，依照法律规定独立行使审计监督权，不受其他行政机关、社会团体和个人的干涉。审计署是我国的最高审计机关，主管全国的审计工作，内部设置三种类型的机构，即行政职能机构、事业机构和派出机构。行政职能机构又可以分为专业审计司和综合行政部门两类。事业机构包括审计署干部培训中心、审计署科研所和审计出版社等。派出机构主要是指驻地方审计特派员办事处，其直属审计署领导，实行特派员负责制，对审计署负责并报告工作。

（2）省、自治区、直辖市、县、区等审计部门，分别在省长、自治区主席、市长、县长、区长和上一级审计机关的领导下，负责本行政区域内的审计工作。地方各级审计部门对本级人民政府和上一级审计机关负责并向其报告工作，审计业务以上级审计机关领导为主。地方政府审计机关内部机构的设置应与审计署相对应，有些相近的职能部门可以合并，有的机构也可以不设。

国务院设立审计署，在国务院总理领导下，主管全面的审计工作。审计长是审计署的行政首长。省、自治区、直辖市、县、区等审计部门，分别在省长、自治区主席、市长、县长、区长和上一级审计机关的领导下，负责本行政区域内的审计工作。地方各级审计部门对本级人民政府和上一级审计机关负责并向其报告工作，审计业务以上级审计机关领导为主。国家审计机关根据工作需要，可以在其审计管辖范围内派出审计特派员。审计特派员根据审计机关的授权，依法进行审计工作。

国家审计机关的职责是：①审查预算的执行情况和决算，以及预算外资金的管理和使用。②审查中央银行和国家各事业单位的财务收支。③审查国有金融机构和国有企业的资产、负债和损益。④审查国家建设项目预算的执行情况和决算。⑤审查政府部门管理的社会团体受政府委托管理的社会保障基金、社会捐赠资金以及其他有关基金、资金的财务收支。⑥审查国际组织和外国政府援助、贷款项目的财务收支等。国家审计机关对国计民生有重大关系的国有企业，接受财政补贴较多或者亏损数额较大的国有企业，以及国务院和本级地方人民政府指定的其他国有企业，应当有计划地定期进行审计。对国有资产占控股地位或主导地位的企业的审计监督，由国务院规定。国家审计机关对各部门以及国有金融机构和企事业组织的内部审计，应予以指导和监督。

二、内部审计机构

内部审计机构是在部门、单位内部从事审计工作的机构。我国内部审计机构属于首长负责制型。各部门、各单位的内部审计机构，在本部门、本单位主要负责人的直接领导下，对本部门、本单位及所属单位的财务收支及经济效益进行审计监督。内部审计机构独立于会计部门和其他部门，独立行使内部审计职权；在业务上，接受同级政府审计机关的指导和监督，向本部门、本单位的行政领导和同级政府审计机关报告工作。

内部审计的特点如下：

（1）服务的内向性。内部审计机构和人员处于本部门、本单位的内部，是为加强经济管理和监督服务的，是部门、单位领导的助手和参谋。

（2）范围的广泛性。内部审计机构和人员不仅要进行财务收支的审计，还要进行经济效益等方面的审计，既要进行事后审计，又要进行事前和事中审计，其审计范围要比外部审计范围广泛得多。

（3）审计的及时性。内部审计机构和人员比较熟悉本部门、本单位的情况，可随时掌握各种情况，发现各种问题，及时采取措施，提出建议，纠错防弊。

（4）微观监督和宏观监督的统一性。内部审计机构和人员，一方面为加强内部管理和监督服务，另一方面还必须从国家利益出发，对本部门、本单位是否遵守国家政策、法律、法规和规章制度进行审查，既是本部门、本单位领导在经济管理和监督方面的助手和参谋，又是政府审计的重要业务基础。

内部审计机构应根据本单位实际情况设置。大中型企业可以设置处、室、科。小企业可以设置股，并合理地配备审计人员。这些审计机构和人员，应该独立于财会机构之外直接对厂长（经理）负责，在业务上受主管部门内部审计机构的指导，并向本单位领导和主管部门内部审计机构报告工作。

三、民间审计组织

民间审计组织又称社会审计组织，是依法独立从事委托审计业务和咨询服务的组织。根据国家法律和条例的规定，经中国注册会计师协会审核批准并办理注册登记的、从事审计业务的法人组织，主要形式是会计师事务所。

会计师事务所是注册会计师依法承办业务的机构。我国目前规定会计师事务所可以由注册会计师合伙设立。合伙设立的会计师事务所的债务，由合伙人按照出资比例或者协议约定，以各自的财产承担责任。合伙人对会计师事务所的债务承担连带责任。同时还规定，会计师事务所符合下列条件，可以是负有限责任的法人：①不少于 30 万元的注册资本。②有一定数量的专职从业人员，其中至少有 5 名注册会计师。③国务院财政部门规定的业务范围和其他条件。负有限责任的会计师事务所以其全部资产对其债务承担责任。

综观注册会计师行业在各国的发展，会计师事务所主要有独资会计师事务所、普通合伙制会计师事务所、有限责任公司制会计师事务所和有限责任合伙制会计师事务所四种组织形式。

1. 独资会计师事务所

独资会计师事务所由具有注册会计师执业资格的个人独立开业，承担无限责任。它的优点是，对执业人员的需求不多，容易设立，执业灵活，能够在代理记账和代理纳税等方面很好地满足小型企业对注册会计师服务的需求，虽承担无限责任，但实际发生风险的程度相对较低。其缺点是，无力承担大型业务，缺乏发展后劲。

2. 普通合伙制会计师事务所

普通合伙制会计师事务所是由 2 位或 2 位以上注册会计师组成的合伙组织。合伙人以各自的财产对事务所的债务承担无限连带责任。它的优点是，在风险的牵制和共同利益的驱动下，促使事务所强化专业发展，扩大规模，提高规避风险的能力。其缺点是，建立一个跨地区、跨国际的大型会计师事务所要经历一个漫长的过程。同时，任何一个合伙人执业中的失误或舞弊行为，都可能给整个会计师事务所带来灭顶之灾，使之一日之间土崩瓦解。

3. 有限责任公司制会计师事务所

有限责任公司制会计师事务所(LLCs)由注册会计师认购会计师事务所股份，并以个人所认购股份对会计师事务所承担有限责任。会计师事务所以其全部资产对其债务承担有限责任。它的优点是，可以通过公司制形式迅速聚集一批注册会计师，建立规模型大所，承办大型业务。其缺点是，降低了风险责任对执业行为的高度制约，弱化了注册会计师的个人责任。

4. 有限责任合伙制会计师事务所

有限责任合伙制会计师事务所(LLPs)最明显的特征是合伙人只需承担有限责任。无过失的合伙人对于其他合伙人的过失或不当执业行为以自己在事务所的财产为限承担责任，不承担无限责任，除非该合伙人参与了过失或不当执业行为。它的最大特点在于既融入了合伙制和有限责任公司制会计师事务所的优点，又摒弃了它们的不足。这种组织形式是为顺应经济发展对注册会计师行业的要求，于 20 世纪 90 年代初期兴起的。到 1995 年年底，原“六大”国际会计公司在美国的执业机构已完成了向有限责任合伙制的转型，在其他国家和地区的执业机构的转型目前也在进行之中。同时，在它们的主导下，许多国家和地区的大中型会计师事务所也陆续开始转型。有限责任合伙制会计师事务所已成为当今注册会计师职业界组织形式发展的一大趋势。

从国际惯例来看，会计师事务所的执业登记都由注册会计师行业主管机构统一负责。会计师事务所必须经过行业主管机关或注册会计师协会的批准登记并由注册会计师协会予以公告。独资会计师事务所和合伙制会计师事务所经过这个程序即可开业，有限责任公司制会计师事务所一般还应当进行公司登记。

第二讲　注册会计师考试与注册登记

【知识要点】

注册会计师考试与注册登记制度是注册会计师管理制度的重要内容之一。为了选拔优秀人才加入注册会计师队伍，我国于1991年起施行了注册会计师全国统一考试制度。从1994年起，通过注册会计师全国统一考试已成为取得注册会计师资格的前提。通过考试，一大批优秀人才加入了注册会计师队伍。建立我国注册会计师考试与注册登记制度有利于提高注册会计师的业务素质和执业水平，有利于规范注册会计师队伍，有利于吸收更多的中青年人才从事注册会计师事业，也有利于扩大注册会计师的影响，提高注册会计师的社会地位。

一、报考条件

根据《注册会计师法》及《注册会计师全国统一考试办法》的规定，具有下列条件之一的中国公民，可报名参加考试：①高等专科以上学历。②会计或者相关专业（指审计、统计和经济）中级以上专业技术职称。

根据《港澳台地区居民和外国籍公民参加中华人民共和国注册会计师统一考试办法》的规定，中国香港、中国澳门、中国台湾地区居民及按对等原则确认的外国籍公民具有下列条件之一者，可申请参加考试：①具有财政部注册会计师考试委员会（以下简称全国考试委员会）认可的境内外高等专科以上学校毕业的学历。②已取得境外法律认可的注册会计师资格（或其他相应资格）。③已取得中国注册会计师统一考试的单科成绩合格凭证。这里所指的对等原则，是指外国籍公民所在国允许中国公民参加该国注册会计师（或其他相应资格）考试，中国政府亦允许该国公民参加中国注册会计师统一考试。

二、考试组织

全国考试委员会负责制定与考试有关的方针和政策，全面领导和组织考试工作。中国注册会计师协会负责考试的具体组织和实施，并指导各地方考试委员会办公室的工作。全国考试委员会办公室设在中国注册会计师协会。

各省、自治区、直辖市财政厅（局）根据《注册会计师法》等规定，成立本地区考试委员会及其办公室，负责领导并组织本地区的注册会计师考试工作。

三、注册登记

根据《注册会计师法》的规定，参加注册会计师全国统一考试成绩合格，并从事审计业务工作2年以上的，可以向省、自治区和直辖市注册会计师协会申请注册。省级注册会计师协会负责注册会计师的审批，受理的注册会计师协会应当批准符合法律规定条件的申请人的注册，并报财政部备案。

第三讲　注册会计师业务范围

【知识要点】

根据《注册会计师法》的规定，注册会计师依法承办审计业务、会计咨询和会计服务业务。

此外，注册会计师还根据委托人的委托，从事审阅业务、其他鉴证业务和相关服务业务。

一、审计业务

1. 审查企业财务报表，出具审计报告

注册会计师审计作为会计监督体系的重要组成部分，国家对此十分重视。国务院《关于整顿会计工作秩序　进一步提高会计工作质量的通知》明确指出，为了有效制止和防范利用财务报表弄虚作假，提高财务报表质量，要依法实行企业年度财务报表审计制度。可见，国家对注册会计师在整顿会计工作秩序、规范和加强会计工作以及保证会计信息质量方面寄予厚望。随着执业准则体系的逐步完善，注册会计师执业行为日益规范，执业水平不断提高，注册会计师行业必将成为享有较高公信力的行业，为维护会计秩序、保证会计信息质量作出应有的贡献。

目前，国家对上市公司监管所依据的信息主要来自上市公司的财务报表和注册会计师对其出具的审计报告，注册会计师在某种程度上已成为上市公司监管的第一道防线，在证券市场上扮演着越来越重要的角色。注册会计师审计上市公司，旨在对财务报表是否按照适用的会计准则编制发表审计意见。如果注册会计师出具了非标准审计报告，表明财务报表存在着程度不同的问题，或需要在某一方面予以强调。上市公司为了避免注册会计师出具这种类型的审计报告，无论是否情愿，都必须遵守国家颁布的企业会计准则。从某种意义上说，注册会计师通过对上市公司年度财务报表的审计，实施了对上市公司的监管，提高了会计信息的质量。因此，注册会计师作为独立审计人，是联系资本市场和广大投资者必不可少的纽带，对投资者承担着重大责任。

不仅上市公司需要注册会计师审计，国有企业及其他企业也需要注册会计师审计。1998 年 10 月，财政部根据国务院机构改革的要求，进一步转变财政职能，发挥注册会计师在企业财务会计监督中的作用，发布了《国有企业年度财务报表注册会计师审计暂行办法》，规定从 1998 年起，国有企业年度财务报表除个别特殊行业（企业）外，不再实行财政审批制度，其年度财务报表应于年度终了在规定时间内委托注册会计师实施审计。国务院于 2000 年公布并自 2001 年 1 月 1 日起施行的《企业财务会计报告条例》，要求国有企业、国有控股的或占主导地位的企业应当至少每年一次向本企业的职工代表大会公布财务会计报告，并重点说明注册会计师审计的情况。

2. 验证企业资本，出具验资报告

根据《公司法》《公司登记管理条例》等法律和法规的规定，公司及其他企业在设立审批时，必须提交注册会计师出具的验资报告。《公司法》第二十九条规定："股东缴纳出资后，必须经依法设立的验资机构验资并出具证明。"《公司法》第九十条规定："发行股份的股款缴足后，必须经依法设立的验资机构验资并出具证明。"公司及其他企业申请变更注册资本时，也要提交验资报告。因此，验资业务成为注册会计师业务的重要组成部分。与审计报告一样，验资报告具有法定证明效力，注册会计师及其所在会计师事务所对其出具的验资报告承担相应的法律责任。

3. 办理企业合并、分立和清算事宜中的审计业务，出具有关报告

企业在合并、分立或终止清算时，应当分别编制合并、分立或清算财务报表。为了帮助财务报表使用者确立对这些报表的信赖程度，企业需要委托注册会计师对其编报的财务报表进行审计。在对这些财务报表的审计过程中，注册会计师同样应当审查形成财务报表各项目数据的所有会计资料及其反映的经济业务，并关注企业合并、分立或清算过程中出现的特定事项，在取得充分和适当的审计证据后，复核各项审计结论，形成并发表审计意见。办理企业合

并、分立或清算事宜中的审计业务后出具的相应的审计报告同样具有法定证明效力，承办注册会计师及其所在的会计师事务所应当承担相应的法律责任。

4. 办理法律和行政法规规定的其他审计业务，出具相应的审计报告

在实际工作中，注册会计师还可根据国家法律和行政法规的规定接受委托，对以下特殊目的的业务进行审计：①按照特殊编制基础编制的财务报表。②财务报表的组成部分，包括财务报表特定项目、特定账户或特定账户的特定内容。③合同遵循情况。④简要财务报表。这些业务的办理需要注册会计师具备和运用相关的专业知识，注意处理问题的特殊性。对于执行特殊目的的审计业务出具审计报告，也具有法定证明效力，注册会计师及其所在的会计师事务所对此也应承担相关的法律责任。

二、审阅业务

注册会计师的业务范围经历了由法定审计业务向其他领域拓展的过程。从国内外有关注册会计师的法律看，法定审计业务是注册会计师的核心业务。例如在美国，有关注册会计师的立法始于 1986 年的纽约州，到了 20 世纪 20 年代中期，各个州都已制定了相应的注册会计师法。尽管各个州出台的注册会计师法有所不同，但有一个共同点，即授予注册会计师从事法定审计业务的特许权，除注册会计师外，其他组织和人士不得承办法定审计业务。我国 1993 年 10 月出台的《注册会计师法》，同样规定了注册会计师的法定审计范围。随着经济的发展和社会的需求，注册会计师及时调整了专业服务的性质、范围和领域。

三、其他鉴证业务

目前，在全球范围内，除了审计和审阅业务外，注册会计师还承办其他鉴证业务，如预测性财务信息审核、网域认证和系统鉴证等，这些鉴证业务可以提高信息使用者的信任程度。

关注到注册会计师服务领域不断扩展的这一趋势，国际会计师联合会（IFAC）着手研究、制定并发布适应当前经济环境的执业准则。2002 年，IFAC 下属的国际审计事务委员会（IAPC，IAASB 的前身）发布了 ISAE 100《鉴证业务》，旨在为所有类型的鉴证业务提供一致的框架。2004 年 12 月，ISAE 100 被废止，取而代之的是 ISAE 3000《除历史财务信息审计和审阅之外的鉴证业务》，并于 2005 年 1 月 1 日生效。

为了适应不断变化的注册会计师执业环境，加快执业准则国际化趋同的步伐，满足注册会计师的执业需求，中国注册会计师协会也在借鉴国际准则的体系和《国际鉴证业务准则第 3000 号——历史财务信息审计或审阅以外的鉴证业务》。

我国注册会计师承办的业务范围较为广泛，既有针对历史财务信息的审计和审阅业务，又有历史财务信息以外的其他鉴证业务，如内部控制审核和预测性财务信息审核等。

四、相关服务

相关服务包括对财务信息执行商定程序、代编财务信息、税务服务、管理咨询服务以及会计服务等。

1. 对财务信息执行商定程序

对财务信息执行商定程序是注册会计师对特定财务数据、单一财务报表或整套财务报表等财务信息执行与特定主体商定的具有审计性质的程序，并就执行的商定程序及其结果出具报告。

2. 代编财务信息

代编财务信息是注册会计师运用会计而非审计的专业知识和技能，代客户编制一套完整或非完整的财务报表，或代为收集、分类和汇总其他信息。

3. 税务服务

税务服务包括税务代理和税务筹划。税务代理是注册会计师接受企业或个人委托，为其填制纳税申报表，办理纳税事项。税务筹划是由于纳税义务发生范围和时间不同，注册会计师从客户利益出发，代替纳税义务人设计可替代或不同结果的纳税方案。其始于所得税的纳税筹划，现已扩展到财产税和遗产税等诸多税种。

4. 管理咨询服务

管理咨询服务是注册会计师与非注册会计师激烈竞争的一个领域。从 20 世纪 50 年代起，注册会计师的管理咨询服务收入开始增长，并保持了强劲的增长势头。其原因主要是：首先，管理咨询服务是增值服务；其次，企业内部结构重组给注册会计师带来了无限商机。近几年，大型会计师事务所越来越明显地成为管理咨询服务的主要提供者。管理咨询服务范围很广，主要包括对公司的治理结构、信息系统、预算管理、人力资源管理、财务会计以及经营效率、效果和效益等提供诊断及专业意见与建议。

5. 会计服务

注册会计师提供的会计咨询和会计服务业务，除了代编财务信息外，还包括对会计政策的选择和运用提供建议，担任常年会计顾问等。注册会计师执行的会计咨询和会计服务业务属于服务性质，是所有具备条件的中介机构甚至个人都能够从事的非法定业务。

第四讲　注册会计师职业道德规范

【知识要点】

一、职业道德规范的含义

道德是社会为了调整人们之间以及个人和社会之间的关系所提倡的行为规范的总和，它通过各种形式的教育和社会舆论的力量，使人们具有善和恶、荣誉和耻辱以及正义和非正义等概念，并逐渐形成一定的习惯和传统，以指导或控制自己的行为。职业道德是某一职业组织以公约、守则等形式公布的，其会员自愿接受的职业行为标准。所谓注册会计师职业道德，是指注册会计师职业品德、职业纪律、专业胜任能力及职业责任等的总称。

注册会计师的职业性质决定了其对社会公众应承担的责任。注册会计师行业之所以在现代社会中产生和发展，是因为注册会计师能够站在独立的立场对企业管理层编制的财务报表进行审计，并提出客观和公正的审计意见，作为企业会计信息外部使用人进行决策的依据。所谓会计信息外部使用人，包括企业现有和潜在的投资人、债权人以及政府有关部门等所有与企业有关并关心企业的人士，可泛指为社会公众。社会公众在很大程度上依赖企业管理层编制的财务报表和注册会计师发表的审计意见，并以此作为决策的基础。注册会计师尽管接受被审计单位的委托并向其收取费用，但从本质上讲，服务的对象却是社会公众，这就决定了注册会计师从诞生的那一天起就承担了对社会公众的责任。

为使注册会计师切实担负起神圣的职责，为社会公众提供高质量的、可信赖的专业服务，在社会公众中树立良好的职业形象和职业信誉，就必须大力加强对注册会计师的职业道德教育，强化道德意识和提高道德水准。注册会计师的道德水平如何是关系到整个行业能否生存和发展的大事，尤其在我国，注册会计师事业恢复与重建的历史只有 30 多年，注册会计师尚未普遍树立起强烈的风险意识、责任意识和道德意识。在推进社会主义市场经济建设中，强调注册会计师的职业道德，更有其深刻的现实意义和深远的历史意义。

从世界各国来看，凡是建立注册会计师制度的国家，都制定了相应的注册会计师职业道德规范，以昭示注册会计师应达到的道德水准。中国注册会计师协会自 1988 年成立以来，一直非常重视注册会计师职业道德规范建设。1992 年，该协会发布了《中国注册会计师职业道德守则(试行)》；1996 年 12 月 26 日，经财政部批准，该协会发布了《中国注册会计师职业道德基本准则》；2002 年 6 月 25 日，为解决注册会计师职业中违反职业道德的现象，发布了《中国注册会计师职业道德规范指导意见》，并于 2002 年 7 月 1 日起施行。

《中国注册会计师职业道德规范指导意见》分为两个层次：一是基本原则；二是具体要求。基本原则包括注册会计师履行社会责任，恪守独立、客观和公正的原则，保持应有的职业谨慎，保持和提高专业胜任能力，遵守审计准则等职业规范，履行对客户的责任以及对同行的责任等。具体要求包括独立性、专业胜任能力、保密、收费与佣金、与执行鉴证业务不相容的工作、接任前任注册会计师的审计业务，以及广告、业务招揽和宣传等。

二、注册会计师职业道德基本原则

注册会计师为实现执业目标，必须遵守一系列前提或基本原则。这些基本原则包括诚信，独立、客观和公正，专业胜任能力和应有关注，保密，职业行为以及技术准则。

1. 诚信

诚信是指诚实、守信，是指一个人言行和内心思想一致，不虚伪，能够履行与别人的约定而取得对方的信任。诚信原则要求注册会计师应当在所有的职业关系和商业关系中保持正直和诚实，秉公处事、实事求是。

注册会计师如果认定业务报告、申报资料或其他信息存在下列问题，则不得与这些有关问题的信息发生牵连：含有严重虚假或误导性的陈述或信息；含有缺乏充分根据的陈述或信息；存在遗漏或含糊其词的信息。

2. 独立、客观和公正

独立、客观和公正是注册会计师职业道德中的三个重要的概念，也是对注册会计师职业道德的最基本要求。

(1) 独立。独立性是注册会计师执行鉴证业务的灵魂，因为注册会计师要以自身的信誉向社会公众表明，被审计单位的财务报表是真实与公允的。根据国内外有关文献，我们给出独立性的定义："独立性，是指实质上的独立和形式上的独立。实质上的独立，是指注册会计师在发表意见时其专业判断不受影响，公正执业，保持客观和专业怀疑；形式上的独立，是指会计师事务所或鉴证小组避免出现这样重大的情形，使得拥有充分相关信息的理性第三方推断其公正性、客观性或专业怀疑受到损害。"

(2) 客观。注册会计师应当力求公平，不因成见或偏见、利益冲突和他人影响而损害其客观性。注册会计师在许多领域提供专业服务，在不同情况下均应表现出其客观性。在确定哪些情况和业务尤其需要遵循客观性的职业道德规范时，应当充分考虑以下因素：①注册会计师可能被施加压力，这些压力可能损害其客观性。②列举和描述在制定准则以识别实质上或形式上可能影响注册会计师客观性的关系时，应体现合理性。③应避免那些导致偏见或受到他人影响，从而损害客观性的关系的存在。④注册会计师有义务确保参与专业服务的人员遵守客观性原则。⑤注册会计师既不得接受，也不得提供可被合理认为对其职业判断或对其业务交往对象产生重大不当影响的礼品或款待，尽量避免使自己专业声誉受损的情况。

（3）公正。注册会计师在提供专业服务时，应当坦率和诚实，保证公正。公正不仅仅指诚实，还有公平交易和真实的含义。无论提供何种服务，担任何种职务，注册会计师都应维护其专业服务的公正性，并在判断中保持客观。

3. 专业胜任能力和应有关注

（1）专业胜任能力的内容。注册会计师，应当具有专业知识、技能或经验，能够胜任承接的工作。专业胜任能力既要求注册会计师具有专业知识、技能和经验，又要求其经济、有效地完成客户委托的业务。资本市场的发展和完善，为注册会计师提供了广阔的发展机会。进入注册会计师职业的人士，并不需要大量的资本投入，可以用一支笔或一台计算机就能开始职业生涯，但必须具有相当的教育程度和一定的能力。为何要把专业胜任能力提高到道德层次？这是因为，注册会计师如果不能保持和提高专业胜任能力，就难以完成客户委托的业务。事实上，如果注册会计师缺乏足够的知识、技能和经验提供专业服务，就构成了一种欺诈。当然，注册会计师依法取得了执业证书，就表明在该领域预备了一定的知识，但能否保持专业胜任能力只有自己才清楚。这意味着，一个合格的注册会计师，不仅要充分认识自己的能力，对自己充满信心，更重要的是，必须清醒地认识到自己在专业胜任能力方面的不足，不承接自己不能胜任的业务。如果注册会计师不能认识到这一点，承接了其难以胜任的业务，就可能给客户乃至社会公众带来危害。注册会计师作为专业人士，在许多方面都要履行相应的责任，保持和提高专业胜任能力就是其中之一。

（2）专业胜任能力的两个阶段。注册会计师如果不能保持和提高专业胜任能力，就难以完成客户委托的业务，也就从根本上无法满足社会公众对注册会计师行业的需求。因此，注册会计师不能宣称自己拥有本不具备的专业知识或经验。

（3）利用其他专家的工作。注册会计师不应提供本不能胜任的专业服务，除非获得适当的建议和帮助使其能够满意地提供这些服务。如果注册会计师没有能力提供专业服务的某些特定部分，可以向其他注册会计师、律师、精算师、工程师、地质专家和评估师等专家寻求技术建议。

（4）应有关注。注册会计师提供专业服务时，应保持应有的职业关注、专业胜任能力和勤勉，并且随着业务、法规和技术的不断发展，应使自己的专业知识和技能保持在一定水平之上，以确保客户能够享受到高水平的专业服务。注册会计师在执业过程中要保持职业谨慎，以质疑的思维方式评价所获取证据的有效性，并对产生怀疑的证据保持警觉。

4. 保密

注册会计师能否与客户维持正常的关系，有赖于双方能否自愿而又充分进行沟通和交流，不掩盖任何重要的事实和情况。只有这样，注册会计师才能有效地完成工作。如果注册会计师受到客户的严重限制，不能充分了解情况，就无法发表审计意见。另外，注册会计师与客户的沟通，必须建立在为客户信息保密的基础上。因此，注册会计师在签订业务约定书时，应当书面承诺对在执行业务过程中获知的客户信息保密。这里所说的客户信息，通常是指商业秘密。一旦商业秘密被泄露或被利用，往往给客户造成损失。因此，许多国家规定，在公众领域执业的注册会计师，不能在没有取得客户同意的情况下泄露任何客户的商业秘密。

在所有情况下，注册会计师都应当考虑是否需要向法律顾问和职业组织进行咨询。

5. 职业行为

注册会计师的行为应符合本职业的良好声誉，不得有任何损害职业形象的行为。这一义务要求注册会计师履行对社会公众、客户和同行的责任。

6. 技术准则

注册会计师应当遵照相关的技术准则提供专业服务。注册会计师有责任在执业时，保持应有的关注和专业胜任能力，并在遵守公正性和客观性要求的限度内为客户提供优质服务；在执行审计、审阅和其他鉴证业务时，还应遵守独立性要求。注册会计师应当遵守以下技术准则：①中国注册会计师执业准则。②企业会计准则。③与执业相关的其他法律、法规和规章。

单元测试

1. 单项选择题

(1) 注册会计师从事(　　)工作属于法定审计业务。

A. 参与企业筹建和起草投资协议　　B. 进行破产清算和出具清算审计报告

C. 咨询服务、代理记账和税务代理　　D. 审查内部控制和提出管理建议

(2) 在我国，有限责任事务所的注册资本不得少于人民币(　　)万元。

A. 30　　B. 50　　C. 100　　D. 200

(3) 会计师事务所不得从事的业务是(　　)。

A. 财务报表审计　　B. 以净资产增资的审验

C. 财务报表审阅　　D. 税收征管

(4) 下列各项业务中，属于其他鉴证业务的是(　　)。

A. 内部控制审计　　B. 年度财务报表审计

C. 中期财务报表审阅　　D. 月度财务报表分析

(5) 下列情况中，影响会计师事务所的独立性且导致会计师事务所不能承办该业务的是(　　)。

A. 鉴证小组成员张芳的父亲是鉴证客户的职员

B. 会计师事务所的注册会计师李芳成了鉴证客户的总经理

C. 鉴证小组成员李豪在鉴证客户的控股子公司中拥有5%的股份

D. 在鉴证报告涉及的期间内，鉴证小组成员张品曾是鉴证客户的董事

(6) 会计师事务所和注册会计师的下列行为中，不违反职业道德规范的是(　　)。

A. 承接了自己代理记账客户的财务报表的审计业务

B. 遵守审计准则等审计职业规范，合理运用会计准则及国家其他相关技术规范

C. 以注册会计师个人名义承接财务报表的审计业务

D. 不对自己的能力进行广告宣传

(7) 下列各项中，属于"同行责任"职业道德要求的是(　　)。

A. 不以向他人支付佣金等不正当方式招揽业务

B. 不允许他人借用本人、本所的名义承接业务

C. 注册会计师不以个人名义同时在2家或2家以上的会计师事务所执业

D. 不承接不能按时完成的业务

(8) 注册会计师应当在维护社会公众利益的前提下,竭诚为客户服务,这是对注册会计师(　　)的要求。

A. 客观性　　B. 公正性　　C. 职业谨慎　　D. 对客户的责任

(9) 下列关于独立性的论述中,正确的是(　　)。

A. 独立性可能受经济利益威胁、自我评价威胁、关联关系威胁和外部压力威胁的影响

B. 独立性不是审计程序应考虑的因素

C. 独立性对财务报表的影响是非实质性的影响

D. 独立性不是注册会计师职业道德准则的要求

(10) 注册会计师努力达到形式上的独立,是为了(　　)。

A. 使独立第三方觉得注册会计师没有损害其正直与诚实

B. 使实质上也独立

C. 遵照审计准则对于现场工作的要求

D. 评估所有持续会计重要性的事项

(11) 下列关于专业胜任能力的表达中,不正确的是(　　)。

A. 注册会计师不能宣称自己拥有本不具备的专业知识或经验

B. 专业胜任能力分为专业胜任能力的获取和保持两个独立的阶段

C. 注册会计师不应提供本不能胜任的专业服务,除非获得适当的建议和帮助使其能够满意地提供这些服务

D. 注册会计师在依赖专家的技术能力时,应当相信他们了解职业道德的要求

(12) 注册会计师担任某项审计业务的外勤负责人,如在执业过程中发现自己无法胜任,应要求其所在的会计师事务所(　　)。

A. 聘请相关专家　　B. 改派其他注册会计师

C. 终止该项业务约定　　D. 出具无法表示意见的审计报告

(13) 下列各项中,属于违反职业道德规范行为的是(　　)。

A. 注册会计师按照业务约定和专业准则的要求完成委托业务

B. 注册会计师应当对执行业务过程中知悉的商业秘密保密

C. 除有关法规允许的情形外,会计师事务所不得以或有收费形式为客户提供各种鉴证服务

D. 注册会计师可以对其能力进行广告宣传,但不得诋毁同行

(14) 会计师事务所对无法胜任或不能按时完成的业务,应(　　)。

A. 聘请其他专业人员帮助　　B. 转包给其他会计师事务所

C. 减少业务收费　　D. 拒绝接受委托

2. 多项选择题

(1) 下列各项中,属于注册会计师审计业务的有(　　)。

A. 验证企业资本　　B. 审核盈利预测　　C. 审计会计制度　　D. 审计简要财务报表

(2) 目前,我国会计师事务所的组织形式有(　　)。

A. 独资会计师事务所　　B. 普通合伙制会计师事务所

C. 有限公司制会计师事务所　　D. 有限责任合伙制会计师事务所

(3) 下列各项中,符合注册会计师职业道德规范的有(　　)。

A. 会计师事务所没有以降低收费的方式招揽业务

B. 会计师事务所为争取更多的客户对其能力作广告宣传
C. 会计师事务所可允许有条件的其他单位以本所名义承办业务
D. 会计师事务所没有雇用正在其他事务所执业的注册会计师
(4) 注册会计师对客户负有的责任包括(　　)。
A. 按时按质完成委托业务
B. 保守执行业务中知悉的商业秘密
C. 不按服务成果大小收取报酬
D. 不得代行委托单位管理决策的职能
(5) 注册会计师的下列行为中,违反职业道德规范的包括(　　)。
A. 承接了主要工作需由事务所外专家完成的业务
B. 按服务成果的大小进行收费
C. 不以个人名义承接一切业务
D. 对事务所的能力进行广告宣传
(6) 下列情形中,损害独立性的有(　　)。
A. ABC会计师事务所在对V公司出具审计报告的同时,针对审计过程中发现的问题,向V公司提出了会计政策选用和会计处理调整的建议,并协助其解决相关账户调整问题,另外,还提供正式纳税鉴证意见。为此,双方另行签订了业务约定书
B. V公司由于财务人员短缺,2008年向ABC会计师事务所借用1名注册会计师,由该注册会计师将经会计主管审核的记账凭证录入计算机信息系统。ABC会计师事务所将该注册会计师包括在V公司2008年度财务报表审计项目组
C. V公司要求ABC会计师事务所在出具审计报告的同时,编制财务报表。为此,另行签订了业务约定书
D. V公司要求ABC会计师事务所在出具审计报告的同时,提供内部控制审核报告。为此,另行签订了业务约定书
(7) 下列情况中,影响注册会计师独立性的事项有(　　)。
A. 注册会计师担任鉴证客户的独立董事
B. 注册会计师的妻子在委托单位有经济利益
C. 注册会计师担任委托单位常年会计顾问
D. 注册会计师的叔叔任行长的商业银行贷款给事务所购买办公楼
(8) 下列有关会计师事务所的业务承接中,说法正确的有(　　)。
A. 承接新业务时必须考虑独立性
B. 连续接受委托时不必考虑其独立性
C. 如果某项业务需要借助外部专家的工作,会计师事务所也可以承接
D. 如果某项业务整个会计师事务所都无法胜任,会计师事务所应当拒绝接受该项业务的委托
(9) 会计师事务所承接审计业务时,应考虑的因素主要包括(　　)。
A. 独立性
B. 专业胜任能力
C. 公正性
D. 被审计单位管理当局的品行
(10) 下列说法中,正确的有(　　)。
A. 会计师事务所迁址后可以在电台、电视台、报纸和杂志上登广告
B. 注册会计师可以对其能力进行如实宣传,以扩大其知名度
C. 会计师事务所不得以降低收费的方式招揽业务

D. 会计师事务所不得向得到本所帮助取得委托业务的其他会计师事务所收取介绍费、佣金或回扣

3. 判断题

(1) 注册会计师协会的个人会员都是在会计师事务所从业的注册会计师。 (　　)

(2) 合伙会计师事务所以其全部资产对其债务承担责任,合伙人则以其出资额为限承担责任。 (　　)

(3) 全科成绩合格者,领取全国考试委员会颁发的全科合格证书,并可申请加入中国注册会计师协会成为会员。 (　　)

(4) 注册会计师执行的会计咨询和会计服务业务属于服务性质,是具备条件的中介机构甚至个人都能够从事的非法定业务。 (　　)

(5) 会计师事务所到外地承办审计业务,须经当地财政部门批准。 (　　)

(6) 注册会计师经所在会计师事务所同意,可为其他会计师事务所提供服务。 (　　)

(7) 根据《职业道德规范指导意见》,经济利益、自我评价、关联关系和外界压力会损害注册会计师独立性。 (　　)

(8) 如果 2020 年 A 会计师事务所被甲公司辞聘,A 会计师事务所可以把在 2019 年审计中获知的被审计单位信息告诉某一收购者。 (　　)

(9) 会计师事务所和注册会计师可以通过媒体寻找业务合作,以寻找转包业务。 (　　)

(10) 会计师事务所和注册会计师可以将含有技术信息并标有会计师事务所名称手册和其他文件向社会公众发放。 (　　)

(11) 注册会计师的名片上可以印有姓名、专业资格、职务、社会职务、专家称谓以及会计师事务所的地址和标识等。 (　　)

(12) 注册会计师只要在审计过程中保持了公正无偏的态度,在履行专业判断和发表审计意见时不依赖和屈从于外界的压力和影响,没有主观偏袒任何一方当事人,即可被认为恰当地遵守了独立性原则。 (　　)

(13) 注册会计师不得为被审计单位提供代为编制财务报表等专业服务。 (　　)

(14) 注册会计师对于在审计过程中得到的资料和情况,除非得到委托单位的书面允许,否则不得提供或泄露给第三者,也不能将其用于私人目的。 (　　)

(15) 会计师事务所为某企业提供会计服务后,就不得接受该企业当年度的审计委托。 (　　)

实务训练

指出下列事项中注册会计师为保持独立性是否应该回避?为什么?注册会计师所在的会计师事务所还能否承担此业务?应该注意什么?

(1) 注册会计师李豪的女儿向银行申请房屋抵押贷款时,按照正常的贷款程序、条件和要求由华兴公司作为其贷款担保人贷款,会计师事务所委派李豪审计华兴 2019 年度的财务报表。

(2) 注册会计师李豪的妻子拥有华兴公司超过 5% 的股权,华兴公司聘请李豪审计其 2019 年度的财务报表。

(3) 华兴公司聘请注册会计师李豪审计其2019年度的财务报表，李豪妻子的弟弟担任华兴公司的独立董事。

(4) 华兴公司聘请注册会计师李豪审计其2019年度的财务报表，华兴公司是一家股份制商业银行，曾长期为李豪父亲担任董事长的公司提供贷款业务。

(5) 注册会计师李豪长期为华兴公司代理记账和代编财务报表，华兴公司聘请李豪审计其2019年度的财务报表。

(6) 会计师事务所委派注册会计师李豪审计华兴公司2019年度的财务报表，李豪拥有华兴公司的子公司发行的公司债券。

第三单元　审计准则与法律责任

导学目标

通过本单元课程教学，学生应该熟悉中国注册会计师执业准则；明确注册会计师的法律责任；理解注册会计师避免法律诉讼的措施。

导学案例

安然公司财务舞弊案与审计责任

（一）安然公司的造假手段

1. 通过 SPE 高估利润，隐瞒负债。安然公司自 1997 年以来，主要通过“组织创新”“交易设计”和“衍生工具”等方式创立了近 3 000 家特殊日的实体(Special Purpose Entity, SPE)，其中 900 家设在“避税天堂”的国家和地区。安然公司通过滥用 SPE 不并表的规定，进行表外融资，提高信用等级；并通过与 SPE 发生资产买卖、股权转让和对冲交易等业务，夸大营业规模，编造会计利润。

2. 利用出售回购和股票转让，损纵利润。1999 年 6 月至 2001 年 9 月，安然公司与 LJM 公司发生了 24 笔交易。这些交易发生的时间主要集中在编制年度和季度财务报表之前，在财务报表编制之后，已出售的大部分资产又由安然公司或其控制的其他 SPE 以更高的价格赎回。通过与 LJM 公司的关联交易，以偏离公允价值的方式虚构利润 5.57 亿美元；通过出售资产给 LJM 公司，确认利润 8 730 万美元；通过受让 LJM 公司控制的 5 个 SPE 的股权，确认这些 PSE 与风险管理有关的利润为 4.7 亿美元。

3. 策划不具实质的对冲交易，掩盖投资损失。2000 年年末，安然公司持有高风险投资 90 亿美元。为避免利润大起大落，安然公司与 LJM2 合作设立了 4 家猛兽类 SPE，作为对安然公司交易类证券的避险工具。安然公司利用与这 4 个 SPE 的对冲交易，在短短 5 个季度中隐瞒了 10 亿美元的损失(占当期利润总额的 72%)。

4. 利用衍生金融工具操纵利润。安然公司利用衍生金融工具操纵利润主要表现为：2000 年非衍生金融工具的成本大于收入；非衍生金融工具的毛利处于逐年递减的趋势；公司营业利润主要来自金融衍生工具的利得，剔除衍生金融工具的利得，安然公司连续 3 年的营业利润均系亏损；衍生金融工具利得对报表的影响重大，仅在 2000 年衍生金融工具利得就是其净利润的近8倍。

5. 空挂应收票据,虚增资产和股东权益。2000年4月,安然公司向"鹰爪"出售1.72亿美元的股票,"鹰爪"向安然公司出具了1.72亿美元的应付本票,在未收到任何认股款的情况下确认实收资本增加,并相应增加"应收票据",由此虚增资产和股东权益1.72亿美元。

2001年,安然公司向"大灰狼""野山猫"出售远期合约并承诺在未来向这两家SPE发行8.28亿美元的安然公司股票,以此交换他们出具的应付票据。安然公司将这些远期合约记录为实收资本和应收票据的增加,两项合计虚增资产和实收资本10亿美元。

(二) 安达信审计情况分析

被称为世界"五大"会计师事务所之一的安达信会计师事务所(以下简称安达信),由于受安然公司的影响,安达信美国公司2002年8月31日发表声明时说,"退出人事上市公司审计业务,自愿放弃、同意撤销其在所有州内为上市公司提供服务的执照"。当年6月,美国联邦大陪审团裁定,负责安然公司审计业务的安达信美国公司销毁和修改有关安然公司的审计文件,犯有妨碍司法公正罪。

从事件的发案至判决,短短9个月时间,安达信就从世界顶尖会计师事务所之列落到关门大吉的地步。分析其审计失败的原因,主要有:

1. 出具了严重失实的审计报告和内部控制评价报告。安然公司自1985年成立以来,其财务报表一直由安达信审计。2000年度,安达信为安然公司出具了两份报告,一份是无保留意见加解释性说明段(对会计政策变更的说明)的审计报告,另一份是对安然公司管理当局声称其内部控制能够合理保证其财务报表可靠性予以认可的评价报告。这两份报告与安然公司存在的前述重大会计问题形成鲜明的反差,已成为笑柄。

2. 审计缺乏独立性。独立性是社会审计的灵魂,离开了独立性,审计质量只能是一种奢谈。安达信对安然公司的审计缺乏形式上的独立性,主要表现为:一是在为安然公司提供审计鉴证服务的同时提供收入不菲的咨询业务。安然公司是安达信的第二大客户,2000年度,安达信向安然公司收取了高达5 200万美元的费用,其中一半以上为咨询服务收入。安达信提供的咨询服务甚至包括代理记账。社会各界纷纷质疑,既然安达信从安然公司获取回报丰厚的咨询收入,它能保持独立吗?二是安然公司的许多高层管理人员,如首席财务主管、首席会计主管和公司发展部副总经理等高层管理人员均为安达信的前雇员,有损安达信审计的独立性。三是安达信在已觉察安然公司会计问题的情况下,未采取必要的纠正措施。四是销毁审计工作底稿,妨碍司法调查,成为审计史的"绝无仅有"。

资料来源:根据网上资料整理。

思考:

你认为在该案中,注册会计师应承担何种法律责任?

第一讲 注册会计师执业准则概述

【知识要点】

一、审计准则的定义

审计准则是为确保审计工作质量,要求审计组织和审计人员在执业过程中遵循的基本原则和规范。审计准则是指国家有关部门或会计师职业团体以及审计组织和审计人员在执行审计业务过程中应遵守的技术规范，它既是衡量审计工作的质量标准，又是判断审计人员审计职责履行情况的一个法定依据。建立审计准则的根本宗旨就是指导审计人员更好地履行其职能，以确保审计工作的质量。对于执行审计业务的人员来说，审计准则是审计人员行动的规范，是审计人员衡量自身工作质量的标准；从审计管理的角度来说，审计准则是审计组织衡量其工作人员工作质量的标准；从社会各界对审计工作质量监督的角度来说，审计准则是衡量审计组织服务质量的标准。

二、审计准则的作用

审计准则的作用归纳起来有以下几个方面：

（1）审计准则规定了审计人员必须具备的个人资格和素质，为保证审计工作的质量奠定了基础。审计人员应具备的素质通常包括接受教育和培训的程度，实际操作的经验和精神品质方面的要求等。

（2）审计准则为评价考核审计组织和审计人员的工作质量提供了依据。以审计准则为依据评价考核审计人员的工作质量，对审计人员提高个人的声望，对审计组织加强内部管理，提高本组织在职业界以及社会各界心目中的地位，都具有重要的作用。同时，审计客户需要了解审计组织及其人员的能力，以便决定是否与之建立和保持委托关系；法庭需要评价审计组织及其人员的工作质量，以便对有关的诉讼案作出正确的判断；公众需要评价审计组织及其人员履行职责的情况，以便树立对审计报告的信心；审计专业团体也需要评价审计服务质量，以维护职业界的形象和利益，并加速本专业的发展。

（3）审计准则规定了审计人员应具备的条件和审计工作应达到的质量，为审计人才的培养明确了方向。

三、注册会计师执业准则的建设

审计准则作为规范注册会计师执业审计业务的权威性准则，对提高注册会计师执业质量，降低审计风险，维护社会公众利益具有重要的作用，其建设经历了三个阶段。

1. 制定职业规则阶段(1991—1993 年)

中国注册会计师协会成立后，非常重视执业规则的建设。1991—1993 年，该协会先后发布了《注册会计师检查验证财务报表规则（试行）》等七个职业规则。这些职业规则对我国注册会计师行业走向正规化、法制化和专业化起到了积极作用。

2. 建立准则体系阶段(1994—2003 年)

1993 年 10 月 31 日，第八届全国人民代表大会常务委员会第四次会议通过《注册会计师法》，规定中国注册会计师协会依法拟定执业准则和规则，报国务院财政部门批准后施行。经财政部批准同意，中国注册会计师协会自 1994 年 5 月开始起草审计准则。到 2003 年，中国注册会计师协会先后分六批制定了审计准则，目前实施的执业准则共有 52 项。

3. 完善与提高阶段(2004 年至今)

随着审计准则体系的基本建立，制定工作转向完善审计准则体系与提高准则质量并重。自 2004 年以来，中国注册会计师协会在起草新准则的同时，根据审计环境的变化、国际审计准则的最新发展和注册会计师执业的需要，有计划、有步骤地修订已颁布的准则。

审计准则建设以及准则体系的基本建立，有效地适应了注册会计师执业的需要。审计准则已经成为注册会计师执业的必备指导，成为衡量注册会计师执业质量的依据，成为审计理论研究、教学教材建设的重要推动力量。审计准则还是有关部门执法和判断注册会计师执业对错的依据。从近几年已出台的文件来看，在涉及注册会计师审计商业银行、非银行金融机构、大型国有企业和上市公司等主体时，都强调要遵守审计准则，并在调查和处罚违规事件时将审计准则作为衡量的尺度。公安、检察和法院等部门在处理涉及会计师事务所和注册会计师审计业务的案件时，也将审计准则作为重要的法规依据。

四、注册会计师执业准则体系

按照财政部领导关于着力完善我国注册会计师审计准则体系、加速实现与国际准则趋同的指示，中国注册会计师协会拟定及修订和完善了 52 项准则。这些准则的发布，标志着我国已建立起一套适应社会主义市场经济发展要求，顺应国际趋同大势的中国注册会计师执业准则体系。

1. 注册会计师执业准则体系框架

随着经济的发展和社会的需求，注册会计师的业务范围经历了由法定审计业务向其他领域拓展的过程。目前，我国注册会计师承办业务类型较多，其中既有财务报表审计和审阅以及内部控制审核等具有鉴证职能的业务，又有司法诉讼中涉及会计、审计、税务或其他事项的鉴证业务，还有代编财务信息、执行商定程序、管理咨询和税务咨询等不具有鉴证职能的业务。

注册会计师业务范围的拓展，需要丰富和创新审计准则体系，包括重构准则框架、改进准则名称和创新准则编号。

2. 注册会计师执业准则体系的特点

(1) 体现了维护社会公众利益的宗旨。执业准则既规范注册会计师，又与社会公众的利益紧密相关。与以前制定的审计准则相比，注册会计师执业准则体系更加突出了保护社会公众利益的宗旨，强化了注册会计师的职业责任，针对实务中暴露出的不足，严格了程序，要求注册会计师切实承担起保护社会公众利益的责任。

(2) 体现了国际趋同的要求。注册会计师执业准则体系在体系结构、项目构成和基本内容上实现了与国际准则的趋同。

(3) 体现了风险导向审计的要求。传统审计实务建立在传统审计风险模型的基础上，存在很大缺陷。注册会计师往往不注重从宏观层面把握财务报表存在的重大错报风险，而直接实施控制测试和实质性程序，容易产生审计失败。因为，企业管理层串通舞弊或凌驾于内部控制之上，内部控制是失效的。如果注册会计师不把审计视角扩展到内部控制以外，如行业状况、监管环境、企业的性质以及目标、战略和相关经营风险等方面，很容易受到蒙蔽和欺骗，不能发现由于内部控制失效所导致的财务报表重大错报风险。由于某些会计师事务所不进行风险评估，造成审计工作无的放矢，影响了审计效率和效果。

(4) 体现了强化会计师事务所质量控制的要求。健全和完善的质量控制制度是保证会计师事务所及其人员遵守法律、法规的规定，中国注册会计师职业道德规范以及中国注册会计师执业技术准则的基础。

(5) 体现了科学、民主和公开的决策程序。为了保证准则质量，在准则制定过程中，遵循了科学、民主和公开的决策程序。

第二讲 中国注册会计师鉴证业务基本准则

【知识要点】

一、鉴证业务的定义、要素和目标

1. 鉴证业务的定义

鉴证业务基本准则是鉴证业务准则概念框架，旨在规范注册会计师执行鉴证业务，明确鉴证业务的目标和要素，确定审计准则、审阅准则和其他鉴证业务准则适用的鉴证业务类型。

鉴证业务是指注册会计师对鉴证对象信息提出结论，以增强除责任方之外的预期使用者对鉴证对象信息信任程度的业务。鉴证对象信息是按照标准对鉴证对象进行评价和计量的结果，如责任方按照会计准则和相关会计制度（标准）对其财务状况、经营成果和现金流量（鉴证对象）进行确认、计量和列报而形成的财务报表（鉴证对象信息）。

鉴证业务包括历史财务信息审计业务、历史财务信息审阅业务和其他鉴证业务。注册会计师执行历史财务信息审计业务、历史财务信息审阅业务和其他鉴证业务时，应当遵守鉴证业务基本准则以及依据该准则制定的审计准则、审阅准则和其他鉴证业务准则。

2. 鉴证业务的要素

鉴证业务的要素是指鉴证业务的三方关系、鉴证对象、标准、证据和鉴证报告。

(1) 三方关系。三方关系分别是注册会计师、责任方和预期使用者。注册会计师对由责任方负责的鉴证对象或鉴证对象信息提出结论，以增强除责任方之外的预期使用者对鉴证对象信息的信任程度。

(2) 鉴证对象。鉴证对象具有多种不同的表现形式，如财务或非财务的业绩或状况、物理特征、系统与过程以及行为等。不同的鉴证对象具有不同特征。

(3) 标准。标准即用来对鉴证对象进行评价或计量的基准，当涉及列报时，还包括列报的基准。

(4) 证据。获取充分、适当的证据是注册会计师提出鉴证结论的基础。

(5) 鉴证报告。注册会计师应当针对鉴证对象信息（或鉴证对象）在所有重大方面是否符合适当的标准，以书面报告的形式发表能够提供一定保证程度的结论。

3. 基于责任方认定的业务和直接报告业务

鉴证业务分为基于责任方认定的业务和直接报告业务。在基于责任方认定的业务中，责任方对鉴证对象进行评价或计量，鉴证对象信息以责任方认定的形式为预期使用者获取。例如，在财务报表审计中，被审计单位管理层（责任方）对财务状况、经营成果和现金流量（鉴证对象）进行确认、计量和列报（评价或计量）而形成的财务报表（鉴证对象信息）即为责任方的认定，该财务报表可为预期使用者获取，注册会计师针对财务报表出具审计报告。这种业务属于基于责任方认定的业务。

在直接报告业务中，注册会计师直接说明鉴证对象、执行的鉴证程序并提出鉴证结论。

4. 鉴证业务的目标

鉴证业务按保证程度不同，分为合理保证和有限保证。合理保证的保证水平要高于有限保证的保证水平。

合理保证的鉴证业务的目标是注册会计师将鉴证业务风险降至该业务环境下可接受的低

水平，以此作为以积极方式提出结论的基础。例如，在历史财务信息审计中，要求注册会计师将审计风险降至该业务环境下可接受的低水平，对审计后的历史财务信息提供高水平保证（合力保证），在审计报告中对历史财务信息采取积极方式提出结论。这种业务属于合理保证的鉴证业务。

有限保证的鉴证业务的目标是注册会计师将鉴证业务风险降至该业务环境下可接受的水平，以此作为以消极方式提出结论的基础。例如，在历史财务信息审阅中，要求注册会计师将审阅风险降至该业务环境下可接受的水平（高于历史财务信息审计中可接受的低水平），对审阅后的历史财务信息提供低于高水平的保证（有限保证），在审阅报告中对历史财务信息采用消极方式提出结论。这种业务属于有限保证的鉴证业务。

二、业务承接

1. 承接鉴证业务的条件

在接受委托前，注册会计师应当初步了解业务环境。业务环境包括业务约定事项、鉴证对象特征、使用的标准、预期使用者的需求、责任方及其环境的相关特征，以及可能对鉴证业务产生重大影响的事项、交易、条件和管理等其他事项。

在初步了解业务环境后，注册会计师应当考虑承接该业务是否符合独立性和专业胜任能力等相关职业道德规范的要求。例如，注册会计师是否独立于该项鉴证业务的委托人和责任方，是否具备与所承接的鉴证业务相适应的专业胜任能力等。

由于注册会计师并非是所有方面的专家，鉴证业务涉及的特殊知识和技能可能会超出注册会计师的能力，此时，注册会计师可以考虑利用专家的工作。例如，当鉴证对象是信息技术系统的运营情况时，注册会计师可以利用信息技术专家的工作。当鉴证对象是法律法规的遵循情况时，注册会计师可以利用法律专家的工作。

在初步了解业务环境后，只有认为符合独立性和专业胜任能力等相关职业道德规范的要求，并且拟承接的业务具备下列所有特征时，注册会计师才能将其作为鉴证业务予以承接。

当拟承接的业务不具备上述鉴证业务的所有特征，不能将其作为鉴证业务予以承接时，注册会计师可以提请委托人将其作为非鉴证业务（如商定程序、代编财务信息、管理咨询和税务咨询等相关服务业务），以满足预期使用者的需要。

2. 标准不适当时的处理方式

如果拟承接的鉴证业务所采用的标准不适当，注册会计师一般应当拒绝承接该项业务。但这并不是绝对的。如果某项鉴证业务采用的标准不适当，但满足下列条件之一时，注册会计师可以考虑将其作为一项新的鉴证业务：

（1）委托人能够确认鉴证对象的某个方面适用于所采用的标准，注册会计师可以针对该方面执行鉴证业务，但在鉴证报告中应当说明该报告的内容并非针对鉴证对象整体。例如，鉴证对象是企业运营情况（包括企业的内部控制），对运营情况的评价缺乏相关的标准，但可以确信的是，评价企业内部控制情况可以以权威的内部控制规范作为标准。

（2）能够选择或设计适用于鉴证对象的其他标准。例如，鉴证对象是某一都市报的运营情况，其本身可能缺乏相关的评价标准。在这种情况下，注册会计师可以选择报纸发行总量、所在城市每百户平均订阅量，以及报纸的广告收入等行业协会发布的有关报社效率或效果的关键指标作为标准。

3. 已承接鉴证业务的变更

对已承接的鉴证业务，如果没有合理理由，注册会计师不应将该项业务变更为非鉴证业务，或将合理保证的鉴证业务变更为有限保证的鉴证业务。

在实务中，注册会计师一般是应委托人的要求来变更业务类型的。委托人要求变更业务类型主要有以下三方面的原因：

（1）业务环境变化影响到预期使用者的需求。

（2）预期使用者对该项业务的性质存在误解。

（3）业务范围存在限制。

上述第(1)和第(2)点原因通常被认为是变更业务的合理理由。当业务环境变化影响到预期使用者的需求，或预期使用者对该项业务的性质存在误解时，注册会计师可以应委托人的要求，考虑同意变更该项业务。

但如果有迹象表明该变更要求与错误的、不完整的或者不能令人满意的信息有关，注册会计师不应当认为该变更是合理的。

如果没有合理的理由，注册会计师不应当同意变更业务。如果注册会计师不同意变更业务，委托人又不同意继续执行原鉴证业务，注册会计师应当考虑解除业务约定，并考虑是否有义务向有关方面(如委托单位董事会或股东会)说明解除业务约定的理由。

如果发生变更，注册会计师不应忽视变更前获取的证据。此外，注册会计师还需考虑变更业务对法律责任或业务约定条款的影响。如果变更业务引起业务约定条款的变更，注册会计师应当与委托人就新条款达成一致意见。

三、鉴证业务的三方关系

1. 三方关系概述

鉴证业务涉及的三方关系人包括注册会计师、责任方和预期使用者。责任方与预期使用者可能是同一方，也可能不是同一方。

三方之间的关系是，注册会计师对由责任方负责的鉴证对象或鉴证对象信息提出结论，以增强除责任方之外的预期使用者对鉴证对象信息的信任程度。

鉴证业务以提高鉴证对象信息的可信性为主要目的。由于鉴证对象信息(或鉴证对象)是由责任方负责的，因此，注册会计师的鉴证结论主要是向除责任方之外的预期使用者提供的。在某些情况下，责任方和预期使用者可能来自同一企业，但并不意味着两者就是同一方。例如，某公司同时设有董事会和监事会，监事会需要对董事会和管理层提供的信息进行监督。

由于鉴证结论有利于提高鉴证对象信息的可信性，有可能对责任方有用，因此，在这种情况下，责任方也会成为预期使用者之一，但不是唯一的预期使用者。例如，在财务报表审计中，责任方是被审计单位的管理层，此时被审计单位的管理层便是审计报告的预期使用者之一，但同时预期使用者还包括企业的股东、债权人和监管机构等。

因此，是否存在三方关系人是判断某项业务是否属于鉴证业务的重要标准之一。如果某项业务不存在除责任方之外的其他预期使用者，那么该业务不构成一项鉴证业务。

鉴证业务还会涉及委托人，但委托人不是单独存在的一方，委托人通常是预期使用者之一，委托人也可能由责任方担任。

2. 注册会计师

注册会计师是指取得注册会计师证书并在会计师事务所执业的人员，有时也指其所在的会计师事务所。

如果鉴证业务涉及的特殊知识和技能超出了注册会计师的能力，注册会计师可以利用专家协助执行鉴证业务。在这种情况下，注册会计师应当确信包括专家在内的项目组整体已具备执行该项鉴证业务所需的知识和技能，并充分参与该项鉴证业务和了解专家所承担的工作。

3. 责任方

对责任方的界定与所执行鉴证业务的类型有关。责任方是指下列组织或人员：

（1）在直接报告业务中，对鉴证对象负责的组织或人员。例如，在系统鉴证业务中，注册会计师直接对系统的有效性进行评价并出具鉴证报告，该业务的鉴证对象是被鉴证单位系统的有效性，责任方是对该系统负责的组织或人员，即被鉴证单位的管理层。

（2）在基于责任方认定的业务中，对鉴证对象信息负责并可能同时对鉴证对象负责的组织或人员。例如，企业聘请注册会计师对企业管理层编制的持续经营报告进行鉴证。在该业务中，鉴证对象信息为持续经营报告，由该企业的管理层负责，企业管理层为责任方。该业务的鉴证对象为企业的持续经营状况，它同样由企业的管理层负责。再如，某政府组织聘请注册会计师对某企业的持续经营报告进行鉴证，该持续经营报告由该政府组织编制并分发给预期使用者。在该业务中，鉴证对象信息由该政府组织负责，该政府组织为责任方。该业务的鉴证对象为企业的持续经营状况，责任方即该政府组织却无须为其负责。

责任方可能是鉴证业务的委托人，也可能不是委托人。

注册会计师通常提请责任方提供书面声明，表明责任方已按照既定标准对鉴证对象进行评价或计量，无论该声明是否能为预期使用者获取。在基于责任方认定的业务中，注册会计师对责任方认定出具鉴证报告，责任方通常会提供有关该认定的书面声明。在直接报告业务中，当委托人与责任方不是同一方时，注册会计师可能无法获取此类书面声明。

4. 预期使用者

预期使用者是指预期使用鉴证报告的组织或人员。责任方可能是预期使用者，但不是唯一的预期使用者。

如果鉴证业务服务于特定的使用者或具有特殊目的，注册会计师可以很容易地识别预期使用者。例如，企业向银行贷款，银行要求企业提供一份与贷款项目相关的预测性财务信息审核报告，那么，银行就是该鉴证报告的预期使用者。

注册会计师可能无法识别使用鉴证报告的所有组织或人员，尤其在各种可能的预期使用者对鉴证对象存在不同的利益需求时。此时，预期使用者主要是指那些与鉴证对象有重要和共同利益的主要利益相关者。例如，在上市公司财务报表审计中，预期使用者主要是指上市公司的股东。注册会计师应当依据法律、法规的规定或与委托人签订的协议识别预期使用者。

在可行的情况下，鉴证报告的收件人应当明确为所有的预期使用者。需要说明的是，虽然鉴证报告的收件人应当尽可能地明确为所有的预期使用者，但在实务中往往很难做到这一点。原因很简单，有时鉴证报告并不向某些特定组织或人员提供，但这些组织或人员也有可能使用鉴证报告。例如，注册会计师为上市公司提供财务报表审计服务，其审计报告的收件人为"××股份有限公司全体股东"，但除了股东之外，公司债权人、证券监管机构等显然也是预期使用者。

四、鉴证对象

1. 鉴证对象与鉴证对象信息的形式

在注册会计师提供的鉴证业务中，存在多种不同类型的鉴证对象，相应地，鉴证对象信息也具有多种不同的形式。鉴证对象与鉴证对象信息具有多种形式，主要包括：

（1）当鉴证对象为财务业绩或状况时（如历史或预测的财务状况、经营成果和现金流量），鉴证对象信息是财务报表。

（2）当鉴证对象为非财务业绩或状况时（如企业的运营情况），鉴证对象信息可能是反映效率或效果的关键指标。

（3）当鉴证对象为物理特征时（如设备的生产能力），鉴证对象信息可能是有关鉴证对象物理特征的说明文件。

（4）当鉴证对象为某种系统和过程时（如企业的内部控制或信息技术系统），鉴证对象信息可能是关于其有效性的认定。

（5）当鉴证对象为一种行为时（如遵守法律、法规的情况），鉴证对象信息可能是对法律、法规遵守情况或执行效果的声明。

2. 鉴证对象特征

鉴证对象具有不同的特征，可能表现为定性或定量、客观或主观、历史或预测以及时点或期间。这些特征将对下列方面产生影响：

（1）按照标准对鉴证对象进行评价或计量的准确性。

（2）证据的说服力。

例如，当鉴证对象为遵守法规的情况时，它的特征是定性的；当鉴证对象为企业的财务业绩或状况时，它的特征就是定量的。当鉴证对象为企业未来的盈利能力时，它的特征是主观的、预测的；当鉴证对象为企业的历史财务状况时，它的特征就是客观的、历史的；当鉴证对象为企业注册资本的实收情况时，它的特征是时点的；当鉴证对象为企业内部控制过程时，它的特征就是期间的。

通常，如果鉴证对象的特征表现为定量的、客观的、历史的或时点的，评价和计量的准确性相对较高，注册会计师获取证据的说服力相对较强，相应地，对鉴证对象信息提供的保证程度也较高。

3. 适当的鉴证对象应当具备的条件

鉴证对象是否适当是注册会计师能否将一项业务作为鉴证业务予以承接的前提条件。适当的鉴证对象应当同时具备下列条件：

（1）鉴证对象可以识别。

（2）不同的组织或人员对鉴证对象按照既定标准进行评价或计量的结果合理一致。

（3）注册会计师能够收集与鉴证对象有关的信息，获取充分、适当的证据，以支持其提出适当的鉴证结论。

不适当的鉴证对象可能会误导预期使用者。如果注册会计师在承接业务后发现鉴证对象不适当，应当视其重大与广泛程度，出具保留结论或否定结论的报告。

不适当的鉴证对象还可能造成工作范围受到限制。如果注册会计师在承接业务后发现鉴证对象不适当，应当视工作范围受到限制的重大与广泛程度，出具保留结论或无法提出结论的报告。

在适当的情况下，注册会计师可以考虑解除业务约定。

五、标准

1. 标准的定义

标准是指用于评价或计量鉴证对象的基准，当涉及列报时，还包括列报的基准(列报包括披露)。

标准是鉴证业务中不可或缺的一项要素。运用职业判断对鉴证对象作出评价或计量，离不开适当的标准。如果没有适当的标准提供指引，任何个人的解释甚至误解都可能对结论产生影响，这样一来，结论必然缺乏可信性。也就是说，标准是对所要发表意见的鉴证对象进行“度量”的一把“尺子”，责任方和注册会计师可以根据这把“尺子”对鉴证对象进行“度量”。

需要指出的是，对同一鉴证对象进行评价或计量并不一定要选择同一个标准。例如，要评价消费者满意度这一鉴证对象，某些责任方或注册会计师可能会以消费者投诉的次数作为衡量标准；而另外一些责任方或注册会计师可能会选择消费者在初始购买后的 3 个月内重复购买的数量作为衡量的标准。

2. 标准的类型

标准可以是正式的规定，如编制财务报表所使用的会计准则和相关会计制度；也可以是某些非正式的规定，如单位内部制定的行为准则或确定的绩效水平。

正式的规定通常是一些“既定的”标准，是由法律、法规规定的，或是由政府主管部门或国家认可的专业团体依照公开、适当的程序发布的。例如，编制财务报表时，其标准是权威机构发布的会计准则和相关会计制度；编制内部控制报告时，标准可能是已确立的内部控制规范或指引；编制遵循性报告时，标准可能是适用的法律法规。

非正式的规定通常是一些“专门制定的”标准，是针对具体的业务项目“量身定做”的，包括企业内部制定的行为准则、确定的绩效水平或商定的行为要求等。

标准的类型不同，注册会计师在评价标准是否适合于具体的鉴证业务时，所关注的重点也不同。

3. 适当的标准应当具备的特征

注册会计师在运用职业判断对鉴证对象作出合理一致的评价或计量时，需要有适当的标准。标准是否适当、是否适用于具体的鉴证业务，同样离不开注册会计师的职业判断。如果使用的标准不适当或不适用于具体业务，发表的鉴证结论便毫无意义。

适当的标准应当具备相关性、完整性、可靠性、中立性和可理解性等所有特征。可理解的标准有助于得出清晰、易于理解和不会产生重大歧义的结论。

注册会计师基于自身的预期、判断和个人经验对鉴证对象进行的评价和计量，不构成适当的标准。

4. 评价标准的适当性

注册会计师应当考虑运用于具体业务的标准是否具备上述特征，以评价该标准对此项业务的适用性。在具体鉴证业务中，注册会计师在评价标准各项特征的相对重要程度时，需要运用职业判断。

标准可能是由法律法规规定的，或由政府主管部门或国家认可的专业团体依照公开、适当的程序发布的，也可能是专门制定的。采用标准的类型不同，注册会计师为评价该标准对于具体鉴证业务的适用性所需执行的工作也不同。

5. 预期使用者获取标准的方式

标准应当能够为预期使用者获取，以使预期使用者了解鉴证对象的评价或计量过程。标准可以通过下列方式供预期使用者获取：

（1）公开发布。

（2）在陈述鉴证对象信息时以明确的方式表述。

（3）在鉴证报告中以明确的方式表述。

（4）常识理解，如计量时间的标准是小时或分钟。

六、证据

1. 总体要求

注册会计师应当以职业怀疑态度来计划和执行鉴证业务，获取有关鉴证对象信息是否不存在重大错报的充分、适当的证据。在计划和执行鉴证业务时，注册会计师保持职业怀疑态度十分必要。例如，它有助于降低注册会计师忽视异常情况的风险，有助于降低注册会计师在确定鉴证程序的性质、时间、范围及评价由此得出的结论时采用错误假设的风险，有助于避免注册会计师根据有限的测试范围过度推断总体实际情况的风险。

注册会计师应当及时对制定的计划、实施的程序、获取的相关证据以及得出的结论作出记录。在计划和执行鉴证业务，尤其在确定证据收集程序的性质、时间和范围时，应当考虑重要性、鉴证业务风险以及可获取证据的数量和质量。

2. 职业怀疑态度

职业怀疑态度是指注册会计师以质疑的思维方式评价所获取证据的有效性，并对相互矛盾的证据，以及引起对文件记录或责任方提供的信息的可靠性产生怀疑的证据保持警觉。

职业怀疑态度代表的是注册会计师执业时的一种精神状态，它有助于降低注册会计师在执业过程中可能遇到的风险。这些风险通常包括：①忽略了可疑的情况。②在决定证据收集程序的性质、时间和范围时使用了不恰当的假设。③对证据进行了不恰当的评价等。

如果在执行业务过程中识别出的情况使其认为文件记录可能是伪造的或文件记录中的某些条款已发生变动，注册会计师应当作出进一步调查，包括直接向第三方询证，或考虑利用专家的工作，以评价文件记录的真伪。

3. 证据的充分性和适当性

（1）证据的充分性。证据的充分性是对证据数量的衡量，主要与注册会计师确定的样本量有关。所需证据的数量受鉴证对象信息重大错报风险的影响，即风险越大，可能需要的证据数量越多；所需证据的数量也受证据质量的影响，即证据质量越高，可能需要的证据数量越少。

（2）证据的适当性。证据的适当性是对证据质量的衡量，与证据的相关性和可靠性有关。

在考虑证据的相关性时，注册会计师应当能够认识到：①特定的程序可能只为某些认定提供相关的证据，而与其他认定无关。②针对同一项认定，可以从不同来源获取证据或获取不同性质的证据。③只与特定认定相关的证据并不能替代与其他认定相关的证据。

尽管证据的充分性和适当性相关，但如果证据的质量存在缺陷，注册会计师仅靠获取更多的证据可能无法弥补其质量上的缺陷。

（3）鉴证对象特征对证据的充分性和适当性的影响。证据的充分性和适当性还会受到鉴证对象特征的影响。针对一个期间的鉴证对象信息获取充分和适当的证据,通常要比针对一个时点的鉴证对象信息获取充分、适当的证据更困难。针对过程提出的结论通常限于鉴证业务涵盖的期间,注册会计师不应对该过程是否在未来以特定方式继续发挥作用提出结论。

(4) 判断证据充分性和适当性时的决策。注册会计师在判断证据充分性和适当性的时候,常常还会面临这样一种决策:增加成本能否给证据数量和质量带来相应的效益。由于不同来源或不同性质的证据可以证明同一项认定,因此,注册会计师可以考虑获取证据的成本与所获取信息有用性之间的关系,但不应仅以获取证据的困难和成本为由减少不可替代的程序。在评价证据的充分性和适当性以支持鉴证报告时,注册会计师应当运用职业判断,并保持职业怀疑态度。

4. 重要性

(1) 重要性的含义。在确定证据收集程序的性质、时间和范围,评估鉴证对象信息是否存在错报时,注册会计师应当考虑重要性。

所谓重要性,是指鉴证对象信息中存在错报的严重程度。重要性取决于在具体环境下对错报金额和性质的判断。如果一项错报单独或连同其他错报可能影响预期使用者依据鉴证对象信息作出的经济决策,则该错报是重大的。

重要性概念是基于成本利益原则的要求而产生的。由于现代社会日趋复杂,注册会计师去审查有关鉴证对象的全部信息,既无必要也无可能,因此只能采取选择性测试的办法。为此,注册会计师需要抓住鉴证对象信息的重要方面和重要事项加以审查,并收集证据予以证实。

在考虑鉴证对象信息中的错报是否构成重大错报时,注册会计师应当考虑已识别但未更正的单个或累计的错报是否对鉴证对象信息整体产生重大影响。在考虑重要性时,注册会计师应当了解并评估哪些因素可能会影响预期使用者的决策。例如,特定标准允许鉴证对象信息的列报方式存在差异,那么,注册会计师就应考虑采用的列报方式会对预期使用者产生多大的影响。

(2) 重要性包括数量和性质两方面的因素。注册会计师应当综合数量和性质因素考虑重要性。在具体业务中评估重要性以及数量和性质因素的相对重要程度,需要注册会计师运用职业判断。

重要性与鉴证业务风险之间存在直接的关系,这种关系是一种反向的关系。重要性水平越高,鉴证业务风险越低;重要性水平越低,鉴证业务风险越高。注册会计师在确定证据收集程序的性质、时间和范围,评估鉴证对象信息是否不存在错报时,应当考虑这种反向关系。

5. 鉴证业务风险

(1) 鉴证业务风险的含义。鉴证业务风险是指在鉴证对象信息存在重大错报的情况下,注册会计师提出不恰当结论的可能性。

在直接报告业务中,鉴证对象信息仅体现在注册会计师的结论中,鉴证业务风险包括注册会计师不恰当地提出鉴证对象在所有重大方面遵守标准的结论的可能性。

应当说明的是,鉴证业务风险并不包含下面这种情况,即鉴证对象信息不含有重大错报,而注册会计师错误地发表了鉴证对象信息含有重大错报的结论的风险。

(2) 不同类型鉴证业务中可接受的鉴证业务风险水平。在合理保证的鉴证业务中,注册会计师应当将鉴证业务风险降至具体业务环境下可接受的低水平,以获取合理保证,作为以积极方式提出结论的基础。

在有限保证的鉴证业务中，由于证据收集程序的性质、时间和范围与合理保证的鉴证业务不同，其风险水平高于合理保证的鉴证业务；但注册会计师实施的证据收集程序至少应当足以获取有意义的保证水平，作为以消极方式提出结论的基础。

当注册会计师获取的保证水平很有可能在一定程度上增强预期使用者对鉴证对象信息的信任时，这种保证水平是有意义的保证水平。

(3) 鉴证业务风险的内容。鉴证业务风险通常体现为重大错报风险和检查风险。

重大错报风险是指鉴证对象信息在鉴证前存在重大错报的可能性。

检查风险是指某一鉴证对象信息存在错报，该错报单独或连同其他错报是重大的，但注册会计师未能发现这种错报的可能性。

注册会计师对重大错报风险和检查风险的考虑受具体业务环境的影响，特别受鉴证对象性质，以及所执行的是合理保证鉴证业务还是有限保证鉴证业务的影响。

不同保证程度的鉴证业务，要求注册会计师将鉴证业务风险降至不同的水平。合理保证的保证程度高于有限保证的保证程度，因此，注册会计师在合理保证鉴证业务中可接受的风险水平要低于有限保证鉴证业务中可接受的风险水平。

6. 证据收集程序的性质、时间和范围

(1) 证据收集程序的总体要求。证据收集程序的性质、时间和范围因具体业务的不同而不同。从理论上说，即便是针对同一项业务或同一个认定，也可能存在多种不同的证据收集程序。在实务中，尽管对证据收集程序进行明确而清晰的表述非常困难，但注册会计师也应当清楚表达证据收集程序，并以适当的形式运用于合理保证的鉴证业务和有限保证的鉴证业务。

(2) 合理保证鉴证业务的证据收集程序。合理保证是一个有关注册会计师收集必要的证据以便对鉴证对象信息整体提出结论的概念。在合理保证的鉴证业务中，为了能够以积极方式提出结论，注册会计师应当通过下列不断修正的、系统化的执业过程，获取充分、适当的证据：①了解鉴证对象及其他的业务环境事项，在适当的情况下包括了解内部控制。②在了解鉴证对象及其他的业务环境事项的基础上，评估鉴证对象信息可能存在的重大错报风险。③应对评估的风险，包括制定总体应对措施以及确定进一步程序的性质、时间和范围。④针对已识别的风险实施进一步程序，包括实施实质性程序，以及在必要时测试控制运行的有效性。⑤评价证据的充分性和适当性。

(3) 合理保证不等于绝对保证。正确理解鉴证业务准则中的保证概念，首先要将它们与"绝对保证"的概念作一区分。这里，对绝对保证、合理保证和有限保证作一界定是有必要的。绝对保证是指注册会计师对鉴证对象信息整体不存在重大错报提供百分之百的保证。合理保证是一个与积累必要的证据相关的概念，它要求注册会计师通过不断修正的、系统的执业过程，获取充分和适当的证据，对鉴证对象信息整体提出结论，提供一种高水平但非百分之百的保证。与合理保证相比，有限保证在证据收集程序的性质、时间和范围等方面受到有意识的限制，它提供的是一种适度水平的保证。可以看出，三者提供的保证水平逐次递减。前文已经区分过合理保证与有限保证，因此，这里关键是要区分绝对保证与合理保证。正确理解合理保证与绝对保证的关系，有助于减轻注册会计师承担不必要的责任的风险。

7. 可获取证据的数量和质量

(1) 影响可获取证据的数量和质量的因素。这些因素有：①鉴证对象和鉴证对象信息的特征。例如,鉴证对象信息是预测性的而非历史性的,预计可获取证据的客观性就比较弱。②业务环境中除鉴证对象特征以外的其他事项。例如,注册会计师接受委托的时间和要求出具鉴证报告的时间相距较近,预计可获取的证据相对就较少;被鉴证单位内部资料的保管政策、责任方对鉴证业务施加的限制等也可能会使注册会计师无法获取原本认为可以获取的证据。

(2) 注册会计师工作范围受到重大限制时的处理。对任何类型的鉴证业务,如果下列情形对注册会计师的工作范围构成重大限制,阻碍注册会计师获取所需要的证据,注册会计师提出无保留结论是不恰当的。①客观环境阻碍注册会计师获取所需要的证据,无法将鉴证业务风险降至适当水平。②责任方或委托人施加限制,阻碍注册会计师获取所需要的证据,无法将鉴证业务风险降至适当水平。

注册会计师应当视受到限制的重大与广泛程度,出具保留结论或无法提出结论的报告。在适当的情况下,注册会计师还可以考虑解除业务约定。

8. 记录

(1) 记录重大事项。注册会计师应当记录重大事项,以提供证据支持鉴证报告,并证明其已按照鉴证业务准则的规定执行业务。

至于某一事项是否属于重大事项,需要注册会计师根据具体情况进行判断。重大事项通常包括:①引起特别风险的事项。②实施鉴证程序的结果,该结果表明鉴证对象信息可能存在重大错报,或需要修正以前对重大错报风险的评估和针对这些风险拟采取的应对措施。③导致注册会计师难以实施必要程序的情形。④导致提出非无保留结论的事项。

对需要运用职业判断的所有重大事项,注册会计师应当记录推理过程和相关结论。如果对某些事项难以进行判断,注册会计师还应当记录得出结论时已知悉的有关事实。

(2) 编制和保存工作底稿。注册会计师应当将鉴证过程中考虑的所有重大事项记录于工作底稿。在运用职业判断确定工作底稿的编制和保存范围时,注册会计师应当考虑,使未曾接触该项鉴证业务的有经验的专业人士了解实施的鉴证程序,以及作出重大决策的依据。

七、鉴证报告

1. 出具鉴证报告的总体要求

注册会计师应当出具含有鉴证结论的书面报告,该鉴证结论应当说明注册会计师就鉴证对象信息获取的保证。注册会计师应当考虑其他报告责任,包括在适当时与治理层的沟通。

注册会计师应当考虑就执行业务过程中注意到的与治理层责任相关的事项与治理层沟通的适当性。“与治理层责任相关的事项”是指在鉴证业务中发现的,与治理层相关并且重大的事项。相关事项仅包括执行鉴证业务过程中引起注册会计师注意的事项。如果委托人并非责任方,注册会计师直接与责任方或责任方的治理层沟通可能是不适当的。

2. 鉴证结论的两种表述形式

在基于责任方认定的业务中,注册会计师的鉴证结论可以采用下列两种表述形式:

(1) 明确提及责任方认定,如“我们认为,责任方作出的‘根据××标准,内部控制在所有重大方面是有效的’这一认定是公允的”。

(2) 直接提及鉴证对象和标准,如“我们认为,根据××标准,内部控制在所有重大方面是有效的”。

在直接报告业务中，注册会计师应当明确提及鉴证对象和标准。

3. 提出鉴证结论的积极方式和消极方式

提出鉴证结论的方式有两种——积极方式和消极方式，它们分别适用于合理保证的鉴证业务和有限保证的鉴证业务。区分两种鉴证结论提出方式，有助于向预期使用者传达不同业务的保证程度存在差异这一事实，以积极方式提出结论提供的保证水平高于以消极方式提出结论提供的保证水平。

在合理保证的鉴证业务中，注册会计师应当以积极方式提出结论，如“我们认为，根据××标准，内部控制在所有重大方面是有效的”或“我们认为，责任方作出的‘根据××标准，内部控制在所有重大方面是有效的’这一认定是公允的”。

4. 注册会计师不能出具无保留结论报告的情况

(1) 工作范围受到限制。工作范围受到限制可能导致注册会计师无法获取必要的证据以便将鉴证业务风险降至适当水平。对任何类型的鉴证业务，如果注册会计师的工作范围受到限制，注册会计师应当视受到限制的重大程度与广泛程度，出具保留结论或无法提出结论的报告。在某些情况下，注册会计师应当考虑解除业务约定。

(2) 责任方认定未在所有重大方面作出公允表达。如果注册会计师的结论提及责任方的认定，且该认定未在所有重大方面作出公允表达，注册会计师应当视其影响的重大与广泛程度，出具保留结论或否定结论的报告。

(3) 鉴证对象信息存在重大错报。如果注册会计师的结论直接提及鉴证对象和标准，且鉴证对象信息存在重大错报，注册会计师应当视其影响的重大程度与广泛程度，出具保留结论或否定结论的报告。

(4) 标准或鉴证对象不适当。标准或鉴证对象不适当可能会误导预期使用者。在承接业务后，如果发现标准或鉴证对象不适当，可能误导预期使用者，注册会计师应当视其重大程度与广泛程度，出具保留结论或否定结论的报告。

标准或鉴证对象不适当还可能造成注册会计师的工作范围受到限制。在承接业务后，如果发现标准或鉴证对象不适当，造成工作范围受到限制，注册会计师应当视受到限制的重大程度与广泛程度，出具保留结论或无法提出结论的报告。

在某些情况下，注册会计师应当考虑解除业务约定。

5. 注册会计师姓名的使用

当注册会计师针对鉴证对象信息出具报告，或同意将其姓名与鉴证对象联系在一起时，则注册会计师与该鉴证对象发生了关联。

如果获知他人不恰当地将其姓名与鉴证对象相关联，注册会计师应当要求停止这种行为，并考虑采取其他必要的措施，包括将不恰当使用注册会计师姓名这一情况告知所有已知的使用者或征询法律意见。

第三讲　注册会计师法律责任概述

【知识要点】

一、注册会计师法律责任的表现形式

在现代社会中，注册会计师的法律责任正在逐步扩展，特别是在西方国家，进入 20 世纪

80年代后，无论是法院的判例解释，还是注册会计师职业团体的态度，较之以往的情形都发生了很大变化。总体来讲，注册会计师职业受到影响，甚至受到阻碍或冲击的原因归结为以下几个方面：一是消费者利益的保护主义兴起；二是有关审计保险论的运用；三是在所有商业领域，注册会计师的参与日益增加。其中，第一方面可以视为对消费者权益与商业利益之间出现利益失衡进行的一种补偿，表明人们开始对消费者的利益逐渐认识和重视；第二方面包括的内容较多，如“深口袋”理论(deep-pocket theory)(即任何看上去拥有经济财富的人都可能受到起诉，不论其应当受到惩罚的程度如何)、“风险社会化”(即把责任推向那些被认为可以避免损失或可以通过向其他人收取更高费用嫁祸损失的人)，以及注册会计师越来越明显地被看作是担保人而非独立、客观的审计者和报告者；第三方面反映了人们开始认同在投资过程中不断揭露会计信息的重要性，并反对滥用注册会计师许可的所谓“创新”的会计处理。

1. 诉讼爆炸

近几年来，企业经营失败或者因管理层舞弊造成破产倒闭的事件剧增，投资者和贷款人蒙受重大损失，因而指控注册会计师未能及时揭示或报告这些问题，并要求其赔偿有关损失。迫于社会压力，许多国家的法院判决逐渐倾向于增加注册会计师在这些方面的法律责任。

注册会计师法律责任的不断扩大，履行责任的对象随之拓宽，这些都使得注册会计师很容易被指控为民事侵权，“诉讼爆炸”(litigation explosion)也由此产生。在目前的法律环境下，注册会计师职业引人关注的一个问题是，指控会计师事务所和注册会计师执业不当的诉讼案件和赔偿金额日益增多。20世纪90年代，美国专家估计，由于法律诉讼和赔偿金额的激增，美国会计师事务所诉讼的直接费用支出占其审计收入的20%。诉讼赔偿不仅是大型会计师事务所面临的问题，也是中小会计师事务所提供鉴证服务应当考虑的问题。

在国外，政府和民间诉讼者一样，也越来越多地就注册会计师执业不当提出诉讼，并要求法律上的赔偿。例如，美国联邦储备局和美国司法部联合对与一家主要金融机构审计失败有关的会计师事务所提出诉讼，英国政府也曾经在美国起诉一家与一个现已不存在的汽车制造公司有关的会计师事务所，以求弥补损失。诉讼的范围并不局限在美国。一家大型国际保险经纪公司的总裁在一次讲话中说，对注册会计师指控的案件至少在70个国家有所增长。

2. 保险危机

伴随着诉讼迅速增长的趋势，出现了另外一个重要的现象：职业过失保险赔付急剧增长，而保险赔付的增加又不可避免地导致保险费用的攀升。例如在美国，在对执业不当的审判中，凡涉及大额赔付的，陪审团裁决的基础就是认为赔偿金额通常由保险公司而非被告承担。陪审团的裁决表明他们已先入为主地认为被告都事先投了保。很明显，在陪审团眼中，保险金额的支付就像天上掉下来的馅饼。

早期的司法制度倾向于限定注册会计师对第三方的法律责任，但自20世纪70年代末以来，不少法官已放弃上述判例原则，转而规定注册会计师对已知的第三方使用者或财务报表的特定用途必须承担法律责任。当注册会计师涉及民事侵权的案件时，诉讼带来的直接后果就是赔偿金额的持续上涨。这又导致注册会计师由于支付高额保险费用而引发提供的服务价格持续上涨。

二、注册会计师法律责任的成因

合约、习惯法(已有法律判决案例的累积)以及成文法律，都要求注册会计师承担相应的法律责任。进一步说，法律责任是与违反合约条款、民事侵权(由于违背法律责任而侵害他人合法权益的民事过失)或犯罪联系在一起的。对于客户和非客户而言,这些责任是不言而喻的。由于非合约方不能凭借合约来要求经济利益,因此,非合约方(非客户)通常被排除在与合约方利益相关的部分之外。

法律责任的出现,经常是因为注册会计师在执业时没有保持应有的职业谨慎,并因此导致了对其他人权利的损害。应有的职业谨慎,是指注册会计师应当具备足够的专业知识和业务能力,按照执业准则的要求执业。在执业谨慎方面出现问题就构成了过失。在习惯法下,注册会计师有责任履行对客户明示或隐含的合约。如果因过失或违约而没有提供服务,或在工作中未能恪守应有的职业谨慎,则要对客户承担法律责任。此外,依据习惯法,在某些情况下,注册会计师可能要对客户以外的其他人承担责任,如对“已预见”将依赖财务报表的有限第三者承担责任。除了习惯法以外,注册会计师还可能依据成文法对第三者承担责任。例如在美国,1933 年的《证券法》和 1934 年的《证券交易法》包含的一些条款,都可以作为起诉注册会计师的依据。在极少的情况下,注册会计师可能还承担刑事责任。

从目前看,注册会计师涉及法律诉讼的数量和金额都呈上升趋势,除了法律因素外,还有以下原因:

(1) 财务报表使用者对注册会计师的责任日趋了解。

(2) 政府监管部门保护投资者的意识日益加强,监管措施日益完善,处罚力度日益增大。

(3) 由于审计环境发生很大变化,企业规模扩大,业务全球化以及企业经营的错综复杂性,使会计业务更加复杂,审计风险变大。

(4) “深口袋”理论的盛行。社会日益赞同受害的一方向有能力提供赔偿的一方提起诉讼,而不论错在哪一方。

(5) 注册会计师败诉的案例日益增多。民事法庭在审理起诉会计师事务所的案件中,会计师事务所败诉的案例日益增多。这便促使律师以或有收费为基础提供法律服务,无论是否有道理,都将会计师事务所作为起诉的对象。

(6) 许多会计师事务所宁愿在庭外和解法律问题,以避免高昂的法律费用和公开的负面影响,而不愿通过司法程序来解决这些问题。

(7) 法庭在理解专业性事项方面存在困难。

三、经营失败、审计失败和审计风险

经营失败是指企业由于经济或经营条件的变化,如经济衰退、不当的管理决策或出现意料之外的行业竞争等,而无法满足投资者的预期。经营失败的极端情况是申请破产。被审计单位在经营失败时,也可能会连累注册会计师。很多会计和法律专业人员认为,财务报表使用者控告会计师事务所的主要原因之一,是不理解经营失败和审计失败之间的差别。众所周知,资本投入或借给企业后就面临某种程度的经营风险。

审计失败是指注册会计师由于没有遵守审计准则的要求而发表了错误的审计意见。例如,注册会计师可能指派了不合格的助理人员去执行审计任务,未能发现应当发现的财务报表中存在的重大错报。

审计风险是指财务报表中存在重大错报,而注册会计师发表不恰当审计意见的可能性。由于审计中的固有限制影响注册会计师发现重大错报的能力,注册会计师不能对财务报表整体不存在重大错报获取绝对保证。特别是,如果被审计单位管理层精心策划和掩盖舞弊行为,注册会计师尽管完全按照审计准则执业,有时还是不能发现某项重大舞弊行为。

在绝大多数情况下，当注册会计师未能发现重大错报并出具了错误的审计意见时，就可能产生注册会计师是否恪守应有的职业谨慎的法律问题。如果注册会计师在审计过程中没有尽到应有的职业谨慎，就属于审计失败。在这种情况下，法律通常允许因注册会计师未尽到应有的职业谨慎而遭受损失的各方，获得由审计失败导致的部分或全部损失的补偿。但是，由于审计业务的复杂性，判断注册会计师未能尽到应有的谨慎也是一项困难的工作。尽管如此，注册会计师如果未能恪守应有的职业谨慎，并可能致使会计师事务所也遭受损失，则通常由其承担责任。

四、对注册会计师责任的认定

1. 违约

所谓违约，是指合同的一方或几方未能达到合同条款的要求。当违约给他人造成损失时，注册会计师应负违约责任。比如，会计师事务所在商定的期间内，未能提交纳税申报表，或违反了与被审计单位订立的保密协议等。

2. 过失

所谓过失，是指在一定条件下，缺少应具有的合理的谨慎。评价注册会计师的过失，是以其他合格注册会计师在相同条件下可做到的谨慎为标准的。当过失给他人造成损失时，注册会计师应负过失责任。通常将过失按其程度不同，分为普通过失和重大过失。

(1) 普通过失。普通过失又称一般过失，是指没有保持职业上应有的合理的谨慎，对注册会计师则是指没有完全遵循专业准则的要求而造成的过失。比如，未按特定审计项目取得必要和充分的审计证据就出具审计报告的情况，可视为一般过失。

(2) 重大过失。重大过失是指连起码的职业谨慎都不保持，对业务或事务不加考虑，满不在乎，对注册会计师而言，则是指根本没有遵循专业准则或没有按专业准则的基本要求执行审计而造成的过失。

另外，还有一种过失称为共同过失，即对他人过失，受害方自己未能保持合理的谨慎，因而蒙受损失。比如，被审计单位未能向注册会计师提供编制纳税申报表所必要的信息，后来又控告注册会计师未能妥当地编制纳税申报表，这种情况可能使法院判定被审计单位有共同过失。再如，在审计中未能发现现金等资产短少时，被审计单位可以过失为由控告注册会计师，而注册会计师又可以说现金等资产短少问题是由缺乏适当的内部控制造成的，并以此为由来反击被审计单位的诉讼。

3. 欺诈

欺诈又称舞弊，是指以欺骗或坑害他人为目的的一种故意错误行为。具有不良动机是欺诈的重要特征，也是欺诈与普通过失和重大过失的主要区别之一。对于注册会计师而言，欺诈就是为了达到欺骗他人的目的，明知委托单位的财务报表有重大错报，却加以虚伪陈述，并出具无保留意见的审计报告。

与欺诈相关的另一个概念是“推定欺诈”，推定欺诈又称涉嫌欺诈，是指虽无故意欺诈或坑害他人的动机，但却存在极端或异常的过失。推定欺诈和重大过失这两个概念的界限往往很难界定，美国许多法院曾经将注册会计师的重大过失解释为推定欺诈，特别是近年来有些法院放宽了“欺诈”一词的范围，使得推定欺诈和欺诈在法律上成为等效的概念。这样，具有重大过失的注册会计师的法律责任就进一步加大了。

4. 没有过失、普通过失、重大过失和欺诈的界定

注册会计师过失程度的大小没有特别严格的界限，在实务中也往往很难界定。前面已提

到过它们之间的主要区别,具体个案则由法院根据具体情况给予解释。

五、注册会计师承担法律责任的种类

注册会计师因违约、过失或欺诈给被审计单位或其他利害关系人造成损失的,按照有关法律和规定,可能被判负行政责任、民事责任或刑事责任。这三种责任可单处,也可并处。行政责任,对注册会计师个人来说,包括警告、暂停执业和吊销注册会计师证书;对会计师事务所而言,包括警告、没收违法所得、罚款、暂停执业和撤销等。民事责任是指赔偿受害人损失。刑事责任是指按有关法律程序判处一定的徒刑。一般来说,因违约和过失可能使注册会计师负行政责任和民事责任,因欺诈可能会使注册会计师负民事责任和刑事责任。

第四讲　中国注册会计师的法律责任

【知识要点】

随着社会主义市场经济体制在我国的建立和发展,注册会计师在社会经济生活中的地位越来越重要,发挥的作用越来越大。注册会计师如果工作失误或犯有欺诈行为,将会给委托人或依赖审定财务报表的第三者造成重大损失,严重的甚至导致经济秩序的紊乱。因此,强化注册会计师的责任意识,严格注册会计师的法律责任,以保证其职业道德和执业质量,其意义就显得愈加重大。近年来,我国颁布的不少重要的经济法律、法规中,都有专门规定会计师事务所、注册会计师法律责任的条款,其中比较重要的有《注册会计师法》、《中华人民共和国公司法》(下称《公司法》)、《中华人民共和国证券法》(下称《证券法》)及《中华人民共和国刑法》(下称《刑法》)等。

一、民事责任

1.《注册会计师法》的规定

1993 年 10 月 31 日颁布、1994 年 1 月 1 日实施的《注册会计师法》在第六章“法律责任”中规定了注册会计师行政、刑事和民事责任。其中,关于民事责任的条款是第四十二条“会计师事务所违反本法规定,给委托人、其他利害关系人造成损失的,应当依法承担赔偿责任”。

2. 最高人民法院的三个复函

由四川省德阳东方贸易公司验资法律纠纷而引发的最高人民法院法函〔1996〕56 号,成为关于注册会计师因出具虚假验资报告而应承担民事责任的第一个专门司法解释,连同最高人民法院随后颁布的法释〔1997〕10 号和法释〔1998〕3 号,为验资报告使用人运用《注册会计师法》第四十二条向会计师事务所进行民事赔偿提供了依据。

3.《证券法》的规定

2005 年 12 月 29 日修订的《证券法》第一百七十三条规定:“证券服务机构为证券的发行、上市、交易等证券业务活动制作、出具审计报告、资产评估报告、财务顾问报告、资信评级报告或者法律意见书等文件,应当勤勉尽责,对所制作、出具的文件内容的真实性、准确性、完整性进行核查和验证。其制作、出具的文件有虚假记载、误导性陈述或者重大遗漏,给他人造成损失的,应当与发行人、上市公司承担连带赔偿责任。但是能够证明自己没有过错的除外。”

4.《公司法》的规定

2005年10月27日修订的《公司法》第二百零八条第三款规定："承担资产评估、验资或者验证的机构因出具的评估结果、验资或者验证证明不实，给公司债权人造成损失的，除能够证明自己没有过错外，在其评估或者证明不实的金额范围内承担赔偿责任。"

二、行政责任和刑事责任

1.《注册会计师法》的规定

《注册会计师法》第三十九条规定："会计师事务所违反本法第二十条、第二十二条规定的，由省级以上人民政府财政部门给予警告，没收违法所得，可以并处违法所得一倍以上五倍以下的罚款；情节严重的，并可以由省级以上人民政府财政部门暂停其经营业务或者予以撤销。

注册会计师违反本法第二十条、第二十一条规定的，由省级以上人民政府财政部门给予警告，情节严重的，可以由省级以上人民政府财政部门暂停其执行业务或者吊销注册会计师证书。

会计师事务所、注册会计师违反本法第二十条、第二十一条的规定，故意出具虚假的审计报告、验资报告，构成犯罪的，依法追究刑事责任。"

2.《证券法》的规定

《证券法》第二百零一条规定："为股票的发行、上市、交易出具审计报告、资产评估报告或者法律意见书等文件的证券服务机构和人员，违反本法第四十五条的规定买卖股票的，责令依法处理非法持有的股票，没收违法所得，并处以买卖股票等值以下的罚款。"

《证券法》第二百零七条规定："违反本法第七十八条第二款的规定，在证券交易活动中做出虚假陈述或者信息误导的，责令改正，处以三万元以上二十万元以下的罚款；属于国家工作人员的，还应当依法给予行政处分。"

《证券法》第二百二十三条规定："证券服务机构未勤勉尽责，所制作、出具的文件有虚假记载、误导性陈述或者重大遗漏的，责令改正，没收业务收入，暂停或者撤销证券服务业务许可，并处以业务收入一倍以上五倍以下的罚款。对直接负责的主管人员和其他直接责任人员给予警告，撤销证券从业资格，并处以三万元以上十万元以下的罚款。"

《证券法》第二百二十五条规定："上市公司、证券公司、证券交易所、证券登记结算机构、证券服务机构，未按照有关规定保存有关文件和资料的，责令改正，给予警告，并处以三万元以上三十万元以下的罚款；隐匿、伪造、篡改或者毁损有关文件和资料的，给予警告，并处以三十万元以上六十万元以下的罚款。"

《证券法》第二百三十一条规定："违反本法规定，构成犯罪的，依法追究刑事责任。"

3.《公司法》的规定

《公司法》第二百零八条规定："承担资产评估、验资或者验证的机构提供虚假材料的，由公司登记机关没收违法所得，处以违法所得一倍以上五倍以下的罚款，并可以由有关主管部门依法责令该机构停业、吊销直接责任人员的资格证书，吊销营业执照。

承担资产评估、验资或者验证的机构因过失提供有重大遗漏的报告的，由公司登记机关责令改正，情节较严重的，处以所得收入一倍以上五倍以下的罚款，并可以由有关主管部门依法责令该机构停业、吊销直接责任人员的资格证书，吊销营业执照。"

第二百一十六条规定："违反本法规定，构成犯罪的，依法追究刑事责任。"

4.《刑法》的规定

《刑法》第二百二十九条规定:“承担资产评估、验资、验证、会计、审计、法律服务等职责的中介组织的人员故意提供虚假证明文件,情况严重的,处五年以下有期徒刑或者拘役,并处罚金。”

第五讲 注册会计师如何避免法律诉讼

【知识要点】

注册会计师的职业性质决定了它是一个容易遭受法律诉讼的行业,那些蒙受损失的受害人总想通过起诉注册会计师尽可能使损失得以补偿。因此,法律诉讼一直是困扰着西方国家会计师职业界的一大难题,会计师行业每年不得不为此付出大量的精力、支付巨额的赔偿金和购买高昂的保险费。

注册会计师制度在我国恢复与重建已有 30 多年的历史,在 20 世纪 80 年代,人们对这一新生行业还很陌生,但进入 90 年代以来,随着注册会计师地位和作用的提高,注册会计师的知名度也越来越大。政府部门和社会公众在了解注册会计师作用的同时,对注册会计师责任的了解也在增加,因此,诉讼注册会计师的案件便时有发生。近几年来,我国注册会计师行业发生了一系列震惊整个行业乃至全社会的案件。有关会计师事务所均因出具虚假报告造成严重后果而被撤销、没收财产或取消特许业务资格,有关注册会计师也被吊销资格,有的被追究刑事责任。除一些大案件之外,涉及注册会计师的中小型诉讼案更有日益上升的趋势。如何避免法律诉讼,已成为我国注册会计师非常关注的问题。

一、注册会计师减少过失和防止欺诈的措施

面对注册会计师法律责任的扩展和被控诉讼案件的急剧增加,整个注册会计师职业界都在积极研究如何避免法律诉讼。这对于提高注册会计师审计的鉴证水平,增强发现重大错误与舞弊的能力都有较大的帮助。

注册会计师要避免法律诉讼,就必须在执行审计业务时尽量减少过失行为,防止欺诈行为。而要尽可能不发生过失或防止欺诈,注册会计师就应当达到以下基本要求。

1. 增强执业独立性

前面我们强调,独立性是注册会计师审计的生命。在实际工作中,绝大多数注册会计师能够始终如一地遵循独立原则;但也有少数注册会计师忽视独立性,甚至接受可能是错误的陈述,并帮助被审计单位掩饰舞弊。

2. 保持职业谨慎

在所有注册会计师的审计过失中,最主要的是由于缺乏认真而谨慎的职业态度引起的。在执行审计业务过程中,未严格遵守审计准则,不执行适当的审计程序,对有关被审计单位的问题未保持应有的职业谨慎,或为节省时间而缩小审计范围和简化审计程序,都会导致财务报表中的重大错报不被发现。

3. 强化执业监督

许多审计中的差错是由于注册会计师失察或未能对助理人员或其他人员进行切实的监督而发生的。对于业务复杂且重大的委托单位来说,其审计是由多个注册会计师及许多助理人

员共同配合来完成的。如果他们的分工存在重叠或间隙，又缺乏严密的执业监督，发生过失是不可避免的。

二、注册会计师避免法律诉讼的具体措施

注册会计师避免法律诉讼的具体措施，可以概括为以下几点：

(1) 严格遵循职业道德和专业标准的要求。

(2) 建立健全会计师事务所质量控制制度。

(3) 与委托人签订业务约定书。

(4) 审慎选择被审计单位。

(5) 深入了解被审计单位的业务。

(6) 提取风险基金或购买责任保险。

(7) 聘请熟悉注册会计师法律责任的律师。

会计师事务所有条件的话，应尽可能聘请熟悉相关法律、法规及注册会计师法律责任的律师。在执业过程中如遇重大法律问题，注册会计师应同本所的律师或外聘律师详细讨论所有潜在的危险情况，并仔细考虑律师的建议。一旦发生法律诉讼，也应请有经验的律师参与诉讼。

单元测试

1. 单项选择题

(1) 下列各项准则中，能够衡量注册会计师审计工作质量的权威性标准是（　　）。

A. 审计准则　　B. 质量控制准则　　C. 鉴证业务准则　　D. 相关服务准则

(2) CPA 接受委托对甲上市公司 2019 年财务报表进行审计，下列选项中，属于“鉴证对象”的是（　　）。

A. 甲上市公司 2019 年财务报表

B. 甲上市公司 2019 年 12 月 31 日财务状况和 08 年度的经营成果和现金流量

C. 甲上市公司 2019 年度的财务状况、经营成果和现金流量

D. 甲上市公司 2019 年利润表

(3) 鉴证业务要素不包括（　　）。

A. 鉴证对象　　B. 鉴证对象信息　　C. 证据　　D. 鉴证报告

(4) 对任何类型的鉴证业务，如果注册会计师的工作范围受到限制，注册会计师应当视受到限制的重大程度与广泛程度，出具（　　）的报告。

A. 保留结论　　B. 无法提出结论　　C. 无保留结论　　D. A 或者 B

(5) 注册会计师未能查出财务报表中重大错报漏报，法院一般会认为注册会计师可能具有（　　）。

A. 普通过失　　B. 重大过失

C. 欺诈　　D. 普通过失或重大过失

(6) 如果财务报表有多处错误事项，每一处都不算重大，但报表作为一整体可能严重失实，注册会计师执行审计准则规定的程序未能将错误事项查出来，该注册会计师会被认定为（　　）。

A. 没有过失　　B. 普通过失　　C. 重大过失　　D. 欺诈

(7) 如果注册会计师对某公司财务报表进行审计，注册会计师没有对有关存货监盘，因此与存货有关的重大错弊未能查出，则该注册会计师对此应付(　　)责任。

A. 没有过失　　B. 普通过失　　C. 重大过失　　D. 欺诈

(8) 对于注册会计师的欺诈行为，法院可判其负(　　)。

A. 民事责任　　B. 刑事责任

C. 行政责任和刑事责任　　D. 民事责任和刑事责任

(9) 行政责任对于注册会计师个人来说，不包括(　　)。

A. 警告　　B. 暂停职业

C. 吊销注册会计师证书　　D. 没收违法所得

2. 多项选择题

(1) 注册会计师对鉴证对象信息提出结论是为了增强(　　)利害关系人对鉴证对象信息信任程度。

A. 管理层和治理层　　B. 证券交易机构

C. 股东、债权人　　D. 金融机构及潜在投资者

(2) 鉴证业务包括(　　)。

A. 历史财务信息审计业务　　B. 历史财务信息审阅业务

C. 其他鉴证业务　　D. 相关服务

(3) 在注册会计师的鉴证业务中，下列属于“预期使用者”的有(　　)。

A. 管理层和治理层　　B. 证券交易机构

C. 股东、债权人　　D. 金融机构及潜在投资者

(4) 当注册会计师的结论直接提及鉴证对象和标准，且鉴证对象信息存在重大错报时，注册会计师应当视其影响的重大程度与广泛程度，出具(　　)的报告。

A. 无保留结论　　B. 保留结论　　C. 无法提出结论　　D. 否定结论

(5) 为了更好地指导注册会计师有效地识别、评估和应对审计风险，制定了专门的准则，包括(　　)和《针对评估的重大错报风险实施的程序》等五项审计准则。

A.《了解被审计单位及其环境并评估重大错报风险》

B.《对被审计单位使用服务机构的考虑》

C.《计划审计工作》

D.《重要性》

(6) 下列项目中，可以作为注册会计师的鉴证对象的有(　　)。

A. 预测的财务状况、经营成果和现金流量

B. 企业的运营情况

C. 设备的生产能力

D. 企业的内部控制

(7) 注册会计师不能出具无保留结论报告的情况有(　　)。

A. 注册会计师的结论提及责任方的认定，且该认定未在所有重大方面作出公允表达

B. 注册会计师的结论直接提及鉴证对象和标准，且鉴证对象信息存在重大错报

C. 在承接业务后，如果发现标准或鉴证对象不适当，可能会误导预期使用者

D. 在承接业务后，如果发现标准或鉴证对象不适当，造成工作范围受到限制，决定解除业务约定

(8) 注册会计师在执行审计业务过程中，如果(　　)，可能会导致财务报表中的重大错报不被发现。

A. 未严格遵守审计准则

B. 简化审计程序

C. 对有关被审计单位的问题未持应有的职业谨慎

D. 不执行适当的审计程序

(9)被审计单位管理层和治理层责任和注册会计师的审计责任，应写入(　　)。

A. 审计业务约定书　B. 审计报告　C. 管理建议书　D. 验资报告

(10) 如果被审计单位发生违犯法规行为，则被审计单位应负(　　)。

A. 直接责任　B. 间接责任　C. 审计责任　D. 会计责任

3. 判断题

(1) 在对业务进行项目质量控制复核后，可以减轻项目负责人的责任。　(　　)

(2) 鉴证业务是指注册会计师对鉴证对象信息提出结论，以增强责任方对鉴证对象信息信任程度的业务。　(　　)

(3) 在鉴证业务中，责任方和预期使用者可能是同一方。　(　　)

(4) 责任方可能是鉴证业务的委托人，也可能不是委托人。　(　　)

(5) 当证据是从某个独立的外部资料提供者那里获取的时候，如果该资料提供者学识有限，那么证据也不一定可靠。　(　　)

(6) 注册会计师明知委托单位的财务报表有重大错报，却加以虚伪的陈述，出具无保留意见的审计报告，应属于重大过失。　(　　)

(7) 经营失败必然导致审计失败。　(　　)

(8) 未按特定审计项目取得必要和充分的审计证据的情况，可视为一般过失。　(　　)

(9) 如果注册会计师在审计过程中没有尽到应有的职业谨慎，就是欺诈。　(　　)

(10) 当被审计单位面临财务困境而导致经营失败时，审计失败就会存在。　(　　)

(11) 注册会计师法律责任的种类有违约责任、过失责任和欺诈责任。　(　　)

(12) 一般说来，因违约、过失和欺诈可能使注册会计师负行政责任和民事责任。　(　　)

(13) 注册会计师一旦出现过失就要赔偿。　(　　)

(14) 注册会计师在审计时只要严格按照专业准则的要求执业，保持应有的执业谨慎，就能将财务报表中存在的所有错误和舞弊揭露出来。　(　　)

(15) 鉴证对象是按照标准对鉴证对象信息进行评价和计量的结果。　(　　)

(16) 注册会计师执行鉴证业务的目的是改善鉴证对象信息的质量或内涵，如何利用信息提供建议。　(　　)

(17) 注册会计师在执业过程中应以质疑的思维方式评价所获取证据的有效性，并对所有证据持怀疑态度(保持警觉)。　(　　)

(18) 审计工作通常不涉及鉴定文件记录的真伪，注册会计师也不是鉴定文件记录真伪的专家，因此，注册会计师不用评价用作审计证据的信息的可靠性。　(　　)

实务训练

1. 什么是鉴证业务？鉴证业务包括哪些内容？其要素包括哪些？

2. 请谈谈合理保证的鉴证业务与有限保证的鉴证业务的区别。

3. ABC会计师事务所承办了T公司财务报表审计业务。T公司的股东U公司以T公司财务报表审计工作存在重大过失、导致其发生重大投资损失为由，向法院提起诉讼，要求ABC会计师事务所承担民事赔偿责任。

要求：ABC会计师事务所拟运用审计重要性和内部控制应诉，其聘请的律师在准备应诉材料时提出以下问题，请代为回答：

(1) 在什么情况下，注册会计师可能被认为免于承担民事责任？

(2) 在什么情况下，注册会计师可能对第三方承担法律责任？

(3) 针对第三方的诉讼，注册会计师应当如何抗辩？

第四单元　审计目标与审计过程

导学目标

通过本单元课程教学，学生应该掌握财务报表审计的总体目标及其责任划分；掌握管理当局的会计认定及其由此推出的具体审计目标；掌握财务报表审计的循环法及其相互关系；了解审计过程中的主要工作审计及审计业务约定书的主要内容。

导学案例

渝钛白事件

重庆渝港钛白粉股份有限公司(以下简称渝钛白)1997 年亏损额为 3 136 万元。

重庆会计师事务所的注册会计师审计发现，1997 年渝钛白将已于 1995 年年底完工且投入试生产的钛白粉建设项目应付债券利息约 8 064 万元计入了在建工程成本。

渝钛白总会计师给出以下理由：一是钛白粉这种化工产品对各项技术指标的要求非常严格，需要反复试生产，直到生产出合格的产品才能投放市场，而试产期的产品性能不稳定，不能投放市场；二是原料(如硫酸)的腐蚀性强，一旦停工，原料在管道、容器中淤积，再次开工前须彻底清洗、调试设备，因此，钛白粉项目交付使用产生效益前，还有一个过渡的整改和试生产期，仍属工程建设期。因此，为建设该项目而发生的借款利息应当继续资本化。

注册会计师认为，应计利息 8 064 万元应计入当期损益。因为公司钛白粉工程于 1995 年下半年就开始投产，1996 年已经具备生产能力，可以生产出合格产品。工程一度停产，1997 年全年生产 0.168 万吨，这一产量尽管与设计能力 1.5 万吨相差甚远，但主要原因是缺乏流动资金及市场暂未打开，而非工程尚未完工，该工程已达到预定可使用状态。根据《企业会计准则》的规定，固定资产达到预定可使用状态时，为购建固定资产而发生的借款利息应当停止资本化，此后发生的借款利息应在发生时确认为费用。如此一来，渝钛白 1997 年亏损额应为 11 200 万元。

双方各执一词，最后，重庆会计师事务所为渝钛白的年报发表了否定意见。

资料来源：根据网上资料整理。

思考：

1. 被审计单位管理层针对借款费用如何在财务报表作出认定？

2. 在审计过程中，注册会计师如何根据管理层认定来确定审计目标，并据以设计和实施审计程序？

第一讲　财务报表审计的总目标

【知识要点】

一、审计总目标的演变

审计目标是在一定历史环境下，人们通过审计实践活动所期望达到的境地或最终结果，它包括财务报表审计的总目标以及与各类交易、账户余额和列报相关的具体审计目标两个层次。

审计目标的确立经历了一个较长的演变过程。伴随着审计环境与审计内容的不断变化，审计目标也在不断变化。其演进过程大致可划分为三个阶段：

（1）第一阶段，20 世纪 20 年代以前，以查错防弊为主要审计目标的详细审计阶段。在该阶段审计的功能主要是防护性。

（2）第二阶段，20 世纪二三十年代，以判断财务状况和偿债能力为主要审计目标的资产负债表审计阶段。在该阶段查错防弊目标依然存在，但已退居第二位，审计的功能从防护性发展到公正性。

（3）第三阶段，20 世纪 30 年代以后，以验证财务报表的真实、公允性为主要审计目标的财务报表审计阶段。在该阶段，审计由静态审计发展到动态审计，并增加了管理审计的内容。审计目标不再局限于查错防弊和为社会提供公证，而是向管理领域有所深入和发展。不过，随着社会对注册会计师要求的不断提高，法庭的判决以及政府管理机构的压力迫使会计职业界重新考虑审计目标，加之会计职业界自身对查错防弊的重新认识，使得查错防弊重新成为审计的主要目标。以 1988 年美国注册会计师协会发布的第 53、第 54 号《审计准则说明书》为标志，审计目标进入查错防弊与验证财务报表的真实、公允性两个目标并重阶段。

尽管审计总目标发生了变化，注册会计师的重要职责之一却始终是对审计单位财务报表进行审计。财务报表审计是与审计相关业务的基础，其他性质的审计业务从某种意义上讲都是财务报表审计的延伸和发展。

二、我国财务报表审计的总目标

关于财务报表审计的总目标，各国的表述略有不同。比如，美国注册会计师协会颁布的《审计准则说明书第 1 号》指出："独立注册会计师对财务报表的审计目标，是对财务报表是否按照公认会计原则公允地反映财务状况、经营成果和现金流量发表意见。"英国《1985 年公司法》要求，审计目标是在审计报告中，对被审计单位的财务报表是否给出真实与公允观念和遵守公司法发表意见。国际审计与鉴证准则理事会在国际审计准则中指出，"财务报表审计的目标是能够使注册会计师对财务报表在所有重大方面是否按照确定的财务报告框架编制发表意见，发表意见的用词既可以是'给出真实与公允观念'，也可以是'在所有重大方面，公允反映'，这两种用词等效"。

《中国注册会计师审计准则第1101号——财务报表审计的目标和一般原则》规定，财务报表审计的目标是注册会计师通过执行审计工作，对财务报表的下列方面发表审计意见：①财务报表是否按照适用的会计准则和相关会计制度的规定编制。②财务报表是否在所有重大方面公允反映被审计单位的财务状况、经营成果和现金流量。

财务报表审计属于鉴证业务。注册会计师作为独立第三方，运用专业知识、技能和经验对财务报表进行审计并发表审计意见，旨在提高财务报表的可信赖程度。由于审计存在固有限制，审计工作不能对财务报表整体不存在重大错报提供绝对保证。虽然财务报表使用者可以根据财务报表和审计意见对被审计单位未来生存能力或管理层的经营效率、经营效果作出某种判断，但审计意见本身并不是对被审计单位未来生存能力或管理层经营效率、经营效果提供的保证。

财务报表审计的目标对注册会计师的审计工作发挥着导向作用，它界定了注册会计师的责任范围，直接影响注册会计师计划和实施审计程序的性质、时间和范围，决定了注册会计师如何发表审计意见。例如，既然财务报表审计目标是对财务报表整体发表审计意见，注册会计师就可以只关注与财务报表编制和审计有关的内部控制，而不对内部控制本身发表鉴证意见。同样，注册会计师关注被审计单位的违反法律、法规行为，只因为这些行为影响到财务报表，而不是对审计单位是否存在违反法规行为提供见证。

财务报表的使用者之所以希望注册会计师对财务报表的合法性和公允性发表意见，主要有以下四方面原因：

第一，利益冲突。财务报表使用者往往有着各自的利益，且这种利益与被审计单位管理层的利益大不相同。出于对自身利益的关心，财务报表使用者常常担心管理层提供带有偏见、不公正甚至欺诈性的财务报表。为此，他们往往向外部注册会计师寻求鉴证服务。

第二，重大性。财务报表是财务报表使用者进行经济决策的重要信息来源，在有些情况下，还是唯一的信息来源。在进行投资、贷款和其他决策时，财务报表使用者期望财务报表中的信息十分翔实、丰富，并且期待注册会计师确定被审计单位是否按公认会计原则编制财务报表。

第三，复杂性。由于会计业务的处理及财务报表的编制日趋复杂，财务报表使用者因缺乏会计知识而难以对财务报表的质量进行评估，所以他们要求注册会计师对财务报表的质量进行鉴证。

第四，间接性。绝大多数财务报表使用者都远离客户，这种地域的限制导致财务报表使用者不可能接触到财务报表所依据的会计记录，即使使用者可以获得会计记录并对其进行审查，也往往由于时间和成本的限制，而无法对会计记录进行有意义的审查。在这种情况下，使用者有两种选择：一是相信这些会计信息的质量；二是依赖第三者鉴证报表。显然，使用者喜欢选择第二种方式。

第二讲　财务报表审计的责任划分

【知识要点】

在财务报表审计中，被审计单位管理层和注册会计师承担着不同的责任，不能相互混淆和替代。明确划分责任，不仅有助于被审计单位管理层和注册会计师认真履行各自的职责，为财务报表及其审计报告的使用者提供有用的经济决策信息，还有利于保护相关各方的正当权益。

一、被审计单位管理层和治理层的责任

企业的所有权与经营权分离后，经营者负责企业的日常经营管理并承担受托责任。管理层通过编制财务报表反映受托责任的履行情况。为了借助公司内部之间的权力平衡和制约关系保证财务信息的质量，现代公司治理结构往往要求治理层对编制财务报表过程承担监督责任。

在治理层的监督下，管理层作为会计工作的行为人，对编制财务报表负有直接责任。《会计法》第二十一条规定，财务会计报告应当由单位负责人和主管会计工作的负责人、会计机构负责人（会计主管人员）签名并盖章；设置总会计师的单位，还须由总会计师签名并盖章。单位负责人应当保证财务会计报告真实、完整。《公司法》第一百七十一条规定，公司应当向聘用的会计师事务所提供真实、完整的会计凭证、会计账簿、财务会计报告及其他会计资料，不得拒绝、隐匿、谎报。

因此，在被审计单位治理层的监督下，按照会计准则和相关会计制度的规定编制财务报表是被审计单位管理层的责任。

二、注册会计师的责任

按照中国注册会计师审计准则的规定，对财务报表发表审计意见是注册会计师的责任。

注册会计师作为独立的第三方，对财务报表发表审计意见，有利于提高财务报表的可信赖程度。为履行这一职责，注册会计师应当遵守职业道德规范，按照审计准则的规定计划和实施审计工作，获取充分、适当的审计证据，并根据获取的审计证据得出合理的审计结论，发表恰当的审计意见。注册会计师通过签署审计报告确认其责任。

三、两种责任不能相互取代

财务报表审计不能减轻被审计单位管理层和治理层的责任。

财务报表编制和财务报表审计是财务信息生成链条上的不同环节，两者各司其职。法律、法规要求管理层和治理层对编制财务报表承担责任，有利于从源头上保证财务信息质量。同时，在某些方面，注册会计师与管理层和治理层之间可能存在信息不对称。管理层和治理层作为内部人员，对企业的情况更为了解，更能作出适合企业特点的会计处理决策和判断，因此，管理层和治理层理应对编制财务报表承担完全责任。尽管在审计过程中，注册会计师可能向管理层和治理层提出调整建议，甚至在不违反独立性的前提下为管理层编制财务报表提供协助，但管理层仍然对编制财务报表承担责任，并通过签署财务报表确认这一责任。

如果财务报表存在重大错报，而注册会计师通过审计没有能够发现，也不能因为财务报表已经注册会计师审计这一事实而减轻管理层和治理层对财务报表的责任。

四、几个重要概念

1. 财务报表审计的一般原则

（1）遵守职业道德规范。注册会计师应当遵守相关的职业道德规范，恪守独立、客观和公正的原则，保持专业胜任能力和应有的关注，并对执业过程中获知的信息保密。

（2）遵守质量控制准则。注册会计师应当遵守会计师事务所质量控制准则。会计师事务所应当根据质量控制准则并结合具体情况，制定合适的质量控制制度，包括质量控制政策和程

序，以合理实现质量控制的两大目标：①保证会计师事务所及其人员遵守法律、法规、职业道德规范以及审计准则、审阅准则、其他鉴证业务准则和相关服务准则的规定。②会计师事务所和项目负责人根据具体情况出具恰当的报告。

(3) 遵守审计准则。注册会计师应当按照审计准则的规定执行审计工作。审计准则作为注册会计师提供的审计服务质量的技术标准，对注册会计师在某一审计领域的责任、所需要达到的目标和核心要求、为达到这一目标所要实施的必要审计程序作出了明确规范。注册会计师应当按照审计准则的规定执行审计工作，以保证审计工作质量，维护社会公众利益，增进社会公众对注册会计师行业的信心。

为了确保注册会计师在执行审计业务时遵守审计准则，注册会计师应当遵守会计师事务所按照有关质量控制准则要求而建立的适合于本所的质量控制制度，包括适合于审计业务的质量控制程序。

2. 财务报表的审计范围

财务报表的审计范围是指为实现财务报表审计目标，注册会计师根据审计准则和职业判断实施的恰当的审计程序的总和。恰当的审计程序是指审计程序的性质、时间和范围是恰当的。

审计范围受到限制是指由于客观原因或者被审计单位施加的限制，注册会计师未能实施其根据审计准则和职业判断应当实施的审计程序，从而未能获取充分、适当的审计证据。

需要特别强调的是，审计准则中的“审计范围”并不是指注册会计师审计的那一年(年度)的财务报表，也不是指注册会计师审计的那一张财务报表。

3. 职业怀疑态度

职业怀疑态度是指注册会计师以质疑的思维方式评价所获取审计证据的有效性，并对相互矛盾的审计证据，以及对文件记录或管理层和治理层提供的信息的可靠性产生怀疑的审计证据保持警觉。

4. 合理保证

合理保证与绝对保证是一个相对应的概念。绝对保证是指注册会计师对财务报表整体不存在重大错报提供百分之百的保证。合理保证要求注册会计师通过不断修正的、系统的执业过程，获取充分、适当的审计证据，对财务报表整体发表审计意见，它提供的是一种高水平但非百分之百的保证。

注册会计师按照审计准则的规定执行审计工作，能够对财务报表整体不存在重大错报(无论该错报是由错误引起，还是由舞弊引起的)获取合理保证。合理保证与整个审计过程相关。

第三讲　财务报表循环

【知识要点】

一、财务报表审计的循环法

财务报表审计的组织方式大致有两种：一是对报表的每个账户余额单独进行审计，此方法称为账户法。此法下对审计工作的“分块”通常使工作效率低下，因为该方法将紧密联系的相关账户(如存货和产品销售成本)人为分割开，从而会造成整个审计工作的脱节和重复。二是将财务报表分成几大块进行审计，即把紧密联系的交易种类(含事项，下同)和账户余额归入同一块中，此方法称为循环法。比如，销售、销售退回、收现及坏账冲销是导致应收账款增减的四种交易，把这四种交易及应收账款划入“销售与收款循环”进行审计。循环法不仅使审计工作更便于管理，而且有助于更好地对审计小组的不同成员分派任务。通过考察交易被记录于各种记账凭证乃至汇总到总账和财务报表的方式，可以发现使用循环法具有逻辑合理性，图 4-1 列示了某些交易的会计处理过程。实际上，循环法是将记录于不同记账凭证中的交易同这些交易所影响的总账余额合并起来考虑，以更有效地安排审计工作。

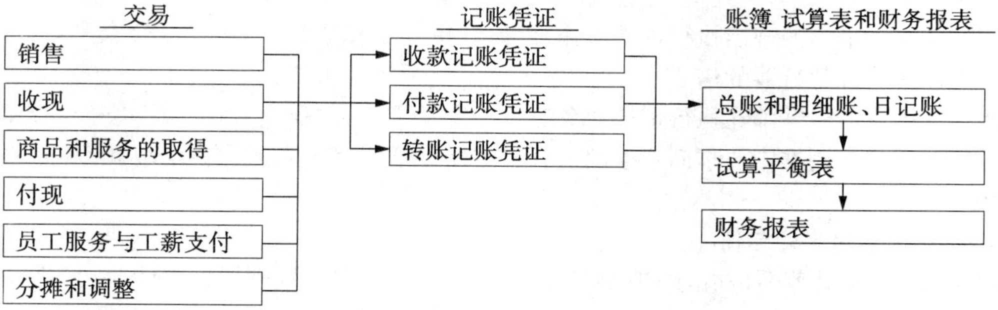

图 4-1　交易从记账凭证至财务报表的信息流程

二、循环的划分及其相互关系

不同行业的企业经营性质不同，因此，可将其财务报表分为不同的循环，即使是同一企业，不同的注册会计师也可能有不同的循环划分方法。假定某公司是制造性企业，注册会计师将其 200×年度财务报表划分为销售与收款循环、采购与付款循环、存货与仓储循环和筹资与投资循环四个循环。公司循环划分表，如表 4-1 所示。

表 4-1　公司循环划分表

循环	各循环包括的记账凭证的主要种类	各循环包括的总账项目举例	
		资产负债表项目	利润表项目
销售与收款循环	收款、转账	应收票据、应收账款、长期应收款、预收款项、应交税费	营业收入、税金及附加、销售费用
采购与付款循环	付款、转账	预付款项、固定资产、在建工程、工程物资、固定资产清理、无形资产、开发支出、商誉、长期待摊费用、应付票据、应付账款、长期应付款	管理费用
存货与仓储循环	转账、付款	存货（包括材料采购或在途物资、原材料、材料成本差异、库存商品、发出商品、商品进销差价、委托加工物资、委托代销商品、受托代销商品、周转材料、生产成本、制造费用、劳务成本、存货跌价准备、受托代销商品款等）、应付职工薪酬	营业成本
筹资与投资循环	转账、收款、付款	交易性金融资产、应收利息、应收股利、其他应收款、其他流动资产、可供出售金融资产、持有至到期投资、长期股权投资、投资性房地产、递延所得税资产、其他非流动资产、短期借款、交易性金融负债、应付利息、应付股利、其他应付款、其他流动负债、长期借款、应付债券、专项应付款、预计负债、递延所得税负债、其他非流动负债、实收资本（或股本）、资本公积、盈余公积、未分配利润	财务费用、资产减值损失、公允价值变动收益、投资收益、营业外收入、营业外支出、所得税费用

注册会计师在划分循环时，还应注意各循环之间有一定联系，如筹资与投资循环同采购与付款循环（也称支出循环）紧密联系，存货与仓储循环与其他所有循环紧密联系。

各交易循环之间的关系，如图 4-2 所示。在后面有专门章节详细说明各循环的审计。

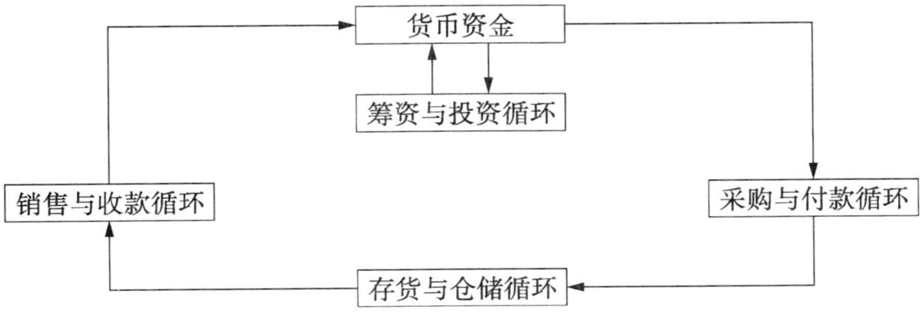

图 4-2　各交易循环之间的关系

在循环法下，注册会计师在审计各个循环时，最有效的方法是在审计循环中各类交易及相关账户期末余额的基础上，合并形成对某类交易及其相关账户余额的保证水平。在注册会计师得出报表整体公允表达的结论之前，必须实现各类交易的审计目标和各个账户余额的审计目标。有关交易的审计目标和有关余额的审计目标尽管有所不同，却是紧密联系的。比如，资产负债表中“应收账款”项目属销售与收款循环，审计时应分别测试影响该账户的四类交易（即销售、收现、销售退回折让及坏账冲销等交易）和该账户的期末余额。图 4-3 以“应收账款”账户为例说明了账户余额与相关交易的关系。

应收账款

期初余额	5 000		
赊销	15 000	收现	7 000
		销售退回与折让	0
		坏账冲销	0
期末余额	13 000		

图 4-3　账户余额与相关交易的关系

第四讲　确定具体审计目标

【知识要点】

一、被审计单位管理层的认定

认定是指管理层对财务报表组成要素的确认、计量和列报所作出的明确或隐含的表达。认定与审计目标密切相关，注册会计师的基本职责就是确定被审计单位管理层对其财务报表的认定是否恰当。

管理层在财务报表上的认定有些是明确表达的，有些则是隐含表达的。例如，管理层在资产负债表中列报存货及其金额，意味着作出了下列明确的认定：①记录的存货是存在的。②存货以恰当的金额包括在财务报表中，与之相关的计价或分摊调整已恰当记录。同时，管理层也作出下列隐含的认定：①所有应当记录的存货均已记录。②记录的存货都由被审计单位拥有。

管理层对财务报表各组成要素均作出了认定，注册会计师的审计工作就是要确定管理层的认定是否恰当。

1. 与各类交易和事项相关的认定

注册会计师对所审计期间的各类交易和事项运用的认定通常分为下列类别：

(1) 发生：记录的交易和事项已发生，且与被审计单位有关。

(2) 完整性：所有应当记录的交易和事项均已记录。

(3) 准确性：与交易和事项有关的金额及其他数据已恰当记录。

(4) 截止：交易和事项已记录于正确的会计期间。

(5) 分类：交易和事项已记录于恰当的账户。

2. 与期末账户余额相关的认定

注册会计师对期末账户余额运用的认定通常分为下列类别：

(1) 存在：记录的资产、负债和所有者权益是存在的。

(2) 权利和义务：记录的资产由被审计单位拥有或控制，记录的负债是被审计单位应当履行的偿还义务。

(3) 完整性：所有应当记录的资产、负债和所有者权益均已记录。

(4) 计价和分摊：资产、负债和所有者权益以恰当的金额包括在财务报表中，与之相关的计价或分摊调整已恰当记录。

3. 与列报相关的认定

注册会计师对列报运用的认定通常分为下列类别：

(1) 发生以及权利和义务：披露的交易、事项和其他情况已发生，且与被审计单位有关。

(2) 完整性：所有应当包括在财务报表中的披露均已包括。

(3) 分类和可理解性：财务信息已被恰当地列报和描述，且披露内容表述清楚。

(4) 准确性和计价：财务信息和其他信息已公允披露，且金额恰当。

二、具体审计目标

注册会计师了解了认定，就很容易确定每个项目的具体审计目标，并以此作为评估重大错报风险以及设计和实施进一步审计程序的基础。

1. 与各类交易和事项相关的审计目标

(1) 发生：由发生认定推导的审计目标是确认已记录的交易是真实的。例如，如果没有发生销售交易，但在销售日记账中记录了一笔销售，则违反了该目标。

发生认定所要解决的问题是管理层是否把那些不曾发生的项目列入财务报表，它主要与财务报表组成要素的高估有关。

(2) 完整性：由完整性认定推导的审计目标是确认已发生的交易确实已经记录。例如，如果发生了销售交易，但没有在销售明细账和总账中记录，则违反了该目标。

发生和完整性两者强调的是相反的关注点。发生目标针对潜在的高估，而完整性目标则针对漏记交易(低估)。

(3) 准确性：由准确性认定推导出的审计目标是确认已记录的交易是按正确金额反映的。例如，如果在销售交易中，发出商品的数量与账单上的数量不符，或是开账单时使用了错误的销售价格，或是账单中的乘积或加总有误，或是在销售明细账中记录了错误的金额，则违反了该目标。

准确性与发生、完整性之间存在区别。例如，若已记录的销售交易是不应当记录的（如发出的商品是寄销商品），则即使发票金额是准确计算的，仍违反了发生目标。又如，若已入账的销售交易是对正确发出商品的记录，但金额计算错误，则违反了准确性目标，但没有违反发生目标。在完整性与准确性之间也存在同样的关系。

(4) 截止：由截止认定推导出的审计目标是确认接近于资产负债表日的交易记录于恰当的期间。例如，如果本期交易推到下期，或下期交易提到本期，均违反了截止目标。

(5) 分类：由分类认定推导出的审计目标是确认被审计单位记录的交易经过适当分类。例如，如果将现销记录为赊销，将出售经营性固定资产所得的收入记录为营业收入，则导致交易分类的错误，违反了分类的目标。

2. 与期末账户余额相关的审计目标

(1) 存在：由存在认定推导的审计目标是确认记录的金额确实存在。例如，如果不存在某顾客的应收账款，在应收账款明细表中却列入了对该顾客的应收账款，则违反了存在性目标。

(2) 权利和义务：由权利和义务认定推导的审计目标是确认资产归属于被审计单位，负债属于被审计单位的义务。例如，将他人寄售商品列入被审计单位的存货中，违反了权利目标；将不属于被审计单位的债务记入账内，违反了义务目标。

(3) 完整性：由完整性认定推导的审计目标是确认已存在的金额均已记录。例如，如果存在某顾客的应收账款，在应收账款明细表中却没有列入对该顾客的应收账款，则违反了完整性目标。

(4) 计价和分摊：资产、负债和所有者权益以恰当的金额包括在财务报表中，与之相关的计价或分摊调整已恰当记录。

3. 与列报相关的审计目标

各类交易和账户余额的认定正确只是为列报正确打下了必要的基础，财务报表还可能因被审计单位误解有关列报的规定或舞弊等而产生错报。另外，还可能因被审计单位没有遵守一些专门的披露要求而导致财务报表错报。因此，即使注册会计师审计了各类交易和账户余额的认定，实现了各类交易和账户余额的具体审计目标，也不意味着获取了足以对财务报表发表审计意见的充分、适当的审计证据。因此，注册会计师还应当对各类交易、账户余额及相关事项在财务报表中列报的正确性实施审计。

(1) 发生及权利和义务：将没有发生的交易或事项，或与被审计单位无关的交易或事项包括在财务报表中，则违反该目标。例如，复核董事会会议记录中是否记载了固定资产抵押等事项，询问管理层固定资产是否被抵押，即对列报的权利认定的运用。如果抵押固定资产则需要在财务报表中列报，说明其权利受到限制。

(2) 完整性：如果应当披露的事项没有被包括在财务报表中，则违反该目标。例如，检查关联方和关联交易，以验证其在财务报表中是否得到充分披露，即对列报的完整性认定的运用。

(3) 分类和可理解性：财务信息已被恰当地列报和描述，且披露内容表述清楚。例如，检查存货的主要类别是否已披露，是否将1年内到期的长期负债列为流动负债，即对列报的分类和可理解性认定的运用。

(4) 准确性和计价：财务信息和其他信息已公允披露，且金额恰当。例如，检查会计报表附注是否分别对原材料、在产品和产成品等存货成本核算方法作了恰当说明，即对列报的准确性和计价认定的运用。

第五讲 审计过程

【知识要点】

审计过程是指审计工作从开始到结束的整个过程，一般包括三个主要的阶段，即计划阶段（包括接受业务委托与计划审计工作）、实施审计阶段（实施风险评估程序与控制测试和实质性程序）和审计完成阶段（完成审计工作和编制审计报告）。

一、接受业务委托

会计师事务所应当按照执业准则的规定，谨慎决策是否接受或保持某客户关系和具体审计业务。在接受委托前，注册会计师应当初步了解审计业务环境，包括业务约定事项、审计对象特征、使用的标准、预期使用者的需求、责任方及其环境的相关特征，以及可能对审计业务产生重大影响的事项、交易、条件和惯例等其他事项。

只有在了解后认为符合胜任能力、独立性和应有的关注等职业道德要求，并且拟承接的业务具备下列所有特征时，注册会计师才能将其作为审计业务予以承接：①审计对象适当。②使用的标准适当且预期使用者能够获取该标准。③注册会计师能够获取充分、适当的证据以支持其结论。④注册会计师的结论以书面报告形式表述，且表述形式与所提供的保证程度相适应。⑤该业务具有合理的目的。如果审计业务的工作范围受到重大限制，或委托人试图将注册会计师的名字和审计对象不适当地联系在一起，则该业务可能不具有合理的目的。接受业务委托阶段的主要工作包括：①了解和评价审计对象的可审性。②决策是否考虑接受委托。③商定业务约定条款。④签订审计业务约定书等。

二、计划审计工作

计划审计工作十分重要，计划不周不仅会导致盲目实施审计程序，无法获取充分、适当的审计证据以将审计风险降至可接受的低水平，影响审计目标的实现，而且还会浪费有限的审计资源，增加不必要的审计成本，影响审计工作的效率。因此，对于任何一项审计业务，注册会计师在执行具体审计程序之前，都必须根据具体情况制定科学、合理的计划，使审计业务以有效的方式得到执行。一般来说，计划审计工作主要包括：①在本期审计业务开始时开展的初步业务活动。②制定总体审计策略。③制定具体审计计划等。计划审计工作不是审计业务的一个孤立阶段，而且是一个持续的、不断修正的过程，贯穿于整个审计过程的始终。

三、实施风险评估程序

审计准则规定，注册会计师必须实施风险评估程序，以此作为评估财务报表层次和认定层次重大错报风险的基础。所谓风险评估程序，是指注册会计师实施的了解被审计单位及其环境并识别和评估财务报表重大错报风险的程序。风险评估程序是必要程序，了解被审计单位及其环境，特别是为注册会计师在许多关键环节作出职业判断提供了重要基础。了解被审计单位及其环境实际上是一个连续和动态地收集、更新与分析信息的过程，贯穿于整个审计过程的始终。注册会计师应当运用职业判断确定需要了解被审计单位及其环境的程度。一般来说，实施风险评估程序的主要工作包括：①了解被审计单位及其环境。②识别和评估财务报表层次以及各类交易、账户余额和列报认定层次的重大错报风险，包括确定需要特别考虑的重大错报风险（即特别风险）以及仅通过实施实质性程序无法应对的重大错报风险等。

四、实施控制测试和实质性程序

注册会计师实施风险评估程序本身并不足以为发表审计意见提供充分、适当的审计证据，注册会计师还应当实施进一步审计程序，包括实施控制测试（必要时或决定测试时）和实质性程序。因此，注册会计师评估财务报表重大错报风险后，应当运用职业判断，针对评估的财务报表层次重大错报风险确定总体应对措施，并针对评估的认定层次重大错报风险设计和实施进一步审计程序，以将审计风险降至可接受的低水平。

只有存在下列情形之一时，控制测试才是必要的：①在评估认定层次重大错报风险时，预期控制的运行是有效的，注册会计师应当实施控制测试以支持评估结果。②仅实施实质性程序不足以提供认定层次充分、适当的审计证据，注册会计师应当实施控制测试，以获取内部控制运行有效性的审计证据。注册会计师应当计划和实施实质性程序，以应对评估的重大错报风险。实质性程序包括实质性分析程序和交易、账户余额以及列报的细节测试。

由于注册会计师对重大错报风险的评估是一种判断，并且内部控制存在固有局限性，因此，无论评估的重大错报风险结果如何，注册会计师均应当针对所有重大的各类交易、账户余额和列报实施实质性程序，以获取充分、适当的审计证据。

由此可见，风险评估程序和实质性程序是每次财务报表审计都应实施的必要程序，而控制测试则不是。在财务报表审计业务中，注册会计师必须通过实施风险评估程序、控制测试（必要时或决定测试时）和实质性程序，才能获取充分、适当的审计证据，得出合理的审计结论，作为形成审计意见的基础。

五、完成审计工作和编制审计报告

注册会计师在完成财务报表所有循环的进一步审计程序后，还应当按照有关审计准则的规定做好审计完成阶段的工作，并根据所获取的各种证据，合理运用专业判断，形成适当的审计意见。本阶段的主要工作有：①审计期初余额、比较数据、期后事项和或有事项。②考虑持续经营问题和获取管理层声明。③汇总审计差异，并提请被审计单位调整或披露。④复核审计工作底稿和财务报表。⑤与管理层和治理层沟通。⑥评价所有审计证据，形成审计意见。⑦编制审计报告等。

第六讲　审计业务约定书

【知识要点】

一、审计业务约定书的定义和作用

审计业务约定书是指会计师事务所与被审计单位签订的，用以记录和确认审计业务的委托与受托关系、审计目标和范围、双方的责任以及报告的格式等事项的书面协议。

会计师事务所承接任何审计业务，都应与被审计单位签订审计业务约定书。为了规范审计业务约定书的签订工作，财政部发布了《中国注册会计师审计准则第 1111 号——审计业务约定书》。该准则要求，注册会计师应当在审计业务开始前，与被审计单位就业务约定条款达成一致意见，并签订审计业务约定书，以避免双方对审计业务的理解产生分歧。如果被审计单位不是委托人，在签订约定书前，注册会计师应当与委托人、被审计单位就审计业务约定相关条款进行充分沟通，并达成一致意见。

审计业务约定书具有经济合同的性质，一经约定各方签字认可，即成为法律上生效的契约，对各方均具有法定约束力。

签署审计业务约定书的目的是为了明确约定各方的权利和责任义务，促使各方遵守约定事项并加强合作，保护签约各方的正当利益。审计业务约定书主要有以下作用：

第一，可增进会计师事务所与被审计单位之间的相互了解，尤其使被审计单位了解注册会计师的审计责任及需提供的协助和合作。

第二，可作为被审计单位评价审计业务完成情况，及会计师事务所检查被审计单位约定义务履行情况的依据。

第三，出现法律诉讼时，是确定签约各方应负责任的重要证据。

二、签订审计业务约定书之前应做的工作

会计师事务所在签订审计业务约定书之前，应指派注册会计师对被审计单位基本情况进行了解，并就审计业务约定相关条款，特别是委托目的、审计范围、审计收费、被审计单位应提供的资料和信息以及必要工作条件与协助等进行充分沟通，并达成一致意见。

1. 明确审计业务的性质和范围

会计师事务所在与被审计单位签约之前，首要的工作是使双方就审计业务的性质和范围达成一致意见。审计业务有一般目的财务报表审计业务和特殊目的的审计业务之分。如审计范围受到限制，注册会计师无法获取充分、适当的审计证据，也就无法对财务报表公允性发表意见。

2. 初步了解被审计单位的基本情况

注册会计师了解被审计单位基本情况，不仅有助于确定是否接受业务委托，还有利于计划和执行审计业务。注册会计师应了解的被审计单位基本情况包括：①业务性质、经营规模和组织结构。②经营情况和经营风险。③以前年度接受审计的情况。④财务会计机构及工作组织。⑤其他与签订审计业务约定书相关的事项。

3. 会计师事务所评价专业胜任能力

会计师事务所评价的内容主要包括：一是执行审计的能力（确定审计小组的关键成员、考虑在审计过程中向外界专家寻求协助的需要和具有必要的时间）；二是能否保持独立性；三是保持应有关注的能力。如果会计师事务所不具备专业胜任能力，应当拒绝接受委托。

4. 商定审计收费

审计收费可采取计件收费和计时收费两种基本方式。在计时收费方式下确定收费时，会计师事务所应当考虑以下主要因素，以客观反映为客户提供专业服务的价值：①专业服务的难度和风险以及所需的知识和技能。②所需专业人员的水平和经验。③每一专业人员提供服务所需的工时。④提供专业服务所需承担的责任。在专业服务得到良好的计划、监督及管理的前提下，通常以合理估计的每一专业人员审计工时和适当的小时费用率为基础计算收费。

5. 明确被审计单位应协助的工作

在注册会计师实施现场审计之前，被审计单位应将所有相关的会计资料和其他文件准备齐全。在审计过程中，被审计单位的财会人员及相关人员应对注册会计师的询问给予解释，并

在适当情况下为注册会计师提供必要的工作条件和协助，如代编某些工作底稿等。

三、审计业务约定书的内容

会计师事务所就上述事项与被审计单位协商一致后，即可指派人员起草审计业务约定书。起草完毕的审计业务约定书一式两份，应由双方法人代表或授权代表签署，并加盖双方单位印章。任何方如需修改、补充约定书，均应以适当方式获得对方的确认。审计业务约定书在审计约定事项完成后，归入审计业务档案。

1. 审计业务约定书的基本内容

审计业务约定书的具体内容和格式可能因被审计单位的不同而不同，但应当包括以下主要内容：

（1）财务报表审计的目标。

（2）管理层对财务报表的责任。

（3）管理层编制财务报表采用的会计准则和相关会计制度。

（4）审计范围，包括指明在执行财务报表审计业务时遵守的中国注册会计师审计准则。

（5）执行审计工作的安排，包括出具审计报告的时间要求。

（6）审计报告格式和对审计结果的其他沟通形式。

（7）由于测试的性质和审计的其他固有限制，以及内部控制的固有局限性。不可避免地存在着某些重大错报可能仍然未被发现的风险。

（8）管理层为注册会计师提供必要的工作条件和协助。

（9）注册会计师不受限制地接触任何与审计有关的记录、文件和所需要的其他信息。

（10）管理层对其作出的与审计有关的声明予以书面确认。

（11）注册会计师对执业过程中获知的信息保密。

（12）审计收费，包括收费的计算基础和收费安排。

（13）违约责任。

（14）解决争议的方法。

（15）签约双方法定代表人或其授权代表的签字盖章，以及签约双方加盖的公章。

2. 审计业务约定书的特殊考虑

（1）考虑特定需要。如果情况需要，注册会计师还应当考虑在审计业务约定书中列明下列内容：①在某些方面对利用其他会计师和专家工作的安排。②与审计涉及的内部审计人员和被审计单位其他员工工作的协调。③预期向被审计单位提交的其他函件或报告。④与治理层整体直接沟通。⑤在首次接受审计委托时，对与前任注册会计师的安排。⑥注册会计师与被审计单位之间需要达成进一步协议的事项。

（2）集团审计。如果负责集团财务会计报告审计的注册会计师同时负责组成部分财务报表的审计，注册会计师应当考虑下列因素，决定是否与各个组成部分单独签订审计业务约定书：①组成部分注册会计师的委托人。②是否对组成部分单独出具审计报告。③法律、法规的规定。④母公司、总公司或总部拥有组成部分的所有权份额。⑤组成部分管理层的独立程度。

（3）连续审计。对于连续审计，注册会计师应当考虑是否需要根据具体情况修改业务约定的条款，以及是否需要提醒被审计单位注意现有的业务约定条款。

注册会计师可以与被审计单位签订长期审计业务约定书，但如果出现下列情况，应当考虑重新签订审计业务约定书：①有迹象表明被审计单位误解审计目标和范围。②需要修改约定条款或增加特别条款。③高级管理人员、董事会或所有权结构近期发生变动。④被审计单位业务的性质或规模发生重大变化。⑤法律法规的规定。⑥管理层编制财务报表采用的会计准则和相关会计制度发生变化。

（4）审计业务的变更。在完成审计业务前，如果被审计单位要求注册会计师将审计业务变更为保证程度较低的鉴证业务或相关服务，注册会计师应当考虑变更业务的适当性。

下列原因可能导致被审计单位要求变更业务：①情况变化对审计服务的需求产生影响。②对原来要求的审计业务的性质存在误解。③审计范围存在限制。上述第①和第②项通常被认为是变更业务的合理理由，但如果有迹象表明该变更要求与错误的、不完整的或者不能令人满意的信息有关，注册会计师不应认为该变更是合理的。

如果没有合理的理由，注册会计师不应同意变更业务。如果不同意变更业务，被审计单位又不允许继续执行原审计业务，注册会计师应当解除业务约定，并考虑是否有义务向被审计单位董事会或股东会等方面说明解除业务约定的理由。

在同意将审计业务变更为其他服务前，注册会计师还应当考虑变更业务对法律责任或业务约定条款的影响。如果变更业务引起业务约定条款的变更，注册会计师应当与被审计单位就新条款达成一致意见。如果认为变更业务具有合理的理由，并且按照审计准则的规定已实施的审计工作也适用于变更后的业务，注册会计师可以根据修改后的业务约定条款出具报告。为避免引起报告使用者的误解，报告不应提及下列内容：①原审计业务。②在原审计业务中已执行的程序。只有将审计业务变更为执行商定程序业务，注册会计师才可在报告中提及已执行的程序。

单元测试

1. 单项选择题

（1）认定是指管理层对财务报表各组成要素的确认、计量、列报作出的（　　）表达。

A. 明确的　　B. 隐含的　　C. 明确或隐含的　　D. 明确和隐含的

（2）下列类别中，不属于注册会计师针对列报运用的认定的是（　　）。

A. 截止和分摊　　B. 发生以及权利和义务

C. 完整性、准确性和计价　　D. 分类和可理解性

（3）下列认定中，只与资产负债表组成要素无关的认定是（　　）。

A. 存在或发生　　B. 权利和义务　　C. 计价或分摊　　D. 完整性

（4）注册会计师在审计过程中，发现被审计单位将下一年的销售列入了本期利润表的收入项目，则被审计单位管理当局违反的“认定”属于（　　）。

A. 发生　　B. 完整性　　C. 准确性　　D. 截止

（5）被审计单位当年购入设备 1 台，会计部门在记账时，漏计了该设备的运费，则被审计单位违反的“认定”是（　　）。

A. 准确性　　B. 完整性　　C. 截止　　D. 发生

（6）下列各项中，（　　）是为了实现注册会计师一般审计目标中的分类目标。

A. 把主管和董事的欠款与客户的欠款分开　　B. “累计折旧”账户余额看来是合理的

C. 有价证券是否按取得时的实际成本入账　　D. 所有的销售是否均已发生

(7) 下列各项中，被审计单位(　　)违反了权利和义务认定。

A. 未将作为抵押物的房屋披露　　B. 将未发生的销售登记入账

C. 将未发生的费用登记入账　　D. 未计提坏账准备

(8) 注册会计师为明确被审计单位的会计责任获取的下列审计证据中，无效的审计证据是(　　)。

A. 审计业务约定书　B. 管理层声明书　C. 律师声明书　D. 管理建议书

(9) 在审计实施阶段的下列审计程序或概念是(　　)。

A. 控制测试　B. 实质性程序　C. 分析程序　D. 重要性

2. 多项选择题

(1) 注册会计师审计自诞生以来，从其内容发展来说，主要经历了(　　)，审计总目标也随之有所变化。

A. 详细审计阶段　　B. 资产负债表审计阶段

C. 财务报表审计阶段　　D. 管理审计阶段

(2) 在完成审计业务前，(　　)是可能导致被审计单位要求变更业务的合理理由。

A. 情况变化对审计服务的需求产生影响

B. 对原来要求的审计业务的性质存在误解

C. 有迹象表明被审计单位误解审计目标和范围

D. 审计范围存在限制

(3) 审计过程是指审计工作从开始到结束的整个过程，一般包括(　　)。

A. 计划阶段　　B. 实施阶段

C. 审计报告阶段　　D. 审计完成阶段

(4) 事务所评价专业胜任能力，通常包括(　　)等方面的内容。

A. 确定审计小组的关键成员

B. 评价独立性

C. 评价保持应有的谨慎能力

D. 考虑在审计过程中向外界专家寻求协助的需要

(5) 华兴公司的资产负债表报告存货如下：存货 1 000 000 元，这意味着华兴公司的管理当局告诉您(　　)。

A. 存货的账面价值为 1 000 000 元　　B. 存货归华兴公司所有

C. 不存在没有入账的属于华兴公司的存货　　D. 存货是存在的

(6) 下列各项所能实现的审计目标，是基于被审计单位管理当局“计价或分摊”的认定推论得出的(　　)。

A. 存货的入账成本正确　　B. 当期计提的存货跌价准备正确

C. 期末所有存货存在　　D. 存货相关账户的总账与有关明细账相符

(7) 事务所签署审计业务约定书前应了解的被审计单位的基本情况，包括(　　)。

A. 经营风险及经营情况　　B. 以前年度审计情况

C. 财务会计机构及工作组织　　D. 业务性质、经营规模和组织结构

(8) 完整性认定主要与(　　)项目的低估有关。

A. 应收账款　B. 应付账款　C. 其他应收款　D. 其他应付款

(9) 下列各项中，属于“完整性”认定的有（　　）。

A. 资产负债表所列的存货均存在并可供使用

B. 资产负债表所列的存货包括了所有存货交易的结果

C. 当期的全部销售交易均已登记入账

D. 期末已按成本与可变现净值孰低的原则计提了存货跌价准备

(10) 签署审计业务约定书前，注册会计师应就（　　）等约定事项进行商议。

A. 委托目的　　B. 实现目标　　C. 审计范围　　D. 审计收费

(11) 在签署审计业务约定书之前，注册会计师初步了解的被审计单位的基本情况包括（　　）。

A. 组织结构　　B. 经营风险

C. 控制风险　　D. 以前年度接受审计的情况

3. 判断题

(1) 资产负债表中，固定资产项目中如果未列示累计折旧及固定资产净值，则违反了完整性的认定。（　　）

(2) 被审计单位于2006年12月30日给A公司发出商品50万元，2007年1月4日办委托收款手续，被审计单位在发出商品时，确认收入入账。则被审计单位违反了“完整性”认定。（　　）

(3) 实施2006年度主营业务收入的截止测试时，注册会计师应当以该年度的销售目标为起点，以检查是否高估主营业务收入。（　　）

(4) 注册会计师在对财务报表审计时，可以只关注与财务报表编制和审计有关的内部控制，而不对内部控制本身发表鉴证意见。（　　）

(5) 如果被审计单位未将“一年内到期的长期借款”转列在“流动负债”项目内，则违反了准确性和计价认定。（　　）

(6) 甲注册会计师审计W公司2006年度财务报表时，在一般情况下，甲应将管理费用划入购货与付款循环。（　　）

(7) 如果将现销记录为赊销，将出售经营性固定资产所得的收入记录为营业收入，则导致交易分类的错误，违反了发生的目标。（　　）

(8) 若已入账的销售交易是对正确发出商品的记录，但金额计算错误，则违反了准确性目标，同时也违反了发生目标。（　　）

(9) 将他人寄售商品列入被审计单位的存货中，违反了权利目标；将不属于被审计单位的债务记入账内，违反了存在目标。（　　）

(10) 在审计业务约定书的双方中，一方是注册会计师，另一方是委托单位的法人代表或授权代表。（　　）

(11) 合理保证与绝对保证是一个相对应的概念。绝对保证是指注册会计师对财务报表整体不存在重大错报提供百分之百的保证。（　　）

(12) 如果被审计单位未在会计报表附注中披露存货的担保、抵押情况，就意味着管理当局对外承诺本单位的存货不存在担保和抵押情况。（　　）

(13) 审计业务约定书既可采用书面形式，又可以采用口头形式。（　　）

(14) 注册会计师必须通过实施风险评估程序、控制测试和实质性测试程序，才能获取充

分、适当的审计证据，得出合理的审计结论，作为形成审计意见的基础。（　　）

实务训练

1. 简要说明被审计单位认定与审计目标的关系，并以存货为例，列举出与存货期末余额相关的认定和与之对应的审计目标。

2. 一家上市公司找到精华会计师事务所，拟委托其审计2006年度财务报表，为了保住业务，精华会计师事务所马上就与该公司签署了审计业务约定书。你认为精华会计师事务所的做法是否妥当？请你给事务所提些建议。

3. 表4-2列示了投资、应收账款和固定资产项目的若干审计目标及可能实施的主要审计程序。请针对每一项审计目标，在相应的审计项目内选出能够实现该审计目标的最佳审计程序，以其英文大写字母编号填列在题后表格内，每一项审计程序最多只能被选择一次。

表4-2　　　　审计目标及可能实施的主要审计程序

审计项目名称	审计目标	审计程序
投资	(1) 财务报表中，投资项目的分类反映恰当 (2) 在资产负债表日，会计记录所反映的投资确实归属被审计单位 (3) 投资的计价准确	A. 将投资项目明细账期初余额与上年度审计工作底稿核对 B. 确定负责转让有价证券的职员没有接触现金和银行存款记录 C. 检查长期投资与短期投资在分类上相互划转已进行正确的会计处理 D. 抽查投资记录原始凭证，检查有关凭证是否预先编号 E. 确定投资价格的任何波动已进行恰当的会计处理 F. 函证资产负债表日被托管的所有有价证券 G. 将重大投资交易记录与董事会会议记录核对，确定所有交易均经批准或授权
应收账款	(4) 在资产负债表日，应收账款记录完整 (5) 在资产负债表日，被审计单位对所有应收账款均具有法定收款权 (6) 资产负债表日收款余额正确 (7) 财务报表中，应收账款分类反映恰当	A. 分析应收账款同销售的比率关系，并同上期比较 B. 实施销售截止测试，确定销售业务和相应的存货及销货成本记录在恰当的会计期间 C. 按计提坏账准备的范围、标准测算已提坏账准备是否充分，并提请调整大额差异 D. 检查销售退回和折让是否附有按顺序编号并经主管人员核准的贷项通知单 E. 复核所有贷款协议，确定应收账款是否已作抵押 F. 抽查被审计单位职员及有关部门的暂借项记录，确定已记入正确的账户 G. 分析应收账款各月月末余额与应付账款的非正常比例关系
固定资产	(8) 被审计单位对所审计会计期间内所增固定资产享有所有权 (9) 在资产负债表日，所有在册固定资产均存在 (10) 在资产负债表日，所有固定资产的净值均已正确计量	A. 将固定资产明细账期初余额与上期审计工作底稿核对 B. 复核折旧费用的计提，并确定固定资产有效使用年限及折旧方法同以前年度一致 C. 固定资产记录部门与保管使用部门的职责分离 D. 审查固定资产契约和保险单据 E. 实施截止测试，证实固定资产维修费用已计入恰当的会计期间 F. 确定所有机器设备均已保险 G. 实地检查所有主要的机器设备

第五单元　审计证据与审计工作底稿

导学目标

通过本单元课程教学，学生应该掌握审计证据含义特性；掌握获取审计证据的审计程序和方法；掌握审计工作底稿的内容和编制要求。

导学案例

审计工作底稿的严肃性

2018 年 12 月 31 日，审计助理小丁去 ABC 公司监盘存货，听到几个员工议论可能存在变质产品。小丁对存货进行抽点，结果表明存货数量准确、收发有序。由于产品技术含量较高，小丁无法鉴别产品是否变质，于是他去询问存货部主管，得到的答复是产品无质量问题。在编制审计工作底稿时，小丁在备注中写下“听说有变质产品，建议在下阶段的存货计价审计中应予以特别关注”。注册会计师老张在复核工作底稿时，向小丁详细了解存货监盘情况，特别是有关变质产品的情况，并询问当时议论此事的员工，但这些员工矢口否认。于是，老张与存货部主管沟通之后得出“存货未发现重大错报”的结论，并且在底稿备注中注明“变质产品问题经核实尚无证据，但下次审计时应加以考虑”。

由于 ABC 公司总经理抱怨老张前两次发表保留意见，使其贷款遇到了麻烦，因此本次审计老张发表了无保留意见。6 个月后，ABC 公司资金周转不灵，主要是存货中存在大量变质产品无法出售，致使无法偿还银行贷款。银行提起诉讼，拟向会计师事务所索赔。会计师事务所向法庭出示了审计工作底稿。法院审理后认为，注册会计师明知存货价值高估，但迫于该公司的压力而未揭示，具有重大过失，应承担银行的贷款损失。

资料来源：改编自李若山，刘大贤.审计学——案例与教学。北京：经济科学出版社，2000.

思考：

1. 员工的议论能否作为充分、适当的审计证据支持注册会计师得出恰当的审计结论？注册会计师应当如何做？

2. 审计工作底稿是否要对审计过程中形成的一切信息作记录？

第一讲 审计证据

【知识要点】

一、审计证据的含义

《中国注册会计师审计准则第 1301 号——审计证据》对审计证据的含义进行了规定。审计证据是指注册会计师为了得出审计结论、形成审计意见而使用的所有信息,包括财务报表所依据的会计记录中含有的信息和其他信息。

财务报表所依据的会计记录中包含的信息和其他信息共同构成了审计证据,两者缺一不可。如果没有前者,审计工作将无法进行;如果没有后者,可能无法识别重大错报风险。只有将两者结合在一起,才能将审计风险降至可接受的低水平,为注册会计师发表审计意见提供合理基础。

收集和评价审计证据是注册会计师得出审计结论、支撑审计意见的基础。注册会计师应当获取充分、适当的审计证据,以得出合理的审计结论,作为形成审计意见的基础。

二、审计证据的特性

注册会计师应当保持职业怀疑态度,运用职业判断,评价审计证据的充分性和适当性。

1. 审计证据的充分性

审计证据的充分性是对审计证据数量的衡量,主要与注册会计师确定的样本量有关。例如,对某个审计项目实施某一选定的审计程序,从 200 个样本中获得的证据要比从 100 个样本中获得的证据更充分。

注册会计师需要获取的审计证据的数量受错报风险的影响。错报风险越大,需要的审计证据可能越多。具体来说,在可接受的审计风险水平一定的情况下,重大错报风险越大,注册会计师就应实施越多的测试工作,将检查风险降至可接受水平,以将审计风险控制在可接受的低水平范围内。

例如,注册会计师对某电脑公司进行审计,经过分析认为,受被审计单位行业性质的影响,存货陈旧的可能性相当高,存货计价的错报可能性就比较大。为此,注册会计师在审计中,就要选取更多的存货样本进行测试,以确定存货陈旧的程度,从而确认存货的价值是否被高估。

2. 审计证据的适当性

(1) 审计证据的适当性的含义。审计证据的适当性是对审计证据质量的衡量,即审计证据在支持各类交易、账户余额和列报的相关认定,或发现其中存在错报方面具有相关性和可靠性。相关性和可靠性是审计证据适当性的核心内容,只有相关且可靠的审计证据才是高质量的。

(2) 审计证据的相关性。审计证据要有证明力,必须与注册会计师的审计目标相关。例如,注册会计师在审计过程中怀疑被审计单位发出存货却没有给顾客开具发票,需要确认销售是否完整。注册会计师应当在从发货单中选取样本,追查与每张发货单相应的销售发票副本,以确定是否每张发票单均已开具发票。如果注册会计师从销售发票中选取样本,并追查至与每张发票相应的发票单,由此所获得的证据与完整性目标就不相关。

（3）审计证据的可靠性。审计证据的可靠性是指证据的可信程度。例如，注册会计师亲自检查存货所获得的证据，就比被审计单位管理层提供给注册会计师的存货数据更可靠。

审计证据的可靠性受其来源和性质的影响，并取决于获取审计证据的具体环境。注册会计师在判断审计证据的可靠性时，通常会考虑下列原则：

第一，从外部独立来源获取的审计证据比从其他来源获取的审计证据更可靠。

第二，在内部控制有效时，内部生成的审计证据比在内部控制薄弱时内部生成的审计证据更可靠。

第三，直接获取的审计证据比间接获取或推论得出的审计证据更可靠。

第四，以文件、记录形式（无论是纸质、电子或其他介质）存在的审计证据比口头形式的审计证据更可靠。

第五，从原件获取的审计证据比从传真件或复印件获取的审计证据更可靠。

注册会计师在按照上述原则评价审计证据的可靠性时，还应当注意可能出现的重要例外情况。例如，审计证据虽然是从独立的外部来源获得，但如果该证据是由不知情者或不具备资格者提供，审计证据也可能是不可靠的。同样，如果注册会计师不具备评价证据的专业能力，那么，即使是直接获取的证据，也可能不可靠。

（4）充分性和适当性之间的关系。充分性和适当性是审计证据的两个重要特征，两者缺一不可，只有充分且适当的审计证据才是有证明力的。

注册会计师需要获取的审计证据的数量也受审计证据质量的影响。审计证据质量越高，需要的审计证据数量可能越少。也就是说，审计证据的适当性会影响审计证据的充分性。例如，被审计单位内部控制健全时生成的审计证据更可靠，注册会计师只需获取适量的审计证据，就可以为发表审计意见提供合理的基础。

需要注意的是，尽管审计证据的充分性和适当性相关，但如果审计证据的质量存在缺陷，那么注册会计师仅靠获取更多的审计证据可能无法弥补其质量上的缺陷。例如，注册会计师应当获取与销售收入完整性相关的证据，实际获取到的却是有关销售收入真实性的证据，审计证据与完整性目标不相关，即使获取的证据再多，也证明不了收入的完整性。同样，如果注册会计师获取的证据不可靠，那么证据数量再多也难以起到证明作用。

三、获取审计证据的审计程序

1. 审计程序的目的

按审计程序的目的不同，可将注册会计师为获取充分、适当的审计证据而实施的审计程序分为风险评估程序、控制测试（必要时或决定测试时）和实质性程序。

（1）风险评估程序。注册会计师应当实施风险评估程序，以此作为评估财务报表层次和认定层次重大错报风险的基础。

风险评估程序为注册会计师确定重要性水平、识别需要特别考虑的领域、设计和实施进一步审计程序等工作提供了重要基础，有助于注册会计师合理分配审计资源，获取充分、适当的审计证据。

需要注意的是，风险评估程序并不能识别出所有的重大错报风险，虽然它可作为评估财务报表层次和认定层次重大错报风险的基础，但并不能为发表审计意见提供充分、适当的审计证据。为了获取充分、适当的审计证据，注册会计师还需要实施进一步程序，包括实施控制测试（必要时或决定测试时）和实质性程序。

(2) 控制测试。当存在下列情形之一时,控制测试是必要的:

第一,在评估认定层次重大错报风险时,预期控制的运行是有效的,注册会计师应当实施控制测试以支持评估结果。

第二,仅实施实质性程序不足以提供有关认定层次的充分、适当的审计证据,注册会计师应当实施控制测试,以获取内部控制运行有效性的审计证据。

实施控制测试的目的是测试内部控制在防止、发现并纠正认定层次重大错报方面的运行有效性,从而支持或修正重大错报风险的评估结果,据以确定实质性程序的性质、时间和范围。

(3) 实质性程序。注册会计师应当计划和实施实质性程序,以应对评估的重大错报风险。

实质性程序包括对各类交易、账户余额和列报的细节测试以及实质性分析程序。

注册会计师对重大错报风险的评估是一种判断,可能无法充分识别所有的重大错报风险,并且由于内部控制存在固有局限性,无论对重大错报风险的评估结果如何,注册会计师都应当针对所有重大的各类交易、账户余额和列报实施实质性程序。

2. 审计程序的类型

在实施风险评估程序、控制测试或实质性程序时,注册会计师可根据需要单独或综合运用以下审计程序,以获取充分、适当的审计证据。

(1) 检查记录或文件。检查记录或文件是指注册会计师对被审计单位内部或外部生成的,以纸质、电子或其他介质形式存在的记录或文件进行审查。

检查记录或文件的目的是对财务报表所包含或应包含的信息进行验证。例如,被审计单位通常对每一笔销售交易都保留一份顾客订单、一张发货单和一份销售发票副本。这些凭证对于注册会计师验证被审计单位记录的销售交易的正确性是有用的证据。

检查记录或文件可提供可靠程度不同的审计证据,审计证据的可靠性取决于记录或文件的来源和性质。外部记录或文件通常被认为比内部记录或文件可靠,因为外部凭证经被审计单位的客户出具,又经被审计单位认可,表明交易双方对凭证上记录的信息和条款达成一致意见。另外,某些外部凭证编制过程非常谨慎,通常由律师或其他有资格的专家进行复核,因而具有较高的可靠性,如土地使用权证、保险单、契约和合同等文件。

(2) 检查有形资产。检查有形资产是指注册会计师对资产实物进行审查。检查有形资产程序主要适用于存货和现金,也适用于有价证券、应收票据和固定资产等。

检查有形资产可为其存在性提供可靠的审计证据,但不一定能够为权利和义务或计价认定提供可靠的审计证据。检查存货项目前,可先对客户实施的存货盘点进行观察。

(3) 观察。观察是指注册会计师察看相关人员正在从事的活动或执行的程序。例如,对客户执行的存货盘点或控制活动进行观察。

观察提供的审计证据仅限于观察发生的时点,并且在相关人员已知被观察时,相关人员从事活动或执行程序可能与日常的做法不同,从而会影响注册会计师对真实情况的了解。因此,注册会计师有必要获取其他类型的佐证证据。

(4) 询问。询问是指注册会计师以书面或口头方式,向被审计单位内部或外部的知情人员获取财务信息和非财务信息,并对答复进行评价的过程。

知情人员对询问的答复可能为注册会计师提供尚未获悉的信息或佐证证据,也可能提供与已获悉信息存在重大差异的信息,注册会计师应当根据询问结果考虑修改审计程序或实施追加的审计程序。询问本身不足以发现认定层次存在的重大错报,也不足以测试内部控制运行的有效性,注册会计师还应当实施其他审计程序以获得充分、适当的审计证据。

（5）函证。函证是指注册会计师为了获取影响财务报表或相关披露认定的项目信息，通过直接来自第三方的对相关信息和现存状况的声明，获取或评价审计证据的过程。例如，对应收账款余额或银行存款的函证。

通过函证获取的证据可靠性较高，因此，函证是受到高度重视并经常被使用的一种重要程序。

（6）重新计算。重新计算是指注册会计师以人工方式或使用计算机辅助审计技术，对记录或文件中的数据计算的准确性进行核对。重新计算通常包括计算销售发票和存货的总金额、加总日记账和明细账，检查折旧费用和预付费用的计算、检查应纳税额的计算等。

（7）重新执行。重新执行是指注册会计师以人工方式或使用计算机辅助审计技术，重新独立执行作为被审计单位内部控制组成部分的程序或控制。例如，注册会计师利用被审计单位的银行存款日记账和银行对账单，重新编制银行存款余额调节表，并与被审计单位编制的银行存款余额调节表进行比较。

（8）分析程序。分析程序是指注册会计师通过研究不同财务数据之间以及财务数据与非财务数据之间的内在关系，对财务信息作出评价。分析程序还包括调查识别出的、与其他相关信息不一致或与预期数据严重偏离的波动和关系。

第二讲　审计工作底稿

【知识要点】

一、审计工作底稿的含义和编制目的

1. 审计工作底稿的含义

审计工作底稿是指注册会计师对制定的审计计划、实施的审计程序、获取的相关审计证据，以及得出的审计结论作出的记录。审计工作底稿是审计证据的载体，是注册会计师在审计过程中形成的审计工作记录和获取的资料。它形成于审计过程，也反映整个审计过程。

2. 审计工作底稿的编制目的

注册会计师应当及时编制审计工作底稿，以实现下列目的：①提供充分、适当的记录，作为审计报告的基础。②提供证据，证明其按照中国注册会计师审计准则的规定执行了审计工作。

审计工作底稿是注册会计师形成审计结论，发表审计意见的直接依据。在会计师事务所因执业质量而涉及诉讼或有关监管机构进行执业质量检查时，审计工作底稿能够提供证据，证明会计师事务所是否按照审计准则的规定执行了审计工作。

及时编制审计工作底稿有助于提高审计工作的质量，便于在出具审计报告之前，对取得的审计证据和得出的审计结论进行有效复核和评价。如果时间拖延过久，注册会计师可能会遗忘某些事项，使得审计工作底稿的记录不能全面地反映注册会计师所执行的审计工作。一般情况下，在审计工作执行过程中编制的审计工作底稿比事后编制的审计工作底稿更准确。

3. 编制审计工作底稿使用的文字

编制审计工作底稿的文字应当使用中文。少数民族自治地区可以同时使用少数民族文字；中国境内的中外合作会计师事务所、国际会计公司成员所和联系所可以同时使用某种外国文字；会计师事务所执行涉外业务时可以同时使用某种外国文字。

4. 审计工作底稿的控制程序

会计师事务所应当按照《会计师事务所质量控制准则第 5101 号——业务质量控制》的规定，对审计工作底稿实施适当的控制程序，以满足下列要求：

(1) 安全保管审计工作底稿并对审计工作底稿保密。

(2) 保证审计工作底稿的完整性。

(3) 便于对审计工作底稿的使用和检索。

(4) 按照规定的期限保存审计工作底稿。

为了保证审计工作底稿的完整性，注册会计师不得对其进行不当删除、废弃和改动。

二、审计工作底稿的内容和范围

审计工作底稿的要素。通常，审计工作底稿包括下列全部或部分要素：①被审计单位名称。②审计项目名称。③审计项目时点或期间。④审计过程记录。⑤审计结论。⑥审计标识及其说明。⑦索引号及编号。⑧编制者姓名及编制日期。⑨复核者姓名及复核日期。⑩其他应说明事项。下面分别对以上所述要素中的第④～第⑨项进行说明。

1. 审计过程记录

(1) 记录特定项目或事项的识别特征。在记录实施审计程序的性质、时间和范围时，注册会计师应当记录测试的特定项目或事项的识别特征。记录特定项目或事项的识别特征可以实现多种目的。例如，便于对例外事项或不符事项进行检查，以及对测试的项目或事项进行复核。

(2) 重大事项。注册会计师应当根据具体情况判断某一事项是否属于重大事项。重大事项通常包括：①引起特别风险的事项。②实施审计程序的结果，该结果表明财务信息可能存在重大错报，或需要修正以前对重大错报风险的评估和针对这些风险拟采取的应对措施。③导致注册会计师难以实施必要审计程序的情形。④导致出具非标准审计报告的事项。

注册会计师应当及时记录与管理层、治理层和其他人员对重大事项的讨论，包括讨论的内容、时间、地点和参加人员。

(3) 记录针对重大事项如何处理矛盾或不一致的情况。如果识别出的信息与针对某重大事项得出的最终结论相矛盾或不一致，注册会计师应当记录形成最终结论时如何处理该矛盾或不一致的情况。

(4) 其他准则中的相关记录要求。注册会计师编制审计工作底稿，还要遵守除《中国注册会计师审计准则第 1131 号——审计工作底稿》以外的其他准则中关于审计工作记录的相关规定。

2. 审计结论

注册会计师恰当地记录审计结论非常重要。注册会计师需要根据所实施的审计程序及获取的审计证据得出结论，并以此作为对财务报表发表审计意见的基础。在记录审计结论时需注意，在审计工作底稿中记录的审计程序和审计证据是否足以支持所得出的审计结论。

3. 审计标识及其说明

审计工作底稿中可使用各种审计标识，但应说明其含义，并保持前后一致。以下是注册会计师在审计工作底稿中列明标识并说明其含义的例子：

∧：纵加核对。

<：横加核对。

B：与上年结转数核对一致。

T：与原始凭证核对一致。

G：与总分类账核对一致。

S：与明细账核对一致。

T/B：与试算平衡表核对一致。

C：已发询证函。

C\：已收回询证函。

在审计实务中，注册会计师也可以依据实际情况运用更多的审计标识。

4. 索引号及编号

通常，审计工作底稿需要注明索引号及顺序编号，相关审计工作底稿之间需要保持清晰的勾稽关系。在实务中，注册会计师可以按照所记录的审计工作的内容层次进行编号。例如，固定资产汇总表的编号为 C1，按类别列示的固定资产明细表的编号为 C1—1，房屋建筑物的编号为 C1—1—1，机器设备的编号为 Cl—1—2，运输工具的编号为 C1—1—3，其他设备的编号为 C1—1—4。相互引用时，需要在审计工作底稿中交叉注明索引号。

5. 编制人员和复核人员及日期

在记录实施审计程序的性质、时间和范围时，注册会计师应当记录：

(1) 审计工作的执行人员及完成该项审计工作的日期。

(2) 审计工作的复核人员及复核的日期和范围。

在需要项目质量控制复核的情况下，还需要注明项目质量控制复核人员及复核的日期。

通常，需要在每一张审计工作底稿上注明执行审计工作的人员和复核人员、完成该项审计工作的日期以及完成复核的日期。

三、审计工作底稿的归档

1. 审计工作底稿归档的期限

注册会计师应当按照会计师事务所质量控制政策和程序的规定，及时将审计工作底稿归整为最终审计档案。审计工作底稿的归档期限为审计报告日后 60 天内。如果注册会计师未能完成审计业务，审计工作底稿的归档期限为审计业务中止后的 60 天内。

如果针对客户的同一财务信息执行不同的委托业务，出具两个或多个不同的报告，会计师事务所应当将其视为不同的业务，根据会计师事务所内部制定的政策和程序，在规定的归档期限内分别将审计工作底稿归整为最终审计档案。

2. 审计工作底稿归档的性质

在出具审计报告前，注册会计师应完成所有必要的审计程序，取得充分、适当的审计证据并得出适当的审计结论。由此，在审计报告日后将审计工作底稿归整为最终审计档案是一项事务性的工作，不涉及实施新的审计程序或得出新的结论。

如果在归档期间对审计工作底稿作出的变动属于事务性的，注册会计师可以作出变动，主要包括：

(1) 删除或废弃被取代的审计工作底稿。

(2) 对审计工作底稿进行分类、整理和交叉索引。

(3) 对审计档案归整工作的完成核对表签字认可。

(4) 记录在审计报告日前获取的、与审计项目组相关成员进行讨论并取得一致意见的审计证据。

3. 审计工作底稿归档后的变动

（1）修改或增加审计工作底稿时的记录要求。在完成最终审计档案的规整工作后，如果发现有必要修改现有审计工作底稿或增加新的审计工作底稿，无论修改或增加的性质如何，注册会计师均应当记录下列事项：①修改或增加审计工作底稿的时间和人员，以及复核的时间和人员。②修改或增加审计工作底稿的具体理由。③修改或增加审计工作底稿对审计结论产生的影响。

修改现有审计工作底稿主要是指在保持原审计工作底稿中所记录的信息，即对原记录信息不予删除（包括涂改、覆盖等方式）的前提下，采用增加新信息的方式予以修改。例如，原审计工作底稿中列明存货余额为 100 万元，现改为 120 万元，注册会计师可以采用在原工作底稿中增加新的注释的方式予以修改。

一般情况下，在审计报告归档之后不需要对审计工作底稿进行修改或增加。注册会计师发现有必要修改现有审计工作底稿或增加新的审计工作底稿的情形主要有以下两种：①注册会计师已实施了必要的审计程序，取得了充分、适当的审计证据并得出了恰当的审计结论，但审计工作底稿的记录不够充分。②审计报告日后，发现例外情况要求注册会计师实施新的或追加审计程序，或导致注册会计师得出新的结论。

（2）不得在规定的保存期届满前删除或废弃审计工作底稿。在完成最终审计档案的归整工作后，注册会计师不得在规定的保存期届满前删除或废弃审计工作底稿。

删除审计工作底稿主要是指删除整张原审计工作底稿，或以涂改、覆盖等方式删减原审计工作底稿中的全部或部分记录内容。

废弃审计工作底稿主要是指将原审计工作底稿从审计档案中抽取出来，使审计档案中不再包含原来的底稿。

4. 审计工作底稿的保存期限

会计师事务所应当自审计报告日起，对审计工作底稿至少保存 10 年。如果注册会计师未能完成审计业务，会计师事务所应当自审计业务中止日起，对审计工作底稿至少保存 10 年。

值得注意的是，对于连续审计的情况，当期归整的永久性档案可能包括以前年度获取的资料（有可能是 10 年以前）。这些资料虽然是在以前年度获取，但由于其作为本期档案的一部分，并作为支持审计结论的基础，因此，注册会计师对于这些对当期有效的档案，应视为当期取得并保存 10 年。如果这些资料在某一个审计期间被替换，被替换资料可以从被替换的年度起至少保存 10 年。

对审计工作底稿的保管、归档工作，注册会计师还应按照《会计师事务所质量控制准则第 5101 号——业务质量控制》的规定实施适当的控制程序。

四、审计报告日后对审计工作底稿的变动

在审计报告日后，如果发现例外情况要求注册会计师实施新的或追加的审计程序，或导致注册会计师得出新的结论，注册会计师应当记录：

（1）遇到的例外情况。

（2）实施的新的或追加的审计程序，获取的审计证据以及得出的结论。

（3）对审计工作底稿作出变动及其复核的时间和人员。

例外情况主要是指审计报告日后发现与已审计财务信息相关，且在审计报告日已经存在

的事实，该事实如果被注册会计师在审计报告日前获知，可能影响审计报告。例如，注册会计师在审计报告日后才获知法院在审计报告日前已对被审计单位的诉讼、索赔事项作出最终判决结果。

例外情况可能在审计报告日后发现，也可能在财务报表报出日后发现，注册会计师应当按照《中国注册会计师审计准则第1332号——期后事项》第四章“财务报表报出后发现的事实”的相关规定，对例外事项实施新的或追加的审计程序。

另外，发现例外情况对审计工作底稿作出的变动可能会发生在归整工作结束前。在这种情况下，无论是否出具新的审计报告，原审计工作底稿中的内容均构成了原审计报告的支持性证据。

单元测试

1. 单项选择题

(1) 审计工作底稿的归档期限为审计报告日后的(　　)天内。

A. 30　　B. 60　　C. 90　　D. 180

(2) 会计师事务所应当自审计报告日起，对业务类审计工作底稿至少保存(　　)。

A. 10年　　B. 8年　　C. 5年　　D. 永久保存

(3) 询问本身(　　)发现认定层次存在的重大错报，(　　)测试内部控制运行的有效性。

A. 不足以　不足以　　B. 足以　不足以

C. 不足以　足以　　D. 足以　足以

(4) 下列关于审计程序的说法中，不正确的是(　　)。

A. 检查有形资产可提供权利和义务的全部审计证据

B. 观察提供的审计证据仅限于观察发生的时点

C. 对于询问的答复，注册会计师应当通过获取其他证据予以佐证

D. 分析程序包括调查识别出的、与其他相关信息不一致或与预期数据严重偏离的波动和关系

(5) 注册会计师需要获取的审计证据的数量受错报风险和审计证据质量的影响。错报风险越(　　)，需要的审计证据可能越(　　)。审计证据质量越(　　)，需要的审计证据可能越(　　)。

A. 大　多　高　少　　B. 大　少　高　少

C. 大　多　高　多　　D. 大　少　高　多

(6) 会计师事务所应当自(　　)日起，对审计工作底稿至少保存10年。

A. 审计报告　　B. 资产负债表

C. 外勤审计工作结束　　D. 审计报告对外公布

(7) 实物证据通常证明(　　)。

A. 实物资产的所有权　　B. 实物资产是否存在

C. 实物资产的计价准确性　　D. 有关会计记录是否正确

(8) 注册会计师为发现被审计单位的财务报表和其他会计资料中的重要比率及趋势的异常变动应采用(　)审计证据。

A. 检查　　B. 计算　　C. 分析程序　　D. 重新执行

(9) 下列各类审计证据中，证据力最强的是(　　)。

A. 注册会计师自行编制的往来账项调节表　　B. 应收账款函证的回函

C. 被审计单位自己编制的现金盘点表　　D. 领料单

(10) 注册会计师实施的下列审计程序中，(　　)是重新执行。

A. 注册会计师利用被审计单位的银行存款日记账和银行对账单，重新编制银行存款余额调节表，并与被审计单位编制的银行存款余额调节表进行比较

B. 对应收账款余额或银行存款的函证

C. 以人工方式或使用计算机辅助审计技术，对记录或文件中的数据计算的准确性进行核对

D. 对客户执行的存货盘点或控制活动进行观察

(11) 会计师事务所接受委托对被审计单位进行审计所形成的审计工作底稿，其所有权应归属于(　　)。

A. 会计师事务所　　B. 被审计单位

C. 进行审计的注册会计师　　D. 委托单位

(12) 注册会计师在完成最终审计档案的归整工作后，如果发现有必要修改原审计工作底稿中列明的存货余额为 100 万元，现改为 120 万元，其正确的做法是(　　)。

A. 对原记录信息不予删除，在原工作底稿中增加新的注释的方式予以涂改

B. 对原记录信息不予删除，在原工作底稿中增加新的注释的方式予以覆盖

C. 对原记录信息不予删除，在原工作底稿中增加新的注释的方式予以修改

D. 对原记录信息不予删除，在原工作底稿中增加新的注释的方式予以替换

2. 多项选择题

(1) 下列文件中，通常应作为审计工作底稿保存的有(　　)。

A. 重大事项概要　　B. 财务报表草表

C. 有关重大事项的往来信件　　D. 对被审计单位文件记录的复印件

(2) 注册会计师对财务报表审计的审计程序，按其运用的目的进行分类，可以分为(　　)。

A. 风险评估程序

B. 控制测试程序

C. 实质性测试程序

D. 对被审计单位财务报表发表审计意见的程序

(3) 实物证据通常是实物资产是否存在的非常有说服力的证据，注册会计师还应就其(　　)另行审计。

A. 报表披露　　B. 所有权归属

C. 价值　　D. 年末余额

(4) 外部证据是由被审计单位以外的组织机构或人士所编制的书面证据，其中包括(　　)。

A. 应收账款函证的回函　　B. 收到的支票

C. 购货发票　　D. 被审计单位管理当局声明书

(5) 下列各项中，属于实质性测试程序的有(　　)。

A. 交易实质性测试　　B. 余额实质性测试

C. 会计信息分析程序　　D. 非会计信息应用的分析程序

(6) 下列关于审计证据的充分性和适当性的说法中，正确的有(　　)。

A. 审计证据的充分性是对审计证据数量的衡量

B. 审计证据的适当性是对审计证据质量的衡量

C. 错报风险越大，需要的审计证据可能越多；审计证据的质量越高，需要的审计证据可能越少

D. 注册会计师可以依靠获取更多的审计证据来弥补其质量上的缺陷

(7) 注册会计师及时编制审计工作底稿，其主要目的有(　　)。

A. 提供充分适当的记录作为编制审计报告的基础

B. 提高审计工作的质量

C. 审计结论进行有效复核、评价

D. 提供证据，证明注册会计师按审计准则执行审计工作

(8) 下列各项中，属于审计工作底稿要素的有(　　)。

A. 会计师事务所名称　　B. 审计标识

C. 审计结论　　D. 复核者姓名

3. 判断题

(1) 在完成最终审计档案的归整工作后，如果发现有必要修改现有审计工作底稿，注册会计师只需记录修改审计工作底稿对审计结论产生的影响。(　　)

(2) 一般情况下，直接获取的审计证据比间接获取或推论得出的审计证据更可靠。(　　)

(3) 当仅实施实质性程序不足以提供认定层次充分、适当的审计证据时，注册会计师应当实施控制测试，以获取内部控制运行有效性的审计证据。(　　)

(4) 风险评估程序足以为发表审计意见提供充分、适当的审计证据。(　　)

(5) 审计证据的充分性是对审计证据质量的衡量。(　　)

(6) 注册会计师需要获取的审计证据的数量受错报风险的影响。错报风险越大，需要的审计证据可能越多。(　　)

(7) 检查有形资产可为其存在性提供可靠的审计证据，但不一定能够为权利和义务或计价认定提供可靠的审计证据。(　　)

(8) 存货监盘是证实存货存在性认定的不可替代的审计程序，注册会计师在审计中不得以检查成本高和难以实施为由而不执行该程序。(　　)

(9) 注册会计师获取审计证据时，不论是重要的审计项目，还是一般的审计项目，均应考虑成本效益原则。(　　)

实务训练

1. 为获取审计证据，注册会计师可以采用的审计程序(审计方法)有哪些?

2. 注册会计师通常按照哪些原则来考虑证据的可靠性?

3. 注册会计师在审计华兴公司财务报表时，注意到华兴公司的内部控制存在严重缺陷，

请指出以下证据中哪些不可依赖，为什么？

(1)销货发票的副本。(2)实物证据。(3)被审计单位管理当局的声明书。(4)律师声明书。(5)购货发票的副本。(6)发料汇总表。(7)应收账款函证回函。(8)对行业成本变化趋势的分析表。(9)存货盘点表。(10)电脑打印出来的费用明细表。(11)银行对账单。(12)口头证据。

第六单元　计划审计工作

导学目标

通过本单元课程教学，学生应该掌握审计计划、重要性和审计风险的含义；了解审计计划、重要性和审计风险的内容；掌握审计计划、重要性和审计风险之间的关系。

导学案例

审计计划的重要性

根据中注协《会计师事务所执业质量检查制度》和《关于开展2009年会计师事务所执业质量检查工作的通知》（会协〔2009〕35号）的规定，吉林省注册会计师协会于2009年6月开展了2009年会计师事务所执业质量检查工作，而“事务所是否在开展初步业务活动的基础上，制定总体审计策略和具体审计计划，合理确定审计的范围、时间和方法”是检查的重点内容之一。

在抽查吉林润明会计师事务所的审计工作底稿时发现，该所在执行风险评估程序时，都没有制定总体审计计划，使审计业务不能以有效的方式得到执行；以致执行进一步审计程序时，都未对“银行存款”科目执行函证程序；未明确体现实施审计程序的结果和获取的审计证据之间的内在联系；在业务完成阶段，没有业务复核及审批记录，不能确保获取的审计证据已经充分、适当，足以支持形成的结论和拟出具的审计报告。此外，该所执业过程中还存在以下问题：

（1）注册会计师崔月兰、郭华在执行长春市建设职业技能鉴定站审计项目过程中，审计业务约定书无被审计单位法定代表人签字盖章，管理层声明书日期与审计报告日不符。

（2）注册会计师徐云庆、吴英舜在执行吉林正业生物制品有限责任公司审计项目过程中，审计业务约定书无被审计单位法定代表人签字盖章，应收账款未执行函证程序、未获取短期借款合同，管理层声明书日期与审计报告日不符。

（3）注册会计师徐云庆、韩政在执行吉林东华教育投资集团有限公司审计项目过程中，管理层声明书未填写日期。

吉林润明会计师事务所在执业过程中，未以应有的职业谨慎制定审计计划并执行审计业务，从而未获取充分、适当的审计证据支持审计结论。针对检查出的问题，经省注协惩戒委员会研究，吉林润明会计师事务所被予以行业内通报批评处分。

资料来源：吉林省注册会计师协会网站。

思考：

1. 什么是审计计划？为什么要制定审计计划？
2. 审计计划与审计风险有何关系？

第一讲 总体审计策略和具体审计计划

【知识要点】

一、初步业务活动的目的

注册会计师开展初步业务活动有助于确保在计划审计工作时达到下列要求：

（1）注册会计师已具备执行业务所需要的独立性和专业胜任能力。

（2）不存在因管理层诚信问题而影响注册会计师保持该项业务意愿的情况。

（3）与被审计单位不存在对业务约定条款的误解。

二、初步业务活动的内容

（1）针对保持客户关系和具体审计业务实施相应的质量控制程序。针对保持客户关系和具体审计业务实施相应的质量控制程序，并且根据实施相应程序的结果作出适当的决策是注册会计师控制审计风险的重要环节。

（2）评价遵守职业道德规范的情况。评价遵守职业道德规范的情况也是一项非常重要的初步业务活动。质量控制准则包括独立性在内的有关职业道德要求，注册会计师应当按照其规定执行。

（3）及时签订或修改审计业务约定书。

三、总体审计策略

审计计划分为总体审计策略和具体审计计划两个层次。

总体审计策略用以确定审计范围、时间和方向，并指导制定具体审计计划。注册会计师应当为审计工作制定总体审计策略。在制定总体审计策略时，注册会计师应当考虑以下主要事项。

1. 审计范围

注册会计师应当确定审计业务的特征，包括采用的会计准则和相关会计制度、特定行业的报告要求以及被审计单位组成部分的分布等，以界定审计范围。

2. 报告目标、时间安排及所需沟通

总体审计策略的制定应当包括明确审计业务的报告目标，以计划审计的时间安排和所需沟通的性质，包括提交审计报告的时间要求、预期与管理层和治理层沟通的重要日期等。

3. 审计方向

总体审计策略的制定应当包括考虑影响审计业务的重要因素，以确定项目组工作方向，包括确定适当的重要性水平，初步识别可能存在较高的重大错报风险的领域，初步识别重要的组成部分和账户余额，评价是否需要针对内部控制的有效性获取审计证据，识别被审计单位、所处行业、财务报告要求及其他相关方面最近发生的重大变化等。

在确定审计方向时，注册会计师需要考虑下列事项：

(1) 重要性方面。

(2) 重大错报风险较高的审计领域。

(3) 评估的财务报表层次的重大错报风险对指导、监督及复核的影响。

(4) 项目组人员的选择(在必要时包括项目质量控制复核人员)和工作分工，包括向重大错报风险较高的审计领域分派具备适当经验的人员。

(5) 项目预算，包括考虑为重大错报风险可能较高的审计领域分配适当的工作时间。

(6) 如何向项目组成员强调在收集和评价审计证据过程中保持职业怀疑必要性的方式。

(7) 以往审计中对内部控制运行有效性评价的结果，包括所识别的控制缺陷的性质及应对措施。

(8) 管理层重视设计和实施健全的内部控制的相关证据，包括这些内部控制得以适当记录的证据。

(9) 业务交易量规模，以基于审计效率的考虑确定是否依赖内部控制。

(10) 对内部控制重要性的重视程度。

(11) 影响被审计单位经营的重大发展变化，包括信息技术和业务流程的变化，关键管理人员变化，以及收购、兼并和分立。

(12) 重大的行业发展情况，如行业法规变化和新的报告规定。

(13) 会计准则及会计制度的变化。

(14) 其他重大变化，如影响被审计单位的法律环境的变化。

四、具体审计计划

1. 总体审计策略和具体审计计划之间的关系

制定总体审计策略和具体审计计划的过程紧密联系，并且两者的内容也紧密相关。注册会计师应当针对总体审计策略中所识别的不同事项，制定具体审计计划，并考虑通过有效利用审计资源以实现审计目标。值得注意的是，虽然编制总体审计策略的过程通常在具体审计计划之前，但是两项计划活动并不是孤立、不连续的过程，而是内在紧密联系的，对其中一项的决定可能会影响甚至改变另外一项的决定。

2. 具体审计计划包括的内容

注册会计师应当为审计工作制定具体审计计划。具体审计计划比总体审计策略更加详细，其内容包括为获取充分、适当的审计证据以将审计风险降至可接受的低水平；项目组成员拟实施的审计程序的性质、时间和范围。具体审计计划应当包括风险评估程序、计划实施的进一步审计程序和计划其他审计程序。

(1) 风险评估程序。具体审计计划应当包括按照《中国注册会计师审计准则第 1211 号——了解被审计单位及其环境并评估重大错报风险》的规定，为了足够识别和评估财务报表重大错报风险，注册会计师计划实施的风险评估程序的性质、时间和范围。

(2) 计划实施的进一步审计程序。具体审计计划应当包括按照《中国注册会计师审计准则第 1231 号——针对评估的重大错报风险实施的程序》的规定，针对评估的认定层次的重大错报风险，注册会计师计划实施的进一步审计程序的性质、时间和范围。

需要强调的是，随着审计工作的推进，对审计程序的计划会一步步深入，并贯穿于整个审计过程。例如，计划风险评估程序通常在审计开始阶段进行，计划进一步审计程序则需要依据风险评估程序的结果进行。因此，为达到编制具体审计计划的要求，注册会计师需要完成风险评估程序，识别和评估重大错报风险，并针对评估的认定层次的重大错报风险，计划实施进一步审计程序的性质、时间和范围。

(3) 计划其他审计程序。具体审计计划应当包括根据审计准则的规定和注册会计师针对审计业务需要实施的其他审计程序。计划的其他审计程序可以包括上述进一步程序的计划中没有涵盖的、根据其他审计准则的要求注册会计师应当执行的既定程序。

五、审计过程中对计划的更改

计划审计工作并非审计业务的一个孤立阶段，而是一个持续的、不断修正的过程，贯穿于整个审计业务的始终。由于未预期事项、条件的变化或在实施审计程序中获取的审计证据等原因，注册会计师在必要时应当对总体审计策略和具体审计计划进行更新和修改。

审计过程可以分为不同阶段，通常前面阶段的工作结果会对后面阶段的工作计划产生一定的影响，而后面阶段的工作过程中又可能发现需要对已制定的相关计划进行相应的更新和修改。通常来讲，这些更新和修改涉及比较重要的事项。例如，对重要性水平的修改，对某类交易、账户余额和列报的重大错报风险的评估和进一步审计程序(包括总体方案和拟实施的具体审计程序)的更新和修改等。一旦计划被更新和修改，审计工作也就应当进行相应修正。

六、指导、监督与复核

注册会计师应当就对项目组成员工作的指导、监督与复核的性质、时间和范围制定计划。对项目组成员工作的指导、监督与复核的性质、时间和范围主要取决于下列因素：①被审计单位的规模和复杂程度。②审计领域。③重大错报风险。④执行审计工作的项目组成员的素质和专业胜任能力。

七、对计划审计工作的记录

注册会计师应当记录总体审计策略和具体审计计划，包括在审计工作过程中作出的任何重大更改。

1. 记录的内容

(1) 对总体审计策略的记录。注册会计师对总体审计策略的记录，应当包括为恰当计划审计工作和向项目组传达重大事项而作出的关键决策。例如，注册会计师可以以备忘录的形式总结总体审计策略，包括对审计的总体范围、时间及执行所作出的关键决策。

(2) 对具体审计计划的记录。注册会计师对具体审计计划的记录，应当能够反映下列内容：

第一，计划实施的风险评估程序的性质、时间和范围。

第二，针对评估的重大错报风险计划实施的进一步审计程序的性质、时间和范围。

注册会计师对具体审计计划的记录可以使用标准的审计程序表或审计工作完成核对表，但应当根据具体审计业务的情况作出适当修改。

第三，对计划的重大修改的记录。注册会计师应当记录对总体审计策略和具体审计计划作出的重大修改及其理由，以及对导致此类修改的事项、条件或审计程序结果采取的应对措施。

2. 记录的形式和范围

注册会计师对计划审计工作记录的形式和范围，取决于被审计单位的规模和复杂程度、重要性、具体审计业务的情况以及对其他审计工作记录的范围等事项。在小型被审计单位审计中，全部审计工作可能由一个很小的审计项目组执行，项目组成员间容易沟通和协调，总体审计策略和具体审计计划可以相对简单。

八、与管理层和治理层的沟通

与管理层和治理层的沟通有助于注册会计师协调某些计划的审计程序与被审计单位人员工作之间的关系，从而使审计业务更易于执行和管理，提高审计效率与效果。注册会计师可以就计划审计工作的基本情况与被审计单位治理层和管理层进行沟通。对此，注册会计师应当按照《中国注册会计师审计准则第 1151 号——与治理层的沟通》中的有关规定执行。沟通的内容可以包括审计的时间安排和总体策略、审计工作中受到的限制及治理层和管理层对审计工作的额外要求等。

需要强调的是，虽然注册会计师可以就总体审计策略和具体审计计划的某些内容与治理层和管理层沟通，但是制定总体审计策略和具体审计计划仍然是注册会计师的责任。

九、首次接受委托的补充考虑

首次接受审计委托包括接受新客户而建立客户关系和承接现有客户(已对其提供了其他服务)的审计业务委托两种情况。在这两种情况下，尤其在接受新客户的情况下，注册会计师通常缺乏前期审计经验以评估与客户及业务承接相关的风险，因而可能需要扩展初步业务活动。

注册会计师在首次接受审计委托前应当执行的程序包括质量控制程序和与前任注册会计师的沟通。

1. 质量控制程序

注册会计师应针对建立客户关系和承接具体审计业务实施相应的质量控制程序。对此，注册会计师应当按照《中国注册会计师审计准则第 1121 号——历史财务信息审计的质量控制准则》中的有关规定开展工作。

2. 与前任注册会计师的沟通

如果被审计单位变更了会计师事务所，注册会计师应当与前任注册会计师进行沟通。《中国注册会计师审计准则第 1152 号——前后任注册会计师的沟通》中对与前任会计师沟通的方式及对沟通结果进行评价等事项作出了相应规定，注册会计师应当按照其中相应的规定执行。同时，注册会计师还可能需要结合现实的环境分析承接客户及业务的风险，如可能特别需要关注更换会计师事务所的原因等。

第二讲　审计重要性

【知识要点】

审计重要性是审计学的一个基本概念。审计重要性概念的运用贯穿于整个审计过程。在计划审计工作时，注册会计师应当考虑导致财务报表发生重大错报的原因，并应当在了解被审计单位及其环境的基础上，确定一个可接受的重要性水平。首先，为财务报表层次确定重要性水平，以发现在金额上重大的错报；其次，注册会计师还应当评估各类交易、账户余额及列报认定层次的重要性，以便确定进一步审计程序的性质、时间和范围，将审计风险降至可接受的低水平；最后，在确定审计意见类型时，注册会计师也需要考虑重要性水平。

一、重要性的含义

重要性取决于在具体环境下对错报金额和性质的判断。如果一项错报单独或连同其他错报可能影响财务报表使用者依据财务报表作出的经济决策，则该项错报是重大的。

需要注意把握以下几点：

(1) 重要性概念中的错报包含漏报。财务报表错报包括财务报表金额的错报和财务报表披露的错报。

(2) 重要性包括对数量和性质两个方面的考虑。所谓数量方面，是指错报的金额大小；性质方面，则是指错报的性质。一般而言，金额大的错报比金额小的错报更重要。在有些情况下，某些金额的错报从数量上看并不重要，但从性质上考虑，则可能是重要的。对于某些财务报表披露的错报，难以从数量上判断是否重要，应从性质上考虑其是否重要。

(3) 重要性概念是针对财务报表使用者决策的信息需求而言的。如果财务报表中的某项错报足以改变或影响财务报表使用者的相关决策，则该项错报就是重要的，否则就不重要。

(4) 重要性的确定离不开具体环境。由于不同的被审计单位面临不同的环境，不同的财务报表使用者有着不同的信息需求，因此，注册会计师确定的重要性也不相同。某一金额的错报对某被审计单位的财务报表来说是重要的，而对另一个被审计单位的财务报表来说可能并不重要。例如，错报 10 万元对一个小公司来说可能是重要的，而对另一个大公司来说则可能不重要。

(5) 对重要性的评估需要运用职业判断。影响重要性的因素很多，注册会计师应当根据被审计单位面临的环境，并综合考虑其他因素，合理确定重要性水平。不同的注册会计师在确定同一被审计单位财务报表层次和认定层次的重要性水平时，得出的结果可能不同。这主要是因为对影响重要性的各因素的判断存在差异。因此，注册会计师需要运用职业判断来合理评估重要性。

需要注意的是，仅从数量角度考虑，重要性水平只是提供了一个门槛或临界点。在该门槛或临界点之上的错报就是重要的；反之，该错报则不重要。重要性并不是财务信息的主要质量特征。

二、重要性与审计风险的关系

重要性与审计风险之间存在反向关系。重要性水平越高，审计风险越低；重要性水平越低，审计风险越高。这里所说的重要性水平高低，指的是金额的大小。通常，4 000 元的重要性水平比 2 000 元的重要性水平高。在理解两者之间的关系时，必须注意，重要性水平是注册会计师从财务报表使用者的角度进行判断的结果。如果重要性水平是 4 000 元，则意味着低于 4 000 元的错报不会影响到财务报表使用者的决策，此时，注册会计师需要通过执行有关审计程序合理保证能发现高于 4 000 元的错报。如果重要性水平是 2 000 元，则金额在 2 000 元以上的错报就会影响财务报表使用者的决策，此时，注册会计师需要通过执行有关审计程序合理保证能发现金额在 2 000 元以上的错报。显然，重要性水平为 2 000 元时审计不出这样的重大错报的可能性即审计风险，要比重要性水平为 4 000 元时的审计风险高。审计风险越高，越要求注册会计师收集更多更有效的审计证据，以将审计风险降至可接受的低水平。因此，重要性和审计证据之间也是反向变动关系。

值得注意的是，注册会计师不能通过不合理地人为调高重要性水平来降低审计风险。因为重要性是依据重要性概念中所述的判断标准确定的，而不是由主观期望的审计风险水平决定。

由于重要性和审计风险存在上述反向关系，而且这种关系对注册会计师将要执行的审计程序的性质、时间和范围有直接的影响，因此，注册会计师应当综合考虑各种因素，合理确定重要性水平。

三、计划审计工作时对重要性的评估

1. *确定计划的重要性水平时应考虑的因素*

在计划审计工作时，注册会计师应当确定一个可接受的重要性水平，以发现在金额上重大的错报。注册会计师在确定计划的重要性水平时，需要考虑以下主要因素：

（1）对被审计单位及其环境的了解。被审计单位的行业状况、法律环境与监管环境等其他外部因素，以及被审计单位业务的性质、对会计政策的选择和应用、被审计单位的目标、战略及相关的经营风险和被审计单位的内部控制等因素，都将影响注册会计师对重要性水平的判断。

（2）审计的目标，包括特定报告要求。信息使用者的要求等因素影响注册会计师对重要性水平的确定。例如，对特定报表项目进行审计的业务，其重要性水平可能需要以该项目金额，而不是以财务报表的一些汇总性财务数据为基础加以确定。

（3）财务报表各项目的性质及其相互关系。财务报表使用者对不同的报表项目的关心程度不同。一般而言，财务报表使用者十分关心流动性较高的项目，注册会计师应当对此从严制定重要性水平。由于财务报表各项目之间是相互联系的，注册会计师在确定重要性水平时，需要考虑这种相互联系。

（4）财务报表项目的金额及其波动幅度。财务报表项目的金额及其波动幅度可能促使财务报表使用者作出不同的反应。

总之，只要影响预期财务报表使用者决策的因素，都可能对重要性水平产生影响。注册会计师应当在计划阶段充分考虑这些因素，并采用合理的方法，确定重要性水平。

2. *从数量方面考虑重要性*

在审计过程中，注册会计师应当考虑财务报表层次和各类交易、账户余额和列报认定层次的重要性水平。

（1）财务报表层次的重要性水平。由于财务报表审计的目标是注册会计师通过执行审计工作对财务报表发表审计意见，因此，注册会计师应当考虑财务报表层次的重要性。只有这样，才能得出财务报表是否公允反映的结论。注册会计师在制定总体审计策略时，应当确定财务报表层次的重要性水平。

注册会计师通常先选择一个恰当的基准，再选用适当的百分比乘以该基准，从而得出财务报表层次的重要性水平。

在实务中，有许多汇总性财务数据可以用作确定财务报表层次重要性水平的基准。例如，总资产、净资产、销售收入、费用总额、毛利和净利润等。在选择适当的基准时，注册会计师应当考虑的因素包括：①财务报表的要素（如资产、负债、所有者权益、收入、费用和利润等）、适用的会计准则和相关会计制度所定义的财务报表指标（如财务状况、经营成果和现金流量），以及适用的会计准则和相关会计制度提出的其他具体要求。②对某被审计单位而言，是否存在财务报表使用者特别关注的报表项目（如特别关注与评价经营成果相关的信息）。③被审计单位的性质及所在行业。④被审计单位的规模、所有权性质以及融资方式。

（2）各类交易、账户余额、列报认定层次的重要性水平。由于财务报表提供的信息由各类交易、账户余额、列报认定层次的信息汇集加工而成，注册会计师只有通过对各类交易、账户余额、列报认定实施审计，才能得出财务报表是否公允反映的结论。因此，注册会计师还应当考虑各类交易、账户余额、列报认定层次的重要性。

各类交易、账户余额、列报认定层次的重要性水平称为可容忍错报。可容忍错报的确定以注册会计师对财务报表层次重要性水平的初步评估为基础，它是在不导致财务报表存在重大错报的情况下，注册会计师对各类交易、账户余额、列报确定的可接受的最大错报。

3. 从性质方面考虑重要性

金额不重要的错报从性质上看有可能是重要的。注册会计师在判断错报的性质是否重要时应该考虑的具体情况包括：

（1）错报对遵守法律、法规要求的影响程度。

（2）错报对遵守债务契约或其他合同要求的影响程度。

（3）错报掩盖收益或其他趋势变化的程度（尤其在联系宏观经济背景和行业状况进行考虑时）。

（4）错报对用于评价被审计单位财务状况、经营成果或现金流量的有关比率的影响程度。

（5）错报对财务报表中列报的分部信息的影响程度。例如，错报事项对分部或被审计单位其他经营部分的重要程度，而这些分部或经营部分对被审计单位的经营或盈利有重大影响。

（6）错报对增加管理层报酬的影响程度。例如，管理层通过错报来达到有关奖金或其他激励政策规定的要求，从而增加其报酬。

（7）错报对某些账户余额之间错误分类的影响程度，这些错误分类影响到财务报表中应单独披露的项目。例如，经营收益和非经营收益之间的错误分类，非盈利单位的受到限制资源和非限制资源的错误分类。

（8）相对于注册会计师所了解的以前向报表使用者传达的信息（如盈利预测）而言，错报的重大程度。

（9）错报是否与涉及特定方的项目相关。例如，与被审计单位发生交易的外部单位是否与被审计单位管理层的成员有关联。

（10）错报对信息漏报的影响程度。在有些情况下，适用的会计准则和相关会计制度并未对该信息作出具体要求，但是注册会计师运用职业判断，认为该信息对财务报表使用者了解被审计单位的财务状况、经营成果或现金流量很重要。

（11）错报对与已审计财务报表一同披露的其他信息的影响程度，该影响程度能被合理预期将对财务报表使用者作出经济决策产生影响。

需要指出的是，这些因素只是举例，不可能包括所有情况，也并非所有审计都会出现上述全部因素。注册会计师不能以存在这些因素为由而必然认为错报是重大的。这些因素仅供注册会计师参考。

四、对计划阶段确定的重要性水平的调整

在审计执行阶段，随着审计过程的推进，注册会计师应当及时评价计划阶段确定的重要性

水平是否仍然合理，并根据具体环境的变化或在审计执行过程中进一步获取的信息修正计划的重要性水平，进而修改进一步审计程序的性质、时间和范围。在确定审计程序后，如果注册会计师决定接受更低的重要性水平，审计风险将增加。注册会计师应当选用下列方法将审计风险降至可接受的低水平：

（1）如有可能，通过扩大控制测试范围或实施追加的控制测试，降低评估的重大错报风险，并支持降低后的重大错报风险水平。

（2）通过修改计划实施的实质性程序的性质、时间和范围，降低检查风险。

五、评价错报的影响

1. 尚未更正错报的汇总数

尚未更正错报的汇总数包括已经识别的具体错报和推断误差，分别说明如下：

（1）已经识别的具体错报。已经识别的具体错报是指注册会计师在审计过程中发现的，能够准确计量的错报，包括下列两类：

第一，对事实的错报。这类错报产生于被审计单位收集和处理数据的错误，对事实的忽略或误解或故意舞弊的行为。例如，注册会计师在审计测试中发现最近购入存货的实际价值为15 000元，但账面记录的金额却为10 000元。因此，存货和应付账款分别被低估了5 000元，这里被低估的5 000元就是已识别的对事实的具体错报。

第二，涉及主观决策的错报。这类错报产生于两种情况：一是管理层和注册会计师对会计估计值的判断差异，如由于包含在财务报表中的管理层作出的估计值超出了注册会计师确定的一个合理范围，导致出现判断差异；二是管理层和注册会计师对选择和运用会计政策的判断差异，由于注册会计师认为错报，管理层却认为选用会计政策适当，导致出现判断差异。

（2）推断误差。推断误差又称可能误差，是注册会计师对不能明确、具体地识别的其他错报的最佳估计数。推断误差通常包括下列两类：

第一，通过测试样本估计出的总体的错报减去在测试中发现的已经识别的具体错报。例如，应收账款年末余额为2 000万元，注册会计师抽查10%样本发现金额有100万元的高估，高估部分为账面金额的20%。据此，注册会计师推断总体的错报金额为400万元（2 000×20%），那么上述100万元就是已识别的具体错报，其余300万元即推断误差。

第二，通过实质性分析程序推断出的估计错报。例如，注册会计师根据客户的预算资料及行业趋势等要素，对客户年度销售费用独立作出估计，并与客户账面金额比较，发现两者间有50%的差异。考虑到估计的精确性有限，注册会计师根据经验认为10%的差异通常是可接受的，而剩余40%的差异需要有合理解释并取得佐证性证据。假定注册会计师对其中10%的差异无法得到合理解释或不能取得佐证，则该部分差异金额即为推断误差。

2. 评价尚未更正错报的汇总数的影响

注册会计师应当评估在审计过程中已识别但尚未更正错报的汇总数是否重大。

注册会计师需要在出具审计报告之前，评估尚未更正错报单独或累积的影响是否重大。在评估时，注册会计师应当从特定的某类交易、账户余额及列报认定层次和财务报表层次考虑这些错报的金额和性质，以及这些错报发生的特定环境。

注册会计师在评估未更正错报是否重大时，不仅需要考虑每项错报对财务报表的单独影响，而且需要考虑所有错报对财务报表的累积影响及其形成原因，尤其是一些金额较小的错报，虽然单个看起来并不重大，但是其累计数却可能对财务报表产生重大的影响。例如，某个月末发生的错报可能并不重要，但是如果每个月末都发生相同的错报，其累计数就有可能对财务报表产生重大影响。为全面地评价错报的影响，注册会计师应将审计过程中已识别的具体错报和推断误差进行汇总。

尚未更正错报与财务报表层次重要性水平相比，可能出现以下两种情况：

(1) 尚未更正错报的汇总数低于重要性水平（并且特定项目的尚未更正错报也低于考虑其性质所设定的更低的重要性水平，下同）。如果尚未更正错报汇总数低于重要性水平，对财务报表的影响不重大，注册会计师可以发表无保留意见的审计报告。

(2) 尚未更正错报的汇总数超过或接近重要性水平。如果尚未更正错报汇总数超过了重要性水平，对财务报表的影响可能是重大的，注册会计师应当考虑通过扩大审计程序的范围或要求管理层调整财务报表降低审计风险。在任何情况下，注册会计师都应当要求管理层就已识别的错报调整财务报表。如果管理层拒绝调整财务报表，并且扩大审计程序范围的结果不能使注册会计师认为尚未更正错报的汇总数不重大，注册会计师应当考虑出具非无保留意见的审计报告。

如果已识别但尚未更正错报的汇总数接近重要性水平，注册会计师应当考虑该汇总数连同尚未发现的错报是否可能超过重要性水平，并考虑通过实施追加的审计程序，或要求管理层调整财务报表降低审计风险。

在评价审计程序结果时，注册会计师确定的重要性和审计风险，可能与计划审计工作时评估的重要性和审计风险存在差异。在这种情况下，注册会计师应当考虑实施的审计程序是否充分。

第三讲 审计风险

【知识要点】

审计风险是指财务报表存在重大错报而注册会计师发表不恰当审计意见的可能性。可接受的审计风险的确定，需要考虑会计师事务所对审计风险的态度、审计失败对会计师事务所可能造成损失的大小等因素。其中，审计失败对会计师事务所可能造成的损失大小又受所审计财务报表的用途和使用者的范围等因素的影响。但必须注意，审计业务是一种保证程度高的鉴证业务，可接受的审计风险应当足够低，以使注册会计师能够合理保证所审计财务报表不含有重大错报。审计风险取决于重大错报风险和检查风险。

一、重大错报风险

重大错报风险是指财务报表在审计前存在重大错报的可能性。在设计审计程序以确定财务报表整体是否存在重大错报时，注册会计师应当从财务报表层次和各类交易、账户余额、列报认定层次方面考虑重大错报风险。《中国注册会计师审计准则第 1211 号——了解被审计单位及其环境并评估重大错报风险》对注册会计师如何评估财务报表层次和认定层次的重大错报风险提出了详细的要求。

1. *两个层次的重大错报风险*

财务报表层次重大错报风险与财务报表整体存在广泛联系，可能影响多项认定。此类风险通常与控制环境有关，但也可能与其他因素有关，如经济萧条。此类风险难以界定于某类交易、账户余额和列报的具体认定；相反，此类风险增大了任何数目的不同认定发生重大错报的可能性。此类风险对注册会计师考虑由舞弊引起的风险特别相关。

注册会计师评估财务报表层次重大错报风险的措施包括：①考虑审计项目组承担重要责任的人员的学识、技术和能力，是否需要专家介入。②考虑给予业务助理人员适当程度的监督指导。③考虑是否存在导致注册会计师怀疑被审计单位持续经营假设合理性的事项或情况。

注册会计师同时考虑各类交易、账户余额和列报认定层次的重大错报风险，考虑的结果直接有助于注册会计师确定认定层次上实施的进一步审计程序的性质、时间和范围。注册会计师在各类交易、账户余额和列报认定层次获取审计证据，以便在审计工作完成时，以可接受的低审计风险水平对财务报表整体发表审计意见。《中国注册会计师审计准则第 1231 号——针对评估的重大错报风险实施的程序》对注册会计师针对评估的认定层次的重大错报风险如何设计和执行进一步的审计程序，提出了详细的要求。

2. 固有风险和控制风险

认定层次的重大错报风险，又可以进一步细分为固有风险和控制风险。

固有风险是指假设不存在相关的内部控制，某一认定发生重大错报的可能性，无论该错报是单独考虑，还是连同其他错报构成重大错报。某些类别的交易、账户余额、列报及其认定，固有风险较高。

控制风险是指某项认定发生了重大错报，无论该错报是单独考虑，还是连同其他错报构成重大错报，而该错报没有被企业的内部控制及时防止、发现和纠正的可能性。控制风险取决于与财务报表编制有关的内部控制的设计和运行的有效性。由于控制的固有局限性，某种程序的控制风险始终存在。

需要特别说明的是，由于固有风险和控制风险不可分割地交织在一起，有时无法单独进行评估，审计准则通常不再单独提到固有风险和控制风险，而只是将两者合并称为“重大错报风险”。但这并不意味着，注册会计师不可以单独对固有风险和控制风险进行评估。相反，注册会计师既可以对两者进行单独评估，也可以对两者进行合并评估。具体采用的评估方法取决于会计师事务所偏好的审计技术、方法及实务上的考虑。

二、检查风险

检查风险是指某一认定存在错报，该错报单独或连同其他错报是重大的，但注册会计师未能发现这种错报的可能性。检查风险取决于审计程序设计的合理性和执行的有效性。由于注册会计师通常并不对所有的交易、账户余额和列报进行检查，加之其他原因，检查风险不可能降低为零。其他原因包括注册会计师可能选择了不恰当的审计程序、审计过程执行不当，或者错误解读了审计结论。这些其他因素可以通过适当计划、在项目组成员之间进行恰当的职责分配，保持职业怀疑态度以及监督、指导和复核助理人员所执行的审计工作得以解决。

三、检查风险与重大错报风险的反向关系

在既定的审计风险水平下，可接受的检查风险水平与认定层次重大错报风险的评估结果成反向关系。评估的重大错报风险越高，可接受的检查风险越低；评估的重大错报风险越低，可接受的检查风险越高。检查风险与重大错报风险的反向关系用数学模型表示如下：

审计风险＝重大错报风险×检查风险

这个模型也就是审计风险模型。假设针对某一认定，注册会计师将可接受的审计风险水平设定为5%，注册会计师实施风险评估程序后将重大错报风险评估为25%，则根据这一模型，可接受的检查风险为20%。当然，实务中，注册会计师不一定用绝对数量表达这些风险水平，而选用“高”“中”“低”等文字描述。

注册会计师应当合理设计审计程序的性质、时间和范围，并有效执行审计程序，以控制检查风险。上例中，注册会计师根据确定的可接受检查风险(20%)，设计审计程序的性质、时间和范围。审计计划在很大程度上围绕确定审计程序的性质、时间和范围而展开。

单元测试

1. 单项选择题

(1) 注册会计师在计划审计工作时，应对重要性水平作出评估，主要是为了确定(　　)。

A. 审计所需的审计证据的数量　　B. 可容忍误差

C. 初步审计策略　　D. 审计报告类型

(2) 如果利润表的重要性水平为90万元，资产负债表的重要性水平为150万元，那么，会计报表层次的重要性水平为(　　)万元。

A. 150　　B. 90　　C. 120　　D. 60

(3) 确定会计报表的重要性水平时常用的判断基础不包括(　　)。

A. 资产总额　　B. 净资产　　C. 主营业务收入　　D. 财务费用

(4) 在特定的审计风险水平下，检查风险与重大错报风险之间是(　　)的关系。

A. 同向变动　　B. 反向变动

C. 有时同向变动，有时反向变动　　D. 无任何

(5) 注册会计师通过实质性测试程序未能发现会计报表重大错误的可能性被称为(　　)。

A. 审计风险　　B. 固有风险　　C. 控制风险　　D. 检查风险

(6) 注册会计师对重大错报风险的估计水平与所需要的审计证据的数量是(　　)。

A. 反向变动关系　　B. 同向变动关系　　C. 比例变动关系　　D. A和C都正确

(7) 下列说法中，不正确的是(　　)。

A. 重要性与审计风险之间存在反向关系

B. 重要性和审计证据的数量之间存在反向变动关系

C. 审计风险与审计证据的数量之间存在反向变动关系

D. 注册会计师可以通过调高重要性水平来降低审计风险

(8) 注册会计师应当根据审计风险及其要素与审计中其他因素的关系决定审计的导向。有关这些关系的下列论断中，不正确的是(　　)。

A. 对于不重要的财务报表项目，其错报、漏报的可能性越高，相应的重要性水平就越高，以便降低成本

B. 账户余额或交易错报、漏报的可能性越高，其固有风险与控制风险的综合水平就越高

C. 账户余额或交易错报、漏报的可能性越高，其相应的重要性水平就越低，这样可以提高审计的效率

D. 重要性与审计风险成反向关系，即重要性水平越低，审计风险就越高；反之，重要性水

平越高,审计风险就越低

(9) 在既定的审计风险水平下,下列表述错误的是( )。

A. 评估的重大错报风险越低,可接受的检查风险越高

B. 可接受的检查风险水平与认定层次重大错报风险的评估结果成反向关系

C. 评估的重大错报风险越高,可接受的检查风险越低

D. 可接受的检查风险水平与认定层次重大错报风险的评估结果成正向关系

(10) 下列有关重要性的提法中,不正确的是( )。

A. 重要性与审计风险之间成反向关系,即重要性水平越低,审计风险越高

B. 重要性与审计证据成反向关系,即重要性水平越低,所需审计证据越多

C. 重要性不仅包括对错报数量金额的考虑,还包括对错报性质的考虑

D. 对重要的账户或交易,相应的重要性水平应越高,以便提高效率

2. 多项选择题

(1) 具体审计计划的主要内容有( )。

A. 审计目标　　B. 审计程序

C. 执行人及执行日期　　D. 审计工作底稿索引号

(2) 注册会计师在确定重要性时,需要考虑的因素有( )。

A. 错报(或漏报)的金额　　B. 错报(或漏报)的性质

C. 错报(或漏报)是否影响企业的盈亏趋势　D. 上一年度的会计报表是否经过审计

(3) 注册会计师在确定各账户或各类交易的重要性水平时,应当考虑的因素有( )。

A. 审计成本

B. 账户或交易的性质

C. 账户或交易出现错报(或漏报)的可能性

D. 账户或交易层次的重要性水平与会计报表层次重要性水平的关系

(4) 下列关于审计风险的说法中,正确的有( )。

A. 会计报表实际存在重大错报、漏报,注册会计师发表不恰当审计意见的可能性

B. 会计报表实际存在非重大的错报、漏报,注册会计师发表无保留意见的可能性

C. 会计报表实际存在重大错报、漏报,注册会计师未能发现并发表无保留意见的可能性

D. 审计风险是指信赖不足风险

(5) 影响固有风险的事项主要有( )。

A. 管理人员承受异常压力　　B. 管理人员的品行

C. 财务人员的频繁变动情况　　D. 容易产生错报的会计报表项目

(6) 在评价审计结果时,如果被审计单位尚未调整的错报(或漏报)的汇总数超过重要性水平,则注册会计师应当采取的措施包括( )。

A. 扩大实质性测试范围　　B. 扩大符合性测试范围

C. 提请被审计单位调整会计报表　　D. 发表保留意见或否定意见的审计报告

(7) 重要性取决于在具体环境下对错报金额和性质的判断。下列关于重要性的说法中,正确的有( )。

A. 财务报表错报包括财务报表金额的错报和财务报表披露的错报

B. 重要性的确定离不开具体环境

C. 不同的注册会计师在确定同一被审计单位财务报表层次和认定层次的重要性水平时，得出的结果可能不同

D. 如果财务报表中的某项错报足以改变或影响被审计单位管理层或治理层的相关决策，则该项错报就是重要的

3. 判断题

(1) 审计计划仅仅是对审计工作的一种预先规划，在执行计划的过程中，由于情况会不断发生变化，因此，对审计计划的补充、修订贯穿于整个审计工作之中。（ ）

(2) 注册会计师可以改变重大错报风险的估计水平，但无法改变重大错报风险的实际水平。（ ）

(3) 审计的重大错报风险越高，表明被审计单位存在重大错报的可能性越大，相应地，检查风险应越低。（ ）

(4) 审计人员在评价审计结果时所运用的重要性水平可能不同于编制审计计划时确定的重要性水平。（ ）

(5) 在既定的审计风险水平下，检查风险与重大错报风险成同向变动关系。（ ）

(6) 把会计报表的重要性分配到各账户时，审计成本高的报表项目分配的重要性应当相对小一些，以降低审计成本。（ ）

(7) 为保证计划审计工作的效果，审计计划应由项目负责人独立完成。（ ）

(8) 初步业务活动的目的是确定财务报表的重大错报风险较高的领域。（ ）

(9) 注册会计师在计划审计工作的过程中，需要考虑重要性和审计风险。重要性水平越高，对审计证据的要求也越高。（ ）

(10) 由于检查风险取决于注册会计师审计程序的设计的合理性和执行的有效性。只要注册会计师合理设计并有效运行足够的实质性程序，就能将检查风险降为零。（ ）

实务训练

注册会计师在评估不同被审计单位的审计风险时，根据不同单位的不同情况，确定注册会计师可接受的检查风险水平。三个企业的情况如表 6-1 所示。

表 6-1　三个企业的情况表

企业	可接受的审计风险水平	评估的重大错报风险水平
A	5%	24%
B	5%	35%
C	5%	48%

要求：

(1) 根据审计风险模型，计算注册会计师应确定的每个企业的检查风险水平。

(2) 根据计算的结果，说明哪个企业需要注册会计师获得最多的审计证据。

(3) 简要说明审计风险、重大错报风险与审计证据的关系。

(4) 简要说明审计风险与重要性的关系。

第七单元　风险评估

导学目标

通过本单元课程教学，学生应该掌握风险评估的含义、程序；了解被审计单位、环境及其内部控制；理解与治理层和管理层的沟通。

导学案例

科龙电器案例

广东科龙电器股份有限公司（以下简称科龙电器）是于1992年12月16日注册成立的，于1996年7月在中国香港联交所上市交易，1999年7月在深交所上市交易。2001年，广东格林柯尔收购了科龙电器13.42%的法人股股权。2004年，广东格林柯尔持股比例达到26.43%，而其控制人顾雏军成为科龙电器的董事长。2002年之前，科龙电器的审计机构是安达信会计师事务所。2002年，安达信因安然案件颠覆后，其在我国内地和香港地区的业务并入普华永道，然而普华永道对科龙电器采取了请辞之举。随即由德勤为科龙电器审计了2002—2004年的年报。在此期间，科龙电器采取虚构主营业务收入、少计坏账准备、少计诉讼赔偿金等手段虚增利润，未披露会计政策变更等重大事项，也未披露关联方交易事项。德勤对科龙电器2003年年报出具了无保留意见的审计报告，未能发现科龙电器2003年年报中现金流量表披露存在重大虚假，少计借款收到现金30.255亿元，少计偿还债务所支付的现金21.36亿元，多计经营活动产生的现金流量净额8.897亿元。德勤对科龙电器2002年和2004年的年报都出具了保留意见的审计报告。2005年8月，中国证监会认定科龙电器披露的财务报告与事实严重不符。

科龙电器案件中德勤的审计失败，是注册会计师未尽作为会计师的职责，没有充分运用现代风险导向审计方法和程序，没有秉承职业怀疑的态度而导致的。

（一）德勤未充分有效地了解被审计单位的情况及其环境

科龙电器是一家开发、制造电冰箱、空调等家用电器，产品内外销售并提供售后服务，运输自营产品的上市公司。电冰箱和空调是科龙电器的主导产品，因此也是其主要的利润来源。2001年“ST科龙”的年报中显示，其共计提坏账准备及存货跌价准备6 135亿元，导致巨亏15亿多元，安达信出具了拒绝表示意见的审计报告。而2002年德勤对科龙电器进行审计，当年的年报显示科龙电器通过高达3.5亿元的资产减值和预计负债转回，实现净利润2亿多元，后因德勤出具保留意见审计报告，要求将利润调减到1亿元。2003年，科龙电器当年年报显示实现净利润2.02亿元。从2001年亏损15亿元到2002年调整后盈利1亿元和2003年盈利2亿多元，这些数字的变化看着就让人心惊，科龙电器在这短暂的时间里如何达到这么高的业绩，不得不让人对科龙电器产生怀疑。从由安达信会计师事务所转成德勤会计师事务所进行审计，科龙电器的业绩居然发生翻天覆地的变化，2001年到2002年扭亏转盈，2003年利润相对于2002年利润增加了整整1倍，这些业绩使人不得不对德勤的审计产生怀疑。

为何让人怀疑，让我们来看看2001—2003年电冰箱和空调行业情况。据有关数据显示，2001—2003年冰箱价格走势一直比较平稳，但是有逐年下降的趋势，这也说明冰箱市场的容量和品质趋于下降状态。而对于空调价格趋势，据有关数据显示，由于原材料价格上涨，2001—2003年一直处于下降趋势。在这个行业的大趋势下，科龙电器的电冰箱和空调的毛利润率居然保持着基本上升的趋势，这不得不让人匪夷所思，如表7-1所示。

表7-1 2001—2003年科龙电器的电冰箱和空调的毛利润率

	年度	毛利润率		年度	毛利润率
电冰箱	2001	17.96%	空调	2001	16.24%
	2002	26.80%		2002	15.28%
	2003	29.17%		2003	24.03%

从表7-1的数据可以得知，在2001—2003年，科龙电器销售电冰箱和空调的毛利润率保持上升的状态，而科龙电器是以电冰箱和空调为主要产品，也是实际利润来源的主要渠道，这从表面看来，科龙电器在2001—2003年创造的辉煌业绩是十分相符的，但是这与电冰箱和空调两大行业实际的情况截然相反，就不得不令人深思。且不论德勤是否有意庇护科龙电器，至少我们知道德勤在进行审计时没有连续和动态地收集、更新科龙电器的信息贯穿于整个审计过程的始终。没有充分了解家用电器行业环境及其发展趋势是德勤审计失败的一个原因，也表明德勤在对科龙电器的审计中有失职之处。

(二) 德勤会计师没有充分了解其内部控制

科龙电器的董事会被其董事长顾雏军单独操纵，已经失去了应有的监督管理作用，公司的治理结构是名存实亡，内部控制已经十分薄弱甚至失效。但是，德勤在出具2002—2004年的审计报告时却没有发现此情况，以致出现太多的审计漏洞。因此，如果注册会计师不能充分认识被审计单位的公司治理结构，不能正确分析其内部控制，将使审计过程变得徒然，最终导致审计失败。

资料来源：《经济研究导刊》，2010年第14期，作者：褚玲仙，苏宁

思考：

1. 什么是审计风险？如何进行风险评估？
2. 如何了解被审计单位、环境及其内部控制？怎样与治理层和管理层沟通？

第一讲 风险评估概述

【知识要点】

一、风险评估的含义

风险评估是指注册会计师通过连续和动态地收集、更新与分析被审计单位有关信息，在对被审计单位及其环境进行了解的基础上，对被审计单位财务报表的重大错报风险进行识别与评估，以便于设计和实施进一步审计程序的过程。

二、风险评估程序、信息来源

1. 风险评估程序

为了解被审计单位及其环境而实施的程序称为风险评估程序。注册会计师应当依据实施这些程序所获取的信息，评估重大错报风险。

注册会计师应当实施下列风险评估程序，以了解被审计单位及其环境：①询问被审计单位管理层和内部其他相关人员。②实施分析程序。③观察和检查。

(1) 询问被审计单位管理层和内部其他相关人员。询问被审计单位管理层和内部其他相关人员是注册会计师了解被审计单位及其环境的一个重要信息来源。

注册会计师除了询问管理层和对财务报告负有责任的人员外，还应当考虑询问内部审计人员、采购人员、生产人员和销售人员等其他人员，并考虑询问不同级别的员工，以获取对识别重大错报风险有用的信息。

(2) 实施分析程序。分析程序是指注册会计师通过研究不同财务数据之间以及财务数据与非财务数据之间的内在关系，对财务信息作出评价。分析程序还包括调查识别出的、与其他相关信息不一致或与预期数据严重偏离的波动和关系。

注册会计师实施分析程序有助于识别异常的交易或事项，以及对财务报表和审计产生影响的金额、比率和趋势。在实施分析程序时，注册会计师应当预期可能存在的合理关系，并与被审计单位记录的金额、依据记录金额计算的比率或趋势相比较。如果发现异常或未预期到的关系，注册会计师应当在识别重大错报风险时考虑这些比较结果。

如果使用了高度汇总的数据，实施分析程序的结果仅可能初步显示财务报表存在重大错报风险，注册会计师应当将分析结果连同识别重大错报风险时获取的其他信息一并考虑。

(3) 观察和检查。观察和检查程序可以印证对管理层和其他相关人员的询问结果，并可提供有关被审计单位及其环境的信息，注册会计师应当实施下列观察和检查程序：①观察被审计单位的生产经营活动。②检查文件、记录和内部控制手册。③阅读由管理层和治理层编制的报告。④实地察看被审计单位的生产经营场所和设备。⑤追踪交易在财务报告信息系统中的处理过程(穿行测试)。

2. 其他审计程序和信息来源

(1) 其他审计程序。除了采用上述程序从被审计单位内部获取信息以外，如果根据职业判断认为从被审计单位外部获取的信息有助于识别重大错报风险，注册会计师应当实施其他审计程序以获取这些信息。

阅读外部信息也可能有助于注册会计师了解被审计单位及其环境。外部信息包括证券分析师、银行和评级机构出具的有关被审计单位及其所处行业的经济或市场环境等状况的报告，贸易与经济方面的期刊杂志，法规或金融出版物，以及政府部门或民间组织发布的行业报告和统计数据等。

（2）其他信息来源。注册会计师应当考虑在承接客户或续约过程中获取的信息，以及向被审计单位提供其他服务所获得的经验是否有助于识别重大错报风险。

对于连续审计业务，如果拟利用在以前期间获取的信息，注册会计师应当确定被审计单位及其环境是否已发生变化，以及该变化是否可能影响以前期间获取的信息在本期审计中的相关性。

需要说明的是，注册会计师从六个方面了解被审计单位及其环境，但注册会计师无须在了解每个方面时都实施以上所有的风险评估程序。

三、项目组内部的讨论

1. 讨论的目标

项目组内部的讨论为项目组成员提供了交流信息和分享见解的机会。项目组通过讨论可以使成员更好地了解在各自负责的领域中，由于舞弊或错误导致财务报表重大错报的可能性，并了解各自实施审计程序的结果如何影响审计的其他方面，包括对确定进一步审计程序的性质、时间和范围的影响。

2. 讨论的内容

项目组应当讨论被审计单位面临的经营风险、财务报表容易发生错报的领域以及发生错报的方式，特别是由于舞弊导致重大错报的可能性。

3. 参与讨论的人员

注册会计师应当运用职业判断确定项目组内部参与讨论的成员。项目组的关键成员应当参与讨论，如果项目组需要拥有信息技术或其他特殊技能的专家，这些专家也应参与讨论。参与讨论人员的范围受项目组成员的职责经验和信息需要的影响。

4. 讨论的时间和方式

项目组应当根据审计的具体情况，在整个审计过程中持续交换有关财务报表发生重大错报可能性的信息。

项目组在讨论时应当强调在整个审计过程中保持职业怀疑态度，警惕可能发生重大错报的迹象，并对这些迹象进行严格追踪。通过讨论，项目组成员可以交流和分享在整个审计过程中获得的信息，包括可能对重大错报风险评估产生影响的信息或针对这些风险实施审计程序的信息。

项目组还可以根据实际情况，讨论其他重要事项。

第二讲　了解被审计单位及其环境

【知识要点】

一、总体要求

注册会计师应当从下列方面了解被审计单位及其环境：①行业状况、法律环境与监管环境以及其他外部因素。②被审计单位的性质。③被审计单位对会计政策的选择和运用。④被审计单位的目标、战略以及相关经营风险。⑤被审计单位财务业绩的衡量和评价。⑥被审计单位的内部控制。

上述第①项是被审计单位的外部环境，第②至第④项以及第⑥项是被审计单位的内部因素，第⑤项则既有外部因素也有内部因素。值得注意的是，被审计单位及其环境的各个方面可能会互相影响。因此，注册会计师在对被审计单位及其环境的各个方面进行了解和评估时，应当考虑各因素之间的相互关系。

注册会计师针对上述六个方面实施的风险评估程序的性质、时间和范围取决于审计业务的具体情况，如被审计单位的规模和复杂程度，以及注册会计师的相关审计经验，包括以前对被审计单位提供审计和相关服务的经验和对类似行业、类似企业的审计经验。此外，识别被审计单位及其环境在上述各方面与以前期间相比发生的重大变化，对于充分了解被审计单位及其环境、识别和评估重大错报风险尤为重要。

二、行业状况、法律环境与监管环境以及其他外部因素

1. 行业状况

了解行业状况有助于注册会计师识别与被审计单位所处行业有关的重大错报风险。

注册会计师应当了解被审计单位的行业状况，主要包括：①所处行业的市场供求与竞争。②生产经营的季节性和周期性。③产品生产技术的变化。④能源供应与成本。⑤行业的关键指标和统计数据。

2. 法律环境与监管环境

了解法律环境与监管环境有助于注册会计师识别被审计单位的违反法规行为导致的重大错报风险。

注册会计师应当了解被审计单位所处的法律环境与监管环境，主要包括：①适用的会计准则、会计制度和行业特定惯例。②对经营活动产生重大影响的法律法规及监管活动。③对开展业务产生重大影响的政府政策，包括货币、财政、税收和贸易等政策。④与被审计单位所处行业和所从事经营活动相关的环保要求。

3. 其他外部因素

注册会计师应当了解影响被审计单位经营的其他外部因素，主要包括：①宏观经济的景气度。②利率和资金供求状况。③通货膨胀水平及币值变动。④国际经济环境和汇率变动。

4. 了解的重点和程度

注册会计师应当考虑将了解的重点放在对被审计单位的经营活动可能产生重要影响的关键外部因素以及与前期相比发生的重大变化上。

注册会计师应当考虑被审计单位所在行业的业务性质或监管程序是否可能导致特定的重大错报风险，考虑项目组是否配备了具有相关知识和经验的成员。

三、被审计单位的性质

1. 所有权结构

对被审计单位所有权结构的了解有助于注册会计师识别关联方关系并了解被审计单位的决策过程。注册会计师应当了解所有权结构以及所有者与其他人员或单位之间的关系，考虑关联方关系是否已经得到识别，以及关联方交易是否得到恰当核算。

2. 治理结构

良好的治理结构可以对被审计单位的经营和财务运作实施有效的监督，从而降低财务报表发生重大错报的风险。注册会计师应当了解被审计单位的治理结构。注册会计师应当考虑治理层是否能够在独立于管理层的情况下对被审计单位事务(包括财务报告)作出客观判断。

3. 组织结构

注册会计师应当了解被审计单位的组织结构，考虑复杂组织结构可能导致的重大错报风险，包括财务报表合并、商誉减值以及长期股权投资核算等问题。

4. 经营活动

了解被审计单位经营活动有助于注册会计师识别预期在财务报表中反映的主要交易类别、重要账户余额和列报。

5. 投资活动

了解被审计单位投资活动有助于注册会计师关注被审计单位在经营策略和方向上的重大变化。

6. 筹资活动

了解被审计单位筹资活动有助于注册会计师评估被审计单位在融资方面的压力，并进一步考虑被审计单位在可预见未来的持续经营能力。

四、被审计单位对会计政策的选择和运用

(1) 重要项目的会计政策和行业惯例。
(2) 重大和异常交易的会计处理方法。
(3) 在新领域和缺乏权威性标准或共识的领域，采用重要会计政策产生的影响。
(4) 会计政策的变更。
(5) 被审计单位何时采用以及如何采用新颁布的会计准则和相关会计制度。

五、被审计单位的目标、战略以及相关经营风险

1. 目标、战略与经营风险

注册会计师应当了解被审计单位是否存在与下列方面有关的目标和战略，并考虑相应的经营风险。

2. 经营风险对重大错报风险的影响

注册会计师了解被审计单位的经营风险有助于其识别财务报表重大错报风险，但并非所有的经营风险都与财务报表相关，注册会计师没有责任识别或评估对财务报表没有影响的经营风险。多数经营风险最终都会产生财务后果，从而影响财务报表，但并非所有经营风险都会导致重大错报风险。经营风险可能对各类交易、账户余额以及列报认定层次或财务报表层次产生直接影响。

3. 被审计单位的风险评估过程

管理层通常制定识别和应对经营风险的策略，注册会计师应当了解被审计单位的风险评估过程。此类风险评估过程是被审计单位内部控制的组成部分。

六、被审计单位财务业绩的衡量和评价

被审计单位管理层经常会衡量和评价关键业绩指标(包括财务和非财务的)、预算及差异

分析、分部信息和分支机构、部门或其他层次的业绩报告以及与竞争对手的业绩比较。此外，外部机构也会衡量和评价被审计单位的财务业绩，如分析师的报告和信用评级机构的报告。

1. 了解的主要方面

在了解被审计单位财务业绩衡量和评价情况时，注册会计师应当关注下列信息：①关键业绩指标。②业绩趋势。③预测、预算和差异分析。④管理层和员工业绩考核与激励性报酬政策。⑤分部信息与不同层次部门的业绩报告。⑥与竞争对手的业绩比较。⑦外部机构提出的报告。

2. 关注内部财务业绩衡量的结果

内部财务业绩衡量可能显示未预期到的结果或趋势。在这种情况下，管理层通常会进行调查并采取纠正措施。与内部财务业绩衡量相关的信息可能显示财务报表存在错报风险。因此，注册会计师应当关注被审计单位内部财务业绩衡量所显示的未预期到的结果或趋势、管理层的调查结果和纠正措施，以及相关信息是否显示财务报表可能存在重大错报。

3. 考虑财务业绩衡量指标的可靠性

如果拟利用被审计单位内部信息系统生成的财务业绩衡量指标，注册会计师应当考虑相关信息是否可靠，以及利用这些信息是否足以实现审计目标。许多财务业绩衡量中使用的信息可能由被审计单位的信息系统生成。如果被审计单位管理层在没有合理基础的情况下，认为内部生成的衡量财务业绩的信息是准确的，而实际上信息有误，那么，根据有误的信息得出的结论也可能是错误的。如果注册会计师计划在审计中（如在实施分析程序时）利用财务业绩指标，应当考虑相关信息是否可靠，以及在实施审计程序时利用这些信息是否足以发现重大错报。

需要强调的是，注册会计师了解被审计单位财务业绩的衡量与评价，是为了考虑管理层是否面临实现某些关键财务业绩指标的压力。

在评价管理层是否存在歪曲财务报表的动机和压力时，注册会计师还应当考虑可能存在的其他情形。

第三讲　了解被审计单位的内部控制

【知识要点】

一、内部控制的含义和要素

内部控制是被审计单位为了合理保证财务报告的可靠性、经营的效率和效果以及对法律、法规的遵守，由治理层、管理层和其他人员设计和执行的政策和程序。

可以从以下几方面理解内部控制：

(1) 内部控制的目标是合理保证。

(2) 设计和实施内部控制的责任主体是治理层、管理层和其他人员，组织中的每一个人都对内部控制负有责任。

(3) 实现内部控制目标的手段是设计和执行控制政策及程序。内部控制包括下列要素：①控制环境。②风险评估过程。③信息系统与沟通。④控制活动。⑤对控制的监督。

内部控制包括上述五项要素；控制包括上述一项或多项要素，或要素表现出的各个方面。

二、与审计相关的控制

注册会计师需要了解和评价的内部控制只是与财务报表审计相关的内部控制，并非被审计单位所有的内部控制。

1. 为实现财务报告可靠性目标设计和实施的控制

与审计相关的控制，包括被审计单位为实现财务报告可靠性目标设计和实施的控制。注册会计师应当运用职业判断，考虑一项控制单独或连同其他控制是否与评估重大错报风险以及针对评估的风险设计和实施进一步审计程序有关。

在运用职业判断时，注册会计师应当考虑下列因素：①注册会计师确定的重要性水平。②被审计单位的性质，包括组织结构和所有制性质。③被审计单位的规模。④被审计单位经营的多样性和复杂性。⑤法律法规和监管要求。⑥作为内部控制组成部分的系统（包括利用服务机构）的性质和复杂性。

2. 其他与审计相关的控制

如果在设计和实施进一步审计程序时拟利用被审计单位内部生成的信息，注册会计师应当考虑用以保证该信息完整性和准确性的控制可能与审计相关。

三、对内部控制了解的深度

对内部控制了解的深度，是指在了解被审计单位及其环境时对内部控制了解的程度，包括评价控制的设计，并确定其是否得到执行，但不包括对控制是否得到一贯执行的测试。

1. 评价控制的设计

注册会计师在了解内部控制时，应当评价控制的设计，并确定其是否得到执行。评价控制的设计是指考虑一项控制单独或连同其他控制是否能够有效防止或发现并纠正重大错报。控制得到执行是指某项控制存在且被审计单位正在使用。设计不当的控制可能表明内部控制存在重大缺陷，注册会计师在确定是否考虑控制得到执行时，应当首先考虑控制的设计。如果控制设计不当，不需要再考虑控制是否得到执行。

2. 获取控制设计和执行的审计证据

注册会计师通常实施下列风险评估程序，以获取有关控制设计和执行的审计证据：①询问被审计单位的人员。②观察特定控制的运用。③检查文件和报告。④追踪交易在财务报告信息系统中的处理过程（穿行测试）。这些程序是风险评估程序在了解被审计单位内部控制方面的具体运用。

询问本身并不足以评价控制的设计以及确定其是否得到执行，注册会计师应当将询问与其他风险评估程序结合使用。

3. 了解内部控制与测试控制运行有效性的关系

除非存在某些可以使控制得到一贯运行的自动化控制，注册会计师对控制的了解并不能够代替对控制运行有效性的测试。

四、内部控制的人工和自动化成分

1. 考虑内部控制的人工和自动化特征及其影响

大多数被审计单位出于编制财务报告和实现经营目标的需要使用信息技术。然而，即使信息技术得到广泛使用，人工因素仍然会存在于这些系统之中。在不同的被审计单位采用的控制系统中,人工控制和自动化控制的比例是不同的。注册会计师应当考虑内部控制的人工和自动化特征及其影响。

内部控制采用人工系统还是自动化系统,将影响交易生成、记录、处理和报告的方式。

2. 信息技术的优势及相关内部控制风险

信息技术通常在提高被审计单位内部控制方面具有效率和效果。但是,信息技术也可能对内部控制产生特定风险。

3. 人工控制的适用范围及相关内部控制风险

内部控制的人工成分在处理需要主观判断或酌情处理的情形时可能更为适当。但是,由于人工控制由人执行,受人为因素的影响,也产生了特定风险。

内部控制风险的程度和性质受被审计单位信息系统的性质和特征的影响,因此,在了解内部控制时,注册会计师应当考虑被审计单位是否通过建立有效的控制,以恰当应对由于使用信息技术系统或人工系统而产生的风险。

五、内部控制的局限性

内部控制存在固有局限性,无论如何设计和执行,只能对财务报告的可靠性提供合理的保证。内部控制存在的固有局限性包括:

(1) 在决策时,人为判断可能出现错误和由于人为失误而导致内部控制失效。例如,被审计单位信息技术工作人员没有完全理解系统如何处理销售交易,为使系统能够处理新型产品的销售,可能错误地对系统进行更改;或者对系统的更改是正确的,但是程序员没能把此次更改转化为正确的程序代码。

(2) 可能由于两个或更多的人员进行串通或管理层凌驾于内部控制之上而被规避。例如,管理层可能与客户签订背后协议,对标准的销售合同作出变动,从而导致收入确认发生错误。再如,软件中的编辑控制旨在发现和报告超过赊销信用额度的交易,但这一控制可能被逾越或规避。

此外,如果被审计单位内部行使控制职能的人员素质不适应岗位要求,也会影响内部控制功能的正常发挥。被审计单位实施内部控制的成本效益问题也会影响其效能,当实施某项控制成本大于控制效果而发生损失时,就没有必要设置控制环节或控制措施。内部控制一般都是针对经常而重复发生的业务设置的,如果出现不经常发生或未预计到的业务,原有控制就可能不适用。

六、控制环境

1. 控制环境的含义

控制环境包括治理职能和管理职能,以及治理层和管理层对内部控制及其重要性的态度、认识和措施。良好的控制环境是实施有效内部控制的基础。防止或发现并纠正舞弊和错误是被审计单位治理层和管理层的责任。在评价控制环境的设计和实施情况时,注册会计师应当了解管理层在治理层的监督下,是否营造并保持了诚实、守信和合乎道德的文化,以及是否建立了防止或发现并纠正舞弊和错误的恰当控制。

2. 对诚信和道德价值观念的沟通与落实

诚信和道德价值观念是控制环境的重要组成部分,影响到重要业务流程的设计和运行。内部控制的有效性直接依赖于负责创建、管理和监控内部控制的人员的诚信和道德价值观念。

注册会计师在了解和评估被审计单位诚信和道德价值观念的沟通与落实时，考虑的主要因素可能包括：①被审计单位是否有书面的行为规范并向所有员工传达。②被审计单位的企业文化是否强调诚信和道德价值观念的重要性。③管理层是否身体力行，高级管理人员是否起表率作用。④对违反有关政策和行为规范的情况，管理层是否采取适当的惩罚措施。

3. 对胜任能力的重视

管理层对胜任能力的重视包括对特定工作所需的胜任能力水平的设定，以及对达到该水平所必需的知识和能力的要求。注册会计师应当考虑主要管理人员和其他相关人员是否能够胜任承担的工作和职责。

4. 治理层的参与程度

被审计单位的控制环境在很大程度上受治理层的影响。治理层（董事会）通常通过其自身的活动，并在审计委员会或类似机构的支持下，监督被审计单位的财务报告、会计政策和程序。因此，董事会、审计委员会或类似机构应关注被审计单位的财务报告，并监督被审计单位的会计政策以及内部、外部的审计工作和结果。治理层的职责还包括监督用于复核内部控制有效性的政策和程序设计是否合理，执行是否有效。

治理层对控制环境影响的要素有治理层相对于管理层的独立性、成员的经验和品德、对被审计单位业务活动的参与程度、治理层行为的适当性、治理层所获得的信息、管理层对治理层所提出问题的追踪程度，以及治理层与内部审计人员和注册会计师的联系程度等。

5. 管理层的理念和经营风格

管理层负责企业的运作以及经营策略和程序的制定、执行与监督。在有效的控制环境中，管理层的理念和经营风格可以创造一个积极的氛围，促进业务流程和内部控制的有效运行，同时创造一个减少错报发生可能性的环境。衡量管理层对内部控制重视程度的重要标准，是管理层收到有关内部控制缺陷及违规事件的报告时是否作出适当反应。管理层及时下达纠弊措施，表明他们对内部控制的重视，也有利于加强企业内部的控制意识。

此外，了解管理层的经营风格也很有必要，管理层的经营风格是指管理层所能接受的业务风险的性质。了解管理层的经营风格有助于注册会计师判断哪些因素影响管理层对待内部控制的态度，哪些因素影响在编制财务报表时所作的判断，特别是在作出会计估计以及选用会计政策时。

6. 组织结构及职权与责任的分配

被审计单位的组织结构为计划、运作、控制及监督经营活动提供了一个整体框架。通过集权或分权决策，可在不同部门间进行适当的职责划分，建立适当层次的报告体系。组织结构将影响权利、责任和工作任务在组织成员中的分配。

注册会计师应当考虑被审计单位组织结构中是否采用向个人或小组分配控制职责的方法，是否建立了执行特定职能（包括交易授权）的授权机制，是否确保每个人都清楚地了解报告关系和责任。注册会计师还需审查对分散经营活动的监督是否充分。有效的权责分配制度有助于形成整体的控制意识。

7. 人力资源政策与实务

政策与程序（包括内部控制）的有效性，通常取决于执行人。因此，被审计单位员工的能力与诚信是控制环境中不可缺少的因素。人力资源政策与实务涉及招聘、培训、考核、晋升和薪酬等方面。

综上所述，注册会计师应当对控制环境的构成要素获取足够的了解，并考虑内部控制的实质及其综合效果，以了解管理层和治理层对内部控制及其重要性的态度、认识以及所采取的措施。

七、被审计单位的风险评估过程

1. 被审计单位风险评估过程的含义

任何经济组织在经营活动中都会面临各种各样的风险，风险对其生存和竞争能力产生影响。很多风险并不为经济组织所控制，但管理层应当确定可以承受的风险水平，识别这些风险并采取一定的应对措施。

风险评估过程的作用是识别、评估和管理影响被审计单位实现经营目标能力的各种风险。而针对财务报告目标的风险评估过程则包括识别与财务报告相关的经营风险，评估风险的重大性和发生的可能性，以及采取措施管理这些风险。

2. 对风险评估过程的了解

在评价被审计单位风险评估过程的设计和执行时，注册会计师应当确定管理层如何识别与财务报告相关的经营风险，如何估计该风险的重要性，如何评估风险发生的可能性，以及如何采取措施管理这些风险。如果被审计单位的风险评估过程符合其具体情况，了解被审计单位的风险评估过程和结果有助于注册会计师识别财务报表重大错报风险。

注册会计师在对被审计单位整体层面的风险评估过程进行了解和评估时，注册会计师可以通过了解被审计单位及其环境的其他方面信息，评价被审计单位风险评估过程的有效性。

注册会计师应当询问管理层识别出的经营风险，并考虑这些风险是否可能导致重大错报。

在审计过程中，如果发现与财务报表有关的风险因素，注册会计师可通过向管理层询问和检查有关文件确定被审计单位的风险评估过程是否也发现了该风险。在审计过程中，如果识别出管理层未能识别的重大错报风险，注册会计师应当考虑被审计单位的风险评估过程为何没有识别出这些风险，以及评估过程是否适合于具体环境。

3. 对小型被审计单位的考虑

在小型被审计单位，管理层可能没有正式的风险评估过程，注册会计师应当与管理层讨论其如何识别经营风险以及如何应对这些风险。

第四讲　评估重大错报风险

【知识要点】

一、识别和评估财务报表层次和认定层次的重大错报风险

1. 识别和评估重大错报风险的审计程序

在识别和评估重大错报风险时，注册会计师应当实施下列审计程序：

（1）在了解被审计单位及其环境的整个过程中识别风险，并考虑各类交易、账户余额和列报。注册会计师应当运用各项风险评估程序，在了解被审计单位及其环境的整个过程中识别风险，并将识别的风险与各类交易、账户余额和列报相联系。

（2）将识别的风险与认定层次可能发生错报的领域相联系。

（3）考虑识别的风险是否重大。风险是否重大是指风险造成后果的严重程度。

（4）考虑识别的风险导致财务报表发生重大错报的可能性。

注册会计师应当利用实施风险评估程序获取的信息，包括在评价控制设计和确定其是否得到执行时获取的审计证据，作为支持风险评估结果的审计证据。注册会计师应当根据风险评估结果，确定实施进一步审计程序的性质、时间和范围。

2. 可能表明被审计单位存在重大错报风险的事项和情况

注册会计师应当充分关注可能表明被审计单位存在重大错报风险的事项和情况，并考虑由于上述事项和情况导致的风险是否重大，以及该风险导致财务报表发生重大错报的可能性。

3. 识别两个层次的重大错报风险

在对重大错报风险进行识别和评估后，注册会计师应当确定和识别的重大错报风险是与特定的某类交易、账户余额、列报的认定相关，还是与财务报表整体广泛相关，进而影响多项认定。

某些重大错报风险可能与特定的某类交易、账户余额和列报的认定相关。

某些重大错报风险可能与财务报表整体广泛相关，进而影响多项认定。

4. 控制环境对评估财务报表层次重大错报风险的影响

财务报表层次的重大错报风险很可能源于薄弱的控制环境。薄弱的控制环境带来的风险可能对财务报表产生广泛影响，难以限于某类交易、账户余额和列报，注册会计师应当采取总体应对措施。

5. 控制对评估认定层次重大错报风险的影响

在评估重大错报风险时，注册会计师应当将所了解的控制与特定认定相联系。

控制可能与某一认定直接相关，也可能与某一认定间接相关。关系越间接，控制在防止或发现并纠正认定中错报的作用越小。

注册会计师可能识别出有助于防止或发现并纠正特定认定发生重大错报的控制。在确定这些控制是否能够实现上述目标时，注册会计师应当将控制活动和其他要素综合考虑。

注册会计师应当考虑对识别的各类交易、账户余额和列报认定层次的重大错报风险予以汇总和评估，以确定进一步审计程序的性质、时间和范围。

6. 考虑财务报表的可审计性

注册会计师在了解被审计单位内部控制后，可能对被审计单位财务报表的可审计性产生怀疑。如果通过对内部控制的了解发现下列情况，并对财务报表局部或整体的可审计性产生疑问，注册会计师应当考虑出具保留意见或无法表示意见的审计报告：①被审计单位会计记录的状况和可靠性存在重大问题，不能获取充分、适当的审计证据以发表无保留意见。②对管理层的诚信存在严重疑虑。必要时，注册会计师应当考虑解除业务约定。

二、需要特别考虑的重大错报风险

1. 特别风险的含义

作为风险评估的一部分，注册会计师应当运用职业判断，确定识别的风险哪些是需要特别考虑的重大错报风险(以下简称特别风险)。

2. 确定特别风险时应考虑的事项

确定特别风险时应考虑的事项有：①风险是否属于舞弊风险。②风险是否与近期经济环境、会计处理方法和其他方面的重大变化有关。③交易的复杂程度。④风险是否涉及重大的关联方交易。⑤财务信息计量的主观程度，特别是对不确定事项的计量存在较大区间。⑥风险是否涉及异常或超出正常经营过程的重大交易。

3. 非常规交易和判断事项导致的特别风险

日常的、不复杂的和经正规处理的交易不太可能产生特别风险。特别风险通常与重大的非常规交易和判断事项有关。

非常规交易是指由于金额或性质异常而不经常发生的交易。判断事项通常包括作出的会计估计。

4. 考虑与特别风险相关的控制

了解与特别风险相关的控制，有助于注册会计师制定有效的审计方案予以应对。对特别风险，注册会计师应当评价相关控制的设计情况，并确定其是否已经得到执行。由于与重大非常规交易或判断事项相关的风险很少受到日常控制的约束，注册会计师应当了解被审计单位是否针对该特别风险设计和实施了控制。

如果管理层未能实施控制以恰当应对特别风险，注册会计师应当认为内部控制存在重大缺陷，并考虑其对风险评估的影响。在此情况下，注册会计师应当就此类事项与治理层沟通。

三、通过实质性程序无法应对的重大错报风险

作为风险评估的一部分，如果认为仅通过实质性程序获取的审计证据无法将认定层次的重大错报风险降至可接受的低水平，注册会计师应当评价被审计单位针对这些风险设计的控制，并确定其执行情况。

在被审计单位对日常交易采用高度自动化处理的情况下，审计证据可能仅以电子形式存在，其充分性和适当性通常取决于自动化信息系统相关控制的有效性，注册会计师应当考虑仅通过实施实质性程序不能获取充分和适当的审计证据的可能性。

四、对风险评估的修正

注册会计师对认定层次重大错报风险的评估应以获取的审计证据为基础，并可能随着不断获取的审计证据而作出相应的变化。

评估重大错报风险与了解被审计单位及其环境一样，也是一个连续和动态地收集、更新与分析信息的过程，这个过程贯穿于整个审计过程的始终。

第五讲　与治理层和管理层的沟通

【知识要点】

一、就内部控制重大缺陷与治理层和管理层沟通

注册会计师在了解和测试内部控制的过程中可能会注意到内部控制存在的重大缺陷。注册会计师将其告知适当层次的管理层或治理层，将有助于管理层和治理层履行其在内部控制方面的职责。因此，注册会计师应当及时将注意到的内部控制设计或执行方面的重大缺陷，并告知适当层次的管理层或治理层。

下列情况通常表明内部控制存在重大缺陷：

（1）注册会计师在审计工作中发现了重大错报，而被审计单位的内部控制没有发现这些重大错报。

（2）控制环境薄弱。

(3) 存在高层管理人员舞弊迹象(无论涉及金额大小)。

二、就重大错报风险的控制与治理层沟通

如果识别出被审计单位未加控制或控制不当的重大错报风险,或认为被审计单位的险评估过程存在重大缺陷,注册会计师应当就此类内部控制缺陷与治理层沟通。

单元测试

1. 单项选择题

(1) 下列各项中,不属于注册会计师为了解被审单位及其环境所实施的风险评估程序的是(　　)。

A. 询问被审单位管理层和内部其他相关人员

B. 函证

C. 分析程序

D. 观察和检查

(2) 下列固定资产和累计折旧审计工作底稿显示的审计策略中,正确的是(　　)。

A. 由于上年度相关内部控制难以信赖,本次审计还需要实施控制测试

B. 由于上年度审计中已全面观察固定资产,本次审计应以观察新增固定资产为主

C. 由于上年度审计中已索取全部固定资产权属证明,本次审计仅索取新增固定资产权属证明

D. 由于上年度审计中已全面检查固定资产折旧年限,本次审计仅检查新增固定资产折旧年限

(3) 在编制审计计划时,应当了解被审单位的内部控制。了解内部控制时,不应实施的程序是(　　)。

A. 询问被审单位的有关人员,并查阅相关内部控制文件

B. 检查内部控制生成的文件和记录

C. 选择若干具有代表性的交易和事项进行穿行测试

D. 重新执行被审单位的内部控制

(4) 如果识别出被审计单位未加控制或控制不当的重大错报风险,注册会计师应当就此内部控制缺陷与(　　)进行沟通。

A. 管理层　　　　B. 治理层

C. 适当层次的管理层或治理层　　　　D. 监管机构

2. 多项选择题

(1) 注册会计师实施的下列审计程序中,属于风险评估程序的有(　　)。

A. 询问被审计单位管理层和内部其他相关人员

B. 分析程序

C. 观察和检查

D. 重新计算

(2) 注册会计师应从被审计单位内部和外部了解被审计单位及其环境。下列各项中，涉及了解被审计单位外部因素的有(　　)。

A. 了解被审计单位的行业状况

B. 了解被审计单位的目标、战略以及经营风险

C. 了解被审计单位财务业绩的衡量和评价

D. 了解被审计单位的内部控制

(3) 下列有关风险评估的提法中，正确的有(　　)。

A. 了解被审计单位及其环境是注册会计师必须实施的程序，而非可选择程序

B. 了解被审计单位及其环境是注册会计师可以实施的程序，而非必须执行的程序

C. 注册会计师了解被审计单位的目的是识别和评估重大错报风险以便于设计和实施进一步程序

D. 了解被审计单位及其环境，贯穿于整个审计过程的始终

(4) 注册会计师应当从(　　)等方面了解被审计单位及其环境。

A. 行业状况、法律环境　　B. 被审计单位的性质

C. 被审计单位的目标　　D. 被审计单位的内部控制

(5) 下列各项中，属于内部控制要素的有(　　)。

A. 控制环境　　B. 控制程序　　C. 控制活动　　D. 对控制的监督

3. 判断题

(1) 注册会计师在会计报表审计中如果不拟信赖内部控制，注册会计师就无需对内部控制进行了解。(　　)

(2) 被审计单位无论内部控制设计多么合理、运行多么有效，注册会计师都应对会计报表的重要账户余额和交易类别实施实质性测试程序。(　　)

(3) 如果被审计单位已聘请其他会计师事务所对其内部控制进行专项审核，并获得了“内部控制是有效的”审核结论，注册会计师可以据此相应减少会计报表审计的实质性测试程序。(　　)

(4) 注册会计师在对甲股份有限公司财务报表的重大错报风险进行评估时，注册会计师识别出的重大错报风险均应与特定的交易、账户余额和列报的认定相对应，以便注册会计师设计并实施进一步的审计程序。(　　)

(5) 由于注册会计师通过对甲股份有限公司内部控制的了解，发现管理层的诚信存在严重问题，并由此对财务报表整体的可审计性产生疑问，因此，注册会计师考虑对甲股份有限公司 2006 年度的财务报表发表无法表示意见的审计报告。(　　)

(6) 注册会计师对甲股份有限公司内部控制进行审计，即使注册会计师不拟依赖被审计单位的内部控制，注册会计师也必须执行对内部控制的了解程序。(　　)

(7) 注册会计师对甲股份有限公司内部控制进行审计，对注意到的内部控制设计或执行方面的重大缺陷，应当告知被审计单位管理层。(　　)

(8) 注册会计师对甲股份有限公司进行审计，如果认为仅通过实质性程序获取的审计证据无法将认定层次的重大错报风险降至可接受水平，注册会计师应考虑出具保留或无法表示意见。(　　)

(9) 注册会计师如拟信赖被审计单位内部控制，应当实施控制测试，以将重大错报风险降

低至可接受水平。（　）

（10）重新评估属于注册会计师实施的风险评估程序。（　）

（11）由于风险评估程序能够识别出所有的重大错报风险，所以，注册会计师应当实施风险评估程序，以此作为评估财务报表层和认定层重大错报风险的基础。（　）

实务训练

1. 注册会计师应当了解被审计单位的行业状况主要包括哪些内容？注册会计师对行业状况、法律环境与监管环境以及其他外部因素了解的重点是什么？

2. 请举例说明财务报表层次重大错报风险与认定层次重大错报风险，并谈谈针对这两种风险分别应当采取什么应对措施。

3. ABC会计师事务所接受X股份有限责任公司（以下简称X公司）董事会委托，对X公司2006年6月30日与会计报表相关的内部控制的有效性的认定进行审核。A和B注册会计师接受指派实施该项审核，于2006年8月15日完成审核工作，出具内部控制审核报告。

X公司采用手工会计系统。在审核过程中，A和B注册会计师了解了X公司内部控制的设计，评价了内部控制设计的合理性，测试和评价了内部控制执行的有效性，并编制了相关审核工作底稿。审核工作底稿中记载的有关X公司内部控制设计和运行的部分内容摘录如下：

（1）为加强货币资金支付管理，货币资金支付审批实行分级管理办法：单笔付款金额在10万元以下的，由财务部经理审批；单笔付款金额在10万元以上、50万元以下的，由财务总监审核；单笔付款金额在50万元以上的，由总经理审批。

（2）为统一财务管理，提高会计核算水平，设置内部审计部，与财务部一并由财务总监分管。内部审计的主要职责是对公司内部控制的健全、有效，会计及相关信息的真实、合法和完整，资产的安全和完整，经营绩效以及经营合规性进行检查、监督和评价。

（3）为保证公司投资业务的不相容岗位相互分离、制约和监督，投资业务分由不同部门或不同职员负责。其中：投资部门的甲职员负责对外投资预算的编制；投资部门的乙职员负责对外投资项目的分析论证及评估；财务部负责对外投资业务的相关会计记录。

（4）在发出原材料过程中，仓库部门根据生产部门开出的领料单发出原材料。领料单必须列明所需原材料的数量和种类，以及领料部门的名称。领料单可以一料一单，也可以多料一单，通常需一式两联，仓库部门发出原材料后，其中一联连同原材料交还领料部门，另一联留仓库部门据以登记原材料明细账。

（5）为加强在建工程项目的管理，要求审批人根据工程项目相关业务授权批准制度的规定，在授权范围内进行审批，不得超过审批权限。经办人在职责范围内，按照审批人的批准意见办理工程项目业务。对于审批人超越授权范围审批的工程项目业务，经办人虽无权拒绝办理，但在办理后，应及时向审批人的上级授权部门报告。

要求：假定X公司的其他内部控制不存在缺陷，请指出X公司上述内部控制在设计与运行方面的缺陷，并简要说明理由。

第八单元　风险应对

导学目标

通过本单元课程教学，学生应该了解针对财务报表层次重大错报风险的总体应对措施；明确针对认定层次重大错报风险的进一步审计程序；掌握控制测试的含义和要求；掌握实质性程序的性质、时间和范围。

导学案例

如何应对识别的重大错报风险？

甲公司主要从事小型医疗设备的生产和销售，产品主要通过经销商销往药店。注册会计师审计甲公司2019年度财务报表。注册会计师实施风险评估程序，了解甲公司及其环境时注意到以下情况。

1. 2019年12月，甲公司从银行取得长期借款用于新生产线建设。12月30日，银行发现甲公司未按照规定用途使用借款将长期借款用于偿还到期债务，当日决定停止向甲公司发放剩余贷款，并要求其偿还已经发放的长期借款本金。

分析：甲公司用长期借款偿还到期债务，银行停止向甲公司发放剩余贷款。说明甲公司持续经营能力存在重大疑虑，对财务报表整体存在广泛影响，属于财务报表层次的重大错报风险。

2. 由于市场不景气，甲公司的重大客户乙公司当前陷入财务困境。

分析：重大客户陷入财务困境，应收账款发生巨额坏账的可能性极大，因此，应收账款计价认定存在重大错报风险。

思考：

1. 针对识别出的重大错报风险，注册会计师应如何应对？
2. 注册会计师如何针对认定层次重大错报风险实施进一步审计程序？

第一讲　针对财务报表层次重大错报风险的总体应对措施

【知识要点】

《中国注册会计师审计准则第 1231 号——针对评估的重大错报风险实施的程序》规定，注册会计师应对重大错报风险，应当遵守以下规定：①注册会计师应当针对财务报表层次的重大错报风险制定总体应对措施，包括向审计项目组强调在获取审计证据过程中保持职业怀疑态度的必要性、分派更有经验或具有特殊技能的审计人员或利用专家，向审计项目组提供更多督导等。②注册会计师应当针对认定层次的重大错报风险设计和实施进一步审计程序，包括测试控制的执行有效性以及实施实质性程序。③注册会计师应当评价风险评估的结果是否适当，并确定是否已经获取充分、适当的审计证据。④注册会计师应当将实施关键的程序形成审计工作记录。

因此，注册会计师应当针对评估的财务报表层次重大错报风险确定总体应对措施，并针对评估的认定层次重大错报风险设计和实施进一步审计程序，以将审计风险降至可接受的低水平。

一、财务报表层次重大错报风险与总体应对措施

在财务报表重大错报风险的评估过程中，注册会计师应当确定，识别的重大错报风险是与特定的某类交易、账户余额和列报的认定相关，还是与财务报表整体广泛相关，进而影响多项认定。如果是后者，则属于财务报表层次的重大错报风险。

注册会计师应当针对评估的财务报表层次重大错报风险确定下列总体应对措施：

(1) 向项目组强调在收集和评价审计证据过程中保持职业怀疑态度的必要性。

(2) 分派更有经验或具有特殊技能的审计人员，或利用专家的工作。

(3) 提供更多的督导。对于财务报表层次重大错报风险较高的审计项目，项目组的高级别成员，如项目负责人、项目经理等经验较丰富的人员，要对其他成员提供更详细、更经常、更及时的指导和监督并加强项目质量复核。

(4) 在选择进一步审计程序时，应当注意使某些程序不被管理层预见或事先了解。在实务中，注册会计师可以通过以下方式提高审计程序的不可预见性：①对某些未测试过的低于设定的重要性水平或风险较小的账户余额和认定实施实质性程序。②调整实施审计程序的时间，使被审计单位不可预期。③采取不同的审计抽样方法，使当期抽取的测试样本与以前有所不同。④选取不同的地点实施审计程序，或预先不告知被审计单位所选定的测试地点。

(5) 对拟实施审计程序的性质、时间和范围作出总体修改。如果控制环境存在缺陷，注册会计师在对拟实施审计程序的性质、时间和范围作出总体修改时应当考虑：

第一，在期末而非期中实施更多的审计程序。控制环境的缺陷通常会削弱期中获得的审计证据的可信赖程度。

第二，主要依赖实质性程序获取审计证据。良好的控制环境是其他控制要素发挥作用的基础。控制环境存在缺陷通常会削弱其他控制要素的作用，导致注册会计师可能无法信赖内部控制，而主要是依赖实施实质性程序获取审计证据。

第三，修改审计程序的性质，获取更具说服力的审计证据。修改审计程序的性质主要是指调整拟实施审计程序的类别及组合，如原先可能主要限于检查某项资产的账面记录或相关文件，而调整审计程序的性质后可能意味着更加重视实地检查该项资产。

第四，扩大审计程序的范围。例如，扩大样本规模，或采用更详细的数据实施分析程序。

二、增加审计程序不可预见性的方法

注册会计师可以通过增加审计程序提高审计程序不可预见性。例如，①对某些以前未测试的低于设定的重要性水平或风险较小的账户余额和认定实施实质性程序。②调整实施审计程序的时间，使其超出被审计单位的预期。③采取不同的审计抽样方法，使当年抽取的测试样本与以前有所不同。④选取不同的地点实施审计程序，或预先不告知被审计单位所选定的测试地点。

三、总体应对措施对拟实施进一步审计程序的总体方案的影响

注册会计师评估的财务报表层次重大错报风险以及采取的总体应对措施，对拟实施进一步审计程序的总体方案具有重大影响。

拟实施进一步审计程序的总体方案包括实质性方案和综合性方案。其中，实质性方案是指注册会计师实施的进一步审计程序以实质性程序为主的方案；综合性方案是指注册会计师在实施进一步审计程序时，将控制测试与实质性程序结合使用的方案。当评估的财务报表层次重大错报风险属于高风险水平(并相应采取更强调审计程序不可预见性重视调整审计程序的性质、时间和范围等总体应对措施)时，拟实施进一步审计程序的总体方案往往更倾向于实质性方案。

【技能操作】

【例 8-1】 ABC 会计师事务所的 D 注册会计师作为甲股份有限公司(以下简称甲公司)2006 年度财务报表审计的项目负责人，通过对甲公司实施的风险评估程序，已对甲公司 2006 年度财务报表层次的重大错报风险作出评估。请根据《针对评估的重大错报风险设计和实施的程序》准则，对下列问题作出正确的判断。

(1) D 注册会计师对甲公司 2006 年度财务报表的重大错报风险评估为较高水平，则下列措施中，恰当的总体应对措施有(　　)。

A. 向项目组强调在收集和评价审计证据过程中保持职业怀疑态度的必要性

B. 分派更有经验的审计人员，或利用专家的工作

C. 在选择进一步程序时，更多地使用常规程序

D. 通过更多的督导

[答案] ABD

(2) D 注册会计师认为甲公司的控制环境存在严重缺陷，在对拟实施审计程序的性质、时间和范围作出总体修改时，下列做法中不恰当的有(　　)。

A. 在期中实施更多的审计程序

B. 主要依赖实质性程序获取审计证据

C. 主要依赖控制测试程序获取审计证据

D. 增加实质性测试的样本量

［答案］AC

(3) 为了应对财务报表层次较高的重大错报风险，注册会计师可以通过提高审计程序不可预见性。下列各项程序中，能够提高审计程序不可预见性的有(　　)。

A. 向以前审计过程中接触不多的员工询问

B. 延长截止测试的期间

C. 在不预先通知被审计单位的情况下，选择一些以前未曾到过的盘点地点进行存货监盘

D. 函证确认销售的条款

［答案］ABCD

第二讲　针对认定层次重大错报风险的进一步审计程序

【知识要点】

一、进一步审计程序的含义和要求

1. 进一步审计程序的含义

进一步审计程序相对于风险评估程序而言，是指注册会计师针对评估的各类交易、账户余额和列报认定层次重大错报风险实施的审计程序，包括控制测试和实质性程序。

注册会计师应当针对评估的认定层次重大错报风险设计和实施进一步审计程序，包括审计程序的性质、时间和范围。注册会计师设计和实施的进一步审计程序的性质、时间和范围，应当与评估的认定层次重大错报风险具备明确的对应关系。注册会计师实施的审计程序具有目的性和针对性，有的放矢地配置审计资源，有利于提高审计效率和效果。

需要说明的是，尽管在应对评估的认定层次重大错报风险时，拟实施的进一步审计程序的性质、时间和范围都应当确保其具有针对性，但其中进一步审计程序的性质是最重要的。例如，注册会计师评估的重大错报风险越高，实施进一步审计程序的范围通常越大；但是，只有首先确保进一步审计程序的性质与特定风险相关时，扩大审计程序的范围才是有效的。

2. 设计进一步审计程序时的考虑因素

在设计进一步审计程序时，注册会计师应当考虑下列因素：

(1) 风险的重要性。风险的重要性是指风险造成的后果严重程度。风险的后果越严重，就越需要注册会计师关注和重视，越需要精心设计有针对性的进一步审计程序。

(2) 重大错报发生的可能性。重大错报发生的可能性越大，同样越需要注册会计师精心设计进一步审计程序。

(3) 涉及的各类交易、账户余额和列报的特征。不同的交易、账户余额和列报，产生的认定层次的重大错报风险也会存在差异，适用的审计程序也有差别，需要注册会计师区别对待，并设计有针对性的进一步审计程序予以应付。

(4) 被审计单位采用的特定控制的性质。不同性质的控制(人工控制或自动化控制)对注册会计师设计进一步的审计程序具有重要影响。

(5) 注册会计师是否拟获取审计证据，以确定内部控制在防止或发现并纠正重大错报风险方面的有效性。如果注册会计师在风险评估时预期内部控制运行有效，随后拟实施的进一步审计程序就必须包括控制测试，且实质性程序自然会受到之前控制测试结果的影响。

综合上述几方面因素，注册会计师对认定层次重大错报风险的评估为确定进一步审计程序的总体方案奠定了基础。因此，注册会计师应当根据对认定层次重大错报风险的评估结果，恰当地选用实质性方案或综合性方案。通常情况下，注册会计师出于成本效益的考虑可以采用综合性方案设计进一步审计程序，即将测试控制运行的有效性与实质性程序结合使用。但在某些情况下（如仅通过实质性程序无法应对重大错报风险），注册会计师必须通过实施控制测试，才可能有效应对评估出的某一认定的重大错报风险；而在另一些情况下（如注册会计师的风险评估程序未能识别出与认定相关的任何控制，或注册会计师认为控制测试很可能不符合成本效益原则），注册会计师可能认为仅实施实质性程序就是适当的。

还需要特别说明的是，无论选择何种方案，注册会计师都应当对所有重大的各类交易、账户余额和列报设计和实施实质性程序。

二、进一步审计程序的性质

1. 进一步审计程序的性质的含义

进一步审计程序的性质是指进一步审计程序的目的和类型。其中，进一步审计程序的目的包括通过实施控制测试以确定内部控制运行的有效性，通过实施实质性程序以发现认定层次的重大错报。进一步审计程序的类型包括检查、观察、询问、函证、重新计算、重新执行和分析程序。

如前所述，在应对评估的风险时，合理确定审计程序的性质是最重要的。这是因为，不同的审计程序应对特定认定错报风险的效力不同。

2. 进一步审计程序的性质的选择

在确定进一步审计程序的性质时，注册会计师首先需要考虑的是认定层次重大错报风险的评估结果。因此，注册会计师应当根据认定层次重大错报风险的评估结果选择审计程序。评估的认定层次重大错报风险越高，对通过实质性程序获取的审计证据的相关性和可靠性的要求越高，从而可能影响进一步审计程序的类型及其综合运用。

除了从总体上把握认定层次重大错报风险的评估结果对选择进一步审计程序的影响外，在确定拟实施的审计程序时，注册会计师接下来应当考虑评估的认定层次重大错报风险产生的原因，包括考虑各类交易、账户余额和列报的具体特征以及内部控制。

需要说明的是，如果在实施进一步审计程序时拟利用被审计单位信息系统生成的信息，注册会计师应当就信息的准确性和完整性获取审计证据。

三、进一步审计程序的时间

1. 进一步审计程序的时间的含义

进一步审计程序的时间是指注册会计师何时实施进一步审计程序，或审计证据适用的期间或时点。因此，当提及进一步审计程序的时间时，在某些情况下指的是审计程序的实施时间，在另一些情况下指的是需要获取的审计证据适用的期间或时点。

2. 进一步审计程序的时间的选择

有关进一步审计程序的时间的选择问题包括两个层面：第一个层面是注册会计师选择在何时实施进一步审计程序的问题；第二个层面是选择获取什么期间或时点的审计证据的问题。

注册会计师可以在期中或期末实施控制测试或实质性程序。这就引出了注册会计师应当如何选择实施审计程序的时间的问题。一项基本的考虑因素应当是注册会计师评估的重大错报风险，当重大错报风险较高时，注册会计师应当考虑在期末或接近期末实施实质性程序，或采用不通知的方式，或在管理层不能预见的时间实施审计程序。

虽然在期末实施审计程序在很多情况下非常必要，但仍然不排除注册会计师在期中实施审计程序可能发挥的积极作用。在期中实施进一步审计程序，可能有助于注册会计师在审计工作初期识别重大事项，并在管理层的协助下及时解决这些事项；或针对这些事项制定有效的实质性方案或综合性方案。当然，在期中实施进一步审计程序也存在很大的局限。首先，注册会计师往往难以仅凭在期中实施的进一步审计程序获取有关期中以前的充分、适当的审计证据（如某些期中以前发生的交易或事项在期中审计结束时尚未完结）。其次，即使注册会计师在期中实施的进一步审计程序能够获取有关期中以前的充分、适当的审计证据，但从期中到期末这段剩余期间还往往会发生重大的交易或事项（包括期中以前发生的交易、事项的延续，以及期中以后发生的新的交易、事项），从而对所审计期间的财务报表认定产生重大影响。再次，被审计单位管理层也完全有可能在注册会计师于期中实施了进一步审计程序之后对期中以前的相关会计记录作出调整甚至篡改，注册会计师在期中实施了进一步审计程序所获取的审计证据已经发生了变化。为此，如果在期中实施了进一步审计程序，注册会计师还应当针对剩余期间获取审计证据。

注册会计师在确定何时实施审计程序时，应当考虑以下几项重要因素：

（1）控制环境。良好的控制环境可以抵销在期中实施进一步审计程序的局限性，使注册会计师在确定实施进一步审计程序的时间时有更大的灵活度。

（2）何时能得到相关信息。

（3）错报风险的性质。

（4）审计证据适用的期间或时点。

需要说明的是，虽然注册会计师在很多情况下可以根据具体情况选择实施进一步审计程序的时间，但也存在着一些限制选择的情况。某些审计程序只能在期末或期末以后实施，包括将财务报表与会计记录相核对，检查财务报表编制过程中所作的会计调整等。如果被审计单位在期末或接近期末发生了重大交易，或重大交易在期末尚未完成，注册会计师应当考虑交易的发生或截止等认定可能存在的重大错报风险，并在期末或期末以后检查此类交易。

四、控制测试的含义和要求

1. 进一步审计程序的范围的含义

进一步审计程序的范围是指实施进一步审计程序的数量，包括抽取的样本量、对某项控制活动的观察次数等。

2. 确定进一步审计程序的范围时应考虑的因素

在确定进一步审计程序的范围时，注册会计师应当考虑下列因素：①确定的重要性水平。确定的重要性水平越低，注册会计师实施进一步审计程序的范围越广。②评估的重大错报风险。评估的重大错报风险越高，对拟获取审计证据的相关性和可靠性的要求越高，因此，注册会计师实施的进一步审计程序的范围也越广。③计划获取的保证程度。计划获取的保证程度是指注册会计师计划通过所实施的审计程序对测试结果可靠性所获取的信心。计划获取的保证程度越高，对测试结果可靠性要求越高，注册会计师实施的进一步审计程序的范围越广。例如，注册会计师对财务报表是否不存在重大错报的信心可能来自控制测试和实质性程序。如果注册会计师计划从控制测试中获取更高的保证程度，则控制测试的范围就更广。

在考虑确定进一步审计程序的范围时，使用计算机辅助审计技术具有积极的作用。注册会计师可以使用计算机辅助审计技术对电子化的交易和账户文档进行更广泛的测试，包括从主要电子文档中选取交易样本，或按照某一特征对交易进行分类，或对总体而非样本进行测试。

鉴于进一步审计程序的范围往往是通过一定的抽样方法加以确定的，因此，注册会计师需要慎重考虑抽样过程对审计程序范围的影响是否能够有效实现审计目的。注册会计师使用恰当的抽样方法通常可能得出有效结论。但如果存在下列情形，注册会计师使用恰当的抽样方法通常可能与对总体实施同样的审计程序得出的结论不同，出现不可接受的风险：①从总体中选择的样本量过小。②选择的抽样方法对实施特定目标不适当。③未对发现的例外事项进行恰当的追查。

【技能操作】

【例 8-2】 请根据《针对评估的重大错报风险实施的程序》准则，对下列问题作出正确的判断。

(1) 注册会计师设计和实施的进一步审计程序的性质、时间和范围，应当与评估的认定层次重大错报风险具备明确的对应关系，但其中进一步审计程序的时间是最重要的。（ ）

[答案] ×

[解析] 在进一步审计程序的性质、时间和范围中，性质是最重要的。

(2) 注册会计师应当根据评估的认定层次的重大错报风险，确定具体设计并实施实质性程序的重大交易、账户余额和列报。（ ）

[答案] ×

[解析] 注册会计师应当对所有重大的交易、账户余额和列报设计和实施实质性程序。

第三讲 控制测试

【知识要点】

一、控制测试的含义和要求

1. 控制测试的含义

控制测试是指测试控制运行的有效性，这一概念需要与“了解内部控制”进行区分。“了解内部控制”包含两层含义：一是评价控制的设计；二是确定控制是否得到执行。测试控制运行的有效性与确定控制是否得到执行所需获取的审计证据是不同的。

在实施风险评估程序以获取控制是否得到执行的审计证据时，注册会计师应当确定某项控制是否存在，被审计单位是否正在使用。

在测试控制运行的有效性时，注册会计师应当从下列方面获取关于控制是否有效运行的审计证据：①控制在所审计期间的不同时点是如何运行的。②控制是否得到一贯执行。③控制由谁执行。④控制以何种方式运行（如人工控制或自动化控制）。从这四个方面来看，控制运行有效性强调的是控制能够在各个不同时点按照既定设计得以一贯执行。因此，在了解控制是否得到执行时，注册会计师只需抽取少量的交易进行检查或观察某几个时点。但在测试控制运行的有效性时，注册会计师需要抽取足够数量的交易进行检查或对多个不同时点进行观察。

测试控制运行的有效性与确定控制是否得到执行所需获取的审计证据虽然存在差异，但两者也有联系。为评价控制设计和确定控制是否得到执行而实施的某些风险评估程序并非专为控制测试而设计，但可能提供有关控制运行有效性的审计证据，注册会计师可以考虑在评价控制设计和获取其得到执行的审计证据的同时测试控制运行有效性，以提高审计效率；同时，注册会计师应当考虑这些审计证据是否足以实现控制测试的目的。

2. 控制测试的要求

作为进一步审计程序的类型之一，控制测试并非在任何情况下都需要实施。当存在下列情形之一时，注册会计师应当实施控制测试：①在评估认定层次重大错报风险时，预期控制的运行是有效的。②仅实施实质性程序不足以提供认定层次充分、适当的审计证据。

如果在评估认定层次重大错报风险时预期控制的运行是有效的，注册会计师应当实施控制测试，就控制在相关期间或时点的运行有效性获取充分、适当的审计证据。

只有认为控制设计合理、能够防止或发现和纠正认定层次的重大错报，注册会计师才有必要对控制运行的有效性实施测试。

如果认为仅实施实质性程序获取的审计证据无法将认定层次重大错报风险降至可接受的低水平，注册会计师应当实施相关的控制测试，以获取控制运行有效性的审计证据。

在认为仅通过实施实质性程序不能获取充分、适当的审计证据的情况下，注册会计师必须实施控制测试，且这种测试已经不再是单纯出于成本效益的考虑，而是必须获取的一类审计证据。

二、控制测试的性质

1. 控制测试的性质的含义

控制测试的性质是指控制测试所使用的审计程序的类型及其组合。

计划从控制测试中获取的保证水平是决定控制测试性质的主要因素之一。注册会计师应当选择适当类型的审计程序以获取有关控制运行有效性的保证。计划的保证水平越高，对有关控制运行有效性的审计证据的可靠性要求越高。当拟实施的进一步审计程序主要以控制测试为主，尤其是仅实施实质性程序获取的审计证据无法将认定层次重大错报风险降至可接受的低水平时，注册会计师应当获取有关控制运行有效性的更高的保证水平。

2. 确定控制测试的性质时的要求

(1) 考虑特定控制的性质。注册会计师应当根据特定控制的性质选择所需实施审计程序的类型。例如，某些控制可能存在反映控制运行有效性的文件记录，在这种情况下，注册会计师可以检查这些文件记录以获取控制运行有效的审计证据；某些控制可能不存在文件记录（如一项自动化的控制活动），或文件记录与能否证实控制运行有效性不相关，注册会计师应当考虑实施检查以外的其他审计程序（如询问和观察）或借助计算机辅助审计技术，以获取有关控制运行有效性的审计证据。

(2) 考虑测试与认定直接相关和间接相关的控制。在设计控制测试时，注册会计师不仅应当考虑与认定直接相关的控制，还应当考虑这些控制所依赖的与认定间接相关的控制，以获取支持控制运行有效性的审计证据。

(3) 如何对一项自动化的应用控制实施控制测试。对于一项自动化的应用控制，由于信息技术处理过程的内在一贯性，注册会计师可以利用该项控制得以执行的审计证据和信息技术一般控制(特别是对系统变动的控制)运行有效性的审计证据,作为支持该项控制在相关期间运行有效性的重要审计证据。

3. 实施控制测试时对双重目的的实现

控制测试的目的是评价控制是否有效运行。细节测试的目的是发现认定层次的重大错报。尽管两者目的不同,但注册会计师可以考虑针对同一交易同时实施控制测试和细节测试,以实现双重目的。例如,注册会计师通过检查某笔交易的发票可以确定其是否经过适当的授权,也可以获取关于该交易的金额、发生时间等细节证据。当然,如果拟实施双重目的的测试,注册会计师应当仔细设计和评价测试程序。

4. 实施实质性程序的结果对控制测试结果的影响

如果通过实施实质性程序未发现某项认定存在错报,这本身并不能说明与该认定有关的控制是有效运行的。但如果通过实施实质性程序发现某项认定存在错报,注册会计师应当在评价相关控制的运行有效性时予以考虑。因此,注册会计师应当考虑实施实质性程序发现的错报对评价相关控制运行有效性的影响(如降低对相关控制的信赖程度、调整实质性程序的性质和扩大实质性程序的范围等)。如果实施实质性程序发现被审计单位没有识别出的重大错报,通常表明内部控制存在重大缺陷,注册会计师应当就这些缺陷与管理层和治理层进行沟通。

三、控制测试的时间

1. 控制测试的时间的含义

如前所述,控制测试的时间包含两层含义:一是何时实施控制测试;二是测试所针对的控制适用的时点或期间。一个基本的原理是,如果测试特定时点的控制,注册会计师仅得到该时点控制运行有效性的审计证据;如果测试某一期间的控制,注册会计师可获取控制在该期间有效运行的审计证据。因此,注册会计师应当根据控制测试的目的确定控制测试的时间,并确定拟信赖的相关控制的时点或期间。

2. 如何考虑期中审计证据

前已述及,注册会计师可能在期中实施进一步审计程序。对于控制测试,注册会计师在期中实施此类程序具有更积极的作用。但需要说明的是,即使注册会计师已获取有关控制在期中运行有效性的审计证据,仍然需要考虑如何能够将控制在期中运行有效性的审计证据合理延伸至期末,一个基本的考虑是针对期中至期末这段剩余期间获取充分、适当的审计证据。因此,如果已获取有关控制在期中运行有效性的审计证据,并拟利用该证据,注册会计师应当实施下列审计程序:

第一项,获取这些控制在剩余期间变化情况的审计证据。

第二项,确定针对剩余期间还需要获取的补充审计证据。

3. 如何考虑以前审计获取的审计证据

(1) 基本思路:考虑拟信赖的以前审计中测试的控制在本期是否发生变化。如果拟信赖以前审计获取的有关控制运行有效性的审计证据,注册会计师应当通过实施询问并结合观察或检查程序,获取这些控制是否已经发生变化的审计证据。

注册会计师可能面临两种结果:①控制在本期发生变化。②控制在本期没有发生变化。

(2) 当控制在本期发生变化时,注册会计师的做法。如果控制在本期发生变化,注册会计师应当考虑以前审计获取的有关控制运行有效性的审计证据是否与本期审计相关。

（3）当控制在本期未发生变化时，注册会计师的做法。如果拟信赖的控制自上次测试后未发生变化，且不属于旨在减轻特别风险的控制，注册会计师应当运用职业判断确定是否在本期审计中测试其运行有效性，以及本次测试与上次测试的时间间隔，但两次测试的时间间隔不得超过 2 年。

（4）不得依赖以前审计所获取证据的情形。鉴于特别风险的特殊性，对于旨在减轻特别风险的控制，不论该控制在本期是否发生变化，注册会计师都不应依赖以前审计获取的证据。因此，如果确定评估的认定层次重大错报风险是特别风险，并拟信赖旨在减轻特别风险的控制，注册会计师不应依赖以前审计获取的审计证据，而应在本期审计中测试这些控制的运行有效性。也就是说，如果注册会计师拟信赖针对特别风险的控制，那么所有关于该控制运行有效性的审计证据必须来自当年的控制测试。相应地，注册会计师应当在每次审计中都测试这类控制。

四、控制测试的范围

注册会计师应当设计控制测试，以获取控制在整个拟信赖的期间有效运行的充分、适当的审计证据。

注册会计师在确定某项控制的测试范围时，通常考虑下列因素：

（1）在整个拟信赖的期间，被审计单位执行控制的频率。控制执行的频率越高，控制测试的范围越大。

（2）在审计期间，注册会计师拟信赖控制运行有效性的时间长度。拟信赖控制运行有效性的时间长度不同，在该时间长度内发生的控制活动次数也不同。注册会计师需要根据拟信赖控制的时间长度确定控制测试的范围。拟信赖控制的时间越长，控制测试的范围越大。

（3）为证实控制能够防止或发现并纠正认定层次重大错报，所需获取审计证据的相关性和可靠性。对审计证据的相关性和可靠性要求越高，控制测试的范围越大。

（4）通过测试与认定相关的其他控制获取的审计证据的范围。针对同一认定，可能存在不同的控制。当针对其他控制获取审计证据的充分性和适当性较高时，测试该控制的范围可适当缩小。

（5）在风险评估时，拟信赖控制运行有效性的程度。注册会计师在风险评估时，对控制运行有效性的拟信赖程度越高，需要实施控制测试的范围越大。

（6）控制的预期偏差。预期偏差可以用控制未得到执行的预期次数占控制应当得到执行次数的比率加以衡量（又称预期偏差率）。控制的预期偏差率越高，需要实施控制测试的范围越大。如果控制的预期偏差率过高，注册会计师应当考虑控制可能不足以将认定层次的重大错报风险降至可接受的低水平，从而针对某一认定实施的控制测试可能是无效的。

第四讲　实质性程序

【知识要点】

一、实质性程序的含义和要求

1. 实质性程序的含义

实质性程序是指注册会计师针对评估的重大错报风险实施的直接用以发现认定层次重大

错报的审计程序。因此，注册会计师应当针对评估的重大错报风险设计和实施实质性程序，以发现认定层次的重大错报。实质性程序包括对各类交易、账户余额、列报的细节测试以及实质性分析程序。

注册会计师实施的实质性程序应当包括下列与财务报表编制完成阶段相关的审计程序：①将财务报表与其所依据的会计记录相核对。②检查财务报表编制过程中作出的重大会计分录和其他会计调整。

注册会计师对会计分录和其他会计调整检查的性质和范围，取决于被审计单位财务报告过程的性质和复杂程度以及由此产生的重大错报风险。

由于注册会计师对重大错报风险的评估是一种判断，可能无法充分识别所有的重大错报风险，并且由于内部控制存在固有局限性，无论评估的重大错报风险结果如何，注册会计师都应当针对所有重大的各类交易、账户余额和列报实施实质性程序。

2. 针对特别风险实施的实质性程序

如果认为评估的认定层次重大错报风险是特别风险，注册会计师应当专门针对该风险实施实质性程序。例如，如果认为管理层面临实现盈利指标的压力而可能提前确认收入，注册会计师在设计询证函时不仅应当考虑函证应收账款的账户余额，还应当考虑询证销售协议的细节条款(如交货、结算及退货条款)；注册会计师还可考虑在实施函证的基础上针对销售协议及其变动情况询问被审计单位的非财务人员。如果针对特别风险仅实施实质性程序，注册会计师应当使用细节测试，或将细节测试和实质性分析程序结合使用，以获取充分、适当的审计证据。作此规定的考虑是，为应对特别风险需要获取具有高度相关性和可靠性的审计证据，仅实施实质性分析程序不足以获取有关特别风险的充分、适当的审计证据。

二、实质性程序的性质

1. 实质性程序的性质的含义

实质性程序的性质是指实质性程序的类型及其组合，前已述及，实质性程序的两种基本类型包括细节测试和实质性分析程序。

细节测试是对各类交易、账户余额和列报的具体细节进行测试，目的在于直接识别财务报表认定是否存在错报。

实质性分析程序从技术特征上讲仍然是分析程序，主要是通过研究数据间关系评价信息，只是将该技术方法用作实质性程序，即用以识别各类交易、账户余额、列报及相关认定是否存在错报。

2. 细节测试和实质性分析程序的适用性

由于细节测试和实质性分析程序的目的和技术手段存在一定差异，因此，各自有不同的适用领域。注册会计师应当根据各类交易、账户余额和列报的性质选择实质性程序的类型。细节测试适用于对各类交易、账户余额、列报认定的测试，尤其是对存在或发生以及计价认定的测试。对在一段时期内存在可预期关系的大量交易，注册会计师可以考虑实施实质性分析程序。

3. 细节测试的方向

对于细节测试，注册会计师应当针对评估的风险设计细节测试，获取充分、适当的审计证据，以达到认定层次所计划的保证水平。该规定的含义是，注册会计师需要根据不同的认定层次的重大错报风险设计有针对性的细节测试。

4. 设计实质性分析程序时考虑的因素

注册会计师在设计实质性分析程序时应当考虑的因素包括:①对特定认定使用实质性分析程序的适当性。②对已记录的金额或比率作出预期时,所依据的内部或外部数据的可靠性。③作出预期的准确程度是否足以在计划的保证水平上识别重大错报。④已记录金额与预期值之间可接受的差异额。考虑到数据及分析的可靠性,当实施实质性分析程序时,如果使用被审计单位编制的信息,注册会计师应当考虑测试与信息编制相关的控制,以及这些信息是否在本期或前期经过审计。

三、实质性程序的时间

实质性程序的时间选择与控制测试的时间选择有共同点,也有很大差异。共同点在于:两类程序都面临着对期中审计证据和对以前审计获取的审计证据的考虑。两者的差异在于:①在控制测试中,期中实施控制测试并获取期中关于控制运行有效性审计证据的做法更具有一种"常态";而由于实质性程序的目的在于更直接地发现重大错报,在期中实施实质性程序时更需要考虑其成本效益的权衡。②在本期控制测试中拟信赖以前审计获取的有关控制运行有效性的审计证据,已经受到了很大的限制;而对于以前审计中通过实质性程序获取的审计证据,则采取了更加慎重的态度和更严格的限制。

1. 如何考虑是否在期中实施实质性程序

如前所述,在期中实施实质性程序,一方面消耗了审计资源,另一方面期中实施实质性程序获取的审计证据又不能直接作为期末财务报表认定的审计证据,注册会计师仍然需要消耗进一步的审计资源,使期中审计证据能够合理地延伸至期末。于是,这两部分审计资源的总和是否能够显著小于完全在期末实施实质性程序所需消耗的审计资源,是注册会计师需要权衡的。

2. 如何考虑期中审计证据

如果在期中实施了实质性程序,注册会计师应当针对剩余期间实施进一步的实质性程序,或将实质性程序和控制测试结合使用,以将期中测试得出的结论合理延伸至期末。在如何将期中实施的实质性程序得出的结论合理延伸至期末时,注册会计师有两种选择:其一是针对剩余期间实施进一步的实质性程序;其二是将实质性程序和控制测试结合使用。

如果拟将期中测试得出的结论延伸至期末,注册会计师应当考虑针对剩余期间仅实施实质性程序是否足够。如果认为实施实质性程序本身不充分,注册会计师还应测试剩余期间相关控制运行的有效性或针对期末实施实质性程序。

对于舞弊导致的重大错报风险(作为一类重要的特别风险),被审计单位存在故意错报或操纵的可能性,那么,注册会计师更应慎重考虑能否将期中测试得出的结论延伸至期末。因此,如果已识别出由于舞弊导致的重大错报风险,为将期中得出的结论延伸至期末而实施的审计程序通常是无效的,注册会计师应当考虑在期末或者接近期末实施实质性程序。

3. 如何考虑以前审计获取的审计证据

在以前审计中实施实质性程序获取的审计证据,通常对本期只有很弱的证据效力或没有证据效力,不足以应对本期的重大错报风险。只有当以前获取的审计证据及其相关事项未发生重大变动时(如以前审计通过实质性程序测试过的某项诉讼在本期没有任何实质性进展),以前获取的审计证据才可能用作本期的有效审计证据。但即便如此,如果拟利用以前审计中实施实质性程序获取的审计证据,注册会计师应当在本期实施审计程序,以确定这些审计证据是否具有持续相关性。

四、实质性程序的范围

评估的认定层次重大错报风险和实施控制测试的结果是注册会计师在确定实质性程序的范围时的重要考虑因素。因此，在确定实质性程序的范围时，注册会计师应当考虑评估的认定层次的重大错报风险和实施控制测试的结果。注册会计师评估的认定层次的重大错报风险越高，需要实施实质性程序的范围越广。如果对控制测试结果不满意，注册会计师应当考虑扩大实质性程序的范围。

单元测试

1. 单项选择题

(1) D注册会计师对甲公司2018年度财务报表的重大错报风险评估为较高水平，则下列措施中，不恰当的总体应对措施是(   )。

A. 向项目组强调在收集和评价审计证据过程中保持职业怀疑态度的必要性

B. 分派更有经验的审计人员，或利用专家的工作

C. 在选择进一步程序时，更多地使用常规程序

D. 通过更多的督导

(2) 下列关于审计程序的说法中，不正确的是(   )。

A. 在评估认定层次重大错报风险时，预期控制的运行是有效的，注册会计师应当实施控制测试以支持评估结果

B. 仅实施实质性程序不足以提供认定层次充分、适当的审计证据，注册会计师应当实施控制测试，以获取内部控制运行有效性的审计证据

C. 注册会计师可以通过实施风险评估程序获取充分、适当的审计证据，作为发表审计意见的基础

D. 无论评估的重大错报风险结果如何，注册会计师均应当针对所有重大的各类交易、账户余额和列报实施实质性程序，以获取充分、适当的审计证据

(3) 注册会计师在期中实施进一步审计程序存在很大的局限性，下列有关局限性的说法中，不恰当的是(   )。

A. 在期中实施进一步审计程序，可能有助于注册会计师在审计工作初期识别重大事项，并在管理层的协助下及时解决这些事项，或针对这些事项制定有效的实质性方案或综合性方案

B. 如果在期中实施了进一步审计程序，注册会计师不需要针对剩余期间再获取审计证据

C. 被审计单位管理层也完全有可能在注册会计师于期中实施了进一步审计程序之后对期中以前的相关会计记录作出调整甚至篡改，使注册会计师在期中实施了进一步审计程序所获取的审计证据已经发生了变化

D. 即使注册会计师在期中实施的进一步审计程序能够获取有关期中以前的充分、适当的审计证据，但从期中到期末这段剩余期间还往往会发生重大的交易或事项(包括期中以前发生的交易或事项的延续，以及期中以后发生的新的交易或事项)，从而对所审计期间的财务报表认定产生重大影响

(4) 在确定审计程序的范围时,注册会计师考虑的下列因素中不恰当的是(　　)。

A. 计划获取的保证程度越高,注册会计师实施的进一步审计程序的范围越广

B. 评估的重大错报风险越高,注册会计师实施的进一步审计程序的范围越广

C. 确定的重要性水平越低,注册会计师实施进一步审计程序的范围越广

D. 确定的重要性水平越高,注册会计师实施进一步审计程序的范围越广

(5) 在对资产存在性认定获取审计证据时,正确的测试方向是(　　)。

A. 从财务报表到尚未记录的项目

B. 从尚未记录的项目到财务报表

C. 从会计记录到支持性证据

D. 从支持性证据到会计记录

(6) 注册会计师在测试控制运行的有效性时,下列各项中,不属于注册会计师应当获取关于控制是否有效运行的审计证据的是(　　)。

A. 控制设计是否合理

B. 控制在审计期间是如何运行的

C. 控制由谁执行

D. 是人工控制还是自动化控制

(7) 甲公司的下列情况中,注册会计师实施控制测试的是(　　)。

A. 注册会计师通过了解被审计单位的内部控制发现其设计上有明显缺陷

B. 注册会计师预期甲公司内部控制未能有效运行

C. 甲公司属于小规模企业

D. 注册会计师仅实施实质性程序不足以提供认定层次充分、适当的审计证据

2. 多项选择题

(1) 在测试控制运行的有效性时,注册会计师应当从(　　)方面获取关于控制是否有效运行的审计证据。

A. 控制在所审计期间的不同时点是如何运行的

B. 控制是否得到一贯执行

C. 控制由谁执行

D. 控制以何种方式运行(如人工控制或自动化控制)

(2) 假设F注册会计师对2018年1～10月己公司某项控制的运行有效性进行了测试。为了得出该项控制在20×7年度是否均运行有效的结论,F注册会计师可以实施的审计程序有(　　)。

A. 对该项控制在2018年11～12月的运行有效性进行补充测试

B. 获取该项控制在2018年11～12月变化情况的审计证据

C. 测试己公司对控制的监督

D. 向己公司管理层询问2018年11～12月该项控制的运行情况

(3) 下列与控制测试有关的表述中,正确的有(　　)。

A. 如果控制未设计,则不必实施控制测试

B. 如果在评估认定层次重大错报风险时,预期控制的运行是有效的,则应当实施控制测试

C. 如果认为仅实施实质性程序不足以提供认定层次充分、适当的证据,则应当实施控制测试

D. 对特别风险,即使拟信赖的相关控制没有发生变化,也应当在本次审计中实施控制测试

(4) 在确定控制测试的范围时，F注册会计师通常考虑的因素有(　　)。

A. 总体变异性

B. 在风险评估时拟信赖控制运行有效性的程度

C. 控制的预期偏差

D. 控制的执行频率

(5) D注册会计师认为甲公司的控制环境存在严重缺陷，在对拟实施审计程序的性质、时间和范围作出总体修改时，下列做法中不恰当的有(　　)。

A. 在期中实施更多的审计程序　　B. 主要依赖实质性程序获取审计证据

C. 主要依赖控制测试程序获取审计证据　　D. 增加实质性测试的样本量

(6) 针对下列情况中，注册会计师应当实施控制测试的有(　　)。

A. 注册会计师预期甲公司内部控制的运行是有效的

B. 注册会计师预期甲公司内部控制未能有效运行

C. 甲公司属于小规模企业

D. 注册会计师仅实施实质性程序不足以提供认定层次充分、适当的审计证据

3. 判断题

(1) 在既定的审计风险水平下，可接受的检查风险与认定层次重大错报风险的评估结果成反向关系，注册会计师通过控制重大错报风险将审计风险降至可接受的低水平。(　　)

(2) 注册会计师对内部控制的了解可以代替对控制运行有效性的测试。(　　)

(3) 实质性程序包括细节测试和实质性分析程序两类。注册会计师在对各类交易、账户余额以及列报的存在或发生、计价认定进行测试时，选用实质性分析程序更为适当。(　　)

(4) 如果在期中实施了实质性程序，注册会计师只需针对剩余期间实施进一步实质性程序，以将期中测试得出的结论延伸至期末。(　　)

(5) 无论评估的重大错报风险结果如何，注册会计师都应当针对所有重大的各类交易、账户余额和列报实施实质性程序。(　　)

(6) 如果已识别出由于舞弊导致的重大错报风险，则注册会计师为将期中得出的结论延伸至期末而实施的审计程序通常是无效的。(　　)

(7) 如果在期中实施了实质性程序，注册会计师应考虑是否针对剩余期间实施进一步程序。(　　)

(8) 在风险导向审计下，注册会计师必须实施相应的控制测试和实质性测试。(　　)

实务训练

注册会计师针对评估的财务报表层次重大错报风险采取的总体应对措施有哪些？这些总体应对措施对拟实施进一步审计程序的总体方案有何影响？

第九单元　销售与收款循环审计

导学目标

通过本单元课程教学，学生应该了解销售与收款循环涉及的主要业务活动；掌握销售与收款循环的内部控制及测试的主要内容；掌握主营业务收入审计、应收账款和坏账准备审计及其他相关账户审计的程序和方法。

导学案例

销售与收款循环风险评估与应对

甲公司是泰信会计师事务所的常年审计客户，主要从事大中型医疗器械设备的生产和销售，主要销往医院。X注册会计师负责审计甲公司2019年度财务报表。

X注册会计师了解到甲公司下列情况：对于A类产品，甲公司负责将设备运送到医院并安装调试。医院验收合格后签署设备验收单，甲公司根据设备验收单确认销售收入。甲公司自2019年起向医院提供1个月的免费试用期，医院在试用期结束后签署设备验收单。

据此，X注册会计师分析，甲公司2019年“存货——发出商品”较上一年度应有一定幅度的增加，而营业收入与营业成本应有所下降。

X注册会计师获取甲公司部分财务数据，如表9-1所示。

表9-1　　　　甲公司部分财务数据　　　　单位：万元

项目	2019年未审数	2018年已审数
主营业务收入	3 500	2 300
主营业务成本	1 800	1 350
存货——发出商品	220	200

显然，甲公司“存货——发出商品”2019年比上一年度略有上升，而营业收入与营业成本不降反升，X注册会计师判断甲公司存在提前确认销售的重大错报风险，与应收账款（存在）、营业收入（截止）相关。

根据以往年度审计结果，甲公司销售与收款循环的内部控制是有效的，X注册会计师了解到相关的控制并未发生变化，因此，决定针对与收入确认特别风险相关的控制实施控制测试，并拟实施以下实质性程序：从主营业务收入明细账中选取若干笔记录，检查销售合同、发票和设备验收单，确定记录的销售收入金额是否与合同和发票一致，收入确认的时点是否与合同约定的交易条款和设备验收单的日期相符。

思考：

1. 注册会计师对重大错报风险的识别与评估是否合理？
2. 实施的进一步审计程序是否适当？

第一讲　销售与收款循环涉及的主要业务活动

【知识要点】

销售就是企业把购入的商品或自产的产品售出或提供劳务，取得业务收入的行为。销售需要符合两个条件：一是要通过货币结算；二是要发生物质产品转移。销售业务有现销和赊销两种方式。

由于销售业务与收款业务之间关系密切，故在审计中通常将两者合并进行。但这并不等于说销售与收款循环的审计是孤立的，审计要求必须综合考虑财务报表各项目的性质及其相互关系，即审计人员在最终判断被审单位财务报表是否公允反映时，必须综合考虑审计发现的各业务循环的错误对财务报表产生的影响。因此，即使在单独执行销售与收款循环的审计时，仍应经常地将该循环与其他循环的审计情况结合起来加以考虑。销售过程所涉及的主要凭证和会计记录包括订货单、销货单、发运凭证、销货发票、商品价目表、贷项通知单、应收账款明细账、营业收入明细账、折扣与折让明细账、汇款通知书、现金日记账、银行存款日记账、坏账审批表、顾客月末对账单、转账凭证和收款凭证等。

销售与收款循环所涉及的主要业务活动包括以下方面：

(1) 制定销售计划。根据本企业的生产能力和对市场需求的调查，确定销售计划。

(2) 接受顾客订单。收到客户订单时，负责处理顾客订单的部门应将收到的顾客订单进行登记，在审核订单内容、数量，以确定能否如期供货后，编制销货通知单发送各有关部门，以此作为仓库、运输和销售等各部门执行职责的依据。

(3) 批准赊销信用。对于赊销业务，为了降低坏账风险，企业必须通过审核顾客财务报表，向信用机构查询等方式，调查了解顾客的信用情况，以确定能否向该顾客提供赊销。

(4) 发货。仓库部门根据核准的销货通知单发货，并编制发货凭证，如出库单、提货单等，发货凭证也是登记存货账簿、开具发票的依据。

(5) 向顾客开票。在销售订单、销售通知单和出库单(或提货单)等核对相符的前提下，会计部门将事先编号的销售发票提供给客户。

(6) 记录销售。开具发票之后，会计人员应编制相应的记账凭证，并负责登记相应的应收账款总账和明细账、营业收入总账和明细账以及库存商品总账和明细账等。

(7) 办理账款的收取。对于销售的账款，企业应及时收回。在办理和记录销售账款时，一方面，应及时将收到的账款入账，对到期应收的款项及时催收；另一方面，应关心货币资金失窃的可能性。

负责应收账款总分类账和明细账的人员应根据各自的资料分别处理业务，便于及时发现差错，减少舞弊的可能性。

（8）办理和记录销货退回、销货折扣与折让。当购买方对所购商品质量不满意时，一般都会向销货方退货或提出销货折让或折扣。发生此类事项时，销货方一般会满足购货方的要求。但必须经过授权批准，并应确保与办理此事有关的部门和职员各司其职。

（9）坏账的处理。对确实无法收回的应收账款，经批准后方可作为坏账进行处理。对于已经冲销的应收账款，应在备查簿登记，以避免这些已冲销的应收账款以后收回时，被有关人员纳入私囊，从而不需篡改账簿记录即可掩饰其贪污行为。

（10）提取坏账准备。坏账准备提取的数额必须能够抵补企业以后无法收回的销货款。

第二讲　销售与收款循环的内部控制及测试

【知识要点】

一、销售与收款循环的内部控制

1. 职责分离控制

适当的职责分离有助于防止各种有意的或无意的错误。在销售与收款循环中，职责分离控制的基本要求有以下几项：

（1）企业应当将办理销售、发货和收款三项业务的部门（或岗位）分别设立。

（2）企业在销售合同订立前，应当指定专门人员就销售价格、信用政策、发货及收款方式等具体事项与客户进行谈判。谈判人员至少应有2人以上，并与订立合同的人员相分离。

（3）编制销售单的人员与开具销售发票的人员应相互分离。

（4）销售人员应当避免接触销售现款。

（5）企业应收票据的取得和贴现必须经由保管票据以外的主管人员的书面批准。

2. 授权审批控制

审计人员应当关注以下四个关键点上的审批程序：

（1）在销货发生之前，赊销已经正当审批。

（2）非经正当审批，不得发出货物。

（3）销售价格、销售条件、运费和折扣等必须经过审批。

（4）审批人应当根据销售与收款授权批准制度的规定，在授权范围内进行审批，不得超越审批权限。对于超过企业既定销售政策和信用政策规定范围的特殊销售业务，企业应当进行集体决策。

3. 会计记录控制

对内部控制来说，只有具备充分的记账手续、充分的凭证和充分的记录才有可能实现其各项控制目标。例如，有的企业在收到顾客订货单后，就立刻编制一份预先编号的一式多联的销售单，分别用于批准赊销、审批发货、记录发货数量以及向顾客开具账单等。在这种制度下，只要定期清点销售发票，漏开账单的情形几乎就不会发生。

另外，凭证应预先进行编号，这样既可防止销货以后忘记向顾客开具账单或登记入账，又可防止重复开具账单或重复记账。

4. 定期核对控制

应收账款总账和明细账、主营业务收入的总账和明细账等应定期进行核对。应收账款要有核对催收制度，每月由独立的人员负责向客户寄送对账单，并定期检查确定账龄较长的欠款。在必要的情况下，调整这类客户的信用限额。

5. 寄送对账单控制

由不负责现金、销货及应收账款记账的人员按月向顾客寄送对账单，能促使顾客在发现应付账款余额不正确后及时作出说明，因而这是一项有用的控制。为了使这项控制更加有效，最好将账户余额中出现的所有核对不符的账项，指定一位不掌管货币资金，也不记载主营业务收入和应收账款账目的主管人员处理。

6. 内部核查程序控制

由内部审计人员或其他独立人员核查销货业务的处理和记录，是实现内部控制目标不可缺少的一项控制措施。对各项控制目标的典型内部核查程序，如表 9-2 所示。

表 9-2　　内部核查程序

内部控制目标	内部核查程序举例
登记入账的销货业务是真实的销货业务，均经正当审批	检查销售发票的连续性并审查所附的佐证凭证，查阅顾客的信用情况，确定按企业的政策是否应批准赊销
所有销售业务均已登记入账	检查发运凭证的连续性，并将其与营业收入明细账相核对
登记入账的销货业务均经正确估价	将销售发票上的数量与发运凭证上的记录进行比较核对
登记入账的销货业务的分类恰当，销货业务的记录及时	将登记入账的销货业务的原始凭证与明细账比较核对，检查开票员所保管的未开票发运凭证，确定是否包括所有应开票的发运凭证在内
销售业务已经正确地记入明细账并经准确汇总	从发运凭证追查至营业收入总账和明细账

二、销售与收款循环的控制测试

（1）抽取一定数量的销售发票，作如下检查：①检查销售发票是否连续编号，作废销售发票的处理是否正确。②核对销售发票与销售订单、销售单、提货单所载明的品名、规格、数量和价格是否一致。③检查销售单上是否有信用部门的有关人员核准赊销的签字。④销售发票中所列的数量、单价和金额是否正确。这包括将销售发票中所列商品的单价与商品价目表的价格进行核对验算发票金额的正确性。⑤从销售发票追查至有关的记账凭证、应收账款明细账及主营业务收入明细账，确定被审计单位是否正确、及时地登记有关的凭证和账簿。

（2）抽取一定数量的出库单或提货单，并与相关的销售发票相核对，检查已发出的商品是否均已向顾客开出发票。

（3）从主营业务收入明细账中抽取一定的会计记录，并与有关的记账凭证、销售发票进行核对，以确定是否存在收入高估或低估的问题。

（4）抽取一定数量的销售调整业务的会计凭证，检查销售退回、折让和折扣的核准与会计核算。这主要包括：①确定销售退回与折让的批准与贷项通知单的签发职责是否分离。②确定现金折扣是否经过适当授权，授权人与收款人的职责是否分离。③检查销售退回和折让是否附有按顺序编号并经主管人员核准的贷项通知单。④检查退回的商品是否具有仓库签发的退货验收报告（或入库单），并将验收报告的数量、金额与贷项通知单等进行核对。⑤确定退货、折扣和折让的会计记录是否正确。

(5) 抽取一定数量的记账凭证、应收账款明细账,作如下检查:①从应收账款明细账中抽取一定的记录并与相应的记账凭证进行核对,比较两者登记的时间、金额是否一致。②从应收账款明细账中抽查一定数量的坏账注销业务,并与相应的记账凭证和原始凭证进行核对,确定坏账的注销是否符合有关法规的规定、是否经过企业主管人员的核准等。③确定被审计单位是否定期与顾客对账,在可能的情况下,将被审计单位一定期间的对账单与相应的应收账款明细账的余额进行核对,如有差异,则应进行追查。

(6) 观察职员获得或接触资产、凭证和记录(包括存货、销售单、提货单、销售发票、凭证与账簿、现金及支票)的途径,并观察职员在执行授权、发货、开票等职责时的表现,确定被审计单位是否存在必要的职责分离、内部控制的执行过程中是否存在弊端。

在对被审计单位的内部控制进行了必要的了解与测试之后,审计人员应当对其重大错报风险作出评估,并对实质性程序的内容作出相应的调整。同时,对测试过程中发现的问题,应当在审计工作底稿中作出记录,并以适当的形式告知被审计单位的管理层。

【技能操作】

【例 9-1】 审计人员于 2019 年 2 月 10 日至 15 日对 ABC 公司销售与收款循环的内部控制进行了解和测试,并在相关的审计工作底稿中做了记录,现摘录如下:

(1) ABC 公司产成品发出时,由销售部填制一式四联的出库单。仓库发出产成品后,将第一联出库单留存登记产成品卡片,第二联交销售部留存,第三、第四联交会计部人员登记库存商品总账和明细账。

(2) 会计人员负责开具销售发票,在开具销售发票之前,先取得仓库的发货记录和销售商品价目表,然后填写发票的数量、单价和金额。

[存在问题] ABC 公司在销售与收款循环内部控制方面的缺陷。

[审计处理] ①会计人员同时登记库存商品总账和明细账,不相容职务未进行分离。应建议 ABC 公司由不同的会计人员登记库存商品总账和明细账。②会计人员开销售发票不能只依据发货单和价目表,因为实际销售的数量和结算价格可能会与发货单数量和价目表上的价格不一致。为此,应建议 ABC 公司会计人员先核对装运凭证和相应的经批准的销售单,并根据已授权批准的商品价格填写销售发票的价格,根据装运凭证上的数量填写销售发票的数量,再根据数量和价格计算出金额。

第三讲 主营业务收入审计

【知识要点】

一、主营业务收入的审计目标

主营业务收入项目用来核算企业的销售商品、提供劳务及让渡资产使用权等日常活动中所产生的收入。其审计目标一般包括:①确定记录的主营业务收入是否已发生,且与被审计单位有关。②确定主营业务收入记录是否完整。③确定与主营业务收入有关的金额及其他数据是否已恰当记录,包括对销售退回、销售折扣与折让的处理是否适当。④确定主营业务收入是否已记录于正确的会计期间。⑤确定主营业务收入的内容是否正确。⑥确定主营业务收入的披露是否恰当。

二、主营业务收入的实质性测试程序

1. 取得或编制主营业务收入明细表

取得或编制主营业务收入明细表，复核加计正确并与报表数、总账数和明细账合计数核对相符。

2. 实施实质性分析程序

可以选择运用以下实质性分析程序，作比较分析：

（1）将本期与上期的主营业务收入进行比较，分析产品销售的结构和价格的变动是否正常，并分析异常变动的原因。

（2）比较本期各月各种主营业务收入的波动情况，分析其变动趋势是否正常，是否符合企业季节性、周期性的经营规律，并查明异常现象和重大波动的原因。

（3）计算本期重要产品的毛利率，分析比较本期与上期同类产品毛利率的变化情况，注意收入与成本是否配比，并查清重大波动和异常情况的原因。

（4）计算重要客户的销售额及其产品的毛利率，分析比较本期与上期有无异常变化。

通过比较分析，审计人员可获得企业主营业务收入整体上是否合理的证据，对于一些异常或有重大差异的项目，确定进一步审查的范围与方法，以便查明有无故意漏计收入或人为虚增收入以及分类划分不清等情况。

3. 检查主营业务收入确认的合法性

查明主营业务收入的确认原则和方法，注意是否符合会计准则和会计制度规定的收入实现条件，前后期是否一致。应特别注意周期性、偶然性的收入是否符合既定的收入确认原则和方法。

（1）对于直接交款提货销售的，重点审查有无将当期收入转到下期入账，虚计收入，将当期未实现收入记账，又在下期冲销。

（2）对于以预收货款方式进行销售的，重点审查是否收到货款，产品是否发出，有无收款不入账、转为下期收入或开具假出库单虚增收入的情况。

（3）对于委托其他单位代销的，重点审查有无编制虚假代销清单、虚增收入的问题。

（4）对于托收承付结算方式销售产品或提供劳务的，重点审查是否发货，托收手续是否办妥，发运单是否真实，结算单是否正确。

（5）对于分期收款方式销售的，重点审查是否收到本期价款，收款日期是否真实，有无收入不入账、少入账和延期入账的问题。

（6）长期工程合同收入，一般应当根据完工百分比合理确认收入。审计人员应重点检查收入的计算、确认方法是否合乎规定，并核对应计收入与实际收入是否一致，注意查明有无随意确认收入、虚增或虚减本期收入的情况。

（7）委托外贸企业代理出口、实行代理制方式的，应在收到外贸企业代办的发运凭证和银行交款凭证时确认收入。对此，审计人员应重点检查代办发运凭证和银行交款单是否真实，注意有无内外勾结，出具虚假发运凭证或虚假银行交款凭证的情况。

（8）对外转让土地使用权和销售商品房的，通常应在土地使用权和商品房已经移交并将发票结算账单提交对方时，确认收入。对此，审计人员应重点检查已办理的移交手续是否符合规定要求，发票账单是否已交对方。注意查明被审计单位有无编造虚假移交手续，采用“分层套写”，开具虚假发票的行为，防止其高价出售、低价入账，从中贪污货款。如果被审计单位事先与买方签订了不可撤销合同，按合同要求开发房地产，则应按建造合同的处理原则处理。

【技能操作】

【例 9-2】 ABC 公司所得税适用税率为 25%，法定盈余公积计提比例为 10%。审计人员在审计该公司 2018 年度财务报表时，发现以前盈利的甲产品 12 月份却发生了亏损。审计人员怀疑其中可能有问题，于是调阅了“主营业务收入”明细账、“主营业务成本”明细账与“库存商品”明细账等，发现 12 月份有 7 台甲产品成本已结转，主营业务收入和应交增值税却未核算。为了进一步查明此事，审计人员抽查了 12 月份甲产品的发票存根、出库单，查明 12 月份已销售给 DEF 公司的 7 台甲产品已开出发票，货于 12 月 20 日发出，货款为 100 000 元，增值税额为 17 000 元。为了查明该款是否收到，审计人员调阅了 12 月份的“银行存款日记账”，发现 12 月 5 日摘要栏记录为“预收 DEF 公司的货款”，检查其收款凭证，其会计分录为

借：银行存款	117 000	
贷：预收账款		117 000

该收款凭证后附单据为进账单一张。

［**存在问题**］根据企业会计准则的规定，预收货款方式销售商品应于商品发出时确认收入，并核算增值税，该公司未按规定核算收入及税金，从性质上讲，属于偷税行为。

［**审计处理**］审计人员应提请该公司调整会计处理，并及时补交税金。

［**调整分录**］

(1) 会计调整分录。

① 调整预收账款、主营业务收入和增值税。

借：预收账款	117 000	
贷：以前年度损益调整		100 000
应交税费——未交增值税		17 000

② 调整所得税。

借：以前年度损益调整	25 000	
贷：应交税费——应交所得税		25 000

③ 结转“以前年度损益调整”账户余额。

借：利润分配——未分配利润	75 000	
贷：以前年度损益调整		75 000

④ 调整盈余公积。

借：利润分配——未分配利润	7 500	
贷：盈余公积——法定盈余公积		7 500

(2) 审计调整分录。

① 调整预收账款、营业收入和应交税费。

借：预收账款　　117 000
　　贷：主营业务收入　　100 000
　　　　应交税费　　17 000

② 调整所得税费用。

借：所得税费用　　25 000
　　贷：应交税费——应交所得税　　25 000

③ 调整盈余公积。

借：利润分配——提取法定盈余公积　　7 500
　　贷：盈余公积　　7 500

提示：审计调整分录与会计调整分录是有区别的。

审计调整分录由审计人员编制，审计人员把被审计单位提交的财务报表当作未结账对待，根据审计中发现的问题，建议被审计单位调整财务报表（常称为“调表”，所以调整的账户一般使用报表的项目名称，如“存货”），被审计单位除了调整财务报表之外，还应调整下期的相关会计账簿记录。这就会涉及会计账项的调整，即我们所说的会计调整（常称为“调账”）。

会计调整分录是由被审计单位编制的，由于会计调整分录主要是针对上年的会计问题调整，而上年账簿已结账，不可能再增加相关记录，所以只能在下年度账簿中调整，但调整时不能直接利用审计人员的建议调整分录（审计人员建议是从对财务报表的影响角度考虑的），这样做可能会影响下年度账簿的恰当反映。由于涉及资产负债表的账户具有反映“截至报告日的资产、负债和所有者权益的累计数”的特性，如果以前年度少计（多计）资产、负债和所有者权益的，就可直接在下年度账中记录增加（减少）业务，不影响下年度账簿的恰当反映，因为经过调整后该项目已在账目中恰当反映了，但涉及利润表的账户具有“记录某个期间的收入、费用等”的特性，如果直接记录到下年度账簿中，就会影响下年度账簿的恰当反映，因此专门使用“以前年度损益调整”账户来调整。凡涉及调整上年度利润表项目（收入、费用等账户）就用“以前年度损益调整”账户代替。

在审计中，一般要求掌握审计调整分录的编制，所调整的对象直接针对存在错报的财务报表项目，也就是错报所造成的最后结果，其调整分录如同对会计错账的调整，审计调整分录不受会计规范的约束（不针对经济业务的处理过程），一般通过分析的方法确定调整分录的借贷双方，多记什么就相应地减少什么，相反，少记就增加，如果分析确定的调整分录借贷不平衡，那肯定是该错弊对财务状况或经营成果的影响没有分析正确。

第四讲　应收账款和坏账准备审计

【知识要点】

一、应收账款的审计目标

应收账款是指企业因销售商品、提供劳务而形成的债权，即由于企业销售商品、提供劳务等原因，应向购货客户或接受劳务的客户收取的款项或代垫的运杂费，它是企业在信用活动中所形成的各种债权性资产。企业的应收账款是在销售交易或提供劳务过程中产生的。企业的销售如果属于赊销,即销售实现时没有立即收取现款,而是获得了要求客户在一定条件下和一定时间内支付货款的权利,就产生了应收账款。因此,应收账款的审计应结合销售交易来进行。

应收账款的审计目标一般包括:①确定应收账款是否存在。②确定应收账款是否归被审计单位所有。③确定应收账款及其坏账准备的记录是否完整。④确定应收账款是否可收回,坏账准备的计提方法和比例是否恰当,计提是否充分。⑤确定应收账款及其坏账准备期末余额是否正确。⑥确定应收账款及其坏账准备的列报是否恰当。

二、应收账款的实质性测试程序

1. 取得或编制应收账款明细表

审计人员首先应取得或编制应收账款明细表,复核加计正确,并与总账数和明细账合计数核对相符,结合坏账准备账户与报表数核对相符。

2. 分析应收账款账龄

应收账款的账龄是指资产负债表中的应收账款从销售实现和产生应收账款之日起,至资产负债表日止所经历的时间。审计人员可以通过编制或获取应收账款账龄分析表来分析应收账款的账龄,以便了解应收账款的可收回性。编制应收账款账龄分析表时,可以选择重要的顾客及其余额列示,不重要的或余额较小的,可以汇总列示。

应收账款账龄分析表,如表 9-3 所示。

表 9-3 应收账款账龄分析表

年 月 日

顾客名称	期末余额	账龄			
		1 年以内	1~2 年	2~3 年	3 年以上
合 计					

将合计数与应收账款总账的余额相核对,看两者是否相等。

3. 向债务人函证应收账款

函证是指审计人员为了获取影响财务报表或相关披露认定的项目的信息,通过直接来自第三方对有关信息和现存状况的声明,获取和评价审计证据的过程。函证是应收账款审计中最重要的一项审计程序。

(1) 函证样本量的选择。函证数量的大小、范围是由诸多因素决定的,主要有:①应收账款在全部资产中的重要性。②被审计单位内部控制的强弱。③以前期间的函证结果。④函证方式的选择。若采用肯定式函证,则可以相应减少函证量;若采用否定式函证,则要相应增加函证量。

(2) 函证对象的选择。一般情况下,审计人员应选择以下项目作为函证对象:①大额或账龄较长的项目。②与债务人发生纠纷的项目。③关联方项目。④主要客户(包括关系密切的客户)项目。⑤交易频繁但期末余额较小甚至余额为零的项目。⑥可能产生重大错报或舞弊的非正常的项目。

(3) 函证方式的选择。审计人员对应收账款函证有两种方法：一种为肯定式或称积极式询证，即向债务单位发函，请债务单位必须向审计人员回函，答复询证函上所列示的金额是否正确；另一种为否定式或称消极式询证，即向债务单位发函，请债务单位仅在结欠金额有错误的情况下回函审计人员。

当债务人符合下列情况时，采用肯定式函证较好：①个别账户的欠款金额较大。②有理由相信欠款可能会存在争议、差错等问题。

当债务人符合以下所有条件时，可以采用否定式函证：①相关的内部控制是有效的。②预计差错率较低。③欠款金额小的债务人数量很多。④审计人员有理由确信大多数被函证者能认真对待询证函，并对不正确的情况予以反馈。

有时候两种函证方式结合起来使用可能更适宜：对于大金额账项采用肯定式函证，如表9-4所示；对于小金额账项则采用否定式函证，如表9-5所示。

表 9-4　肯定式询证函参考格式

企 业 询 证 函

××××(公司)：

本公司聘请的××会计师事务所正在对本公司 20××年度财务报表进行审计，按照中国审计人员审计准则的要求，应当询证本公司与贵公司的往来账项等事项。下列数据出自本公司账簿记录，如与贵公司记录相符，请在本函下端“信息证明无误”处签章证明；如有不符，请在“信息不符”处列明不符金额。回函请直接寄至××会计师事务所。

回函地址：

邮编：　　　　电话：　　　　传真：　　　　联系人：

1. 本公司与贵公司的往来账项列示如下表所示。

单位：元

截止日期	贵公司欠	欠贵公司	备注

2. 其他事项。

本函仅为复核账目之用，并非催款结算。若款项在上述日期之后已付清，仍请及时函复为盼。

(公司签章)

年　月　日

结论：

1. 信息证明无误

(公司签章)

年　月　日

经办人：

2. 信息不符，请列明不符的详细情况

(公司签章)

年　月　日

经办人：

表 9-5 消极式询证函参考格式

企 业 询 证 函

编号：

××××(公司)：

本公司聘请的××会计师事务所正在对本公司 20××年度财务报表进行审计，按照中国注册会计师审计准则的要求，应当询证本公司与贵公司的往来账项等事项。下列数据出自本公司账簿记录，如与贵公司记录相符，则无需回复；如有不符，请直接通知会计师事务所，并请在空白处列明贵公司认为是正确的信息。回函请直接寄至××会计师事务所。

通信地址：

邮编： 电话： 传真： 联系人：

1. 本公司与贵公司的往来账项列示如下表所示。

单位：元

截止日期	贵公司欠	欠贵公司	备注

2. 其他事项。

本函仅为复核账目之用，并非催款结算。若款项在上述付清，仍请及时核对为盼。

(公司盖章)

年 月 日

××会计师事务所：

上面的信息不正确，差异如下：

(公司盖章)

年 月 日

经办人：

(4) 函证时间的选择。审计人员通常以资产负债表日为截止日，在资产负债表日后适当时间内实施函证，并同时考虑对方复函的时间，尽可能做到在审计人员的审计工作结束前取得函证的全部资料。

(5) 加强对函证的控制。审计人员应当直接控制询证函的发送和回收。对于因无法投递而退回的信函要进行分析、研究和处理，查明这是由于被函证者地址迁移、差错而致信函无法投递，还是这笔应收账款本来就是一笔假账。对于采用肯定式函证方式而没有得到复函的，应采用追查程序。一般说来，应发送第二次乃至第三次询证函，如果仍得不到答复，审计人员则应考虑采用必要的替代审计程序。例如，检查与销售有关的文件，包括销售合同、销售订单、销售发票副本及发运凭证等，以验证这些应收账款的真实性。审计人员可通过函证结果汇总表来加以控制。

(6) 分析函证结果的差异。产生差异的原因可能是购销双方登记入账的时间不同，或其中一方或双方记账错误，也可能是其中有弄虚作假或舞弊行为。因登记入账的时间不同而产生的差异，主要表现为：①询证函发出时，债务人已经付款，而被审计单位尚未收到货款。②询证函发出时，被审计单位的货物已经发出并已作销售记录，但货物仍在途中，债务人尚未收到货物。③债务人由于某种原因将货物退回，而被审计单位尚未收到。④债务人对收到的货物的数量、质量及价格等有争议而全部或部分拒付。

(7) 对函证结果的总结和评价。审计人员应将函证的过程和情况记录在工作底稿中，并据以总结和评价应收账款情况。审计人员对函证结果可进行如下评价：①审计人员应重新考虑：过去对内部控制的评价是否适当；控制测试的结果是否适当，分析性复核的结果是否适当，相关的风险评价是否适当等。②如果函证结果表明没有审计差异，且函证样本的设计和对样本的审计是适当的，则审计人员可以合理地推论：全部应收账款总体是正确的。③如果函证结果表明存在审计差异，则审计人员应当估算应收账款总额中可能出现的累计差错是多少，估算未被选中进行函证的应收账款的累计差错是多少。为取得对应收账款累计差错更加准确的估计，也可以进一步扩大函证范围。

4. 审查未函证的应收账款

对未发询证函的应收账款，应抽查有关原始凭证，如销售订单和销售发票等，以验证这些应收账款的真实性和可收回性；如有逾期或其他异常事项，则由被审计单位作出合理解释，必要时进行函证。

5. 审查应收账款的处理是否合规和合法

对被审计单位应收账款处理的合规性和合法性实施实质性测试，主要应审查以下三个方面的内容：

(1) 审查坏账的确认和处理。首先，应检查有无债务人破产或者死亡的，以及破产或遗产清偿后仍无法收回的，或者债务人长期未履行清偿义务的应收账款；其次，应检查被审计单位坏账的处理是否经授权批准，有关坏账准备的冲销或应收账款的核销等会计处理是否正确，对于已作坏账处理的应收账款，要重点审查被审计单位有无利用坏账损失进行舞弊活动，如把不应转销的应收账款转销，或已转销应收账款又收回后不及时作账务调整，从中挪用甚至贪污等等。

(2) 审查应收账款是否存在虚列现象。审查时应通过落实客户，检查销货凭证和销货退回凭证，查明被审计单位有无利用应收账款账户虚列销售收入，或将销货退回业务不作账务处理以虚增销售额，从而虚增利润，达到其不良目的。

(3) 审查不正常的应收账款。对应收账款悬欠已久，欠款单位不清，或对方拒付的，应重点审查。审查时，要注意查阅有关资料，如合同、契约和往来函件。如果签订的合同明确，对方并无足够理由延期归还的，则要进行追踪审查。如果债务人已不存在或属关停并转的企业，要注意审查其是否存在乘机侵吞或贪污情况，对存在经济纠纷的应收账款，要查明原因。

6. 检查有无不属于结算业务的债权

不属于结算业务的债权，不应在应收账款中进行核算。因此，审计人员应抽查应收账款明细账，并追查有关原始凭证，查证被审计单位有无不属于结算业务的债权。如有，应作记录或建议被审计单位作适当调整。

7. 检查外币应收账款的折算

对于用非记账本位币（通常为外币）结算的应收账款，审计人员应检查被审计单位外币应收账款的增减变动是否按业务发生时的市场汇率或期初市场汇率折合为记账本位币金额，所选折合汇率前后各期是否一致，期末外币应收账款余额是否按期末市场汇率折合为记账本位币金额，折算差额的会计处理是否正确。

8. 检查贴现、质押或出售

检查应收账款是否业已用于贴现，判定应收账款业务属质押还是出售，其会计处理是否正确。

9. 分析应收账款明细账余额

应收账款明细账的余额一般在借方。在分析应收账款明细账余额时，审计人员如果发现应收账款出现贷方明细账余额的情形，应查明原因，必要时建议作重分类调整。

10. 确定应收账款在资产负债表上是否已恰当披露

审计人员应核实资产负债表中的“应收账款”项目是否正确，要核实“应收账款”项目的数额是否根据“应收账款”账户和“预收账款”账户所属各明细账的期末借方余额的合计数填列的；有关应收账款项目的异常变动是否在会计报表附注中进行了必要的说明。

【技能操作】

【例 9-3】 审计人员在对红星公司 2018 年度的应收账款进行审计时，实施了发函询证的程序，大部分顾客已回函表示认可结账日的欠款或没有复函提出质疑，只有五个顾客在回函中分别反映以下信息：

(1) A 顾客表示，余额 9 600 元已于 2018 年 12 月 25 日付清。

(2) B 顾客表示，尾款 3 000 元已于 2019 年 1 月 2 日付清。

(3) C 顾客表示，该公司曾于 2018 年 10 月中旬预付货款 60 000 元，足以抵付询证函上所示 2 张发票的结欠款 51 200 元。

(4) D 顾客表示，询证函上所列示的货品从未收到。

(5) E 顾客表示，2018 年 8 月 30 日开具的红字退货发票金额 5 200 元，已注销了询证函上的欠款。

审计人员如何对上述应收账款实施替代审计程序？

[**审计处理**] (1) 审计人员可查阅 A 顾客的应收账款明细账，看询证函中所述的 9 600 元款项是否因双方记账时间差所致，已于次年年初收款入账，或根据银行存款日记账的收款记录追查至应收账款明细账，查明结账日前收到货款时，是否存在过账错误，误将其他顾客的欠款注销，或到银行查询有无款到还未通知公司的情况。

(2) 查阅 B 顾客的应收账款明细账，查明询证函中所述的 3 000 元结欠尾款是否确实于次年年初收回。

(3) 查明 C 顾客预收货款明细账上是否有 60 000 元的预收款记录。如查明确实可抵付货款，应对应收账款作调整记录。

(4) 审核发运凭证以及运输公司的运输发票，查明 D 顾客货物是否确已运出。如确已运出，应将有关凭证影印送顾客要求其查证；如确未运出，应调整原分录和记录，并进一步调查了解，查明原因。

(5) 查核 2018 年 8 月 30 日开具的红字销售发票，是否确实已注销了 E 顾客 5 200 元欠款，以及有无过账错误的情况发生。

三、坏账准备的实质性测试程序

坏账是指企业无法收回或收回的可能性极小的应收款项(包括应收账款和其他应收款)。由于发生坏账而产生的损失称为坏账损失。按照企业会计准则的规定，企业只能用备抵法核算坏账损失，计提坏账准备的具体方法由企业自行确定。备抵法预计的是不能收回的应收款项的净额，有助于财务报表使用者了解企业真实的财务状况，并同时还使得应收款项实际占用资金更接近实际，消除了虚列的应收款项，有利于加快企业资金周转，提高企业经济效益。

坏账准备的实质性测试程序主要有如下几个方面：

(1) 核对坏账准备报表数与总账数、明细账数是否相符。

(2) 检查坏账准备的计提与使用。查明坏账准备的计提方法和比例是否合理，计提的数额是否适当，会计处理是否正确，前后期是否一致。严格审查坏账的注销及各项坏账的处理有无申请核销坏账的申请报告和领导的审批文件，如有疑问，应派人到债务人处调查，以查明坏账注销的正确性。特别是金额巨大的坏账，应加以验证核实，防止以此盗用资金的情况出现。已经作为坏账损失处理的应收账款重新收回的，应审查其账务处理是否正确。注意审查长期挂账的应收款项明细账和原始凭证，查明企业处理的适当性，属于坏账的，应提请予以冲销。

(3) 检查函证结果。对债务人回函中反映的例外事项及存在争执的余额，审计人员应查明原因并作记录，必要时，应建议被审计单位作相应的调整。

(4) 确定坏账准备是否已在资产负债表上恰当披露。尤其是对上市公司，除按规定应披露坏账准备的计提方法等外，还应在会计报表附注中分项披露如下事项：

第一，本期全额计提坏账准备，或计提坏账准备的比例较大的(指计提比例超过 40%及以上的，下同)，应说明计提的比例以及理由。

第二，以前期间已全额计提坏账准备，或计提坏账准备的比例较大的，但在本期又全额或部分收回，或通过重组等其他方式收回的，应说明其原因、原估计计提比例的理由以及原估计计提比例的合理性。

第三，对某些金额较大的应收款项不计提或计提坏账比例较低(一般为 5%或低于 5%)的理由。

第四，本期实际冲销的应收款项及其理由，其中，实际冲销的关联交易产生的应收款项应单独披露。

【技能操作】

【例 9-4】 ABC 公司年末应收账款总账的余额为 3 000 万元，其所属明细账中有借方余额的合计数为 3 100 万元，有贷方余额的合计数为 100 万元，其他应收账款总账余额为1 500万元，该公司采用余额百分比法计提坏账准备，计提比例为 1%，计提金额为 21 万元。“坏账准备”账户记录，如表 9-6 所示。

表 9-6 坏账准备明细账(简式) 单位：万元

日 期	凭证字号	摘 要	借 方	贷 方	余 额
1月1日		上年结转			40(贷方)
6月6日	转字 74#	核销坏账	6		34(贷方)
9月13日	转字 185#	核销坏账	10		24(贷方)
12月31日	转字 369#	计提本年的坏账准备		21	45(贷方)

根据上述资料，对 ABC 公司坏账准备的计提进行审查并提出审计意见。

[**存在问题**] 该公司坏账准备的计提金额有误。

[**审计处理**] 对于应收账款明细账中的贷方余额不应计提坏账准备，因其相当于预收账

款，应对其进行重新分类，归入负债方。

年末计提坏账准备的基数＝3 100＋1 500＝4 600（万元）

当年应计提的坏账准备＝4 600×1%－24＝22（万元）

该公司少提坏账准备＝22－21＝1（万元）

［**调整分录**］审计建议该公司作出调整，调整分录为：

借：资产减值损失	10 000	
贷：坏账准备		10 000

第五讲　其他相关账户审计

【知识要点】

一、应收票据的审计

应收票据审计的一般目标是：①确定应收票据是否存在。②确定应收票据是否归被审计单位所有。③确定应收票据增减变动的记录是否完整。④确定应收票据是否有效、可收回。⑤确定应收票据余额是否正确。⑥确定应收票据在财务报表上的披露是否恰当。

应收票据实质性测试的程序通常有：

(1) 获取或编制应收票据明细表，复核加计正确，并核对其期末余额合计数与报表数、总账数和明细账合计数是否相符。

(2) 取得被审计单位应收票据备查簿，核对其是否与账面记录一致。请被审计单位协助，在应收票据明细表上标出至审计时已兑现或已贴现的应收票据，作常规检查，如核对收款凭证等，以确认其在资产负债表日的真实性。

(3) 检查库存票据。注意票据的种类、号数、签收的日期、到期日、票面金额、合同交易号、付款人、承兑人、背书人姓名或单位名称，以及利率、贴现率、收款日期和收回金额等是否与应收票据登记簿的记录相符；关注是否对背书转让的票据负有连带责任；注意是否存在已作质押的票据和银行退回的票据。

(4) 必要时，抽取部分票据向出票人函证，证实其存在性和可收回性，编制函证结果汇总表。

(5) 对于大额票据，应取得相应销售合同或协议、销售发票和出库单等原始交易资料进行核对，以证实是否存在真实的交易。

(6) 复核带息票据的利息计算是否正确，注意逾期应收票据是否已按规定停止计提利息，并检查其会计处理是否正确。

(7) 对于已贴现的应收票据，审计人员应审查其贴现额与利息额的计算是否正确，会计处理方法是否适当。复核、统计已贴现以及已转让但未到期的应收票据的金额。

(8) 对与应收票据相关的坏账准备进行审计（审计程序参见与应收账款相关的坏账准备的审计程序）。

(9) 验明应收票据在财务报表上的披露是否恰当。审计人员应检查被审计单位资产负债表中应收票据项目的数额是否与审定数相符，是否剔除了已贴现票据，是否将贴现的商业承兑汇票在报表下端补充资料内的“已贴现的商业承兑汇票”项目中加以反映。

二、预收账款的审计

预收账款是在企业销售业务成立以前，预先收取的部分货款。由于预收账款是随着企业销货业务的发生而发生的，因此，审计人员应结合企业销货业务对预收账款进行审计。

预收账款的审计目标一般包括：①确定预收账款的发生额是否完整。②确定预收账款的期末余额是否正确。③确定预收账款在财务报表上的披露是否适当。

预收账款的实质性测试程序通常有：

(1) 获取或编制预收账款明细表，复核加计正确，并核对其期末余额合计数与报表数、总账数和明细账合计数是否相符。

(2) 检查已转销的预收账款。请被审计单位协助，在预收账款明细表上标出至审计日止已转销的预收账款，重点对已转销金额较大的预收账款进行检查，核对记账凭证、仓库发运凭证和销售发票等，并注意这些凭证发生日期的合理性。

(3) 抽查有关凭证。抽查预收账款有关的销售合同、仓库发运凭证和收款凭证，检查已实现销售的商品是否及时转销预收账款，确保预收账款期末余额的正确性和合理性。

(4) 函证预收账款。选择预收账款的若干重大项目函证，根据回函情况编制函证结果汇总表。

(5) 检查预收账款是否存在借方余额，决定是否建议作重分类调整。

(6) 检查预收账款长期挂账的原因，并作出记录，必要时提请被审计单位予以调整。

(7) 对税法规定应予纳税的预收销售款，结合应交税费项目，检查是否及时、足额计缴有关税金。

(8) 确定预收货款是否已在资产负债表上作恰当披露。

三、应交税费的审计

企业在一定时期内取得的营业收入和实现的利润，要按规定向国家交纳相应的税费。这些应交的税费应按权责发生制原则预提记入有关账户，在尚未交纳前就形成了企业的一项负债。

应交税费的审计目标一般包括：①确定应计和已缴税费的记录是否完整。②确定应交税费的期末余额是否正确。③确定应交税费在财务报表上的披露是否恰当。

应交税费的实质性测试程序通常有：

第一，获取或编制应交税费明细表，复核其加计数是否正确，并核对期末余额与报表数、总账数和明细账合计数是否相符。注意印花税、耕地占用税以及其他不需要预计应缴数的税费有无误入应交税费项目。

第二，审查纳税范围和计税依据。

(1) 查阅被审计单位纳税鉴定或纳税通知及征、免、减税的批准文件，了解被审计单位适用的税种、计税基础、税率以及征、免、减税的范围与期限，确认其在被审计期间内的应纳税内容。

(2) 核对期初未交税费与税务机关的认定数是否一致，如有差额，查明原因并作出记录，必要时建议作出适当调整。

(3) 取得税务部门汇算清缴或其他确认文件、有关政府部门的专项检查报告、税务代理机构的专业报告以及被审计单位纳税申报有关资料等，分析其有效性，并与上述明细表及账面情况进行核对。必要时,向主管税务部门函证应交税费的本期应缴数和期末未缴数。对于超过法定纳税期限的税项,应取得主管税务部门的批准文件。

第三,审查应交增值税。

(1) 获取或编制应交增值税明细表,加计复核其正确性,并与明细账核对相符。

(2) 将应交增值税明细表与被审计单位增值税纳税申报表进行核对,检查进项和销项的入账与申报期间是否一致,金额是否相符,增值税纳税申报表有无经税务机关认定。

(3) 抽查一定期间的进项税抵扣汇总表,与应交增值税明细表相关数额合计数核对,如有差异查明原因并作适当处理。

(4) 抽查重要进项税发票,注意进口货物、购进的免税农产品、接受投资或捐赠、接受应税劳务等应计的进项税额是否按规定进行了会计处理;因存货改变用途或发生非常损失应计的进项税额转出数的计算是否正确,是否按规定进行了会计处理。

(5) 复核存货销售,或将存货用于投资、无偿馈赠他人、分配给股东(或投资者)应计的销项税额,以及将自产、委托加工的产品用于非应税项目应计的销项税额是否正确计算,是否按规定进行了会计处理。

(6) 检查适用税率是否符合税法规定。

(7) 根据已审定的主营业务收入、其他业务收入及税法规定视同销售应税行为的有关记录,复核销项税额。注意计税依据的确定。在将自产、委托加工的货物用于非应税项目集体福利、个人消费等同销售情况下,税基计算是否正确;将自产、委托加工或外购的货物用于投资、捐赠时,是否分别按货物的合同价、不含税捐赠价计算;将自产、委托加工或外购的货物分配给股东或投资者及其他情况下,是否按不含税销售额计算。

同时,应取得《出口货物退(免)税申报表》及办理出口退税有关凭证,复核出口货物退税的计算是否正确,是否按规定进行了会计处理。

此外,对经主管税务机关批准实行核定征收率征收增值税的被审计单位,还应检查其是否按照有关规定正确执行。如果申报增值税金额小于核定征收率计算的增值税金额,应注意超过申报额部分的会计处理是否正确。

(8) 抽查本期已交增值税资料,确定已交数的正确性。

第四,审查应交消费税。结合营业税金及附加等项目,根据审定的应税消费品销售额(或数量),检查消费税的计税依据是否正确。适用税率(或单位税额)是否符合税法规定,是否按规定进行了会计处理,并分项复核本期应交消费税额;抽查本期已交消费税资料,确定已交数的正确性。

第五,审查应交所得税。结合所得税项目,确定应纳税所得额及企业所得税税率,复核应交企业所得税的计算是否正确,是否按规定进行了会计处理。抽查本期已交所得税资料,确定已交数的正确性。

第六,审查除上述税项外的其他税种及代扣税项的计算是否正确,是否按规定进行了会计处理。

第七,确定应交税费是否已在资产负债表上作恰当披露。

四、税金及附加的审计

税金及附加是指企业由于销售产品、提供工业性劳务等负担的税金及附加,包括消费税、城市维护建设税、资源税、土地增值税和教育费附加等。对税金及附加的实质性程序,应在查明企业应缴纳的税种基础上结合“税金及附加”总账、明细账与有关的原始凭证，以及与该账户对应的“应交税费”“其他应交款”等账户进行检查，必要时，应对有关部门、单位和人员进行查询。

税金及附加的审计目标一般包括：①确定税金及附加的记录是否完整。②确定税金及附加的计算和会计处理是否正确。③确定税金及附加在财务报表上的披露是否恰当。

税金及附加的实质性测试程序通常有：

（1）取得或编制税金及附加明细表，复核加计正确，并与报表数、总账数和明细账合计数核对相符。

（2）确定企业的纳税范围与税种是否符合国家规定。

（3）根据审定的主营业务收入，按规定的税率，分项计算、复核本期应纳的消费税、资源税、城市维护建设税和教育费附加等项目，检查其是否与本期应纳税额相一致。

（4）复核各项税费与应交税费、其他应交款等项目的勾稽关系是否正常。

（5）根据审定的应税资源税产品的课税数量，按规定适用的单位税额，计算、复核本期应纳资源税额。

（6）检查城市维护建设税、教育费附加等项目的计算依据是否和本期应纳增值税和消费税合计数一致，并按规定适用的税率或费率计算、复核本期应纳城市维护建设税和教育费附加等。

（7）检查各项税费与应交税费、其他应交款等项目的勾稽关系。

（8）确定企业减免税的项目是否真实，理由是否充分，手续是否完备。

（9）确定税金及附加是否已在利润表上作恰当披露。如果企业是上市公司，在其会计报表附注中应分项列示本期税金及附加的计缴标准及金额。

五、销售费用的审计

销售费用是企业在销售商品过程中发生的费用，包括运输费、装卸费、包装费、保险费、展览费和广告费，以及为销售本企业商品而专设的销售机构（含销售网点、售后服务网点等）的职工工资及福利费、类似工资性质的费用和业务费等经营费用。商品流通企业销售费用还包括在购买商品过程中发生的运输费、装卸费、包装费、保险费、运输途中的合理损耗和入库前的挑选整理费等。

销售费用实质性测试程序如下：

（1）获取或编制销售费用明细表，复核加计正确，与报表数、总账数及明细账合计数核对相符，并检查其明细项目的设置是否符合规定的核算内容与范围，是否划清了销售费用和其他费用的界限。

（2）检查销售费用各项目开支标准是否符合有关规定，开支内容是否与被审计单位的产品销售等活动有关，计算是否正确。

（3）将本期销售费用与上期销售费用进行比较，并将本期各月的销售费用进行比较，如有重大波动和异常情况应查明原因，并作适当处理。

（4）选择重要或异常的销售费用，检查其原始凭证是否合法，会计处理是否正确，必要时，对销售费用实施截止测试，检查有无跨期入账的现象，对于重大跨期项目应建议作必要调整。

（5）核对销售费用有关项目金额与累计折旧、应付职工薪酬等项目相关金额的勾稽关系，如有不符，应查明原因并作适当处理。

（6）检查销售费用的结转是否正确、合规，查明有无多转、少转或不转销售费用，人为调节利润的情况。

（7）检查销售费用是否已在利润表上恰当披露。

六、其他业务利润的审计

在一般情况下，其他业务利润具有不经常、不定期和数额不稳定的特点。其他业务利润项目包括“其他业务收入”和“其他业务成本”两个账户。其实质性测试程序如下：

（1）获取或编制其他业务收入和成本明细表，作为其他业务收支总分类账与明细分类账的具体说明。明细表与有关账户数加以核对，复核加计正确，并验证账账之间、账表之间是否一致。

（2）抽查大额其他业务收支项目，检查原始凭证是否齐全，有无授权批准，会计期间划分是否恰当，其他业务收入与其他业务成本是否配比，有关税金的计算是否正确，会计处理是否正确。

（3）将本期其他业务收入、支出及其他业务利润与上期比较，分析有无重大波动，如发生重大变化，查明原因。

（4）对异常的其他业务收支项目，应追查其入账依据及有关法律性文件是否充分。

（5）在其他业务收支业务量较大时，要实施截止期审查。对决算日前后的销售发票、收据等进行审查，确定截止期划分的适当性。

（6）检查其他业务利润是否已在利润表上恰当披露。如果企业是上市公司，且其他业务利润占本期利润总额10%以上（含10%），应在其会计报表附注中按业务种类分项列示本期其他业务收入数和成本数，并说明情况。

单元测试

1. 单项选择题

（1）下列各项中，属于外部证据的销售和收款循环所涉及的主要凭证或会计记录是（　　）。

A. 顾客订货单　　B. 销售单

C. 顾客月末对账单　　D. 商品价目表

（2）为验证收入业务记录是否发生，审计人员应该采用的最有效的实质性测试程序为（　　）。

A. 从收入明细账追查至发运凭证和销售发票

B. 从发运凭证追查至收入明细账

C. 从发运凭证追查至存货永续盘存记录

D. 从销售发票追查至收入明细账

（3）在审查上市公司的销售交易时，下列程序中，一般无须实施的是（　　）。

A. 从主营业务明细账中抽取几笔分录，追查有无发运凭证及其他佐证凭证

B. 从发货部门的档案中选取部分发运凭证，追查至有关的销售发票副本

C. 将销售发票存根上所列的单价与经批准的商品价目表进行比较核对

D. 将所选取的发运凭证的日期与营业收入明细账的日期进行比较

(4) 为了证实已发生的销售业务是否均已登记入账最有效的做法是(　　)。

A. 只审查销售日记账　　B. 由日记账追查至有关原始凭证

C. 只审查有关原始凭证　　D. 由有关原始凭证追查至销售日记账

(5) (　　)的应收账款最应当使用肯定式函证。

A. 账龄短且金额大　　B. 账龄短且金额小

C. 账龄长且金额小　　D. 账龄长且金额大

(6) 审计人员在确定应收账款函证数量的大小、范围时,不应考虑的因素是(　　)。

A. 应收账款在全部资产中的重要性　　B. 被审计单位债务人内部控制的强弱

C. 以前函证的结果　　D. 函证方式

(7) 为了证实被审计单位登记入账的销售是否均经正确的计价,下列程序中,最无效的是(　　)。

A. 将销售发票上的数量与发运凭证上的数量相核对

B. 将销售发票上的单价与商品价目表上的价格核对

C. 将发运凭证上的数量与销售单上的数量相核对

D. 将销售单上金额与顾客订货单上的金额相核对

(8) 被审计单位于 2019 年 12 月 29 日给 A 公司发出商品 100 万元,2020 年 1 月 4 日办妥托收手续,被审计单位在发出商品时,确认收入入账,则被审计单位违反了(　　)。

A. 完整性　　B. 期末截止　　C. 真实性　　D. 机械正确性

(9) 2019 年 7 月 1 日,某建筑公司与客户签订一项固定造价建造合同,承建一幢办公楼,预计 2020 年 12 月 31 日完工;合同总金额为 12 000 万元,预计总成本为 10 000 万元。截至 2019 年 12 月 31 日,该建筑公司实际发生合同成本 3 000 万元。假定该建造合同的结果能够可靠地估计,2019 年度对该项建造合同确认的收入为(　　)万元。

A. 3 000　　B. 3 200　　C. 3 500　　D. 3 600

(10) 审计人员在 2019 年审计 M 公司坏账准备时注意到以下事项,其中正确的是(　　)。

A. M 公司于 2015 年应收某公司的货款逾期至今,双方正在讨论该应收账款的重组事宜。考虑到重组前景不明,M 公司在 2018 年年末对该应收账款全额计提坏账准备

B. M 公司于 2018 年向某公司预付了材料采购款。由于该公司因停产而无法履行交货义务,M 公司将该预付账款转为应收账款并计提相应坏账准备

C. M 公司获知某公司已经严重资不抵债,收款无望,因此,对应收该公司尚未逾期的货款全额计提坏账准备

D. M 公司应收某关联公司的货款截至 2018 年年末已逾期 3 年以上,原因是对方长期处于停产状态而无力偿还。考虑到该公司为关联方,M 公司未全额计提坏账准备

2. 多项选择题

(1) 检查开具发票或收款的日期、记账的日期、发货的日期(　　),不是营业收入截止测试的关键所在。

A. 是否在同一会计期间　　B. 是否临近

C. 是否在同一天　　D. 相距是否不超过 30 天

(2) 为了证实 XYZ 公司业务收入是否真实,执行的下列审计程序中有效的有(　　)。

A. 对销售毛利率进行分析比较

B. 检查收入的确认计量是否符合会计准则

C. 以业务收入明细账为起点追查发票及发运凭证

D. 以发票为起点追查发运凭证和业务收入明细账

(3) 为了确保销售收入截止的正确性，对被审计单位无用的制度有(　　)。

A. 建立严格的赊销审批制度　　B. 发运单连续编号并在发货当日签发

C. 经常与顾客对账核对　　D. 年初及年末停止销售业务

(4) 被审计单位管理人员、附属公司所欠款项应与客户的欠款分开记录，不是被审计单位确保其关于应收账款(　　)认定的重要方法。

A. 发生　　B. 完整性　　C. 表达与披露　　D. 所有权

(5) 审计人员在确定函证对象时，下列债务人中应作为主要选择对象的有(　　)。

A. 欠款金额占全部应收账款的 20%　　B. 欠款时间已达 2 年以上

C. 持有被审计单位 30%的股权　　D. 与被审计单位同一董事长

(6) 函证应收账款时，在(　　)的情况下，不宜采用否定式函证方式。

A. 个别账户的欠款金额较大　　B. 欠款存在争议、差错等

C. 预计差错率较高或内部控制无效　　D. 欠款金额较小的债务人数量较多

(7) 在审计人员寄发的企业应收账款询证函中，摘录了如下四个语句，你认为能表明“肯定式”询证函的语句有(　　)。

A. 回函请直接寄往××事务所

B. 如与贵公司记录相符，请在本函下端“数据证明无误”处签章证明

C. 若款项在上述日期之后已经付清，仍请及时复函为盼

D. 如与贵公司记录不符，请在“数据不符”处列明不符金额

(8) 应收账款否定式函证回函的客户一般均对被审计单位的记载和叙述持有异议，但有的情况下审计人员仍然认可被审计单位应收账款的存在性，这些情况包括(　　)。

A. 债务人已于函证日前付款，而被审计单位在函证日前尚未收到款项

B. 被审计单位已发出商品，但货物在途，询证函早于货物送达客户

C. 货物已送达债务人，但债务人尚未收到询证函

D. 债务人要求退货

(9) 对应收票据进行对交易、账户余额实施实质性程序，实施(　　)审计程序可以证实有关具体审计目标。

A. 编制应收票据明细表　　B. 检查应收票据手续是否健全

C. 向开票人函证　　D. 检查应收票据在报表中的披露

3. 判断题

(1) 在审计实务中，当应收账款的余额是由少量的大额应收账款和大量的小额应收账款构成时，审计人员可以对所有的或抽取的大额应收账款样本采用积极的函证方式，而对抽取的小额应收账款样本则采用消极的函证方式。(　　)

(2) 审计人员对应收账款进行函证时，如果函证结果表明存在审计差异，审计人员则应进一步扩大函证范围。(　　)

(3) 如果应收账款最终收回或收到退货，说明当时入账的销售业务是真实的；如果应收账

款贷方发生额是注销坏账或长期挂账，说明当时入账的销售业务是虚构的。（　　）

(4) 对于大额应收账款余额，审计人员必须采用肯定式函证予以证实。（　　）

(5) 应收账款的重要性水平越高，所需要的函证数量越大。（　　）

(6) 如果对应收账款函证的结果没有差异，说明全部应收账款是正确的，不会存在错误。（　　）

(7) 在审计销售费用时，如被审计单位系商品流通企业且已将“管理费用”账户的核算内容并入本账户核算，应同时实施管理费用审计程序。（　　）

(8) 如果被审计单位是上市公司，在其会计报表附注中应按税费种类分项列示应交税费金额，并说明本期执行的法定税(费)率。对于超过法定交纳期限的，应列示主管税务部门的询证函原件。（　　）

(9) 确定长期应收款的披露是否恰当，审计人员应注意 1 年内到期的长期应收款是否在编制报表时已重分类至 1 年内到期的非流动资产。（　　）

(10) 审计人员应检查被审计单位资产负债表中应收票据项目的数额是否与审定数相符，是否剔除了有关的风险与报酬业已转移的已贴现票据。（　　）

实务训练

1. 审计人员在审计实务中可以运用哪几种函证方式？同时，应当采取哪些措施对函证实施过程进行控制？

2. ABC 事务所接受委托，承办某公司 2008 年度财务报表审计业务。A 和 B 审计人员负责确定其交易类别、账户余额、列报与披露相关的对交易和账户余额实施实质性程序。

要求：针对表 9-7 列示的各项认定，请代 A 和 B 审计人员列出实现各认定的审计目标和应当实施的最常用的审计程序。

表 9-7　　审计目标及审计程序

认　定	最常用的对交易、账户余额实施实质性程序
销售业务计价认定	(1) 将所选择的销售业务的合计数与应收账款和销售发票存根进行比较核对 (2) 销售发票存根上所列的单价，通常还要与经过批准的商品价目表进行比较核对，其金额小计和合计数也要进行验算 (3) 发票中列出的商品的规格、数量和顾客代号等，则与发运凭证进行核对 (4) 审核顾客订单和销售单中的同类数据

3. 华兴公司系股份有限公司，每年的年度财务报告均于次年的 4 月对外公布，2018 年度发生的相关交易和事项及其会计处理如下：

(1) 华兴公司的会计政策规定，采用备抵法核算坏账，坏账准备按期末应收款项余额的 8%计提。2008 年年末未审资产负债表反映的应收账款项目和其他应收款项目的余额构成，如表 9-8 所示。

表 9-8　　应收账款和其他应收款项目余额　　计量单位：万元

应收账款——A 公司	6000	其他应收款——E 公司	400
应收账款——B 公司	300	其他应收款——F 公司	300

（续表）

应收账款——C公司	−100	其他应收款——G公司	200
应收账款——D公司	300	其他应收款——H公司	100
减：坏账准备	520	减：坏账准备	48
合计	5980	合计	952

注：E公司已破产清算，但尚没有清算报告。

(2) A公司是由华兴公司的控股股东P公司及其职工投资组建的销售公司，受P公司控制。华兴公司2018年年未审财务报表反映的业务收入为15 000万元，其中的9 000万元系将1 000万千克M产品销售给A公司所致，M产品当年在市场上的平均销售单价为每千克6元。截至2018年年末，华兴公司会计资料显示“应收账款——A公司”为6 000万元，均系2016年度形成。

(3) 2018年年末未经审计的资产负债表反映的预付账款项目为借方余额600万元，其明细组成列示如下：

预付账款——A公司　　400万元
预付账款——B公司　　187万元
预付账款——C公司　　5万元
预付账款——D公司　　−2万元
预付账款——E公司　　10万元
合计　　600万元

其中，对C公司的5万元系2007年2月为采购产品公司所预付的，事后获悉，C公司因转产已不能再提供该产品。

(4) 华兴公司2018年度向D公司销售一批C产品（增值税税率为17%），该批产品的销售收入为200万元（不含增值税额），成本为180万元，货款将于2019年4月收取，华兴公司按规定在2018年12月进行了相应的会计处理。由于质量问题，该批产品于2019年3月被退回，销售退回应退回的增值税已取得有关证明。

要求：如果精华会计师事务所的审计人员于2019年3月对华兴公司2018年度的财务报表进行审计，并出具审计报告，假定不考虑华兴公司财务报表层次的重要性水平，针对上述交易事项，审计人员应按年度分别提出何种审计处理建议？若应当建议作出审计调整的，请按年度直接列示全部相应的审计调整分录（包括重分类调整分录）。在编制审计调整分录时，不考虑调整分录对所得税和期末结转损益的影响。

第十单元　采购与付款循环审计

导学目标

通过本单元课程教学，学生应该了解采购与付款循环涉及的主要业务活动；掌握采购与付款循环内部控制及测试的主要内容；掌握应付账款、固定资产审计、累计折旧及其他相关账户审计的程序和方法。

导学案例

采购与付款循环风险评估与应对

泰信会计师事务所注册会计师A和B于2019年12月对甲公司购货与付款循环的内部控制进行了解和测试，并在相关审计工作底稿中记录了解和测试事项，摘录如下：

1. 甲公司的材料采购需要经授权批准后方可进行。采购部根据经批准的请购单发出订购单。货物运达后，验收部门根据订购单的要求验收货物，并编制一式多联的未连续编号的验收单。仓库根据验收单验收货物，在验收单上签字后，将货物移入仓库加以保管。验收单上有数量、品名和单价等要素。验收单一联交采购部登记采购明细账和编制付款凭单，付款凭单经批准后，月末交会计部门；一联交会计部登记材料明细账；一联由仓库保留并登记材料明细账。会计部门根据附验收单的付款凭单登记有关账簿。

2. 会计部门审核付款凭单后，支付采购款项。甲公司授权会计部门的经理签署支票，经理将其授权给会计人员张某负责，但保留了支票印章。张某根据已批准的凭单，在确定支票收款人名称与凭单内容一致后签署支票，并在凭单上加盖“已支付”的印章。对付款控制程序的穿行测试表明，注册会计师A和B未发现与公司规定有不一致之处。

思考：

你认为甲公司购货与付款循环内部控制方面的缺陷是什么？并提出改进建议。

第一讲　采购与付款循环涉及的主要业务活动

【知识要点】

采货与付款业务涉及商品和劳务的购置及付款业务。商品和劳务的购置包括原材料、物料用品、加工劳务和固定资产等项目。采购与付款交易通常要经过请购—订货—验收—付款这样的程序，典型的采购与付款循环所涉及的主要凭证和会计记录包括请购单、订购单、验收单、卖方发票、付款凭单、转账凭证、付款凭证、应付账款明细账、现金日记账、银行存款日记账和卖方对账单等。

采购与付款循环所涉及的主要业务活动包括以下方面。

1. 请购商品或劳务

企业仓库管理部门、商品或劳务的使用部门均可以提出购买商品或劳务的申请。仓库管理部门负责对需要购买的已列入存货清单的项目填写请购单，其他部门对所需要购买的未列入存货清单的项目编制请购单。请购单经主管人员审批后，及时送交采购部门。

2. 编制订购单

采购部门根据审批后的请购单编制订购单，订购单必须经授权审批人员审批之后才能发出。如果企业与某些供应商有合约，则直接发出订货单；否则，采购部门应针对每次订货确定最佳的供应来源。必要时，可以采用竞价的方式来保证采购商品的质量、价格和及时性。

3. 验收商品

订购的商品到达之后，应由验收部门进行验收。货物的验收是确认资产、负债和费用是否存在或发生的重要依据，是采购与付款循环中的重要环节。验收部门应比较所收商品的品名、规格、数量和质量等是否与订购单相符，并检查商品有无损坏。验收完毕之后，验收部门应按规定编制验收单或验收报告，作为会计记录的依据。

4. 储存商品

经过验收合格的商品交仓库管理部门储存，是保证资产安全、完整的重要措施。商品验收后入库时，仓库保管人员应编制入库单。商品存放应符合有关规定，并限制保管人员以外的人员接触资产。例如，商品直接交付使用部门使用，使用部门应对商品进行日常的维护保养，保证商品的性能。

5. 编制付款凭单

货物验收入库或交付使用之后，应付凭单部门应在核对订购单、验收单和购货发票基础上，确认负债，编制付款凭单，并将经审核后的付款凭单，连同每日的凭单汇总表一起送交会计部门，作为会计部门编制证账凭证和登记有关明细账和总账的依据。

6. 记录资产和负债

会计部门在记录购货业务之前，应首先检查购货发票的内容与订购单、验收单以及运货单是否一致，并验算购货发票金额的计算是否正确。然后，根据已审批的付款凭单及时编制证账凭证，登记有关资产和负债明细账及总账，并由稽核人员定期进行账证、账账核对。

7. 支付货款

会计人员应根据审批后的付款凭单、供应商的付款条件以及本企业的资金状况，采用适当的结算方式合理地安排付款。

8. 记录现金、银行存款支出

会计部门应根据付款原始凭证编制付款记账凭证，并据以登记现金或银行存款日记账和应付账款等账簿，并由稽核人员独立检查现金、银行存款日记账和应付账款明细账的金额一致性。

9. 应付账款明细账与卖方对账单核对

一般来说，供货单位会定期寄送对账单。购货企业收到卖方对账单后，应及时地将其与应付账款明细账期末余额进行核对。在不考虑时间差异的情况下，卖方对账单的期末余额通常应与购货方企业的应付账款明细账的期末余额一致。如买卖双方在收发货物时间上存在差异，卖方对账单上的期末余额与买方应付账款明细账的期末余额可能不一致，对于出现的差异应及时查明原因。

第二讲　采购与付款循环内部控制及测试

【知识要点】

一、采购与付款循环的内部测试

1. 职责分工控制

在采购与付款循环中，不相容职务应当分离。应当分离的职务主要包括：①物资的采购人员不能同时负责物资的验收保管。②物资的采购人员、保管人员、使用人员不能同时负责会计记录。③采购人员应与审批付款人员相分离。④审批付款人员应与执行付款人员相分离。⑤记录应付账款的人员应与出纳人员相分离。

2. 请购控制

一个企业可以针对不同情况下商品或劳务的请购，制定不同的请购制度，确定不同的请购方法，但无论在什么情况下请购商品或劳务，其关键控制均应包括以下内容：

(1) 请购商品或劳务应填写请购单，请购单的内容必须完整。请购单主要包括商品或劳务的名称、数量、种类和用途等内容。

(2) 请购单应由仓库管理部门或其他部门根据授权填写。一般来说，企业正常生产经营所需的物资经一般授权的人员提出请购，并填写请购单；固定资产、无形资产等资本性支出应由经特殊授权的特定人员提出请购，并填写请购单。

3. 订购控制

无论什么情况下的请购，采购部门在收到请购单后，都应首先明确订购的数量、订购的时间和供货单位等问题，然后及时编制订购单。订购单的关键控制包括：

(1) 订购单内容必须正确、完整。订购单的内容主要包括商品或劳务的名称、数量、种类、价格、供货商名称和地址、付款条件等。

(2) 订购单应预先连续编号，以确保日后能被完整地保存，会计人员能对所有订货单进行处理。

(3) 在订购单发出前，必须由专人检查订购单是否得到授权人的签字，以及是否有经请购部门主管批准的请购单作为支持凭证，以确保订购单的有效性。

(4) 由专人复查订购单的编制过程和内容，包括复查从请购单中摘录的资料、有关供货商的主要文件资料、价格和数量及金额的计算等。

(5) 订购单一式多份，正联送交供应商，副联分别送交企业内部的验收部门、请购部门、会计部门、仓库及采购部门自身留存。

4. 验收控制

货物的验收应由独立于请购、采购和会计部门的部门及人员来承担，验收部门及人员的主要责任是检验收到货物的数量和质量。

(1) 验收人员应通过计数、过磅或测量等方法来证明收到的货物与货运单或订购单上所列的数量是否一致。

（2）验收人员应检验有无因运输造成的损坏，并在可能的范围内对货物的质量进行检验。在货物质量检验需要有较高专业知识或者必须经过仪器检验或者实验才能进行的情况下，验收部门应该将部分样品送交专家或实验室对其质量进行检验。

（3）验收人员验收完毕之后，必须填制包括供应商名称、收货日期、货物名称、数量、质量以及货运人名称、原订购单编号等内容的验收单或验收报告，并经验收人员签字。验收单或验收报告应当预先连续编号，并要求一式多联，分别报送采购部门和会计部门等。

5. 记录应付账款控制

及时和正确地记录应付账款是内部控制的基本要求，记录应付账款控制的主要内容包括：

（1）应付账款的记录必须由独立于请购、采购、验收和付款的人员来进行。

（2）应付账款的入账必须以审核无误的供货商的发票、付款凭单等凭证为依据。

（3）企业必须分别设置应付账款的总账和明细账来记录应付账款，并在月末进行总账和明细账余额核对，以检查记账过程中的差错。

6. 支付货款控制

企业货款结算有许多方式，不同的结算方式，其相应的内部控制不同，下面以支票结算方式为例，介绍有关的内部控制。支票结算方式关键的控制包括：①独立检查已签发支票的总额与所处理的该批付款凭单的总额是否一致。②支票应当由被授权的财务部门的人员负责签署。③被授权签发支票的人员应确定每张支票都附有一张已经审批的未付款凭单，同时还应确定支票收款人姓名和金额与凭单内容的一致性。④支票一经签署就应在其凭单和支持性凭证上用加盖印戳或打洞等方式将其注销，以免重复付款。⑤不应签发无记名或空白的支票。⑥支票应预先连续编号，保证支出支票存根的完整性和作废支票处理的恰当性。⑦应确保只有被授权人员才能接近未使用的空白支票。

7. 对账控制

每月月末，应由独立于应付账款明细账记录的人员将来自供应商的对账单与应付账款明细账核对。企业还应定期取得银行对账单并与银行存款余额核对。

二、采购与付款循环的控制测试

1. 采购业务环节测试

抽查部分采购业务，检查本循环控制环节的设置与执行情况。抽查的范围根据重要性原则确定。抽查的方法是从采购部门的业务档案中抽取订货单样本，对采购物品较重要或金额较大的采购业务可进行重点审查。索取其采购业务的各种文件资料，沿着采购业务的正常程序加以追踪，进行相关的检查与验证。检查与验证的内容包括：

（1）核对请购单与订购单是否一致，请购单是否经过适当的授权人批准，订购单是否连续编号。

（2）核对采购合同上确定的价格、付款日期与财会部门核准的支付条件是否一致。

（3）检查合同是否经过有关部门审查，核对卖方发票上所列物品的数量、规格、品种与合同是否一致。

（4）抽验部分付款凭单，检查其是否附有请购单、订购单和验收单，付款凭单和验收单是否连续编号，验证验收环节的有效性和计算的准确性。

（5）核对采购合同、卖方发票、验收单与入库单是否一致。

(6) 检查购入材料的计价是否正确，企业采用永续盘存制核算时，复核计价的准确性。

2. 付款环节的测试

抽查应付款偿付业务，查明其付款的依据是否准确无误，付款及记录、过账是否及时，对应账户是否正确，有关现金折扣的处理是否符合规定。

(1) 了解有关凭证的传递过程，了解应付账款记录、付款业务是否分开，应付账款总账与明细账是否由不同的人员记录，应付账款记录人员与出纳人员的职责是否分开。

(2) 抽查应付账款明细账，检查应付账款各明细账向银行存款(或现金)日记账和向总分类账的过账情况。证实应付账款会计记录内部控制的有效性，检查抽取的明细账过账时所附的原始凭证，如订货单、卖方发票、验收单和已付支票，验收原始凭证的合法性、正确性以及核对原始凭证记载的金额与相关明细账的一致性，证实各有关部门内部控制的有效性。

(3) 审核货款结算手续，检查应付账款明细账上的金额与订购单、验收单和卖方发票是否完全一致。

(4) 抽取部分支票，检查签发的支票是否有被授权人的签字，支票中各个项目与卖方发票是否一致。

(5) 追查材料采购明细账、原材料明细账与银行存款日记账或“应付账款”账户的过账是否正确。

(6) 审查现金折扣的合理性。企业购货时的现金折扣如果单独记账，审计人员通过计算当期获得的现金折扣与进货总额的比率，将该比率与以前各期相比较，确定现金折扣的合理性。现金折扣比率如果显著下降，其原因可能是进货条件变更、未曾取得折扣或有关人员舞弊等，审计人员应对此给予应有的关注。

(7) 检查应付票据内部控制。走访观察应付票据记录与业务经办是否独立，职责分工是否合理，签发票据、记录和付款有无一人负责的情况。如果票据仅由一人签发或名义上虽为两人而实际上其中一人已预先在票据上盖章，或将其印章交由有权签发票据的另一人代办，在这种情况下，审计人员应特别注意抽查部分作废的、退回的票据，查明是否予以注销，是否编号保存。同时，要了解应付票据总账与明细账是否定期核对，并且和债权人提供的有关记录相调节。

三、固定资产的内部控制及测试

1. 预算控制及其测试

预算制度是固定资产内部控制中最重要的部分。通常，大企业应编制旨在预测与控制固定资产增减和合理运用资金的年度预算；小企业即使没有正规的预算，对固定资产的购建也要事先加以计划。审计人员应注意检查固定资产的取得和处置是否均依据预算，对实际支出与预算之间的差异以及未列入预算的特殊事项，应检查其是否履行了特别的审批手续。

2. 授权批准控制及其测试

完善的授权批准制度包括：①企业的资本性预算只有经过董事会等高层管理机构批准方可生效。②所有固定资产的取得和处置均需经企业管理层的书面认可。审计人员应检查被审计单位固定资产授权批准制度本身是否完善。

3. 账簿记录控制及其测试

除固定资产总账外，被审计单位还需设置固定资产明细分类账和固定资产登记卡，按固定资产类别、使用部门和每项固定资产进行明细分类核算。固定资产的增减变化均应有充分的原始凭证。审计人员应检查被审计单位的固定资产的各种记录，包括总账、明细账和固定资产登记卡等是否按规定的要求设置和记录；检查固定资产的增减变化记录是否附有真实合法的原始凭证。

审计人员应通过观察和询问等方法，确定固定资产的各项职责是否按要求划分职责。

第三讲 应付账款的审计

【知识要点】

应付账款是指企业因购买材料商品和接受劳务供应等而应付给供应单位的款项，是企业因购进业务而发生的商业信用。随着市场经济的发展，应付账款的范围日益扩大，审计人员应结合购货业务进行审计。

一、应付账款的审计目标

应付账款的审计目标一般包括：①确定期末应付账款是否存在。②确定期末应付账款是否为被审计单位应履行的偿还义务。③确定应付账款的发生及偿还记录是否完整。④确定应付账款期末余额是否正确。⑤确定应付账款的披露是否恰当。

二、应付账款的实质性测试程序

应付账款的实质性测试程序，一般包括以下几个方面的工作。

1. 取得或编制应付账款明细表，确认总账与明细账相符

审计人员应对取得的应付账款明细表与总分类账相核对，以确认账账是否相符。如果发现差异，应查明原因，并作出相应的调整；如在审查中发现分类不正确、逾期未支付等不正常情况，应对有关原始凭证和明细账进行审查。应付账款明细表的内容视企业的性质和规模不同有所区别，一般应包括客户名称、期初余额、本期发生额、本期还款金额、期末余额和逾期未偿还金额等。应付账款明细表，如表 10-1 所示。

表 10-1 应付账款明细表

年 月 日

客户名称	期初余额	本期发生额	本期还款金额	期末余额	逾期未偿还金额	说明
合 计						

2. 审查大额应付账款，发现可能存在的问题

大额应付账款一般是审查的重点，首先，要审查发生的原因是否符合法律规定和合同规定，是否有及时偿还的能力；其次，要查明是否将逾期欠款多次转期，形成长期借款短期化；最后，还要审查有无利用应付账款隐瞒收入，如将已实现的销售收入或分入的投资利润转入应付账款以达到转移利润、偷税漏税的目的。

3. 函证应付账款余额

一般情况下，应付账款不需要函证，但如果控制风险较高，应付账款明细账户金额较大或企业处于财务困难阶段，则应进行应付账款的函证。进行函证时，审计人员应选择较大金额的债权人，以及那些在资产负债表中日金额不大，甚至为零，但为企业重要供货人的债权人，作为函证对象。函证最好采用肯定形式，并具体说明应付金额。同应收账款的函证一样，审计人员必须对函证的过程进行控制，要求债权人直接回函，并根据回函情况编制与分析函证结果汇总表，对未回函的，应考虑是否再次函证。如果存在未回函的重大项目，审计人员应采用替代审计程序。

4. 审查未入账的应付账款，防止低估或隐瞒债务

在日常业务中，企业应入账而未入账的应付账款是时常发生的。为了防止低估负债或隐瞒应付账款，审计人员在测试时应注意查找未入账的应付账款。例如：①将结算日之前发生的应付账款记入结算日之后的应付账款中，以图虚减当期的应付账款或掩盖可能有问题的账项。②商品已到但托收凭证未到的采购业务，在月末未将应付账款按暂估价入账，以低估债务。③将应付账款记入其他负债项目，或者记入权益账户以隐瞒债务。所有这些，只有通过凭证和账簿的检查才能发现其问题。

5. 检查应付账款会计核算的正确性

在具体审计时，审计人员应注意被审计单位的应付账款的会计核算是否符合有关的规定。注意检查带有现金折扣的应付账款是否按发票上记载的全部应付金额入账，待实际获得现金折扣时再冲减“财务费用”项目。

6. 检查应付账款及相关账户期末余额

检查应付账款是否存在借方余额。如有，应查明原因，必要时建议企业作重分类调整。结合付账款的明细余额，查明有无在应付账款和预付账款两面同时挂账的项目；结合其他应付款的明细余额，查明有无不属于应付账款的其他应付款。如有，应作出记录，必要时建议企业作重分类调整或会计误差调整。

7. 检查长期挂账的应付账款

检查应付账款长期挂账的原因，作出记录，注意其是否可能无需支付。对确实无法支付的应付账款是否按规定转入了“资本公积”项目，相关依据及审批手续是否完备。

8. 检查外币应付账款计算的正确性

对于用非记账本位币结算的应付账款，检查其采用的折算汇率是否正确。

9. 检查应付账款在资产负债表上的披露是否恰当

一般来说，“应付账款”项目应根据“应付账款”账户和“预付账款”账户所属明细账户的期末贷方余额的合计数填列。如果企业为上市公司，则通常在其会计报表附注中应说明有无欠持有5%(含5%)以上表决权股份的股东单位账款，说明账龄超过3年的大额应付账款未偿还的原因，并在期后事项中反映资产负债表日后是否偿还。

【技能操作】

【例10-1】 2019年3月1日，审计人员在审查ABC公司2018年“应付账款”明细账时，发现10月13日34#凭证记录应付账款增加117 000元，而10月14日36#凭证又记录偿还该笔应付账款117 000元，支付货款如此迅速，审查人员怀疑其中有问题，决定进一步对其进行审查。审计人员首先调阅了10月13日34#记账凭证，其会计分录如下：

借：在途物资　100 000
　应交税费——应交增值税（进项税额）　17 000
　贷：应付账款——D公司　117 000

该记账凭证所附单据为供货单位发票一张，合同一份，规定付款期1个月，如果在10天内付款，给予2%的现金折扣。

审计人员又调阅了10月14日36#记账凭证，其会计分录如下：

借：应付账款——D公司　117 000
　贷：银行存款　114 600
　　库存现金　2 340

该记账凭证所附原始凭证为转账支票存根和现金收据两张。一笔货款为什么采用两种结算方式？而且根据合同规定，ABC公司应享受2 340元的现金折扣，但在其账务处理中却没有关于享受现金折扣的记录，反而将折扣金额用现金支付。为了进一步查清问题，审计人员走访、调查了D公司，发现其仅有收入114 660元转账支票一张。审计人员又询问了ABC公司的出纳员，了解到由会计杨刚从保险柜中取出现金并签发支票用于货款结算。审计人员在审查借条时，发现字迹与收款收据完全一样，现金收据纯属伪造。ABC公司的坏账准备按应收款项年末余额1%计提。

[**存在问题**] 杨刚利用该公司财务制度不严和职务之便，贪污现金折扣2 340元。

[**审计处理**] 审计人员应提请该公司责成杨刚退回赃款并作账务调整处理。

[**调整分录**]

(1) 调整财务费用。

借：其他应收款　2 340
　贷：财务费用　2 340

(2) 调整坏账准备。

借：资产减值损失　23.40
　贷：其他应收款——坏账准备　23.40

同时，调整财务报表其他项目。

第四讲　固定资产审计

【知识要点】

固定资产是指同时具有下列特征的有形资产：①为生产商品、提供劳务、出租或经营管理而持有；②使用寿命超过一个会计年度。使用寿命是指企业使用固定资产的预计期间，或者该固定资产所能生产产品或提供劳务的数量。由于固定资产在企业生产经营中具有特殊地位和作用及对财务报表产生重大的影响，因此，审计人员应高度重视固定资产审计。

一、固定资产的审计目标

固定资产的审计目标一般包括：①确定固定资产是否存在。②确定固定资产是否归被审计单位所有或控制。③确定固定资产的计价方法是否恰当。④确定固定资产的折旧政策是否恰当。⑤确定折旧费用的分摊是否合理、一贯。⑥确定固定资产减值准备的计提是否充分、完整,方法是否恰当。⑦确定固定资产、累计折旧和固定资产减值准备的记录是否完整。⑧确定固定资产、累计折旧和固定资产减值准备的期末余额是否正确。⑨确定固定资产、累计折旧和固定资产减值准备的披露是否恰当。

二、固定资产的实质性测试程序

1. 编制或取得固定资产和累计折旧分类汇总表

汇总表包括固定资产与累计折旧两个部分,应按照固定资产类别分别填列。审计人员需要检查固定资产的分类是否正确,复核加计是否正确,并与报表数、总账数和明细账合计数核对是否相符,确定固定资产的期末余额计算是否正确。

2. 实施分析性复核

审计人员应根据被审计单位的实际情况,选择适当的方法对固定资产进行分析性复核:

(1) 计算固定资产原值与本期产品产量的比率,并与以前期间比较,旨在发现有无闲置固定资产或已减少固定资产未在账户上注销的问题。

(2) 计算本期计提折旧额与固定资产总成本的比率,将此比率同上期比较,旨在确定本期折旧额的计算有无错误。

(3) 计算累计折旧与固定资产总成本的比率,将此比率同上期比较,旨在确定累计折旧额的核算有无错误。

(4) 比较本期各月之间、本期与以前各期之间的修理及维护费用,旨在发现有无将资本性支出和收益性支出相混淆的现象。

(5) 比较本期与以前各期的固定资产增加和减少。由于被审计单位的生产经营情况在不断地变化,各期之间固定资产增加和减少的数额可能相差很大。审计人员应当深入分析其差异,并根据被审计单位以往和今后在生产经营上的趋势,判断差异产生的原因是否合理。

(6) 分析固定资产的构成及其增减变动情况,与在建工程、现金流量表和生产能力等相关信息交叉复核,检查固定资产相关金额的合理性和准确性。

3. 验证固定资产所有权的归属

对各类固定资产,审计人员应获取、汇集不同的证据以确定其是否归被审计单位所有;对外购的机器设备等固定资产,通常经审核采购发票、购货合同等予以确定;对于房地产类固定资产,可查阅有关的合同、产权证明、财产税单和抵押贷款的还款凭据和保险单等书面文件;对融资租入的固定资产,应验证有关融资租赁合同,证实其并非经营租赁;对汽车等运输设备,应验证有关运营证件等。

4. 核查当年度固定资产的增加

不同途径增添固定资产,其具体的审计方法也有所不同。这里就购买和自置、投资者投入等方式的审计等内容进行介绍。

对于购买的固定资产,一般应审查以下内容:①审查购买固定资产的批准文件,以查明其是否经合法的授权批准。②审查核对卖方发票,特别应注意查明卖主姓名、购买日期、价格和资产的说明书。③审查固定资产验收报告。④审查购进土地、房屋等的契约和结算单等,以确定其所有权的归属。⑤实地观察购进的固定资产。⑥确定企业估计的固定资产使用期限和残值是否合理。⑦验证购进固定资产时支付的其他费用，如搬运费、检修费和安装费等。

对于自置固定资产，通常应审查以下内容：①审查建设项目的批准文件，以查明其是否经合法的授权批准，是否符合企业的既定方针政策。②审查建设项目中购进物资的发票。③审查劳务费用记录。④审查间接费用的分摊。⑤审查工作通知单上的有关计算和已建成项目的工程结算单的结算是否正确，并追查记入财产账户的资产总额是否正确。⑥确定企业估计的固定资产使用期限和残值是否合理。⑦对自建项目进行实地观察。

对于投资者投入的固定资产，应检查其入账价值与投资合同或协议约定的价值是否一致，须经评估确认的是否有评估报告并经国有资产管理部门等确认，固定资产交接手续是否齐全。

对于更新改造增加的固定资产，应检查通过更新改造而增加的固定资产原值是否符合资本化条件，是否真实，会计处理是否正确，重新确定的剩余折旧年限是否恰当。

对于因债务人抵债而获得的固定资产，应检查产权过户手续是否齐备，固定资产计价及确认的损益是否符合相关规定。

对于以非货币性交易换入的固定资产，应检查是否按换出资产的账面价值加上应支付的相关税费作为入账价值。若涉及补价的，应检查换入资产的入账价值是否符合相关会计准则的规定。

对于盘盈的固定资产，如果同类或类似固定资产存在活跃市场的，应检查是否按同类或类似固定资产的市场价格，减去按该项固定资产新旧程度估计的价值损耗后的余额，作为入账价值。如果同类或类似固定资产不存在活跃市场的，应检查是否以该项固定资产的预计未来现金流量现值作为入账价值。

对于因其他原因增加的，应检查相关的原始凭证，核对其计价及会计处理是否正确，法律手续是否齐全。

5. 审查固定资产的计价

固定资产计价的审查，应根据有关文件及凭单进行。具体包括：①购入的固定资产是否按买价加运费、保险费和安装调试费等计价。②自营建造的固定资产是否按照直接材料、直接人工及直接机械使用费等实际发生的全部支出计价。③投资者投入的固定资产是否按评估价计算。④盘盈的固定资产是否按重置价值计价。⑤融资租入的固定资产是否按租赁协议规定的价值计价等。

6. 对购入的固定资产进行实地检查

实施实地观察审计程序时，审计人员可以以固定资产明细分类账为起点，进行实地追查，以证明会计记录中所列固定资产确实存在，并了解其目前的使用状况；也可以以实地存在的固定资产为起点，追查至固定资产明细分类账，以获取实际存在的固定资产均已入账的证据。

当然，审计人员实地观察的重点是本期新增加的固定资产，有时，观察范围也会扩展到以前期间增加的重要固定资产。观察范围的确定需要依据企业内部控制的强弱、固定资产的重要性和审计人员的经验来判断。如为初次审计，则应适当扩大观察范围。

7. 审查当年度固定资产的减少

审计固定资产减少的主要目的在于查明业已减少的固定资产是否合理，是否已作相应的会计处理。这种审查包括以下内容：

(1) 审查企业资产处置和出售的批准文件，以查明其是否经过合法的授权批准。

(2) 审查企业是否已将处置完结或已出售的固定资产予以注销。

(3) 参阅现金收入日记账、应收账款明细分类账及其有关的原始凭证,审查购销过程。

(4) 审查账面记载固定资产处置和出售的损益是否恰当。

(5) 确定通过以旧换新取得的新的固定资产的入账是否正确。

8. 审查固定资产的租赁

企业固定资产租赁一般分为经营性租赁和融资性租赁两种。

对于经营性租赁的审查,应查明固定资产的租赁是否签订了合同、租约,手续是否完备,合同内容是否符合国家规定,是否经相关管理部门的审批;租入的固定资产是否确属企业必需,或出租的固定资产是否为企业多余、闲置不用的,双方是否认真履行合同,其中是否存在不正当交易;租金收取是否签有合同,有无多收、少收现象;租入固定资产有无久占不用、浪费破坏的现象;租出的固定资产是否长期不收租金、无人过问,是否有变相馈送、转让等情况;租入固定资产是否已登入备查簿;对于租赁固定资产的改良工作,在租赁合同双方是否有约定等。

对于融资性租赁的审查,除可参照经营性租赁固定资产审查的要点以外,还要注意融资偿付的利息,检查其利息的计算是否与市场利率相当,同时还要确定融资租入固定资产的计价是否正确,是否进行了正确的会计处理。

9. 审查企业有无已完工或已购建但尚未交付使用的新增固定资产,因改扩建等原因暂停使用的固定资产,以及多余或不适用需要而进行处理的固定资产

如有,应作彻底调查,以确定其是否真实。同时,还应调查未使用、不需用固定资产的购建启用及停用时点,并作出记录。对于暂时闲置的固定资产,应获取相关证明文件,观察其实际状况,检查其是否按规定计提折旧,相关的会计处理是否正确。

10. 检查固定资产的抵押和担保情况

结合对银行存款等的检查,了解固定资产是否存在重大的抵押、担保情况。如存在,应取证记录,并提请企业作必要披露。

11. 检查固定资产是否已在资产负债表上恰当披露

会计报表附注通常应说明固定资产的标准、分类、计价方法和折旧方法;融资租入固定资产的计价方法;固定资产的预计使用年限和预计净残值;对固定资产所有权的限制及其金额;已承诺将为购买固定资产支付的金额;暂时闲置的固定资产账面价值;已提足折旧仍继续使用的固定资产账面价值;已报废和准备处置的固定资产账面价值。固定资产因使用磨损或其他原因而需报废时,企业应及时对其进行处置,如果其已处于处置状态而尚未转销时,企业应披露这些固定资产的账面价值。

如果企业是上市公司,则应在其会计报表附注中按类别分项列示固定资产期初余额、本期增加额、本期减少额及期末余额;说明固定资产中存在的在建工程转入、出售、置换、抵押或担保等情况;披露通过融资租赁租入的固定资产每类租入资产的账面原值、累计折旧和账面净值;披露通过经营租赁租出的固定资产每类租出资产的账面价值。

三、累计折旧的审计

固定资产可以长期参加生产经营而仍保持其原有实物形态,但其价格将随着固定资产的使用而逐渐转移到生产的产品中,构成经营成本或费用。这部分随着固定资产的磨损而逐渐转移的价值即称为固定资产折旧。

在不考虑固定资产减值准备的前提下,影响折旧的因素有折旧的基数(一般指固定资产的

账面原价)、固定资产的残余价值和预计使用年限三个方面。在考虑固定资产减值准备的前提下,影响折旧的因素则包括折旧的基数、累计折旧、固定资产减值准备、固定资产预计净残值和固定资产尚可使用年限五个方面。在计算折旧时,对固定资产的残余价值和清理费用只能人为估计;对固定资产的使用年限,由于固定资产的有形和无形损耗难以准确计算,因而也只能估计;同样,对固定资产减值准备的计提带有估计的成分。因此,固定资产折旧主要取决于企业的折旧政策,不同的企业有不同的政策。这一政策一旦确定,则在一定的时期内保持稳定,不必也不准常常变更。

1. 累计折旧的审计目标

固定资产折旧的特性决定了累计折旧审计的主要目标在于:①确定折旧政策和方法是否符合相关会计准则的规定,是否一贯遵循。②确定累计折旧增减变动的记录是否完整。③确定折旧费用的计算、分摊是否正确、合理和相对稳定。④确定累计折旧的期末余额是否正确。⑤确定累计折旧在财务报表上的披露是否恰当。

2. 累计折旧的实质性测试程序

(1) 获取或编制固定资产及累计折旧分类汇总表,复核加计是否正确,并与报表数、总账数和明细账合计数核对相符,以确定余额的正确性。

(2) 确定折旧方法的适当性。审计人员应检查被审计单位制定的折旧政策和方法是否符合国家有关会计准则的规定,确定其所采用的折旧方法能否在固定资产使用年限内合理分摊其成本,前后是否一致。如被审计单位采用加速折旧法,应取得其批准文件;如没有批准文件,应提请被审计单位改正并建议调整应纳税所得额。

(3) 对累计折旧进行分析性复核,以确定其整体的合理性。

第一,对折旧计提的总体合理性进行复核,是测试折旧正确与否的一个有效方法。在不考虑固定资产减值准备的前提下,计算、复核的方法是用应提折旧的固定资产乘本期的折旧率。计算之前,审计人员应对本期增加和减少固定资产、使用年限长短不一的和折旧方法不同的固定资产作适当调整。如果总的计算结果和被审计单位的折旧总额相近,且固定资产及累计折旧的内部控制较健全时,就可以适当减少累计折旧和折旧费用的其他实质性测试工作量。

第二,计算本期计提折旧额占固定资产原值的比率,并与上期比较,分析本期折旧计提额的合理性和准确性。

第三,计算累计折旧占固定资产原值的比率,评估固定资产的老化率,并估计因闲置、报废等原因可能发生的固定资产损失,结合固定资产减值准备,分析其是否合理。

(4) 检查折旧的计提和分配的正确性。具体表述如下:

第一,计算复核本期折旧费用的计提是否正确。审计人员应特别注意已计提减值准备的固定资产计提的折旧是否正确,已全额计提减值准备的固定资产是否已停止计提折旧,未使用、不需用的固定资产是否按规定计提折旧,因更新改造而停止使用的固定资产是否已停止计提折旧,因大修理而停止使用的固定资产是否仍计提折旧。

第二,结合固定资产审计,检查其折旧的计提是否正确无误,并追查至固定资产登记卡。特别应注意有无已提足折旧的固定资产继续计提折旧的情况和在用固定资产不提或少提折旧的情况。

第三,注意固定资产增减变动对有关折旧的会计处理是否符合规定,查明通过更新改造、接受捐赠或融资租入而增加的固定资产的折旧费用计算是否正确。

第四,检查折旧费用的分配是否合理,与上期分配方法是否一致。

(5) 审查累计折旧的贷方记录。将“累计折旧”账户贷方的本期计提折旧额与相应的成本费用中的折旧费用明细账户的借方相比较,以查明所计提折旧金额是否已全部摊入本期产品成本或费用。一旦发现差异,应及时追查原因,并考虑是否建议作适当调整。

(6) 审查累计折旧的披露是否恰当。会计报表附注中,通常应按固定资产类别分别列示累计折旧的期初余额、本期计提额、本期减少披露额及期末余额。

【技能操作】

【例 10-2】 审计人员在审查 ABC 股份有限公司 2018 年度固定资产折旧时,发现本年度 1 月月初新增已投入生产使用的机床 1 台,原价为 100 000 元,预计净残值为 10 000 元,预计使用年限为 5 年,使用年数总和法对该项固定资产计提折旧,其余各类固定资产均用直线折旧法,且该公司对这一事项在报表中未作揭示。

[**存在问题**] 该公司的固定资产折旧方法本期不一致,且未作充分提示,这是违反会计准则和相关会计制度的,并且对财务报表造成了一定的影响。该事项对资产负债表和利润表的影响如下:

该机床用年数总和法计算的年折旧额 =(100 000 − 10 000) × 5 ÷ 15 = 30 000(元)

该机床用直线法计算的年折旧额 =(100 000 − 10 000) ÷ 5 = 18 000(元)

由于折旧方法的改变,使该年度多提折旧额 12 000 元(300 000−18 000),致使资产负债表中的“累计折旧”项目增加 12 000 元。利润表中的“利润总额”项目减少 12 000 元。

[**审计处理**] 审计人员应要求被审计单位在财务情况说明书中,对原值 100 000 元,预计净值残值 100 000 元,预计使用年限为 5 年的机床由于从直线法改为年数总和法进行折旧,使本年度折旧额增加 12 000 元,利润总额减少 12 000 元的情况予以揭示。

第五讲 其他相关账户审计

【知识要点】

一、预付款项审计

预付款项是企业按采购合同的规定,预先支付给供货单位的货款,包括企业进行在建工程预付的工程价款,会计上通过“预付账款”或“应付账款”账户(借方)进行核算。预付款项是企业的一种流动资产,它是企业在采购环节中产生的。因此,预付款项的审计应结合采购与付款循环的审计进行。

1. 预付款项的审计目标

预付款项的审计目标一般包括:①确定预付款项是否存在。②预付款项所有权的确定。③确定预付款项及其坏账准备增减变动的记录是否完整。④检查预付款项是否可收回,坏账准备的计提方法和比例是否恰当,计提是否充分。⑤确定预付款项和坏账准备的期末余额是否正确。⑥确定预付款项及其坏账准备在财务报表上的反映是否适当。

2. 预付款项的实质性测试程序

(1) 获取或编制预付账款明细表,复核加计是否正确,并与报表数、总账数和明细账合计数核对相符。同时检查已收到货物的预付账款是否已冲销。

(2) 根据被审计单位的具体情况,选择下列方法对预付账款进行分析性复核:①对本期期末预付账款余额与上期期末余额进行比较，分析其波动原因。②了解预付账款惯例以及收回货物的平均天数，并分析预付账款的账龄；对有证据证明不属于预付账款，或因供货单位撤销、破产无望收回货物的，是否将款项转入其他应收款项目。③计算预付账款对主营业务成本的比率，与以前各期比较，分析异常变动的原因。④将预付账款的增减幅度同主营业务成本的增减幅度比较，分析异常变动的原因。

(3) 函证预付账款的真实性。分析预付账款账龄及余额构成，根据审计策略选择大额或异常的预付账款重要项目（包括零账户），函证其余额是否正确，并根据回函情况编制函证结果汇总表。回函金额不符的，要查明原因作出记录或建议作适当调整。未回函的，可再次函证，也可采用替代审计程序进行检查，如检查该笔债权的相关凭证资料，或抽查资产负债表日后预付账款明细账及存货明细账，核实是否已收到货物、转销预付账款，并根据替代检查结果判断其债权的真实性或出现坏账的可能性。

(4) 检查预付账款有无异常情况。结合应付账款明细账，查核有无重复付款或将同一笔已付清的账款在预付账款和应付账款这两个项目同时挂账的情况。检查预付账款长期挂账的原因。关注是否存在预付关联方账款。若有，应通过了解关联交易事项目的、价格和条件，检查采购合同等方法确认该预付账款的合法性和合理性。通过向关联方或其他审计人员查询及函证等方法，以确认交易的真实性。

(5) 检查预付账款分类的正确性。分析明细账余额，对于出现贷方余额的项目，应查明原因，必要时建议作重分类调整。

(6) 检查预付账款会计处理的正确性。对于用非记账本位币结算的预付账款，检查其采用的折算汇率和汇兑损益处理的正确性。

(7) 检查预付账款是否已在资产负债表上恰当披露。

二、在建工程审计

1. 在建工程审计目标

在建工程审计目标一般包括：①在建工程及工程物资是否存在。②工程物资及在建工程所有权的确定。③确定在建工程和工程物资的增减变动记录是否完整。④确定在建工程的计价方法是否正确。⑤确定在建工程及工程物资的期末余额的正确性。⑥确定在建工程和工程物资在财务报表上的反映是否适当。

2. 在建工程的实质性测试程序

(1) 取得或编制在建工程和工程物资明细表，加以复核，将之与报表数、总账数和明细账合计数核对。

(2) 检查本期在建工程的增加数。其具体程序为：①对于重大建设项目，应取得有关工程项目的立项批文、预算总额及建设批准文件，以及施工承包合同、现场监理施工进度报告等业务资料。②对于支付的工程款，应抽查其是否按照合同、协议、工程进度或监理进度报告分期支付，付款授权批准手续是否齐备，会计处理是否正确。③对于领用的工程物资，抽查工程物资的领用是否有审批手续，会计处理是否正确。④对于借款费用资本化，应结合长短期借款、应付债券或长期应付款的审计，检查借款费用（利息、汇兑损益）资本化的计算方法是否正确，资本化金额是否合理，会计处理是否正确。

(3) 检查在建工程的减少数。其具体程序为：①了解在建工程转固定资产的政策，并结合固定资产审计，检查在建工程转销额是否正确，是否存在将已交付使用的固定资产挂列在建工程而少计折旧的情况。②检查已完工程项目的竣工决算报告、验收交接单等凭证以及其他转出数的原始凭证，检查其会计处理是否正确。

(4) 检查被审计单位是否定期进行盘点，完工后剩余的工程物资在转入存货时，是否将包含的进项税额进行了正确的分离。

(5) 检查在建工程项目期末余额的构成内容，并实地观察工程现场，确定在建工程是否存在；了解工程项目的实际完工进度；检查是否存在实际已使用，但未办理竣工决算手续、未及时进行会计处理的项目。

(6) 结合对银行借款的审查，了解在建工程是否存在抵押、担保情况。如有，应提请被审计单位进行必要披露。

(7) 确定在建工程在资产负债表上反映的恰当性。

三、工程物资的审计

1. 工程物资的审计目标

工程物资的审计目标一般包括：①确定工程物资是否存在。②确定工程物资是否归被审计单位所有。③确定工程物资增减变动的记录是否完整。④确定工程物资的期末余额是否正确。⑤确定工程物资在财务报表上的披露是否恰当。

2. 工程物资的实质性测试程序

(1) 获取或编制工程物资明细表，复核加计正确，并与报表数、总账数和明细账合计数核对是否相符，以验证其余额的正确性。

(2) 实地盘点工程物资，确定其是否存在，并观察是否有呆滞、积压物资。

(3) 抽查若干工程物资采购合同、发票和货物的验收单等原始凭证，检查其是否经过授权批准，会计处理是否正确。

(4) 结合在建工程审计，检查工程物资的领用手续是否齐全，会计处理是否正确。

(5) 检查被审计单位是否对工程物资定期盘点，对盘盈、盘亏的处理是否及时、是否符合规定，会计处理是否正确。

(6) 检查工程完工后剩余的工程物资在转入存货时，是否将其所含增值税进项税额进行了正确的分离。

(7) 检查有无与关联方的工程物资购销业务。若有，是否经过适当授权，是否按正常交易价格结算。

(8) 检查工程物资在资产负债表上的披露是否恰当。

四、固定资产清理的审计

1. 固定资产清理的审计目标

固定资产清理的审计目标一般包括：①确定固定资产清理的记录是否完整。②确定反映的内容是否正确。③确定固定资产清理的期末余额是否正确。④确定固定资产清理在财务报表上的披露是否恰当。

2. 固定资产清理的实质性测试程序

(1) 获取或编制固定资产清理明细表，复核加计正确，并与报表数、总账数和明细账合计数核对相符。

(2) 检查固定资产清理的发生是否有正当理由，是否经有关技术部门鉴定，固定资产清理的发生和转销是否经授权批准，相应的会计处理是否正确。通常的方法是：①结合固定资产等账项的审计，检查固定资产、累计折旧等的账面转入额是否正确。②检查固定资产清理收入和清理费用的发生是否真实、准确，清理结果(净损益)的计算是否正确，是否与施工有关，是否计入工程成本，属于筹建期间的，是否计入长期待摊费用；属于生产经营期间的，是否计入营业外收支；属于清算期间的，是否计入清算损益，属于出售职工住房的，是否计入营业外收支；因债务重组发生的，清理净收益是否计入资本公积，清理净损失是否计入营业外支出；因非货币性交易发生的，收到补价方确认的收益是否计入营业外收入。

(3) 检查固定资产清理是否长期挂账，如有，应作出记录，必要时建议作适当调整。

(4) 检查固定资产清理是否已在资产负债表上恰当披露。

五、应付票据的审计

应付票据是指企业购买材料、商品和接受劳务供应等而开出承兑的商业汇票。商业汇票按其承兑人的不同，可分为商业承兑汇票和银行承兑汇票。随着商业活动的票据化，企业的票据业务越来越多，应付票据必将成为一个重要的审计项目。

1. 应付票据的审计目标

应付票据的审计目标一般包括：①确定应付票据的发生与偿还记录是否完整。②确定应付票据的期末余额是否正确。③确定应付票据在财务报表上的披露是否恰当。

2. 应付票据的实质性程序

(1) 获取或编制应付票据明细表。审计人员对应付票据进行审计，应获取或编制应付票据明细表，复核加计正确，并检查其与应付票据登记簿、报表数、总账数和明细账合计数是否相符。应付票据明细表内容有：票据类别及编号、出票日期、面额、到期日、收款人名称、利息率和付息条件以及抵押品的名称、数量和金额等。审计人员审核时，应注意被审计单位有无漏报或错报票据，有无漏列抵押品，有无多计或少计利息等情况。

(2) 实施分析程序。对应付票据实施分析程序的目的在于证实应付票据的完整性和合理性及发现需要加以特别关注的方面。

(3) 函证应付票据。审计人员应选择重要项目(包括零账户)应付票据，函证其余额是否正确，并根据回函情况，编制与分析函证结果汇总表。对未回函的，可再次函证或采取其他替代审计程序以确定应付票据的真实性。函证的内容主要包括出票日、到期日、票面金额、未付金额、已付息期间和利率等。

(4) 抽查原始凭证。审计人员应检查应付票据备查簿，抽查若干重要原始凭证，确定其是否真实，会计处理是否正确。其具体程序为：①检查应付票据产生的相关合同、发票、货物验收单等资料，核实交易事项的真实性。②抽查报告日后应付票据明细账及库存现金、银行存款日记账，核实其是否已付款并予以转销。③审查截止日已偿付的应付票据，注意其凭证入账日期的合理性。

(5) 审查应付票据利息。对于带息的应付票据，审计人员应复核其利息计算是否正确、会计处理是否正确。

(6) 审查逾期未兑付应付票据。对于逾期未兑付应付票据，审计人员应查明其原因，确定是否存在抵押票据的情形，并提请被审计单位作必要的披露。

(7) 审查外币应付票据。对于用非记账本位币结算的应付票据，检查其采用的折算汇率是否正确，折算差额是否按规定进行处理。

(8) 确定应付票据是否已在资产负债表上恰当披露。

单元测试

1. 单项选择题

(1) 采购与付款循环交易进行实质性测试时,审计人员从验收单追查至采购明细账,从卖方发票追查至采购明细账,目的是为了测试已发生的购货业务的(　　)。

A. 存在性　　B. 完整性

C. 分类　　D. 估价与分摊

(2) 下列不能防止发现采购与付款循环中,发生错误或舞弊的内部控制制度是(　　)。

A. 由被授权的财务人员签署支票

B. 订货单经采购部门及有关部门批准,其副本应及时提交财务部门

C. 收到的购货发票后,应立即与订货单、验收单核对相符

D. 请购单连续编号

(3) 审计人员在对应付账款进行函证时,函证应采用(　　)方式。

A. 肯定　　B. 否定

C. 肯定和否定结合　　D. 肯定和否定均可

(4) 审计人员为审查被审计单位未入账负债而实施的下列审计程序,最有效的是(　　)。

A. 审查资产负债表日后货币资金支出情况

B. 审查资产负债表日前后几天的发票

C. 审查应付账款、应付票据的函证回函

D. 审查购货发票与债权人名单

(5) 下列审计程序中,验证应付账款完整性最无效的测试程序是(　　)。

A. 函证应付账款　　B. 执行购货业务的截止测试

C. 取得应付账款明细表,并与总账核对　　D. 查找未入账的应付账款

(6) 下列审计程序中,不属于固定资产减少的审计程序是(　　)。

A. 审查出售固定资产的净收益　　B. 分析"营业外支出"账户

C. 追查停产产品的专用设备的处理　　D. 审核固定资产的验收报告

(7) 从下列分析性复核测试比率中,可能发现已减少固定资产未在账户上注销的问题的是(　　)。

A. 本年各月间和本年度与以前各年度间的修理及维护费用之比较

B. 固定资产总成本÷全年产品产量

C. 本年与以前各年度的固定资产增减之比较

D. 本年计提折旧额÷固定资产总成本

(8) 下列各项中,不属于固定资产内部控制的是(　　)。

A. 区别资本性支出和收益性支出　　B. 保险制度

C. 处置制度　　D. 定期盘点制度

(9) 在建工程审计工作底稿的下列审计结论中,错误的是(　　)。

A. 在建工程明细账中列示的某项已完工在建工程余额为负数,建议L公司相应调减已入账固定资产价值

B. 某项未完工在建工程本年度未发生增减变动，应进一步检查其是否停建，并据以考虑是否需建议计提减值

C. 对在建工程明细账中列示的大修理工程余额，建议L公司予以调整

D. 对在建工程试车期间产生的试车收入，建议L公司冲减在建工程成本

(10) 在对固定资产和累计折旧进行审计时，审计人员注意到：L公司于2017年12月31日增加投资者投入的一条生产线，其折旧年限为10年，残值率为0，采用直线法计提折旧，该生产线账面原值为1 500万元，累计折旧为900万元，评估增值为200万元，协议价格与评估价值一致；2018年6月30日，L公司对该生产线进行更新改造；2018年12月31日，该生产线更新改造完成，发生的更新改造支出为1 000万元，该次更新改造提高了使用性能，但并未延长其使用寿命；截至2018年12月31日，上述生产线账面原值和累计折旧分别为2 700万元和1 100万元。在对固定资产和累计折旧进行审计后，审计人员应提出的审计调整建议是(　　)。

A. 固定资产原值调减200万元，累计折旧调减1 100万元

B. 固定资产原值调减200万元，累计折旧调减100万元

C. 固定资产原值调减1 000万元，累计折旧调减1 100万元

D. 固定资产原值调减1 000万元，累计折旧调减100万元

2. 多项选择题

(1) 下列各项中，属于固定资产内部控制测试的有(　　)。

A. 固定资产的取得是否与预算相符

B. 固定资产的折旧是否与其磨损程度相符

C. 资本性支出与收益支出的区分是否与企业有关规定相符

D. 购入固定资产的入账价值是否与相关原始凭证相符

(2) 下列分析性复核比率中，不可能发现累计折旧有关错误的有(　　)。

A. 累计折旧÷固定资产总成本

B. 本期计提折旧额÷固定资产总成本

C. 比较各月之间、本期与以前各月之间修理及维护费用

D. 计算固定资产原值与本期产品产量的比率并与以前期间比较

(3) 审计人员实施固定资产控制测试的重点应包括(　　)。

A. 编制固定资产内部控制调查表

B. 固定资产的预算制度

C. 固定资产的取得和处置是否确实经过授权批准

D. 评价固定资产的内部控制情况

(4) 审查被审计单位是否高估固定资产数额时，审计人员可采取(　　)程序验证。

A. 被审计单位新增加的固定资产替换原有固定资产，原有固定资产未作会计分录

B. 分析营业外收支账户

C. 向固定资产管理部门查询本年有无未作会计记录的固定资产减少业务

D. 复核固定资产保险

(5) 对融资租入的固定资产，主要应审核检查(　　)。

A. 产权证明　　B. 会计记录　　C. 租赁协议　　D. 采购发票

(6) 能够证明被审计单位房地产类固定资产所有权的资料有(　　)。

A. 租赁协议　　B. 财产税单　　C. 保险单　　D. 产权证明

(7) 审计人员需要函证应付账款的情形包括(　　)。

A. 应付账款的控制风险较高　　B. 应付账款的固有风险较高

C. 某"应付账款"账户金额较大　　D. 被审计单位处于经济困难阶段

(8) 下列审计程序中,(　　)与查找未入账应付账款有关。

A. 审核期后现金支出的主要凭证

B. 审核期后未付账的主要凭证

C. 追查年终前签发的验收单至相关的卖方发票

D. 审核应付账款的明细汇总表

(9) 审计人员验证被审计单位应付账款是否真实存在,可通过(　　)程序测试。

A. 将应付账款清单加总

B. 从应付账款清单追查卖方发票和卖方对账单

C. 函证应付款,重点是大额、异常项目

D. 对未列入本期的负债进行测试

(10) 审计人员对某公司采购与付款循环进行审计,该公司应付账款明细账年末余额合计及本年度进货总额如下,应选择进行函证的两家公司为(　　)。

A. 497 000 元和 668 200 元　　B. 0 和 47 015 300 元

C. 98 000 元和 92 000 元　　D. 3 032 000 元和 2 897 000 元

(11) 审计人员确定固定资产减值准备的披露是否恰当时,应当关注企业在会计报表附注中披露(　　)。

A. 当期确认的固定资产减值损失金额

B. 企业提取的固定资产减值准备累计金额

C. 导致重大固定资产减值损失的原因,固定资产可收回金额的确定方法,以及当期确认的重大固定资产减值损失的金额

D. 固定资产减值准备转回情况

(12) 下列关于固定资产折旧的表达中,正确的有(　　)。

A. 企业至少应当于每年年度终了对固定资产的使用寿命、预计净残值和折旧方法进行复核,如果固定资产使用寿命预计数和净残值预计数与原先估计数有差异,应当作相应调整

B. 在考虑固定资产减值准备的前提下,影响折旧的因素则包括折旧的基数、累计折旧、固定资产减值准备、固定资产预计净残值和固定资产尚可使用年限五个方面

C. 固定资产折旧主要取决于企业的折旧政策,具有一定程度的主观性

D. 除非由于与固定资产有关的经济利益的预期实现方式有重大改变,应当相应改变固定资产折旧方法,折旧方法一经选定,不得随意调整

3. 判断题

(1) 审计人员通常审查有关负债项目,对受留置权限的固定资产的所有权予以证实。(　　)

(2) 审计人员审计无形资产减值准备时,应当关注使用寿命不确定的无形资产,无论是否

存在减值迹象，都应进行减值测试。（　　）

(3) 审计人员在确定上市公司款项的披露是否恰当时，应关注在其会计报表附注中是否按不同账龄段列示预付款项余额、各账龄段余额占预付款项总额的比例；并说明账龄超过1年的预付款项未收回的原因，以及持有5%以上(含5%)表决权股份的股东单位账项情况。（　　）

(4) 从验收单和卖方发票分别追查到采购明细账能够实现真实性目标。（　　）

(5) 请购单应由采购部门事先连续编号，以保证采购业务真实、完整。（　　）

(6) 在建工程发生单项或单位工程报废或毁损、减去残料价值和过失人或保险公司等赔款后的净损失，工程项目尚未达到预定可使用状态的，计入继续施工的工程成本；工程项目已达到预定可使用状态的，属于筹建期间的，计入营业外支出；不属于筹建期间的，计入管理费用。（　　）

(7) 函证应付账款，应选择较大金额的债权人，以及那些在资产负债表日金额不大，甚至为零的，但为企业重要供货人的债权人作为函证对象。（　　）

(8) 某增值税一般纳税人企业因暴雨毁损库存材料一批，该批原材料实际成本为20 000元，收回残料价值800元，保险公司赔偿21 600元。该企业购入材料的增值税税率为17%，企业认为该批毁损原材料造成的非常损失净额是8 800元。（　　）

(9) 固定资产的保险不属于企业固定资产的内部控制范围，因此，审计人员在检查、评价企业的内部控制时，审计人员一般不需对其进行控制测试。（　　）

(10) 被审计单位对永续盘存手续中的采购环节的内部控制，一般应作为审计中对采购交易进行控制测试的对象之一，在审计中起着关键作用。如果这些控制能有效地运行，并且永续盘存记录中又能反映出存在的数量和单位成本，则还可以因此减少存货监盘和存货单位成本测试的工作量。（　　）

实务训练

1. 审计人员李豪对华兴公司2018年度财务报表进行审计，华兴公司总资产2 500万元，应收账款在报表上列示1 000万元，控制风险评价为低水平；应付账款在报表上列示为610万元，控制风险评价为高水平，请分析审计人员是否需要对应收、应付账款进行函证。为什么？

2. 公开发行A股的X股份有限公司(以下简称X公司)系ABC会计师事务所的常年审计客户。A和B审计人员负责对X公司2017年度财务报表进行审计，并确定财务报表层次的重要性水平为1 200 000元。X公司2017年度财务报告于2018年2月25日获董事会批准，并于同日报送证券交易所。X公司适用的增值税税率为17%。其他相关资料如下：

资料一：X公司未经审计的2017年度财务报表部分项目的年末余额或本年发生额，如表10-2所示。

表10-2　　2017年度财务报表(部分)

项目	金额(万元)	项目	金额(万元)
资产总额	21 000	资本公积——股本溢价	4 000
股本	7 500	法定盈余公积	1 000

（续表）

项目	金额（万元）	项目	金额（万元）
未分配利润	900	利润总额	300
主营业务收入	18 000	净利润	200

资料二：在对X公司的审计过程中，A和B审计人员注意到以下事项：为建造厂房和生产线，X公司于2017年6月1日，分别向F银行借入年利率为5%的专项长期借款9 000 000元，向H银行借入年利率为6%的专项长期借款6 000 000元。该工程预计建造期为1年6个月，采用出包方式，按照工程进度于每月月初支付当月工程进度款。2017年6～12月，每月月初实际支付的工程进度款分别为8 000 000元、2 500 000元、500 000元、500 000元、1 000 000元、200 000元、1 000 000元。X公司2017年12月31日未经审计的该项在建工程余额为14 172 500元，其中包括利息费用472 500元。

要求：在资料一的基础上，如果不考虑审计重要性水平，针对资料二中的事项，请回答A和B审计人员是否需要提出审计处理建议？若需提出审计调整建议，请直接列示调整分录（审计调整分录均不考虑对X公司2015年度的企业所得税、期末结转损益及利润分配的影响）。

3. 华兴公司系股份有限公司，执行《企业会计准则》，每年的年度财务报告均于次年的4月对外公布，2016年度发生的相关交易和事项及其会计处理如下：

（1）2018年年末，华兴公司全面清理往来款，判断无法支付的应付款项为130万元（其中A公司50万元，B公司80万元），虽尚未经董事会批准，仍作了借记“应付账款”账户130万元，贷记“营业外收入”账户130万元的会计处理。2009年3月，董事会决议同意冲销对A公司的应付账款，但认为对应付B公司账款的冲销理由不充分，应予以保留。华兴公司据此在2019年3月的会计分录中作了借记“营业外收入”账户80万元，贷记“应付账款”账户80万元的账务处理。

（2）华兴公司会计政策规定，采用平均年限法计提固定资产折旧，每年年度终了对固定资产进行逐项检查，考虑是否计提固定资产减值准备。华兴公司的办公大楼于2017年1月启用，原值4 000万元，预计使用年限为20年，预计净残值为400万元。2017年12月31日，经审计的该项固定资产的净值为3 835万元，该项固定资产的减值准备余额为458万元。由于自2018年1月起该项固定资产因故停用，公司因此未计提其2016年度的折旧，但已按规定计提了该项固定资产2016年度的减值准备并作了相应的会计处理。

（3）华兴公司2018年12月31日“应付账款”账户余额为贷方余额800万元，其明细组成如下：

应付账款——A公司	500万元
应付账款——B公司	350万元
应付账款——C公司	－150万元
应付账款——D公司	100万元
合计	800万元

（4）在建工程中有房屋建筑物2 000万元，本年6月已完工交付使用，但华兴公司未结转固定资产（该公司房屋建筑物的残值率3%，使用年限30年）。

要求：如果精华会计师事务所的审计人员于2019年3月对华兴公司2008年度的财务报表进行审计，并出具审计报告，假定不考虑华兴公司财务报表层次的重要性水平，针对上述交易年度直接列示全部相应的审计调整分录（包括重分类调整分录）。在编制审计调整分录时，不考虑调整分录对所得税和期末结转损益的影响。

第十一单元　存货与仓储循环审计

导学目标

通过本单元课程教学，学生应该了解存货与仓储循环涉及的业务活动和凭证与记录；掌握存货与仓储循环的内部控制及测试的主要内容；掌握存货、应付职工薪酬、主营业务成本及其他相关账户审计的程序和方法。

导学案例

存货与仓储循环风险评估与应对

甲公司是泰信会计师事务所的常年审计客户，主要从事A,B和C三类产品的生产和销售。X注册会计师负责审计甲公司2019年度财务报表，按照税前利润的5%确定财务报表整体的重要性为60万元。

X注册会计师了解到甲公司以下情况：

1. B产品5～8月的直接人工成本总额较其他月份有明显增加，单位人工成本没有明显变化，销售部、生产部和人力资源部经理均解释由于B产品有季节性生产的特点，甲公司在5～8月需要雇用大量临时工。这与X注册会计师在以前年度了解的情况一致。

2. 为方便安排盘点人员，甲公司将A和B产品的年度盘点时间确定为2019年12月31日，将C产品的年度盘点时间确定为2019年12月20日。自2019年12月25日起，由新入职的存货管理员负责管理C产品并在ERP系统中记录其数量变动。

X注册会计师作出以下分析：

由于以前年度审计证据支持被审计单位对5～8月直接人工成本总额出现异常变动所作出的合理性解释，因此得出结论：情况1不导致重大错报风险。

对C产品于2019年12月20日盘点，其后负责存货记录的员工发生变更，盘点日至资产负债表日之间存货变动可能未得到恰当记录，因此得出结论：情况2会导致重大错报风险，与存货(存在)相关。

X注册会计师针对重大错报风险的评估情况，拟实施的实质性程序如下：

(1) 对直接人工成本实施实质性分析程序。

(2) 对A和B产品实施年末监盘程序。

思考：

X注册会计师对重大错报风险的识别与评估是否合理。实施的审计程序是否适当。

第一讲 存货与仓储循环涉及的业务活动和凭证与记录

【知识要点】

存货与仓储循环是企业处理有关生产成本计算和存货管理等业务的工作程序的总称。生产与存货业务是企业生产经营活动中的主要业务之一，也是生产经营的主要环节。由于该循环涉及的业务复杂，存货种类和数量繁多，计价方法各异，且生产成本和存货计价直接影响当期损益，因而审计风险较高。存货与仓储循环过程中所涉及的主要凭证和会计记录包括生产通知单、领发料凭证、产量和工时记录、工薪汇总表及人工费用分配表、材料费用分配表、制造费用分配汇总表、成本计算单以及存货明细账等。

一、存货与仓储循环的一般业务活动

不同类型企业的生产与存货所包含的内容和程序不完全一致。对于制造业而言，存货与仓储循环从原材料采购开始，包括编制生产计划和安排生产、发出原材料、生产产品、核算产品成本、存货管理和产成品销售出库等。典型的存货与仓储循环所涉及的主要业务活动包括以下几个方面：

（1）编制生产计划和安排生产。首先，由技术部门制定各项消耗定额和费用控制标准，由生产计划部门和财务部门编制生产成本计划和生产费用预算；然后，落实到车间和下级部门。该环节所涉及的凭证主要为生产通知单，即企业下达生产产品等的书面文件。

（2）发出原材料。仓库部门的责任是根据从生产部门收到的领料单发出原材料。领料单上必须列示所需的材料数量和种类，以及领料部门的名称。领料单可以一料一单，也可以一单多料，通常需一式三联。仓库发料后，以其中一联连同材料交还领料部门，其余两联经仓库登记材料明细账后，送会计部门进行材料收发核算和成本核算。涉及的凭证主要为领发料凭证，它是企业为控制材料发出所采用的各种凭证，如材料发出汇总表、领料单、限额领料单、领料登记簿及退料单等。

（3）生产产品。生产部门在收到生产通知单及领取原材料后，便将生产任务分解到每一个工人，并将所领取的原材料交给生产工人，据以执行生产任务。生产工人在完成生产任务后，将完成的产品交生产部门查点，然后转交检验员验收并办理入库手续；或是将所完成的产品移交下一个部门，以进一步加工。常见的产量和工时记录主要有工作通知单、工序进程单、工作班产量报告、产量通知单、产量明细表和废品通知单等。

（4）核算存货成本。财会部门设置会计账户控制原材料的流动及成本形成，随着生产的进行，成本会计人员要汇集生产过程的各种凭证，逐步登记和汇总材料费、人工费和制造费用，并按照标准成本会计制度分析报告成本差异，当产品完工时计算并结转完工产品成本。

（5）存货管理。材料或产品经验收入库后，保管人员根据入库单填写“仓库货物登记簿”并建立台账，及时反映产、销、供、耗、存情况，并与销售、财会部门经常对账。仓库要及时通知财会部门入库的情况，财会部门进行相应记录。对于在库产成品要有健全的保管制度和记录制度。入库和出库应根据收、发凭证进行，并及时登记，保证账、卡、物相符。

(6) 产成品销售出库。销售部门接到客户订单，商定品种规格、数量、质量、价格、交货期和结算方式后，报主管人员批准，再签订销售合同、开出销货单，交由独立的发运部门装运产品。经授权人员批准后，根据发运通知单发出产成品。依据经批准的发运通知单编制出库单，并根据出库单登记产成品明细账。

二、存货与仓储循环涉及的凭证与记录

(1) 生产通知单。由企业计划部门下达的产品生产任务的书面文件，用以通知供应部门组织材料供应、生产部门组织产品生产、财务部门组织成本核算。

(2) 领发料凭证。领发料凭证是企业对材料发出进行控制所采用的各种凭证，主要有领料单、限额领料单、领料登记簿、退料单和材料发出汇总表等。

(3) 产量和工时记录。产量和工时记录是登记生产人员出勤日内完成的产品数量、质量和生产这些产品所耗费工时数量的原始记录，主要有工作通知单、工序进程单、产量通知单、产量明细表和废品通知单等。

(4) 工薪汇总表及人工费用分配表。工薪汇总表是为了反映企业全部工薪的结算情况，并据以进行工薪结算总分类核算和汇总整个企业工薪费用而编制的，它是企业进行工薪费用分配的依据。人工费用分配表反映了各生产车间各产品应负担的生产工人的工薪及福利费。

(5) 材料费用分配表。材料费用分配表是用来汇总反映各生产车间各产品所耗费的材料费用的原始记录。

(6) 制造费用分配汇总表。制造费用分配汇总表是用来汇总反映各生产车间各产品所应负担的制造费用的原始记录。

(7) 成本计算单。成本计算单是用以计算某一成本对象的总成本和单位成本的文件，按成本项目反映完工产品成本，同时也反映期末在产品成本。

(8) 存货明细账。存货明细账是用来反映各种存货增减变动情况和期末库存数量及相关成本信息的会计记录。

第二讲　存货与仓储循环的内部控制及测试

【知识要点】

从总体上看，存货与仓储循环的内部控制主要包括存货的内部控制、成本会计制度的内部控制及工薪的内部控制三项内容。其中，存货的控制涉及供产销各环节的相关控制，包括采购、验收入库、仓储、领用、加工(生产)和运输等方面，这些活动相关的内容控制及测试在采购及付款循环和销售与收款循环中已经介绍，不再赘述。

一、成本会计制度的内部控制及测试

1. 成本会计制度的内部控制

(1) 企业的生产业务应根据管理层的一般授权或特别授权进行，应通过恰当手续，经过特别审批或一般审批，其包括三个关键点的审批：生产通知单的授权批准、领料单的授权批准和

工资的授权批准。

(2) 企业应建立以经过审核的生产通知单、领发料凭证、产量和工时记录、人工费用分配表、材料费用分配表和制造费用分配表为依据的成本核算制度。记录实际发生的成本,把所有耗费和物化劳动均反映在生产成本中。

(3) 企业采用的核算方法应前后各期一致,采用的费用分配方法应前后各项一致;应进行成本核算和账务处理的内部核查,检查成本计算是否正确。

(4) 企业应对存货实施保护措施,保管人员与记录、批准人员应相互独立。

(5) 企业应定期进行存货盘点以使账面存货与实际存货核对相符。

2. 成本会计制度的控制测试

生产成本会计制度测试,包括直接材料成本测试、直接人工成本测试、制造费用测试和生产成本在当期完工产品与在产品之间分配的测试四项内容。

1) 直接材料成本测试

(1) 对采用定额成本的企业,可选择并获取某一成本报告期若干种具有代表性的产品成本计算单,获取样本的生产通知单或产量统计记录及其直接材料单位消耗定额,根据材料明细账或采购业务测试工作底稿中各该直接材料的单位实际成本,计算直接材料的总消耗量和总成本,与该样本的成本计算单中直接材料成本核对,并注意下列事项:生产通知单是否经过授权批准;单位消耗定额和材料成本计价方法是否适当;在当年度有何重大变更。

(2) 对采用实际成本的企业,可获取材料费用分配汇总表、材料发出汇总表(或领料单)、材料明细账(或采购业务测试工作底稿)中各该直接材料的单位成本,作如下检查:成本计算单中直接材料成本与材料费用分配汇总表中该产品负担的直接材料费用是否相符,分配的标准是否合理;抽取材料发出汇总表或领料单中若干种直接材料发出总量和各该种材料的实际单位成本之积,与材料费用分配汇总表中各该种材料费用进行比较,并注意领料单的签发是否经过授权批准,材料发出汇总表是否经过适当人员的复核,材料成本核算计价方法是否适当,在当年度有何重大变更。

(3) 对采用标准成本的企业,获取样本的生产通知单或产量统计记录、直接材料单位标准用量、直接材料标准单价及发出材料汇总表或领料单,并检查下列事项:根据生产量、直接材料单位标准用量和标准单价计算的标准成本与成本计算单中的直接材料成本核对是否相符;直接材料成本差异的计算与账务处理是否正确,并注意直接材料的标准成本在当年度内有何重大变更。

2) 直接人工成本测试

(1) 对采用计时工资制的企业,获取样本的实际工时统计记录、职员分类表和职员工资手册(工资率)及人工费用分配汇总表,并作如下检查:成本计算单中直接人工成本与人工费用汇总表中该样本的直接人工费用核对是否相符;样本的实际工时统计记录与人工费用分配汇总表中该样本的实际工时核对是否相符;抽取生产部门若干天的工时台账与实际工时统计记录核对是否相符;当没有实际工时统计记录时,则可根据职员分类表及职员工资手册中的工资率,计算复核人工费用分配汇总表中该样本的直接人工费用是否合理。

(2) 对采用计件工资制的企业,获取样本的产量统计报告、个人(小组)产量记录和经批准的单位工资标准或计件工资制度,检查下列事项:根据样本的统计产量和单位工资标准计算的人工费用与成本计算单中直接人工成本核对是否相符;抽取若干个直接人工(小组)的产量记录,检查是否被汇总计入产量统计报告。

(3) 对采用标准成本法的企业,获取样本的生产指令或产量统计报告,工时统计报告和经批准的单位标准工时、标准工时工资率、直接人工的工资汇总表等资料,并检查下列项目:根据产量和单位标准工时计算的标准工时总量与标准工时工资率之积同成本计算单中直接人工成本核对是否相符;直接人工成本差异的计算与账务处理是否正确,并注意直接人工的标准成本在当年度内有无重大变更。

3) 制造费用测试

获取样本的制造费用分配汇总表、按项目分列的制造费用明细账、与制造费用分配标准有关的统计报告及其相关原始记录,并作如下检查:制造费用分配汇总表中,样本分担的制造费用与成本计算单中的制造费用核对是否相符;制造费用分配汇总表中的合计数与样本所属成本报告期的制造费用明细账总计数核对是否相符;制造费用分配汇总表选择的分配标准(机器工时数、直接人工工资、直接人工工时数、产量等等)与相关的统计报告或原始记录核对是否相符,并对费用分配标准的合理性作出评估。如企业采用预计费用分配率分配制造费用,则应针对制造费用分配过多或过少的差额,检查其是否作了适当的账务处理;如果企业采用标准成本法,则应检查样本中标准制造费用的确定是否合理,计入成本计算单的数额是否正确,制造费用差异的计算与账务处理是否正确,并注意标准制造费用在当年度内有何重大变更。

4) 生产成本在当期完工产品与在产品之间分配的测试

检查成本计算单中在产品数量与生产统计报告或在产品盘存表中的数量是否一致;检查在产品约当产量计算或其他分配标准是否合理;计算复核样本的总成本和单位成本,最终对当年采用的成本会计制度作出评价。

二、工薪的内部控制及测试

1. 工薪的内部控制

工薪的内部控制是对工薪的支出进行反映和监督的内部控制。主要包括以下内容:

(1) 雇用员工。人事部门负责雇用员工,并用人事授权表记录所有雇用员工的情况。在该表中,应列示员工的工种、起点和授权扣减的项目。人事授权表一份存于人事部门的员工档案中,另一份送交工薪部门。

(2) 授权变动工薪。在公司中,可以由员工的主管提出更换工种或提高小时工薪标准的申请,但是所有工薪变动都应由人事部门书面授权。这项控制有助于保证工薪的正确性。人事部门还应负责对雇用期已结束的员工签发离职通知。离职通知应尽快送达工薪部门,以防已离职的员工继续领取工薪。

(3) 编制出勤和计时资料。许多公司专门设置了计时部门来负责这项工作,并经常使用打卡钟来记录员工的工作时间。对员工而言,计时卡上的工作时数必须由计工单来佐证,计工单上所有的工作时数都应由主管人员书面批准。计时部门在调节已批准的计工单和计时卡后,应将其送达工薪部门,工薪部门据此编制工薪单。

(4) 编制工薪计算表。工薪部门在收到计时卡和计工单后,结合人事授权表资料,即可计算出每位员工的工薪总额,编制一式两份的工薪计算表和人工成本分配汇总表。其中一份连同计时卡和计工单留在工薪部门;另一份工薪计算表和填写的工薪提取支票送达财务部门,人工成本分配表送达会计部门。工薪部门应特别注意有效员工编号的检查和员工工作时数的合理性检查。

(5) 记录工薪。会计部门根据工薪部门送来的“人工费用分配汇总表”登记有关账簿。

(6) 支付工薪和保管未领工薪。应由财务部门人员独立检查发放工薪现金支票提取的金额与工薪计算表上金额的一致性。工薪支票应由财务部门未参加计算和记录工薪的经授权人员签发。工薪只发放给经过确认的员工,未领工薪应保存在财务部门的保险柜里。

2. 工薪的控制测试

(1) 选择若干月份的工薪汇总表,作如下检查:计算复核每一月份工资汇总表;检查每一份工资汇总表是否已经授权批准;检查应付工资总额与人工费用分配汇总表中合计数是否相符;检查其代扣款项的账务处理是否正确;检查实发工资总额与银行付款凭单及银行存款对账单是否相符,并正确过入相关账户。

(2) 从工资单中选取若干个样本(应包括各种不同类型的人员),作如下检查:检查员工工资卡或人事档案,确保工资发放有依据;检查员工工资率及实发工资额的计算;检查实际工时统计记录(或产量统计报告)与员工个人钟点卡(或产量记录)是否相符;检查员工加班加点记录与主管人员签字的月度加班费汇总表是否相符;检查员工扣款依据是否正确;检查员工的工资签收证明;实地抽查部分员工,证明其确在本公司工作,如已离开本公司,需管理当局证实。

第三讲 存货审计

【知识要点】

存货是指企业在生产经营过程中为销售或耗用而储存的各种资产。存货品种繁多,占用资金比重很大,而且流动性强,周转快,对企业的资产和损益有很大影响,因此,存货审计是审计工作的重要内容。

一、存货的审计目标

存货的审计目标可分为以下各项:确定企业存货的内部控制制度是否健全,是否有效地遵守执行;确定企业存货是否存在,并为企业所有;确定企业存货收发程序是否合法、合理,计价是否适当,增减变动的记录是否完整;确定企业存货在资产负债表上的反映是否恰当。

二、存货的实质性程序

1. 取得或编制存货明细表

对存货进行审计,审计人员应首先取得或编制存货明细表,并与存货有关总账、明细账和报表进行核对,如不相符,应查明原因,并作记录和相应的调整。

2. 实施分析程序

在存货审计中,通常运用的分析性复核方法主要是趋势分析法和比率分析法两种。趋势分析法主要通过比较前后各期及本年度各月份存货余额及其构成、存货成本差异率、生产成本总额及单位生产成本、制造费用总额及其构成、工薪费用的发生额、主营业务成本总额及单位销售成本、直接材料成本、购进数量等,以评价相关账户总体合理性。比率分析法主要通过计算存货周转率、毛利率、存货周转天数和存货与流动资产总额之比等比率,以审查被审计单位是否存在残次存货以及超额库存等不合理现象。

3. 存货监盘

存货监盘是指审计人员现场观察被审计单位存货的盘点,并对已盘点的存货进行适当检查。存货监盘有两层含义：一是审计人员现场监督被审计单位存货的盘点；二是审计人员根据需要对已盘点的存货进行适当的抽查。

1）存货监盘计划

（1）制定存货监盘计划。审计人员应当根据被审计单位存货的特点、盘存制度和存货内部控制的有效性等情况。在评价被审计单位存货盘点计划的基础上，编制存货监盘计划，对存货监盘作出合理安排。

在编制存货监盘计划时，审计人员应当实施下列审计程序：

第一，了解存货的内容、性质、各存货项目的重要程度及存放场所。

第二，了解与存货相关的内部控制。在制定存货监盘计划时，审计人员应当了解被审计单位与存货相关的内部控制，并根据内部控制的完善程度确定进一步审计的性质、时间和范围。

第三，评估与存货相关的重大错报风险和重要性。

第四，查阅以前年度的存货监盘工作底稿。审计人员可以通过查阅以前年度的存货监盘工作底稿，了解被审计单位的存货情况、存货盘点程序以及其他在以前年度审计中遇到的重大问题。

第五，考虑实地察看存货的存放场所。审计人员应当考虑实地察看被审计单位的存货存放场所，特别是金额较大或性质特殊的存货。这有助于审计人员熟悉在库存货及其组织管理方式，也有助于审计人员在盘点工作进行前发现潜在问题，如存在难以盘点的存货、周转缓慢的存货、过时存货、残次品以及代销存货。

第六，考虑利用专家或其他审计人员的工作。

第七，复核或与管理层讨论其存货盘点计划。如果认为被审计单位的存货盘点计划存在缺陷，审计人员应当提请被审计单位调整。

（2）存货监盘计划的主要内容。在实施上述审计程序后，审计人员需要制定存货监盘计划，存货监盘计划应当包括下列主要内容：

第一，存货监盘的目标、范围及时间安排。存货监盘的范围大小取决于存货的内容、性质以及与存货相关的内部控制的完善程度和重大错报风险的评估结果。对存放于外单位的存货，应当考虑实施适当的替代程序，以获取充分、适当的审计证据。存货监盘的时间，包括实地察看盘点现场的时间、观察存货盘点的时间和对已盘点存货实施检查的时间等，应当与被审计单位实施存货盘点的时间相协调。

第二，存货监盘的要点及关注事项。存货监盘的要点包括审计人员实施存货监盘程序的方法、步骤，各个环节应注意的问题以及所要解决的问题。注册会计师需要重点关注的事项包括盘点期间的存货移动、存货的状况、存货的截止确认、存货的各个存放地点及金额等。

第三，参加存货监盘人员的分工。审计人员应当根据被审计单位存货盘点人员分工、分组情况、存货监盘工作量的大小和人员素质情况，确定参加存货监盘的人员组成和各组成人员的职责和具体的分工情况，并加强督导。

第四，检查存货的范围。审计人员应当根据对被审计单位存货盘点和对被审计单位内部控制的评价结果确定检查存货的范围。审计人员在实施观察程序后，如果认为被审计单位内部控制设计良好且得到有效实施、存货盘点组织良好，可以相应缩小实施检查程序的范围。

2）存货监盘程序

（1）观察程序。

第一，在盘点前观察存货现场。在被审计单位盘点存货前，审计人员应当观察盘点现场，确定应纳入盘点范围的存货是否已经适当整理且排列，并附有盘点标志，防止遗漏或重复盘点。对未纳入盘点范围的存货，审计人员应当查明未纳入的原因。

第二，对所有权不属于被审计单位的存货的处理。对所有权不属于被审计单位的存货，审计人员应当取得其规格、数量等有关资料，并确定这些存货是否已分别存放、标明，且未被纳入盘点的范围。

第三，观察盘点人员是否遵守盘点计划。审计人员应当观察被审计单位盘点人员是否遵守盘点计划并准确地记录存货的数量和状况。当盘点人员没有按照存货盘点计划和程序进行盘点时，审计人员应与被审计单位的复核或监督人员联系以纠正盘点中的问题，或调整盘点程序。

(2) 抽查程序。

第一，实施抽查程序的目的。审计人员应当对已盘点的存货进行适当抽查，将抽查结果与被审计单位盘点记录相核对，并形成相应记录。抽查的目的既可以确认被审计单位的盘点计划是否得到适当的执行，也可以证实被审计单位存货实物总额。

第二，抽查的范围。抽查的范围通常包括所有盘点工作小组的盘点内容以及难以盘点或隐蔽性较强的存货。

第三，抽查的方向。抽查时，审计人员应当从存货盘点记录中选取项目追查至存货实物，以测试盘点记录的准确性；审计人员还应当从存货实物中选取项目追查至存货盘点记录，以测试存货盘点记录的完整性。

第四，抽查过程中发现问题的处理方式。如果审计人员在实施抽查程序时发现了差异，很可能表明被审计单位的存货盘点记录在准确性或完整性方面存在错误。由于抽查的内容通常仅仅是存货盘点中的一小部分，所以在抽查中发现的错误很可能意味着在被审计单位的存货盘点中还存在着其他错误。一方面，审计人员应当查明原因，并及时提请被审计单位更正；另一方面，被审计单位仅仅改正已发现的错误是不够的，审计人员应当考虑错误的潜在范围和重大程度，在可能的情况下，增加抽查范围以减少错误的发生。审计人员还可要求被审计单位重新进行盘点，重新盘点的范围可限制在某一特殊领域或特定盘点小组。

(3) 需要特别关注的情况。

第一，存货移动情况。审计人员应当特别关注存货的移动情况，防止遗漏或重复盘点。审计人员在实施存货监盘程序时应当关注存货的移动情况，并确定被审计单位是否已经设置了相应程序(如通过实施必要的截止测试程序)，以便在适当的期间内对存货作出准确记录。

第二，存货的状况。审计人员应当特别关注存货的状况，观察被审计单位是否已经恰当地区分所有毁损、陈旧、过时及残次的存货。存货的状况是被审计单位管理层对存货计价认定的一部分，审计人员在存货监盘过程中应当特别关注存货的状况，了解并观察被审计单位是否识别出所有毁损、陈旧、过时及残次的存货。审计人员还应当把所有毁损、陈旧、过时及残次存货的详细情况记录下来，以便事后追查以及编制存货跌价准备明细表。

第三，存货的截止。审计人员应当获取被审计单位盘点日前后存货收发及移动的凭证，检查库存记录与会计记录期末截止是否正确。审计人员在对期末存货进行截止测试时，通常应当注意：所有在截止日期以前入库的存货项目均已包括在盘点范围内并已反映在账簿之中，且任何在截止日期以后入库的存货项目均未包括在盘点范围内，也未反映在账簿记录之中；所有在截止日期以前装运出库的存货项目均未包括在盘点范围内且未反映在账簿之中，任何在截止日期以后装运出库的存货项目均已包括在盘点范围内，并已反映在账簿之中；所有已确认为销售但尚未装运出库的商品均未包括在盘点范围内且未反映在账簿之中；所有已记录为购货但尚未入库的存货均已包括在盘点范围内并已反映在账簿之中；在途存货和被审计单位直接向其顾客发运的存货均已得到了适当的会计处理。

(4) 存货监盘结束时的工作。在被审计单位存货盘点结束前，审计人员应当：再次观察盘点现场，以确定所有应纳入盘点范围的存货是否均已盘点；取得并检查已填用、作废及未使用盘点表单的号码记录，确定其是否连续编号；查明已发放的表单是否均已收回，并与存货盘点的汇总记录进行核对。审计人员应当根据自己在存货监盘过程中获取的信息，对企业最终的存货盘点结果汇总记录进行复核，并评估其是否正确地反映了实际的盘点结果。

如果存货盘点日不是资产负债表日，审计人员应当实施适当的审计程序，确定盘点日与资产负债表日之间存货的变动是否已作出正确的记录。

在永续盘存制下，如果永续盘存记录与存货盘点结果之间出现重大差异，审计人员应当实施追加的审计程序，查明原因，并检查永续盘存记录是否已作出适当的调整。如果认为被审计单位的盘点方式及其结果无效，审计人员应当提请被审计单位重新盘点。

【技能操作】

【例 11-1】 2017 年 12 月 31 日，某企业在产品账面盘存数为 40 000 件，审计人员于 2018 年 1 月 20 日进行审计，发现该企业 2017 年 1～11 月各月月末在产品数量在 20 000～28 000 件之间，这一情况引起审计人员的怀疑。经清点得知，2018 年 1 月 20 日在产品实际数量 22 000 件，2018 年 1 月 1～20 日投料生产数量 128 000 件，完工入库成品 130 000 件，产品单位成本以及出入库数量经核实无误。

[**存在问题**] 审计人员对该企业在产品盘存方面存在的问题进行了以下计算、分析：

(1) 用调节法计算该企业 2017 年 12 月 31 日在产品盘存数为：

在产品应存数＝22 000－128 000＋130 000＝24 000(件)

(2) 企业 2017 年 12 月 31 日在产品账面盘存数应为 24 000 件，在产品虚增了 16 000 件(40 000－24 000)，产成品成本虚减了 240 000 元(16 000×15)。

(3) 在在产品全部销售出去的情况下，产成品成本虚减，即利润虚增。

[**审计处理**] 审计人员建议该公司调整会计处理。

4. 存货的计价测试

监盘程序只能对存货的结存数量予以确认。为验证财务报表上存货余额的真实性，还必须对存货的计价进行审计。存货计价测试主要是针对被审计单位所使用的存货单位成本是否正确所作的测试，当然，广义地看，存货成本的审计也可以被视为存货计价测试的一项内容。

1) 存货计价测试的一般要求

(1) 样本的选择。存货计价审计的样本，应从已经盘点、单价和总金额已经计入存货汇总表的结存存货中选择。选择样本时，应着重选择结存余额较大且价格变化比较频繁的项目，同时考虑所选样本的代表性。抽样方法一般采用分层抽样法，抽样规模应足以推断总体的情况。

(2) 计价方法的确认。存货的计价方法多种多样，企业可结合国家法规要求选择符合自身特点的方法。审计人员除应了解掌握企业的存货计价方法外，还应对这种计价方法的合理性与一贯性予以关注，没有足够的理由，计价方法在同一会计年度内不得变动。

(3) 计价测试。进行计价审计时，审计人员首先应对存货价格的组成内容予以审核，然后按照所了解的计价方法对所选择的存货样本进行计价审计。审计时，应排除被审计单位已有计算程序和结果的影响，进行独立审计。待审计结果出来后，应与被审计单位账面记录对比，编制对比分析表，分析形成差异的原因。如果差异过大，应扩大范围继续审计，并根据审计结果作出审计调整；在存货计价审计中，由于被审计单位对期末存货采用成本与可变现净值孰低的方法计价，所以，审计人员应充分关注被审计单位对存货可变现净值的确定及存货跌价准备的计提。

2）存货成本的计价测试

存货成本审计主要包括直接材料成本审计、直接人工成本审计和制造费用审计。

（1）直接材料成本审计。直接材料成本审计一般应从审阅材料和生产成本明细账入手，抽查有关的费用凭证，验证企业产品直接耗用材料的数量、计价和材料费用分配是否真实、合理。主要程序包括：

第一，抽查产品成本计算单，检查直接材料成本的计算是否正确，材料费用的分配标准与计算方法是否合理和适当，是否与材料费用分配汇总表中该产品分摊的直接材料费用相符。

第二，审查直接材料耗用数量的真实性，检查有无将非生产用材料计入直接材料费用。

第三，分析比较同一产品前后各年度的直接材料成本，如有重大波动应查明原因。

第四，抽查材料发出及领用的原始凭证，检查领料单的签发是否经过授权，材料发出汇总表是否经过适当的人员复核，材料单位成本计价方法是否适当，是否正确，材料成本是否及时入账。

第五，对采用定额成本或标准成本的企业，应检查直接材料成本差异的计算、分配与会计处理是否正确，并查明直接材料的定额成本、标准成本在本年度内有无重大变更。

（2）直接人工成本审计。对直接人工成本的审计，应获取成本计算单、生产成本明细账、制造费用明细账、应付职工薪酬明细账、工薪费用汇总分配表、考勤表、工时记录和工薪结算单等。

第一，采用分析性复核的方法，将本年度直接人工成本与前期进行比较、本年度各个月份的直接人工成本发生额进行比较，分析其是否有异常变动，如有，应查明原因。

第二，审查直接人工成本范围的合规性。审计人员在了解工薪管理形式、政策的基础上，通过审阅、核对和分析有关劳动人事资料、工薪结算单、工薪及福利费用分配表，查明有无混淆直接从事产品生产的生产工人工薪与其他人员工薪的界限。

第三，审查直接人工成本计算与分配的正确性。抽查产品成本计算单，检查直接人工成本的计算是否正确，工薪费用的分配标准与计算方法是否合理和适当，分配额是否与工薪费用分配汇总表中该产品分摊的直接人工费用相符。

第四，审核直接人工成本会计处理的正确性。结合应付工薪的检查，抽查直接人工费用的会计记录及会计处理是否正确。

第五，对采用标准成本法的企业，应检查直接人工成本差异的计算、分配与会计处理是否正确，并查明直接人工的标准成本在本年度内有无重大变更。

（3）制造费用审计。制造费用是企业为生产产品或提供劳务而发生的间接费用，即生产单位为组织和管理生产而发生的费用，包括分厂和车间管理人员的工薪、提取的职工福利费、折旧费、修理费、办公费、水电费、取暖费、租赁费、机物料消耗、低值易耗品摊销、劳动保护费、保险费、设计制图费、实验检验费、季节性和修理期间的停工损失以及其他制造费用。

第一，获取或编制制造费用汇总表，并与明细账、总账核对相符，抽查制造费用中的重大数额项目及例外项目是否合理。

第二，审阅制造费用明细账，检查其核算内容及范围是否正确，并应注意是否存在异常会计事项。如有，则应追查至记账凭证及原始凭证，重点查明企业有无将不应列入成本费用的支出（如投资支出、被没收的财物、支付的罚款、违约金和技术改造支出等）计入制造费用。

第三，必要时，对制造费用实施截止测试，即检查资产负债表日前后若干天的制造费用明细账及其凭证，确定有无跨期入账的情况。

第四，审查制造费用的分配是否合理。重点查明制造费用的分配方法是否符合企业自身的生产技术条件，是否体现受益原则，分配方法一经确定，是否在相当时期内保持稳定，有无随意变更的情况；分配率和分配额的计算是否正确，有无以人为估计数代替分配数的情况。对按预定分配率分配费用的企业，还应查明计划与实际差异是否及时调整。

第五，对于采用标准成本法的企业，应抽查标准制造费用的确定是否合理，计入成本计算单的数额是否正确，制造费用的计算、分配与会计处理是否正确，并查明标准制造费用在本年度内有无重大变动。

【技能操作】

【例 11-2】 审计人员在审计华天公司在产品成本时，收集到的有关资料如下：该公司采用约当产量法计算 A 产品的在产品成本，A 产品本月完工 180 件，月末在产品 90 件，A 在产品的投料率为 80%，完工率为 50%。生产成本明细账如表 11-1 所示。

表 11-1 **生产成本明细账**

产品名称：A 产品 单位：元

2017 年		摘要	直接材料	直接人工	制造费用	合计
月	日					
3	1	月初在产品成本	18 000	4 500	6 750	29 250
	31	本月生产费用	82 800	11 250	29 250	123 300
	31	生产费用合计	100 800	15 750	36 000	152 550
	31	结转完工产品成本	57 000	10 500	25 800	93 300
	31	月末在产品成本	43 800	5 250	10 200	59 250

［**存在问题**］根据上述问题，审计人员抽查有关会计凭证，并与产品成本明细账核对，账证数据相符，盘点在产品实物数量符合实际，验证投料率和完工率也符合实际情况。根据成本计算单，审计人员为验证在产品成本进行了以下计算、分析：

（1）直接材料＝100 800÷(180＋90×80%)×90×80%＝28 800(元)，则在产品多留材料费 15 000 元(43 800－2 800)。

（2）直接人工＝15 750÷(180＋90×50%)×90×50%＝3 150(元)，则在产品多留人工费 2 100 元(5 250－3 150)。

（3）制造费用＝36 000÷(180＋90×50%)×90×50%＝7 200(元)，则在产品多留制造费用 3 000 元(10 200－7 200)。

（4）在产品成本合计＝28 800＋3 150＋7 200＝39 510(元)，则多留在产品成本合计 20 100 元(15 000＋2 100＋3 000)。

（5）华天公司多留在产品成本、少转完工产品成本 20 100 元。

[**审计处理**] 审计人员向有关会计人员询问，证实是因计算失误而发生的差错，建议华天公司补转少转的完工产品成本，并调整有关会计处理。

第四讲 应付职工薪酬审计

【知识要点】

职工薪酬是指企业为获得职工提供的服务而给予各种形式的报酬以及其他相关支出，包括职工在职期间和离职后提供给职工的全部货币性薪酬和非货币性福利。企业提供给职工配偶、子女或其他被赡养人的福利等，也属于职工薪酬。具体来说，职工薪酬主要包括职工工薪、奖金、津贴和补贴、职工福利费、社会保险费、住房公积金、工会经费和职工教育经费和非货币性福利等。

一、应付职工薪酬的审计目标

应付职工薪酬的审计目标主要有：确定期末应付职工薪酬是否存在，是否为被审计单位应履行的义务；确定应付职工薪酬计提和支出的记录是否完整，计提依据是否合理；确定应付职工薪酬期末余额是否正确；确定应付职工薪酬的披露是否恰当。

二、应付职工薪酬的实质性程序

1. 获取或编制应付职工薪酬明细表

审计人员首先应获取或编制应付职工薪酬明细表，复核加计正确，并与报表数、总账数和明细账合计数核对相符。

2. 实施分析程序

对本期职工薪酬的发生情况进行分析，其方法主要有：

(1) 检查各月职工薪酬的发生额是否有异常波动，若有，则要求被审计单位予以解释。

(2) 将本期职工薪酬总额与上期进行比较，要求被审计单位解释其增减变动原因，或取得公司管理层关于职工薪酬标准的决议。

(3)了解被审计单位本期平均职工人数，计算人均薪酬水平，与上期或同行业水平进行比较。

3. 检查应付职工薪酬的核算内容

检查应付职工薪酬是否包括工资、职工福利、社会保险费、住房公积金、工会经费、职工教育经费、非货币性福利、辞退福利和股份支付等明细项目。

4. 检查职工薪酬的计提和分配

检查职工薪酬的计提是否正确，分配方法是否合理，与上期是否一致，并将职工薪酬计提数与相关的成本、费用等项目核对一致。

5. 检查应付职工薪酬的计量和确认

(1) 计量应付职工薪酬时，国家规定了计提基础和计提比例的，应当按照国家规定的标准计提。比如，应向社会保险经办机构等缴纳的医疗保险费、养老保险费、失业保险费、工伤保险费、生育保险费等社会保险费，应向住房公积金管理机构缴存的住房公积金，以及工会经费和职工教育经费等。没有规定计提基础和计提比例的，企业应当根据历史经验数据和实际情况，合理预计当期应付职工薪酬。当期实际发生金额大于预计金额的，应当补提应付职工薪酬；当期实际发生金额小于预计金额的，应当冲回多提的应付职工薪酬。

（2）企业以其自产产品作为非货币性福利发放给职工的，应当根据受益对象，按照该产品的公允价值，计入相关资产成本或当期损益，同时确认应付职工薪酬。

（3）企业将企业拥有的房屋等资产无偿提供给职工使用的，应当根据受益对象，将该住房每期应计提的折旧计入相关资产成本或当期损益，同时确认应付职工薪酬。

（4）福利租赁住房等资产供职工无偿使用的，应当根据受益对象，将每期应付的租金计入相关资产成本或当期损益，并确认应付职工薪酬。

（5）难以认定受益对象的非货币性福利，直接计入当期损益和应付职工薪酬。

6. 检查工效挂钩企业职工薪酬的计提和分配

如果被审计单位实行工效挂钩，应取得有关主管部门确认的效益工资发放额的认定证明，并复核确定可予发放的效益工资的有关指标，检查其计提额、发放额是否正确。

7. 检查应付职工薪酬的披露是否恰当

【技能操作】

【例 11-3】 在某公司 2017 年度财务报表中，审计人员刘建在审查应付职工薪酬时，取得了 11 月份工薪分配表，如表 11-2 所示。

表 11-2 **工薪分配表** 单位：元

部门	人员类别	借方账户				合计
		生产成本	制造费用	管理费用	研发支出	
生产车间	生产工人	90 000				90 000
	管理人员			4 000		4 000
销售部门	门市部人员			6 200		6 200
厂部管理部门	研发人员				3 800	3 800
厂部管理部门	管理人员			50 000		50 000
厂部管理部门	基建工程人员		21 000			21 000
合计		90 000	21 000	60 200	3 800	175 000

［存在问题］

（1）车间管理人员的工薪应计入制造费用，不应计入管理费用。

（2）销售门市部人员的工薪应计入销售费用，不应计入管理费用。

（3）基建工程人员的工薪应计入在建工程，不应计入制造费用。

第五讲　主营业务成本审计

【知识要点】

主营业务成本是指企业对外销售商品、提供劳务等主营业务活动和销售材料的成本、出租固定资产的折旧额、出租无形资产的摊销额以及出租包装物的成本或摊销额等其他经营活动所发生的实际成本。

一、主营业务成本的实质性程序

（1）获取或编制主营业务成本汇总明细表，复核加计是否正确，与明细账合计数和总账数核对相符，并结合其他业务成本与报表数核对相符。

（2）编制生产成本及主营业务成本倒轧表，如表 11-3 所示，与总账核对相符。

表 11-3　　**生产成本及主营业务成本倒轧表**

被审计单位名称：　　索引号及编号：

审计项目：生产成本及主营业务成本　　编制者姓名：　　编制日期：

会计期间：　　复核者姓名：　　复核日期：

项　目	未审数	调整或重分类金额借（贷）	审定数
原材料期初余额			
加：本期购进			
减：原材料期末余额			
其他发出额			
直接材料成本			
加：直接人工成本			
制造费用			
生产成本			
加：在产品期初余额			
减：在产品期末余额			
产品生产成本（本期完工）			
加：产成品期初余额			
减：产成品期末余额			
主营业务成本			

（3）检查主营业务成本的内容和计算方法是否符合有关规定，前后期是否一致。

（4）分析比较本年度与上年度主营业务成本总额，以及本年度各月份的主营业务成本数额，如有重大波动和异常情况，应查明原因。

（5）结合生产成本的审计，抽查主营业务成本结转数额的正确性，并检查其是否与主营业务收入配比。

（6）检查"主营业务成本"账户中重大调整事项（如销售退回等）是否有充分理由，其会计处理是否正确。

（7）在采用计划成本、定额成本和标准成本等情况下，检查产品成本差异的计算、分配和会计处理是否正确。

（8）确定主营业务成本的披露是否恰当。

【技能操作】

【例 11-4】 审计人员王刚对文东公司 2017 年度财务报表进行审计时，检查了库存商品明细账，发现如下库存商品明细账，如表 11-4 所示。

表 11-4　　文东公司库存商品明细账

数量单位：件　　金额单位：元

2017 年		凭证号数	摘要	收入		发出		结存	
月	日			数量	金额	数量	金额	数量	金额
12	1		月初余额					2 000	110 000
12	12	转 3	结转完工产品成本					5 000	290 000
12	26	转 8	结转完工产品成本	3 000	180 000			7 000	440 000
12	31	转 12	结转本期销售成本	2 000	150 000				
12	31		本月合计			4 000	240 000		
			期末结存	5 000	330 000	4 000	240 000	3 000	200 000

经询问文东公司会计人员得知，该公司发出库存商品采用先进先出法计价。

［**存在问题**］从以上明细账看出，该公司发出库存商品计价方法不符合规定。如果采用先进先出法，本期发出产成品成本应为 230 000 元(2 000×55+2 000×60)；但是，该公司将本期发出的产成品都按每件 60 元计价，既非先进先出法，又非全月平均法。由于该公司发出库存商品计价方法不正确，导致本年多计主营业务成本 10 000 元，虚减利润，偷漏所得税，同时少计期末存货成本 10 000 元。

［**审计处理**］审计人员建议文东公司进行调账处理，并及时补交税金。

二、其他业务成本的实质性程序

(1) 获取或编制其他业务成本明细表，复核加计是否正确，与明细账合计数、总账数核对是否相符，并结合主营业务成本与报表数核对相符。

(2) 分析比较本期其他业务成本和上期其他业务成本，检查是否有重大波动，如有重大波动和异常情况，应查明原因。

(3) 检查其他业务成本的内容是否真实，计算是否正确，配比是否恰当，并抽查原始凭证予以核实。

(4) 对异常项目，应追查入账依据及有关法律文件是否充分。

(5) 确定其他业务成本的披露是否恰当。

第六讲　存货相关账户审计

【知识要点】

一、材料采购审计

(1) 获取或编制材料采购明细表，复核加计是否正确，与总账数、明细账合计数核对是否相符。

(2) 审查按实际成本计价的材料,其成本构成项目是否真实、正确,计价方法是否保持前后期一致,按计划成本计价的材料,材料成本差异处理是否正确。

(3) 检查期末材料采购,核对有关凭证,对大额材料采购,追查至相关的购货合同及购货发票,复核采购成本的正确性,并抽查期后入库情况。

(4) 查阅资产负债表日前后若干天内的材料采购增减变动的有关账簿记录和收料报告单等资料,检查有无跨期现象,如有,应作出记录,必要时作调整。

(5) 审计人员应通过有关账、证的核对,确定在途物资的真实性。对超过正常期限的在途物资,审计人员应加以审查,主要应核实供货方是否已发货,超期限的原因是什么,有无丢失的可能,以便加强管理。

二、原材料审计

(1) 获取或编制原材料明细表,复核加计是否正确,与总账数、明细账合计数核对是否相符。同时,抽查核对明细账是否与仓库台账、卡片记录相符。

(2) 对期末原材料余额与上期期末余额进行比较,解释其波动原因,并对大额异常项目进行审查。

(3) 检查原材料的入账基础和计价方法是否正确,前后各期是否一致。抽查若干月发出材料汇总表的正确性,检查发出材料的计价基础。根据被审计单位原材料计价方法,抽查年末结存量较大的原材料的计价是否正确。若原材料以计划成本计价,还应检查"材料成本差异"账户发生额、转销额是否计算正确。

(4) 审核有无长期挂账原材料事项,如有,应查明原因,必要时作调整。

(5) 结合原材料的盘点,检查期末有无料到单未到情况,如有,应查明是否已暂估入账,其暂估价是否合理。

【技能操作】

【例 11-5】 审计人员审查 ABC 公司 2017 年材料采购业务时,发现本年内一笔业务的处理如下:从外地购进原材料一批,共 8 500 千克,价款 293 250 元,外地运杂费 1 500 元。财会部门将原材料价款计入原材料成本,运杂费计入管理费用。材料入库后,仓库转来材料入库验收单,发现材料短缺 80 千克。查明 70 千克是运输部门责任引起的短缺,10 千克是运输途中的合理损耗。材料买价为每千克 34.5 元(假定不考虑增值税)。

[存在问题]

(1) 财会部门记账在前,仓库验收在后,这种做法说明企业未能很好地执行材料记账、验收相互牵制的内部控制,财会部门对材料成本的处理有误。

(2) 外地运杂费应计入材料采购成本,而不应计入当期的期间费用。

(3) 运输部门责任引起的材料短缺未追究其责任。

(4) 运输途中合理损耗调整材料明细账的入库材料的数量和单价。

[审计处理]

(1) 审计人员应提请该公司财会部门调整会计处理。

(2) 对于因运输部门责任引起的材料短缺应追究其责任,要求赔偿。

(3) 运输途中合理损耗,可不调整入库材料总金额(按规定材料合理损耗应计入材料采购成本),但应调整材料明细账的入库材料的数量和单价。

[调整分录]

(1) 运杂费调整:

借:原材料　　1 500
　　贷:管理费用　　1 500

(2) 运输部门责任引起的材料短缺,要求赔偿,赔偿前作分录:

借:其他应收款——××　　2 415
　　贷:原材料　　2 415

三、包装物审计

(1) 获取或编制包装物明细表,复核加计是否正确,并与总账数、明细账合计数核对是否相符,同时抽查核对明细账是否与仓库台账、卡片记录相符。

(2) 对期末包装物余额与上期期末余额进行比较,解释其波动原因,并对大额异常项目进行调查。

(3) 现场观察被审计单位的期末包装物盘点情况,取得包装物盘点资料和盘盈、盘亏报告,作重点抽查,并注意查明账实不符原因,有关审批手续是否完备,账务处理是否正确,存放在外的包装物,应现场查看或函询核实。

(4) 检查包装物的入账基础和计价方法是否正确,是否前后期一致。检查发出包装物的计价基础,抽查若干月发出包装物汇总表的正确性。根据被审计单位包装物计价方法,抽查期末结存量较大的包装物的计价是否正确,若包装物以计划成本计价,还应检查"材料成本差异"账户发生额、转销额是否计算正确。

(5) 审核有无长期挂账包装物事项,如有,应查明原因,必要时作调整。

(6) 结合包装物的盘点,检查期末有无料到单未到的情况,如有,应查明是否已暂估入账,其暂估价是否合理。检查出租、出借包装物的会计处理是否正确。

四、低值易耗品审计

(1) 获取或编制低值易耗品明细表,复核加计是否正确,并与总账数、明细账合计数核对是否相符。

(2) 检查低值易耗品与固定资产的划分是否符合规定。

(3) 检查低值易耗品的入库和领用的手续是否齐全,会计处理是否正确。

(4) 检查低值易耗品摊销方法是否正确,前后期是否一致。

(5) 审核有无长期挂账低值易耗品事项,如有,查明原因,必要时作调整。

五、材料成本差异审计

(1) 获取或编制材料成本差异明细表,复核加计是否正确,并与总账数、明细账合计数核对是否相符。

(2) 对每月材料成本差异率实施分析程序,检查是否有异常波动,注意是否存在调节成本现象。

(3) 抽查若干月发出材料汇总表,检查材料成本差异的分配是否正确,并注意分配方法前后期是否一致。

【技能操作】

【例 11-6】 2018 年 1 月 20 日,审计人员刘红在审计红星公司 2007 年度财务报表时,发现 2017 年 12 月份有关的账户资料如下:月初结存材料成本差异为 5 000 元,本月收入材料成本差异为 13 000 元。月初结存材料计划成本为 220 000 元,本月收入材料计划成本为 680 000元,本月发出材料计划成本为 660 000 元,本月材料成本差异率为 2.3%,本月发出材料实际成本为 675 180 元。

[**存在问题**] 为验证上述计算是否正确,审计人员刘红进行了计算、分析:

本月材料成本差异率 =(5 000 + 13 000) ÷ (220 000 + 680 000) = 0.02

本月发出材料应分摊差异 = 660 000 × 0.02 = 13 200(元)

本月发出材料实际成本 = 660 000 + 13 200 = 673 200(元)

本月发出材料实际成本多计数额 = 675 180 − 673 200 = 1 980(元)

由于材料成本差异计算有误,造成发出材料实际成本数额反映不正确,多计了 1 980 元。

[**审计处理**] 审计人员建议该公司会计人员调整会计处理,并及时补交税金。

六、库存商品审计

(1) 获取或编制库存商品明细表,复核加计是否正确,并与总账数、明细账合计数核对是否相符。同时,与仓库台账、卡片抽查核对是否相符。

(2) 现场观察被审计单位库存商品盘点情况,取得库存商品盘点资料和盘盈、盘亏报告表,作重点抽查,并注意查明账实不符原因,有关审批手续是否完备,账务处理是否正确。

(3) 查核库存商品的入账基础和计价方法是否正确,前后期是否一致。抽查库存商品入库单,核对库存商品的品种、数量与入账记录是否一致,并检查入库库存商品的实际成本是否与"生产成本"账户的结转额相符。抽查库存商品的发出凭证,核对转出库存商品的品种、数量和实际成本与"主营业务成本" 账户的结转额是否相符。

(4) 审阅库存商品明细账,检查有无长期挂账库存商品事项,如有,查明原因,必要时作调整。

(5) 结合外购库存商品的盘点,检查期末有无货到单未到的情况,如有,应查明是否已暂估入账,暂估价是否合理。

七、委托加工物资审计

(1) 获取或编制委托加工物资明细表,复核加计是否正确,并与总账数、明细账合计数核对是否相符。

(2) 检查若干份委托加工业务合同,抽查有关发料凭证、加工费、运费结算凭证,核对其计费、计价是否正确,会计处理是否及时、正确。

(3) 抽查加工完成物资的验收入库手续是否齐全,会计处理是否正确。

(4) 对委托加工物资的期末余额,应现场查看或函询核实。

(5) 审核有无长期挂账的委托加工物资事项,如有,应查明原因,必要时作调整。

八、存货跌价准备审计

（1）获取或编制存货跌价准备明细表，复核加计是否正确，并与总账数、明细账合计数核对是否相符。

（2）检查存货跌价准备计提和存货损失转销的批准程序，取得书面报告、销售合同或劳务合同等证明文件。

（3）检查存货跌价准备的计提方法是否正确、一致。按规定，存货跌价准备应按单个存货项目的成本与可变现净值孰低计量。审计人员应检查存货跌价准备计提方法前后各期是否一致，计算是否正确。

（4）抽查计提存货跌价准备的项目，其期后售价是否低于原始成本。

（5）检查已计提跌价准备的存货价值又得以恢复的，是否在原已计提的跌价准备的范围内转回，依据是否充分，并记录转回金额。

单元测试

1. 单项选择题

（1）一般说来，（　　）仅和存货与仓储循环有关，而与其他任何循环无关。

A. 采购材料和储存材料　　B. 购置加工设备和维护加工设备

C. 预付保险费和理赔　　D. 加工产品和储存完工产品

（2）下列各项中，不属于存货监盘计划应包括的内容的是（　　）。

A. 存货监盘的目标、范围及时间安排　　B. 产品成本的计算

C. 参加存货监盘人员的分工　　D. 检查存货的范围

（3）被审计单位于12月20日收到货物，并已验收入库，而相应的购货发票于1月5日收到，审计人员应当提请被审计单位（　　）。

A. 不必入账　　B. 以暂估价入账

C. 验收的货物在登记簿中进行登记　　D. 待收到发票后入账

（4）存货与仓储循环和销售与收款循环的直接联系发生于（　　）。

A. 借记原材料、贷记应付账款之时　　B. 借记货币资金、贷记应收账款之时

C. 贷记产成品、借记销售成本之时　　D. 贷记货币资金、借记应付账款之时

（5）下列各项中，属于生产成本审计实质性程序的是（　　）。

A. 对成本进行分析性复核

B. 审查有关凭证是否进行适当审批

C. 审查有关记账凭证是否附有原始凭证，及原始凭证的顺序编号是否完整

D. 询问和观察存货的盘点及接触、审批程序

（6）对存货进行定期盘点是管理当局的责任，盘点规划应由（　　）负责制定。

A. 审计人员　　B. 被审计单位管理当局

C. 管理当局与审计人员　　D. 会计师事务所

（7）K公司实行实地盘存制。审计人员在复核2006年1月2日对K公司的存货监盘备忘及相关审计工作底稿时，注意到以下情况，其中做法正确的是（　　）。

A. 监盘前将抽盘范围告知K公司，以便其做好相关准备
B. 索取全部盘点表并按编号顺序汇总后，进行账账、账实核对
C. 抽盘后将抽盘记录交予K公司，要求K公司据以修正盘点表
D. 未能监盘期初存货，根据期末监盘结果倒轧存货期初余额，并予以确认

(8) 审计人员在对存货进行计价测试时，一般不应考虑的是(　　)。
A. 存货计价方法的选择是否合法且一贯　　B. 样本量的选择是否具有代表性
C. 存货跌价准备的计提是否正确　　D. 是否有抵押、担保的存货

(9) 当存在(　　)情况时，审计人员应当提请被审计单位将存货账面余额全部转入当期损益。
A. 市价持续下跌，并在1年内无回升希望
B. 生产中不需要，且无转让价值的存货
C. 存货市价因技术原因已跌到成本以下
D. 存货市价因供求或过时等原因已跌到成本以下

(10) 审计人员对(　　)的核实，直接涉及被审计单位关于存货跌价准备的计提是否合理。
A. 代其他公司保管或来料加工的材料　　B. 充作抵押的存货
C. 未做账务处理而置于他处的存货　　D. 滞销的存货

2. 多项选择题

(1) 将本年度存货周转率与上年进行比较，可以发现的问题有(　　)。
A. 被审计单位改变了存货的核算方法　　B. 存货成本项目发生变动
C. 单位产品成本发生变动　　D. 销售额发生大幅度变动

(2) 下列项目中，属于存货成本审计的有(　　)。
A. 直接材料成本的审计　　B. 直接人工成本的审计
C. 制造费用的审计　　D. 管理费用的审计

(3) 如果要确定直接材料成本的准确性，注册会计师实施的审计程序可能包括(　　)。
A. 抽查材料领用单，查明是否已经适当授权批准
B. 抽查产品成本计算单。检查相关计算是否正确
C. 分析比较同一产品前后年度的直接材料成本，查明是否存在重大波动
D. 检查直接材料成本在财务报表中的披露是否恰当

(4) 审计人员对于存放或寄销在外地的存货应采取(　　)的方法测试。
A. 向寄存寄销的单位发询证函
B. 审查有关原始单证、账簿记录
C. 亲自前往存放地观察盘点
D. 委托存放当地的会计师事务所负责监盘

(5) 如果验收报告的日期是在12月25日，而相应的购货发票在次年1月5日收到，则以下做法正确的有(　　)。
A. 在1月5日收到发票时以发票价入账
B. 在12月25日以暂估价入账，次年初红字冲销
C. 在12月31日以暂估价入账，次年初红字冲销

D. 在1月10日付款时以付款价入账

(6) 对于存放或寄销在外地的存货，审计人员可以采取的对策有(　　)。

A. 亲自前往盘点　　B. 委托当地审计人员盘点

C. 向寄销单位函证　　D. 审查存放证明或寄销合同

(7) 当存在(　　)情况之一时，应当计提存货跌价准备。

A. 市价持续下跌，并且在可预见的未来无回升的希望

B. 使用该材料生产的产品成本大于产品的销售价格

C. 因商品过时导致市场价格下跌

D. 生产中已不需要，并且已无转让价值的存货

(8) 如果购货发票在12月30日收到，并于当天入账，而相应的货物于1月3日收到，并验收入库，则在资产负债表日，会出现(　　)的情况。

A. 高估购货和应付账款　　B. 低估购货和应付账款

C. 高估利润　　D. 低估利润

E. 对利润没有影响

(9) 审计人员对被审计单位购货业务进行年底截止测试的方法有(　　)。

A. 实地观察与抽查购货

B. 抽查存货盘点日前后的购货发票与验收报告

C. 查阅验收部门的业务记录

D. 了解购货的保险情况和存货保护措施

(10) 下列与期初存货余额相关的审计讨论中，正确的有(　　)。

A. 对于未能对期初存货余额实施监盘这一事项，不应直接视为审计范围受到限制

B. 上年度财务报表已由前任审计人员发表无保留意见，可直接确认期初存货余额

C. 根据已经确认期末存货余额，倒推期初存货额并予以确认

D. 无需专门对期初存货余额发表意见

3. 判断题

(1) 发出原材料过程中，仓库部门根据生产部门开出的领料单发出原材料。领料单必须列明所需原材料的数量和种类，以及领料部门的名称。领料单可以一料一单，也可以多料一单，通常需一式两联。仓库部门发出原材料后，其中一联连同原材料交还领料部门，一联留仓库部门据以登记原材料明细账。审计人员认为，X公司上述内部控制在设计与运行方面不存在缺陷。(　　)

(2) A公司在资产负债表日对一批账面价值为100万元、可变现净值为84万元的存货计提了跌价准备16万元，该批存货在资产负债表日至审计报告日出售了50%，销售收入为41万元。审计人员确认A公司对该批存货计提的跌价准备是合理的。(　　)

(3) 对于企业存放于公共仓库或由外部人员保管的存货，可以直接向保管人员进行书面函证。(　　)

(4) 产成品的发运是销货与收款循环的业务活动，而发出原材料属于存货与仓储循环的业务活动。(　　)

(5) 存货盘点是审计人员的责任，因此，审计人员应亲自制定盘点计划。(　　)

(6) 企业实施存货盘点的时间可能是资产负债表日以前，可能是资产负债表日，也可能是

资产负债表日之后。（　　）

（7）采用永续盘存制，并不意味着无需对存货实物进行盘点，被审计单位每年至少应对存货进行一次全面盘点。（　　）

（8）在成本上升的情况下，从原来采用加权平均法改用先进先出法计算发出产品成本，会虚增当期利润。（　　）

（9）如果在途存货项目仅占存货的一小部分，通常可以通过函证方式查验。（　　）

（10）如果仅有验收报告（或入库单）而并无购货发票，审计人员应当审核每一验收报告上面是否加盖暂估入库印章，否则，则认定被审计单位少计存货和应付账款。（　　）

实务训练

1. 审计人员李豪在监盘A公司的存货盘点时注意到以下情况：

（1）甲商品10件未悬挂盘点单，经询问，A公司称该商品为受托代销商品。

（2）在原料仓库外，散乱堆放着。材料1吨，已悬挂盘点单，经审计人员抽点相符。

（3）在运输部门，有乙商品100件已装车，已悬挂盘点单，经审计人员抽点相符，但经询问，该商品已销售给了B公司。

（4）12月31日前入库的产成品已记大盘点表。但可能未进行相关会计处理。

（5）以前未曾接受过审计。假定其他方面审计人员感到满意，请设计出针对以上各种情况，审计人员下一步应考虑采取的程序及其相关的认定，并填入表11-5。

表11-5　　审计程序及认定情况表

事项	程序	相关认定
1		
2		
3		
4		
5		

2. 审计人员在对XYZ公司存货实施监盘时，发现如下事项：

（1）了解到原料A为辐射性化学物品。

（2）了解到产品M存放在全国62个城市的零售连锁商店。

（3）观察到X公司寄存的B材料与XYZ公司自身的B材料并无区别，故未单独摆放。

（4）了解到XYZ公司对废品与毁损品不进行盘点，以财务部门和仓库部门的账面记录为准。

（5）审计人员抽点Z仓库，发现XYZ公司盘点严重有误。

（6）观察到XYZ公司运输部门有批产品N没有悬挂盘点标识，经询问该批产品已经运出公司。

（7）XYZ公司的存货储存在Y公司的仓库，并已经被质押。

（8）了解到存货为贵金属。

（9）如果审计人员是首次接受XYZ公司的业务委托，未能对上期期末的存货实施监盘，但该存货对本期财务报表存在重大影响。

(10) 了解到截至12月31日之前购入的在途存货没有纳入存货盘点表中。

(11) 了解到截至资产负债表日之前的装运出库的存货在途，且没有做相关销售的确认。

要求：针对如上事项，审计人员应如何处理？

3. 审计人员对ABC公司2016年度财务报表进行审计时，发现报告日前后所发生的业务事项如下：

(1) 2019年1月5日，收到价值为10 000元的货物，入账日期为1月8日，发票上注明由供应商负责运送，异地交货，开票日期为2018年12月18日。

(2) 当实地盘点时，ABC公司有一批价值5 000元的产品已放在装运处，因包装纸上注明"待发运"字样而未计入存货内。经调查发现，顾客的订货单日期为2018年12月18日，顾客于2019年1月6日收到货物后付款。

(3) 2019年1月6日，收到价值为9 000元的物品，并于当天登记入账。该物品于2018年12月26日按供货商离厂交货条件运送，因2018年12月31日尚未收到，故未计入报告日存货。

(4) 按顾客订单制作的某产品于2018年12月31日完工并送运装部门，顾客已于该日付款。该产品于2019年1月5日送出，但未包括在2018年12月31日存货内。

要求：分析上述四种情况中的物品是否应包括在2018年12月31日的存货内，并说明理由。

第十二单元　筹资与投资循环审计

导学目标

通过本单元课程教学，学生应该了解筹资与投资循环涉及的业务活动和凭证与记录；掌握筹资与投资循环的内部控制及测试的主要内容；掌握借款相关项目的审计、所有者权益相关项目的审计、投资相关项目的审计及其他相关账户审计的程序和方法。

导学案例

筹资与投资循环风险评估与应对

泰信会计师事务所注册会计师 A 和 B 于 2019 年 12 月 1～7 日对甲公司筹资与投资循环的内部控制进行了解和测试，并在相关审计工作底稿中记录了了解和测试的事项，摘录如下：甲公司股东大会批准董事会的投资权限为 1 亿元以下。董事会决定由总经理负责实施。总经理决定由证券部负责总额在 1 亿元以下的股票买卖。甲公司规定：公司划入营业部的款项由证券部申请，由会计部审核，总经理批准后划入公司在营业部开立的资金账户。经总经理批准，证券部直接从营业部资金账户支取款项。证券买卖、资金存取的会计记录由会计部处理。注册会计师 A 和 B 了解和测试投资的内部控制系统后发现：证券部在某营业部开户的有关协议及补充协议未经会计部或其他部门审核。根据总经理的批准，会计部已将 8 000 万元汇入该账户。证券部处理证券买卖的会计记录，月底将证券买卖清单交给会计部，会计部据以汇总登记。

思考：

根据上述资料，请代注册会计师 A 和 B 指出筹资与投资循环内部控制的缺陷，并提出改进建议。

第一讲　筹资与投资循环涉及的业务活动和凭证与记录

【知识要点】

筹资与投资循环是指企业从资金筹集、资金使用到取得资金收益这样一个周而复始的过程。这个交易循环的特点是:政策性强,发生次数少但交易金额较大,对企业现金流量、财务状况和损益计量等会产生较大影响。要对筹资、投资过程进行必要的控制,主要包括科学合理的业务活动流程、完整系统的凭证记录系统以及适当的授权与分工。

一、筹资与投资循环所涉及的主要业务活动

筹资与投资循环所涉及的主要业务活动包括以下方面:

(1) 确定资金需求量。根据企业进行股票、债券投资和联营项目或是偿还债务、调整资本结构等的具体内容决定资金需求量,企业生产、研究开发和投资等部门根据各自的业务发展需要提出资金需用量;交财会部门统筹安排,制定筹资计划。

(2) 选择筹资方式。财会部门根据掌握的信息,研究筹资渠道、筹资可能性、资金成本和财务风险,确定最佳筹资方式。

(3) 签订筹资协议。根据不同的筹资渠道和筹资方式,确定筹资协议签订的程序。

(4) 取得资金。筹资协议签订后,经办人将协议、合同副本送财会部门以备记账和还本付息时核对。当事人双方按协议规定履行各自的义务,筹资方取得资金,财会部门将取得的资金及时入账。

(5) 还本付息。财会部门经授权和审批后,按照筹资协议或合同偿还债务资金,支付利息并及时入账。

(6) 选择并决定投资项目。企业根据投资目的、遵照投资原则,对投资项目进行可行性研究。战略性投资由企业最高管理层提出,战术性投资项目由投资管理部门或开发部门提出。经财务、市场、生产、研究和开发等方面的专家论证可行后,交管理当局审批。根据公司章程授权,分别由总经理、董事会或股东会作出相应的投资决策。

(7) 签订投资协议并执行。投资项目决策后,对外直接投资项目应与受资方或合资方签订投资协议。明确各自的权利和义务,履行各自的义务。以实物或无形资产投资的,先要对这些资产进行评估,确认其价值后,再对外投出,并将资产评估报告副本交财会部门作为账务处理的依据。

(8) 投资项目管理。将有关投资的各种原始文件归档保管,跟踪投资过程。对于股权投资,应区别控股与非控股情况,派出董事长、董事、监事、总经理和财务总监等管理人员参与生产经营或参与重大决策;对于债权性投资,由投资管理部门适时了解投资项目情况,及时向管理当局报告。

(9) 收回投资本息。按投资协议到期收回投资本金和利息。股权投资按投资协议参与利润分配,收取投资收益;债权投资按协议规定收取利息,到期收回本金。

二、筹资与投资循环涉及的凭证与记录

1. 筹资循环涉及的凭证与记录

(1) 债券。债券是指公司依据法定程序发行、约定在一定期限内还本付息的有价证券。

(2) 股票。股票是指股份公司签发的证明股东按其所持有股份享有权利和承担义务的书面凭证。

(3) 债券契约。债券契约是指明确债券持有人与发行企业双方所拥有的权利与义务的法律性文件,其内容一般包括债券发行的标准;利息或利息率;受托管理人证书;登记和背书和抵押债券所担保的财产;债券发生拖欠情况,应如何处理以及对偿债基金、利息支付、本金返还等

的处理。

(4) 股东名册。股东名册是指发行记名股票的股份公司记载股东情况的花名册。其内容一般包括股东的姓名或者名称及住所;各股东所持有股份数;各股东所持有股票的编号;各股东取得其股份的日期。

(5) 公司债券存根簿。发行记名公司债券应记载的内容一般包括债券持有人的姓名或者名称及住所;债券持有人取得债券的日期及债券的编号;债券总额、债券的票面金额、债券的利率、债券还本付息的期限和方式;债券的发行日期。发行无记名公司债券的应当在公司的债券存根簿上记载债券总额、利率、偿还期限和方式以及发行日期和债券编号。

(6) 承包或包销协议。公司向社会公开发行股票或债券时,应当由依法设立的证券经营机构承销或包销,公司应与其签订承销或包销协议。

(7) 借款合同或协议。公司向银行或其他金融机构借入款项时应与其签订借款合同或协议。

(8) 有关明细账和总账。

2. 投资循环涉及的凭证与记录

(1) 债券契约。

(2) 经纪人通知书。

(3) 股票或债券。

(4) 投资协议。

(5) 有关明细账和总账。

第二讲 筹资与投资循环的内部控制及测试

【知识要点】

一、筹资循环的内部控制及测试

1. 筹资循环的内部控制

筹资循环由借款交易和股东权益交易组成。企业的借款交易涉及短期借款、长期借款和应付债券,这些内容基本相似,股东权益增减变动的业务较少而金额较大,审计人员在审计中一般直接进行实质性程序。

(1) 筹资的授权审批控制。适当授权及审批可明显提高筹资活动效率,降低筹资风险,防止由于缺乏授权、审批而出现的一系列舞弊现象。

对于债务筹资,无论是贷款、交易或结算发生的债务,总有一定的经济业务依据,协议、合同、凭证或有关文件只有经过有关主管人员批准后,才能据以执行业务活动。对于权益筹资,无论是最初的资本投入或者以后的增资、减资、转让和企业在经营结束或破产清算时的结算、分配、归还资本金等业务,以及形成资本公积、提取盈余公积及分配股利等业务都必须经过企业最高权力机构的审核与授权,方可办理。

(2) 筹资循环的职务分离控制。职责分工、明确责任是筹资循环内部控制的重要手段,筹资业务中应职务分离的包括:①筹资计划编制人与审批人适当分离,以利于审批人独立的评价计划的优劣。②经办人员不能接触会计记录。通常由独立的机构代理发行债券和股票。③会计记录人员与负责收、付款的人员相分离,有条件的应聘请独立的机构负责支付业务。④证券保管人员与会计记录人员相分离。

(3) 筹资收入款项的控制。为了能使企业的内部控制有效执行，客观、公正地证实企业会计记录的可信性，防止以筹资业务为名进行不正当活动或者以伪造会计记录来掩盖不正当活动的事项发生，企业最好委托独立的代理机构筹资。

(4) 还本付息、支付股利等付出款项的控制。无论何种筹资形式都面临利息的支付或股利的发放等支付款项的问题。由于企业债券受息人社会化的特征，企业可开出单张支票，委托有关代理机构代发，从而减少支票签发次数，降低舞弊的可能性。另外，还应定期核对利息支付清单和开出支票总额。股利发放，要以董事会有关发放股利的决议文件为依据，对于无法递交的支付利息或股利的支票要及时注销或加盖"作废"戳记。对各种费用的开支，要核查金额是否正确，依据是否真实有效，尽量避免支付不合理的费用。

(5) 实物保管的控制。债券和股票都应设立相应的登记簿，详细登记已核准发行的债券和股票的有关事项，如签发日期、到期日期、支付方式、支付利率、当时市场利率和金额等。

(6) 会计记录的控制。筹资业务的会计处理较为复杂，因此，会计记录的控制尤为重要。企业应及时按正确的金额和合理的方法，在对应的账户和合理的会计期间予以正确记录。

2. 筹资循环的控制测试

对筹资循环进行控制测试是在了解内部控制之后进行的。了解内部控制之后，评估重大错报风险时，如果审计人员认为筹资循环相关内部控制设计是存在的，也是合理的，同时得到了执行，或者说仅通过实施实质性程序不足以提供认定层次充分、适当的审计证据，应当测试筹资循环的内部控制运行的有效性。

(1) 筹资活动是否经过授权批准。测试授权审批制度可以直接向管理当局询问，并查看有关记录。例如，对于长期借款，审查企业高层管理机构是否制定举债政策及审批程序，是否审慎作出举债决策，是否制定合理的借款、还款计划，并按规定程序报经审批。

(2) 筹资活动的授权、执行、记录和实物保管等是否严格分工。对职务分离控制的控制测试可以采用观察、询问等方法进行。

(3) 筹资活动是否建立了严密的账簿体系和记录制度，并定期检查。审计人员可以采取检查、穿行测试等方法，了解长期借款取得、使用和偿还情况，会计记录是否能够及时、完整地反映，会计人员是否对明细账和总账进行了全面登记，并定期检查和核对其是否相符。

审计人员在对筹资活动的内部控制实施控制测试的基础上，应重新评估重大错报风险，据以修改实质性程序的性质、时间和范围。

二、投资循环的内部控制及测试

1. 投资循环的内部控制

投资循环的内部控制应该包括以下几个方面：

(1) 投资计划的审批授权控制。投资必须编制投资计划，详细说明投资的对象、投资目的和影响投资收益的风险。投资计划在执行前必须严格审核，审核的内容主要有：证券市场的估计是否合理；投资收益的估算是否正确；投资的理由是否恰当和计划购入的证券能否达到投资目的等。所有投资计划及其审批应当用书面文件予以记录。

(2) 投资业务的职责分工控制。合法的投资业务应在业务的授权、执行、会计记录以及资产的保管等方面都有明确的分工，任何一项投资业务的全过程或过程中的某一重要环节不得由 1 人或 1 个机构独立负责。这种合理的职责分工所形成的相互牵制机制，有利于避免或减少投资业务中发生错误或舞弊的可能性，并且如果发生，也能及时发现，从而将企业的损失控制在最低限度。

(3) 投资资产的安全保护控制。企业对投资资产（股票和债券）一般有两种保管方式：一种方式是由独立的专门机构保管。例如，企业在拥有数额较大的投资资产的情况下，委托银行、证券公司或信托投资公司等进行保管。这些机构拥有专门的保存和防护措施，可以防止各种证券及单据的失窃或毁损，并且由于他们与投资业务的会计记录工作是完全分离的，可以大大降低舞弊的可能性。另一种方式是由企业自行保管。在这种方式下，必须建立严格的相互牵制制度，即至少要由 2 名以上人员共同控制，不得 1 人单独接触证券。对于任何证券的存入和取出，要将证券名称、数量、价值及存取的日期、数量等内容详细记录于证券登记簿内，并由在场经手人员签名。除无记名证券外，企业在购入股票或债券时应在购入的当日尽快登记于企业名下，切忌登记于经办人员名下，防止冒名转移并借其他名义谋取私利的违法行为的发生。对于企业所拥有的长期投资资产，应由专门人员进行定期盘点，检查是否确为企业所有，并将盘点记录与账面记录相互核对，以确认账实的一致性。

(4) 投资业务会计记录控制。对于股票或债券类投资，无论是企业拥有的还是由他人保管的，都要进行完整的会计记录，并对其增减变动及投资收益的实现情况进行相关会计核算。具体而言，应对每一种股票或债券分别设立明细分类账，并详细记录其名称、面值、证书编号、数量、取得日期、经纪人（或证券商）名称、购入成本以及收取的股息或利息等内容，对于联营投资类的其他投资也应设置明细账，核算其他投资的投出及其投资收益和投资收回等业务，并对投资的形式（如流动资产、固定资产和无形资产等）、投资的投向（即接受投资的单位）、投资的计价以及投资收益等作出详细的记录。

(5) 投资收益控制。不同投资形成的投资收益内容是不同的。由于短期投资主要是购买有价证券，所以对投资收益的监控就是及时掌握证券市场的行情变动，由投资管理部门或者由财务部门进行该项控制。而对于长期投资，若以非证券购买方式进行投资，应对接受投资一方行使的所有权进行监督；若以证券购买方式进行投资，则应对证券市场行情和投资的使用情况进行控制。

2. 投资循环的控制测试

投资活动内部控制的控制测试内容包括：

(1) 投资项目是否经授权批准。对于投资计划的审批授权控制，主要通过查阅有关计划资料、文件或直接向管理当局询问来进行审查。例如，通过查阅企业最高管理当局的会议纪要，证券投资的各类权益证明文书，联营投资中的投资协议、合同和章程等，来了解投资循环授权批准制度的执行情况。

(2) 投资项目的授权、执行、保管和记录是否严格区分。对于职务分离控制的测试，审计人员可以采取实地调查和跟踪业务的方法来进行。

(3) 有无健全的有价证券保管制度。审计人员应审阅内部相关人员对有价证券进行定期盘点的报告，重点审阅盘点方法是否适当，盘点结果与会计记录相核对情况，以及出现差异的处理是否合规等。

(4) 投资活动的核算方式是否符合有关财务制度的规定。相关投资收益的会计处理是否正确，注册会计师可从各类投资业务的明细账中抽取部分会计分录，按“原始凭证——记账凭证——明细账——总账”的顺序核对有关数据和情况，判断其会计处理过程是否合规完整，并据以核实上述了解的有关内部控制是否健全，是否得到有效的执行。

(5) 对投资收益的监控是否适当。对此,可以采取查阅分析报告或资料的方法进行测试。

第三讲 借款相关项目的审计

【知识要点】

一、借款的审计目标

一般情况下,企业不会高估负债,因为这样做于自身不利,且难以与债权人的会计记录相互印证。因此,审计人员对于负债项目的审计,主要是防止企业低估债务。审计人员在执行借款业务审计时,应将企业是否低估借款作为一个关注的要点。具体而言,借款的审计目标包括:

(1) 确定被审计单位所记录的借款在特定期间是否确实存在,是否为被审计单位所承担。

(2) 确定被审计单位在特定期间内发生的借款业务是否记录完整。

(3) 确定被审计单位所有借款的发生、偿还及计息和付息的会计处理是否正确。

(4) 确定被审计单位各项借款的发生是否符合有关法律法规的规定,被审计单位是否履行了有关债务契约的规定。

(5) 确定被审计单位借款余额在财务报表上的列示与披露是否恰当。

二、短期借款的实质性测试程序

短期借款是指企业为生产经营需要而向银行、金融机构等借入的期限在 1 年以内的各种借款,包括临时借款、结算借款和票据贴现借款等。对于短期借款的实质性测试程序,一般应包括以下内容:

(1) 获取或编制短期借款明细表。审计人员应首先获取或编制短期借款明细表,复核其加计数是否正确,并与明细账和总账核对相符。

(2) 函证短期借款的实有数。审计人员应在期末短期借款余额较大或认为有必要时,向银行或其他债权人函证短期借款。

(3) 检查短期借款的增加。对年度内增加的短期借款,审计人员应检查借款合同和授权批准,了解借款数额、借款条件、借款日期、还款期限和借款利率,并与相关会计记录相核对。

(4) 检查短期借款的减少。对年度内减少的短期借款,审计人员应检查相关记录和原始凭证,核实还款数额。

(5) 检查有无到期未偿还的短期借款。审计人员应检查相关记录和原始凭证,检查被审计单位有无到期未偿还的短期借款,如有,则应查明是否已向银行提出申请并经同意后办理延期手续。

(6) 复核短期借款利息。审计人员应根据短期借款的利率和期限,复核被审计单位短期借款的利息计算是否正确,有无多算或少算利息的情况,如有未计利息和多计利息,应进行记录,必要时进行调整。

(7) 检查短期借款在资产负债表上的反映是否恰当,如果是抵押借款,其抵押资产的价值是否已在资产负债表上加以说明。

【技能操作】

【例 12-1】 审计人员李华在审查天建公司“短期借款——生产周转借款”账户资金使用情况时发现，该公司 2019 年 6～12 月平均贷款 85 万元，存货合计为 24 万元，其他应收款为 40 万元。审计人员李华分析：该公司其他应收款占用比重过大，可能有非法使用或占用短期借款的行为。

首先，李华调阅了天建公司 6 月 1 日借入短期借款的 37# 凭证，其记录为：

借：银行存款　　390 000

　　贷：短期借款——生产周转借款　　390 000

该凭证附入账通知和借款契约两张凭证，借款期限为 6 个月。审计人员李华追踪调查存款的去向，在审阅银行存款日记账时，发现 6 月 25 日银付字 210# 凭证，减少银行存款 38 万元。调阅该凭证时，其记账凭证分录为：

借：其他应收款——张一　　380 000

　　贷：银行借款　　380 000

该凭证摘要为“汇给华丰公司货款”。经核实，以上凭证所记汇出款项是天建公司为职工垫付的购买空调 50 台的款项，张一是负责向职工收回垫付款的负责人，全部货款于当年 7 月 1 日陆续收回。

［**存在问题**］天建公司为职工垫付的空调款，实际是占用短期借款，不按借款用途使用借款，同时增加了公司的财务费用。审计人员向该公司提出上述问题，该公司承认确有此事。

［**审计处理**］公司收回的垫付款应归还借款，已入账的借款利息费用由职工承担。按借款占用时间计算，应负担利息 1.9 万元，该公司应调整有关会计处理。

［**调整分录**］

按规定向职工收回利息时：

借：其他应收款　　19 000

　　贷：财务费用　　19 000

归还借款时：

借：短期借款——生产周转借款　　380 000

　　财务费用　　19 000

　　贷：银行存款　　399 000

三、长期借款的实质性测试程序

长期借款是指企业向银行或其他金融机构借入的归还期在 1 年以上的各种借款。因此，长期借款的实质性程序和短期借款相似，审计人员在进行长期借款的实质性测试程序时，一般应包括以下内容。

1. 编制长期借款明细表

明细表经过审核后，应核对其与明细账是否相符，明细账与总分类账是否相符，借款余额与借款人的对账单是否相符，必要时应向债权人进行函询。

2. 长期借款条件的审查

借款企业必须符合以下条件才可申请贷款：①借款企业必须实行独立核算，自负盈亏，具有法人资格，有健全的管理机构和相应的企业管理技术人才。②借款企业的经营方向和业务范围符合国家政策，借款用途属于银行贷款管理规定的范围，并能够提供有关借款的可行性报告和相关文凭。③借款企业具有一定的物资保证，担保单位具有相应的经济实力。④借款企业具有偿还贷款本息的能力。⑤借款企业具有良好的财务管理和经济核算制度，资金使用效益好。⑥借款企业在贷款单位开立账户、办理结算。同时，审计人员还应了解金融机构对被审计单位的授信情况和被审计单位的信用等级评估情况，以及被审计单位获得长期贷款的抵押和担保情况，评估被审计单位的信誉和融资能力。

3. 审查长期借款的抵押和担保

审计人员应查明抵押资产的所有权是否属于被审计单位，其价值和现实状况是否与抵押契约中的规定相一致。如果企业的长期借款是由其他单位进行担保，担保单位是否具备担保条件，担保契约是否完善，内容是否合规合理。

4. 检查年度内增加的长期借款

对年度内增加的长期借款，应检查借款合同和授权批准，了解借款数额、借款条件、借款日期、还款期限和借款利率，并与相关会计记录相核对。

5. 检查长期借款的使用情况

检查时，应注意检查长期借款的使用是否符合借款合同的规定，重点检查长期借款使用的合理性。

6. 检查年度内减少的长期借款

对年度内减少的长期借款，应检查相关记录和原始凭证，核实还款数额。

7. 检查年末有无到期未偿还的借款

逾期借款是否办理了延期手续，分析计算逾期借款的金额、比率和期限，判断企业的资信程度和偿债能力。

8. 分析企业是否高估或低估利息支出

计算短期借款、长期借款在各个月份的平均余额，选取适用的利率匡算利息支出总额，并与财务费用的相关记录核对，判断企业是否高估或低估利息支出，必要时进行适当的调整。

9. 审核长期借款在财务报表上的反映是否恰当

对于将于1年内到期的长期借款应审核其是否已扣除并列入“一年内到期的长期负债”项目单独反映，对于借款的抵押和担保应审核其是否在报表的注释中作了说明。

【技能操作】

【例 12-2】 审计人员李达审计天成公司“长期借款”项目。当审查天成公司向工商银行举借长期借款130万元的合同时，发现合同规定：

(1) 长期借款以公司的商品为担保。

(2) 该公司债务与所有者权益之比应经常保持低于5∶3。

(3) 分发股利须经银行同意。

(4) 自2019年9月12日起分期归还借款。

［审计程序］

(1) 审计天成公司长期借款是否经董事会批准，有无会议记录。

(2) 查明长期借款合同中的所有限制条款。

(3) 验证长期借款利息费用和应计利息的计算是否正确,复核相关会计记录是否健全、完整。

(4) 计算公司债务和所有者权益之比是否低于5∶3。

(5) 检查商品明细账记录中有无"充分担保"的记录。

(6) 计算并重新分类长期借款中1年内到期的部分,查实资产负债表对负债反映的适当性。

(7) 审阅资产负债表附注,查实对借款限制条款的披露。

四、应付债券的实质性测试程序

应付债券作为一种筹措长期资金的手段,它与长期借款既有相同(即都必须还本付息,都要有物资担保),又有所不同,主要表现在:债券能在市场上流通和转让,而长期借款不能。被审计单位应付债券业务不多,但每笔业务却是重要的,审计人员在对应付债券审计时,实质性测试程序一般包括以下内容。

1. 获取或编制应付债券明细表

应付债券明细表主要包括债券名称、承销机构、发行日、到期日、债券面值总额、实收金额、折价或溢价及其摊销、应付利息和担保等内容。获取或编制应付债券明细表后,应复核加计数是否正确,并与明细账和总账核对相符。

2. 检查债券交易的有关原始凭证

检查债券交易的各项原始凭证,是确定应付债券金额及其合法性的重要程序。审计人员应实施以下程序:

(1) 检查企业现有债券副本,确定其发行是否合法,各项内容是否同相关的会计记录相一致。

(2) 检查企业发行债券所收入现金的收据、汇款通知单、送款登记簿及相关的银行对账单。

(3) 检查用以偿还债券的支票存根,并检查利息费用的计算。

(4) 检查已偿还债券数额同"应付债券"账户借方发生额是否相符。

(5) 如果企业发行债券时已作抵押或担保,审计人员还应检查相关契约的履行情况。

3. 检查应计利息、利息调整及其会计处理是否正确

审计人员可通过检查债券"应计利息""利息调整"等账户分析表来进行。无论是对于分期付息、一次还本的债券,还是对于一次还本付息的债券,都应当在资产负债表日按摊余成本和实际利率计算确定债券的利息费用,按票面利率计算确定应付未付利息,两者差额列作利息调整。此外,审计人员还应审查相关账务处理是否正确。

4. 函证"应付债券"账户期末余额

为了确定该账户期末余额的真实性,审计人员如果认为必要,可以直接向债权人及债券的承销人或包销人进行函证。函证内容应包括应付债券的名称、发行日、到期日、利率、已付利息期间、年内偿还的债券、资产负债表日尚未偿还的债权及审计人员认为应包括的其他重要事项。

5. 检查到期债券的偿还

对到期债券的偿还,审计人员应检查相关会计记录,检查其会计处理是否正确。存在利息调整余额的,是否已进行调整,相关账务处理是否正确。

6. 检查应付债券是否已在资产负债表上充分披露

应付债券在资产负债表中列示于长期负债类下，该项目应根据“应付债券”账户的期末余额扣除将于1年内到期的应付债券后的数额填列，该扣除数应当填列在流动负债类下的“一年内到期的长期负债”项目单独反映。审计人员应根据审计结果，确定被审计单位应付债券在财务报表上的反映是否充分，应注意有关应付债券的类别是否已在财务报表注释中作了充分的说明。

【技能操作】

【例12-3】 审计人员在审查宏源股份有限公司2019年12月31日资产负债表中的“应付债券”项目时，收集到下列资料：

(1) 本年度该公司发行为期5年的公司债券，债券合约中规定，凡违反合约内任何条款，所有公司债券立即自动到期。

(2) 公司应保持不低于1∶1的速动比率，如果低于该比率，该年度中，公司高级管理人员的工资应低于60万元。

(3) 该公司应将为公司债券担保的财产，按其实际价值向保险公司投保。

(4) 该公司提供担保的财产，应按规定及时纳税。

[**审计内容**] 针对宏源公司应付债券的具体情况，审计人员应审查以下内容：

(1) 审查债券合约中的各种条款，查明该公司有无违反债券合约条款。

(2) 核实自发行年度起各年年末资产负债表中的速动比率，一旦低于1∶1时，应立即审查高级管理人员的工资是否低于60万元。

(3) 查明该公司用债券担保财产的种类、数量、价值和投保金额，并向保险公司和有关单位进行函证。

(4) 向税务机关函证，查明对债券合约规定的资产纳税情况，审查实纳税额与账簿记录是否一致。

五、财务费用的实质性测试程序

财务费用是指企业为筹集生产经营所需资金等而发生的费用，包括利息支出(减利息收入)、汇兑损失(减汇兑收益)以及相关的手续费、企业发生的现金折扣或收到的现金折扣等。审计人员在对财务费用审计时，实质性测试程序如下：

(1) 获取或编制财务费用明细表，检查其明细项目的设置是否符合规定，并与明细账和总账核对相符。

(2) 分析财务费用的合理性，将本年度财务费用与上年度财务费用进行比较，并将本年各个月份的财务费用进行比较，如有重大波动和异常情况应查明原因，扩大审计范围或增加测试量。

(3) 审查财务费用的确认。财务费用的确认不仅要符合财务费用的定义，还应检查确认的时间是否符合权责发生制原则。对于利息支出、利息收入和汇兑损益必须按规定预提或在期末确认，及时入账。防止将应计入财务费用的支出计入管理费用。注意检查现金折扣的会计处理是否正确。

(4) 审查财务费用发生额的恰当性。财务费用发生额恰当性审查包括：

其一，审查财务费用是否是为生产经营的筹资活动发生的。按规定，流动负债的利息计入财务费用；长期负债的应计利息支出，在筹建期间的计入长期待摊费用，在生产经营期间的计入财务费用；在清算期间的计入清算损益，但凡是与购建固定资产或无形资产有关的，在资产交付使用前计入资产价值。对于汇兑损益，也应区别情况分别处理，属于筹建期间的汇兑损益计入长期待摊费用；属于为购建固定资产而发生的汇兑损益，在资产交付使用前发生的计入在建工程，构成固定资产价值，在资产交付使用后发生的汇兑损益以及其他经营业务发生的汇兑损益计入财务费用。因此，必须区分上述利息支出和汇兑损益的界限。

其二，审查财务费用是否为抵减利息等收入后的净支出。按规定作为财务费用的利息支出，应抵减利息收入；汇兑损益同样应抵减汇兑收益，以净支出作为财务费用。

其三，审查财务费用计算的正确性。对利息支出应审查预提数计算是否正确，有无多列利息支出；实际支付利息时，还应对实际数与预提数之间的差异进行调整。对于汇兑损益的计算，应按国家外汇牌价作为折合汇率，可按业务发生时的外汇牌价或业务发生当月月初的国家外汇牌价（均采用中间价）作为折合率，应在期末调整计算汇兑损益，作为财务费用。审查时，必须注意使用的汇率及计算方法是否正确，收益是否冲减了损失。对于调剂外汇手续费支出和金融机构手续费，应检查其支出凭证是否真实、可靠。

（5）审查财务费用的结转是否符合规定。按照企业会计准则规定，财务费用应于期末全部结转到当期损益，结转后应无余额。审查财务费用时，应注意是否有未按规定处理，分摊到产品成本中的情况。

（6）检查财务费用的披露是否恰当。

第四讲　所有者权益相关项目的审计

【知识要点】

一、所有者权益的审计目标

所有者权益的主要审计目标包括：①确定企业所有者权益内部控制制度是否存在、有效，是否被一贯遵守。②确定企业的实收资本、资本公积的形成和增减变动是否符合法律、法规、合同和章程的规定，其会计记录是否正确完整。③确定企业的盈余公积和未分配利润的形成和增减变动，利润分配的决议和分配方案是否符合法律、法规、合同和章程的规定，其会计记录是否正确完整。④确定企业所有者权益的年末余额是否正确，在财务报表上的反映是否恰当。

二、实收资本（股本）的实质性测试程序

所有者投入资本是通过“实收资本（或股本）”账户核算的。实收资本主要是在企业设立、增资扩股、资本公积和盈余公积转增资本以及业务发生变化或发生重大亏损减少资本时发生的，这一切都必须经国家有关部门和董事会或股东会批准。具体测试内容包括以下各点。

1. 获取或编制实收资本（或股本）明细表

审计人员应要求企业编制并提供实收资本（或股本）明细表，并将明细表与有关账户数加以核对，复核加计是否正确，并验证账账之间、账表之间是否一致。实收资本（或股本）明细表包括投资者名称或姓名、投资金额、出资时间、投资比例、股票种类和面值等。审计人员应将审核无误的实收资本（或股本）明细表作为永久性档案存档，以供本年度和以后年度检查该企业实收资本（或股本）时再次使用。

2. 检查投资人的出资情况

审计人员应向企业索取合同、章程、营业执照及有关董事会会议记录，并认真审阅有关规定。检查企业的投资者是否已按照合同、协议和章程约定的时间缴付出资额，其出资额是否经注册会计师验证，已验证者，还需查阅验资报告。

3. 检查投资业务是否确实存在

审计人员应将实收资本(或股本)明细表与资产负债表有关项目及记账凭证、原始凭证相互核对，检查其是否一致。审查时，应特别注意原始凭证所反映的内容。通过审查，确认资本投入的种类、币种、汇率和投入日期等经济业务事项是否确实存在。

4. 检查投入资产的真实性及所有权

对未取得验资报告，或对验资报告的真实性不能确定的，审计人员应增加以下测试内容：

(1) 投资者以货币资金投入的，审计人员应审查开户银行或货币资金汇出银行的相关凭证，查明投资者有无以接受投资企业的名义或者以接受投资企业为担保人，向银行或其他机构借款，并以该项借款投资。

(2) 投资者以房屋、建筑物投资的，审计人员应索取有关所有权或使用权的证明文件，查明房屋、建筑物的产权是否属于投资者，投资者与企业是否按规定办理了产权转移手续，企业是否办理了验收手续。必要时，根据实物投资清单的内容深入现场，实地确定房屋、建筑物的存在性。

(3) 投资者以机器设备、原材料等实物投资的，审计人员应查阅原始发票、投资协议，确定该类实物资产的所有权。通过现场观察、实物盘点、核对投资清单，查明此类实物投资的存在性。审阅有关凭证，查明投入的实物资产是否办理了验收手续，实际投入的机器设备等与合同或协议规定的是否相符。

(4) 投资者以无形资产投资的，审计人员审查无形资产账户及相关凭证，查明无形资产有无合法的证明文件，如专利权证书、商标权证书等，查明无形资产的有效年限、技术特征、实用价值、作价依据；审阅投资者与企业签订的作价协议等文件，必要时向有关专家咨询，查明无形资产的真实性和所有权。

5. 检查投入资本业务的合规性。

在具体审计时，审计人员应注意：

(1) 审阅账册、凭证等，查明企业的注册资金数额是否符合国家的有关规定，借入资金与资本有无混淆，有无以借入资金顶替资本的情况；有无抽取、侵占国家资本的情况；企业注册资金是否与其经营范围和经营规模相符，是否符合《公司法》等法律的要求。

(2) 审查各投资者是否根据规定投足资金，投入资本是否按时全部到位，有无违约情况，对新成立的企业在年度财务报表时，更应注意对此类问题的审核。

(3) 审查出资形式的合法性，验算资本投入额，查明有形资产与无形资产的投入比例是否符合规定。

(4) 审查资产估价的合法性。根据规定，非货币资产投入时应进行资产评估。审查资产评估是否按规定进行，查明实际评估范围的一致性。评估范围应包括各方投入的固定资产、流动资产、无形资产以及国有土地使用权价值和其他资产，评估机构是否具有评估资格，依据的法律法规和国家政策是否适当。

(5) 审查评估方法是否合法。国家认可的评估方法有重置成本法、现行市价法和收益现值评估法。应查明影响资产价值的因素是否考虑周全，评估价值是否合理；有无高估或低估作价，有无以次充好、以旧顶新或随意作价的现象；引用的资料数据是否真实、合理、可靠；国有资产占用单位有无提供虚假的情况和资料，致使资产评估结果失真的现象。对于外商投资，审计人员应索取国家商检部门出具的商检报告，以确定有关投资业务的合法性。

6. 检查实收资本(或股本)的增减变动情况

实收资本(或股本)的增减变动是由于企业设立投入资本、增资扩股及减资等业务所形成的。一般情况下，企业的实收资本(或股本)是相对固定不变的，如有必要增减，要具备一定的条件。按企业法人登记管理条例的规定，企业法人实有资本比原注册资本增加或减少超过20%时，应持资金证明或验资证明，向原登记机关申请变更登记。

7. 资本公积等转增资本的检查

对于以资本公积、盈余公积和未分配利润转增资本的，应取得股东(大)会等资料，并审核是否符合国家有关规定。

8. 中外合作企业根据合同规定在合作期间归还投资的检查

(1) 如系直接归还投资，检查是否符合有关的决议与公司章程和投资协议的规定，款项是否已付出，会计处理是否正确。

(2) 如系以利润归还投资，还需检查是否与利润分配的决议相符，并检查与利润分配有关会计处理是否正确。

9. 检查外币出资时实收资本的折算

以外币出资的，根据有关制度规定，企业对实际收到的外币出资，可以采用合同约定的市场汇率折合为记账本位币记账；合同没有约定的，按收到时的市场汇价折合。由于有关资产账户与“实收资本”账户所采用的折合汇率不同而产生的记账本位币差额，作为资本公积核算。

10. 根据证券登记公司提供的股东名录检查

根据证券登记公司提供的股东名录，检查被审计单位及其子公司、合营企业与联营企业是否有违反规定的持股情况。检查认股权证及其有关交易，确定委托人及认股人是否遵守认股合约或认股权证中的有关规定。

11. 审查实收资本(或股本)在财务报表上的反映是否恰当

审计人员在核对账务的基础上，应进一步查明实收资本(或股本)总账的余额是否与资产负债表上的实收资本(或股本)相符，在财务报表上应予注释的事项是否分别予以揭示。

【技能操作】

【例 12-4】 审计人员对某合营企业资产负债表进行审计时，发现合营中方通过当地乙公司对合营企业投资，具体情况是：

(1) 乙公司垫付合营企业原材料采购货款 100 000 元，借记“原材料”账户，贷记“其他应付款——乙公司”账户。

(2) 乙公司为合营企业支付建筑公司工程款 1 200 000 元，借记“其他应付款——建筑公司”，贷记“其他应付款——乙公司”账户。

(3) 乙公司汇来人民币 100 000 元，借记“银行存款”账户，贷记“其他应付款——乙公司”账户。

(4) 工程完工决算 1 500 000 元，借记“固定资产” 账户，贷记“其他应付款——建筑公司”账户。

(5) 完工固定资产转作中方投资,借记“其他应付款——乙公司”账户,贷记“实收资本”账户。

(6) 合营企业支付建筑公司工程尾款300 000元,借记“其他应付款——建筑公司”账户,贷记“银行存款”账户。

[审计内容] 根据上述资料,审计人员应审查:

(1) 通过乙公司的投资是否有合营外方的认可证明。

(2) 完工固定资产转作中方投资要在合同中有规定,并经合营企业验收。

(3) 在上述两点得到证实后,中方的实际投资为1 400 000元(即原材料100 000元+工程款1 200 000元+人民币汇款100 000元)。

(4) 合营企业用自有资金偿还建筑公司债务后,“其他应付款——乙公司”账户应有借方余额100 000元,实际为中方资本的应投未投数。审计人员对此应建议企业补投。

三、资本公积的实质性程序

资本公积是企业因非经营性因素形成的不属于投资人直接投入的资本,包括资本溢价、法定财产重估增值、接受捐赠资产和资本汇率折算差额等。资本公积主要用于弥补亏损或转为实收资本。资本公积的审计主要是审查其形成和使用的合法性、真实性以及核算的正确性。主要测试的内容有:

(1) 编制资本公积金明细表,审查总账与明细账的余额是否相符,明细账与会计记录是否相符。资本公积明细表包括资本公积的种类、金额、形成日期及原因等。审计人员应将资本公积明细表余额与资本公积明细账核对,检查其是否一致,如果不一致应查明原因。

(2) 检查资本溢价和股本溢价。对于资本溢价,审计人员应审阅有关投资合同、协议、公司章程及账簿记录和凭证等;检查确定资本溢价是否在企业吸收新的投资者时形成,投入资本转为股本与资本公积的比例是否合理,其投资是否经企业董事会决定,并报原审批机关批准;计价和账务处理是否合规等。对于股本溢价,审计人员应检查发行是否合法,是否经有关部门批准,股票发行价格与其面值的差额是否全部记入“资本公积”账户,是否已扣除委托证券公司代理发行股票而支付的手续费、佣金(减去发行股票冻结期间所产生的利息收入)。

(3) 审查资产价值重估是否经评估机构执行,是否符合评估法规,是否经有关部门批准。

(4) 审查接受捐赠资产是否经过交接验收,是否取得报价并经评估确认,是否记入“资本公积”账户。

(5) 审查企业由于外汇牌价变更所引起的资本汇率折算差额是否按合法的国家外汇牌价折算,或由投资方合同约定的汇率折算。

(6) 检查资本公积的使用。在具体测试时,审计人员应注意审查资本公积明细账的借方发生额及有关凭证、账户的对应关系,查明资本公积使用的合法性;资本公积弥补亏损或转增资本时,查明有无企业权力机构的正式决议,有无有关政府部门的批准文件,经办手续是否完备;实际转增的资本额与批准数额是否一致,有无多增或少增的问题;审查有无挪用资本公积的情况,如将股本溢价收入用于发放现金股利,将资本公积用于集体和职工福利,或利用资本公积进行各种营私舞弊活动。对于发现的擅自使用或挪用资本公积的问题,应提请企业管理部门(如董事会)调整有关账户,并在审计工作底稿中予以说明。

(7) 确定资本公积在财务报表中的反映是否恰当,有关资本公积的情况在会计报表附注中是否作了充分反映。

【技能操作】

【例 12-5】 审计人员在审查某公司 2019 年“资本公积”明细账时发现如下问题：

(1) 发行股票溢价收入 10 万元。经查该公司股票是委托证券公司代理发行的，按发行收入 2%支付手续费 1 万元，记入“财务费用”账户。

(2) 发行债券溢价收入 5 万元。

(3) 公益性捐赠支出 8 万元。

(4) 用于职工福利支出 4 万元。

［存在问题］

(1) 发行股票溢价收入应扣除证券公司代理发行费后，记入“资本公积”账户，该公司未扣除并将其记入“财务费用”账户，属虚增资本公积金，虚增财务费用。

(2) 发生债券溢价收入，应记入“应付债券”账户并按期摊销。该公司将其记入“资本公积”账户，属虚减负债，虚增资本公积金。

(3) 公益性捐赠支出，应记入“营业外支出”账户。该公司将其记入“资本公积”账户，属虚减资本公积金，虚减营业外支出。

(4) 职工福利支出，应冲减“应付职工薪酬”账户，该公司将其冲减“资本公积”账户，属虚减资本公积金，虚增应付职工薪酬。

［调整分录］

(1) 借：资本公积	10 000	
贷：财务费用		10 000
(2) 借：资本公积	50 000	
贷：应付债券——债券溢价		50 000
(3) 借：营业外支出	80 000	
贷：资本公积		80 000
(4) 借：应付职工薪酬	40 000	
贷：资本公积		40 000

四、盈余公积的实质性程序

盈余公积是企业按规定从税后利润中提取的公积金。盈余公积可用于弥补亏损或者用于转增资本金和分配不超过一定比率的股利。盈余公积的实质性审计就是审查盈余公积的形成、使用及其余额的合法性和真实性。主要内容有以下各项：

(1) 审查盈余公积提取的合法性和真实性。审查盈余公积的提取是否合法，法定盈余公积是否按国家规定比例提取；任意盈余公积是否按企业章程或董事会决议提取，提取金额是否计算正确。

(2) 审查盈余公积使用的合法性和真实性。对盈余公积的使用，审计人员应主要检查盈余公积的使用是否符合规定用途并经过批准。盈余公积的使用必须经过一定的授权批准手续，法定盈余公积和任意盈余公积用于弥补亏损、转增资本和特别批准后支付股利，但必须符合国家规定的限制条件(如转增资本或分配利润后剩余额不得低于注册资本的 25%，支付比率不超过股票面值的 6%)；转增资本还必须经批准，依法办理增资手续，取得合法的增资文件；弥补亏损也必须按批准数额转账。

(3) 审查盈余公积余额的合法性和真实性。审查盈余公积金的提取、使用是否按照会计准则进行记录,凭证是否与明细账相符,明细账是否与总账相符,总账是否与财务报表的余额相符,确定盈余公积在财务报表中的反映是否恰当,在会计报表附注中是否对此作了充分反映。

【技能操作】

【例 12-6】 审计人员对永达公司 2019 年度盈余公积金的提取和使用情况进行了审计,发现以下问题:

(1) 盈余公积的提取比例为 9%。经询问有关人员,据称系当年税后利润较多,适当降低了提取比例。

(2) 审查盈余公积的使用时发现有救灾捐赠 8 万元。

[审计处理]

(1) 盈余公积金应严格按照规定的提取比例提取,该公司应补提不足部分。

(2) 救灾捐赠的 8 万元不应在盈余公积中列支,按税法规定,在年度应纳税所得额 3%以内的部分,在计算应纳税所得额时准予扣除,超过 3%的部分,应从税后利润中列支。该公司应调整其错误处理。

五、未分配利润的实质性程序

未分配利润是企业没有分配给投资者,也无指定用途的未进行分配的净利润。未分配利润的实质性程序一般包括:

(1) 获取或编制未分配利润明细表。审计人员应获取或编制未分配利润明细表,对明细表总额进行验算。将该表与"未分配利润"总账核对,查明其一致性。如果两者的金额不符,应要求编制部门查明原因。

(2) 检查未分配利润计算的正确性。审计人员应审查期初"未分配利润"账户余额是否与上期期末资产负债表所列数额相符。还应注意利润分配表上最后一项"未分配利润"与资产负债表上该项目口径的一致性,如有不符,应查明原因。如果企业有未弥补亏损,应查明是属于税前利润补亏,还是税后利润补亏,应纳所得税的调整数是否正确,计算是否正确。

(3) 检查利润分配的合规性。审计人员应审查利润分配方案、分配方式,查明分配决定有无董事会提出的方案和股东会的决议记录,分配决议方案有无与法律及公司章程相抵触之处;账簿记录的未分配利润,是否与分配方案相符。利润调整时,应直接在"未分配利润"明细账户核算,查明有无记入其他账户的情况。

(4) 确定未分配利润是否已在资产负债表中被恰当披露。审计人员应根据审计结果调整本年损益数,直接增加或减少未分配利润,从而确定调整后的未分配利润,并在资产负债表中如实反映。

第五讲　投资相关项目的审计

【知识要点】

一、投资的审计目标

与投资相关的项目包括交易性金融资产、可供出售金融资产、持有至到期投资、长期股权投资、投资性房地产、应收利息、投资收益、应收股利和交易性金融负债等项目。与投资相关的审计目标一般包括：确定投资是否存在，确定投资是否归被审计单位所有，确定投资的增减变动及其收益（或损失）的记录是否完整，确定投资的计价方法（成本法或权益法）是否正确，确定投资的年末余额是否正确，确定投资在财务报表中的披露是否恰当。

二、交易性金融资产的实质性程序

交易性金融资产是指企业为了近期出售而持有的金融资产。在会计账户设置上，企业持有的直接指定为以公允价值计量且其变动计入当期损益的金融资产，也通过该账户核算。审计交易性金融资产的实质性程序一般包括：

（1）获取或编制交易性金融资产明细表，复核加计正确，并与报表数、总账数和明细账合计数核对相符。

（2）对期末结存的相关交易性金融资产，向被审计单位核实其持有目的，检查本账户的核算范围是否适当。

（3）获取股票、债券及基金等交易流水单及被审计单位证券投资部门的交易记录，与明细账核对，检查会计记录是否完整以及会计处理是否正确。

（4）监盘库存交易性金融资产，并与相关账户余额进行核对，如有差异，应查明原因，并进行记录或进行适当的调整。

（5）向相关金融机构发函询证交易性金融资产期末数量以及是否存在变现限制（与存出投资款一并函证），并记录函证过程。取得回函时，应检查相关签章是否符合要求。

（6）抽取交易性金融资产增减变动的相关凭证，检查其原始凭证是否完整合法，会计处理是否正确。具体包括：①抽取交易性金融资产增加的记账凭证，注意其原始凭证是否完整、合法，成本、交易费用和相关利息或股利的会计处理是否符合规定。②抽取交易性金融资产减少的记账凭证，检查其原始凭证是否完整、合法，会计处理是否正确；注意出售交易性金融资产对其成本结转是否正确，原计入的公允价值变动损益有无调整至投资收益。

（7）复核与交易性金融资产相关的损益计算是否准确，并与公允价值变动损益及投资收益等有关数据核对。

（8）复核股票、债券及基金等交易性金融资产的期末公允价值是否合理，相关会计处理是否正确。

（9）关注交易性金融资产是否存在重大的变现限制。

（10）确定交易性金融资产的披露是否恰当。

【技能操作】

【例 12-7】 审计人员于 2019 年 1 月 16 日对光华公司财务报表审计时，发现该公司 2018 年 3 月 1 日从二级市场以每股 12 元价格购入永达公司发行的股票 10 000 股（该公司作为交易性金融资产处理），其中包含已宣告发放但尚未领取的现金股利 20 000 元，另支付手续费 1 200 元；5 月 10 日收到现金股利 20 000 元，12 月 31 日该股票的每股市价涨到 13 元。该公司当年的账务处理如下：

（1）3 月 1 日，购入股票：

借：交易性金融资产——成本	120 000	
投资收益	1 200	
贷：银行存款		121 200

(2) 5月10日,收到现金股利:

借:银行存款 20 000
　　贷:交易性金融资产——成本 20 000

[存在问题]

(1) 已宣告发放但尚未领取的股利20 000元不应计入投资成本,而应计入应收股利;收到现金股利时,应贷记“应收股利”账户20 000元,由于以上错误不影响财务报表,故不需要调整。

(2) 年末股票市价上涨,该公司未调增“交易性金融资产”账户账面价值,也未确认公允价值变动损益。

[审计处理] 审计人员应提请该公司调整会计处理。

[调整分录]

借:交易性金融资产——公允价值变动 30 000
　　贷:公允价值变动损益 30 000

同时,调整财务报表的其他项目。

三、可供出售金融资产的实质性程序

可供出售金融资产是指初始确认时即被指定为可供出售的非衍生金融资产,以及除下列各类资产以外的金融资产:①贷款和应收账款。②持有至到期投资。③以公允价值计量且其变动计入当期损益的金融资产。审计可供出售金融资产的实质性程序一般包括:

(1) 获取或编制可供出售金融资产明细表,复核加计正确,并与总账数和明细账数合计数核对相符。

(2) 获取可供出售金融资产对账单,与明细账核对,并检查其会计处理是否正确。

(3) 检查库存可供出售金融资产,并与相关账户余额进行核对,如有差异,应查明原因,并作出记录或进行适当的调整。

(4) 向有关金融机构发函询证可供出售金融资产的期末数量,并记录函证过程。取得回函时,应检查相关签章是否符合要求。

(5) 对期末结存的可供出售金融资产,向被审计单位核实其持有目的,检查“可供出售金融资产”账户核算范围是否恰当。

(6) 抽取可供出售金融资产增减变动的相关凭证,检查其原始凭证是否完整、合法,会计处理是否正确。具体包括:①抽取可供出售金融资产增加的记账凭证,注意其原始凭证是否完整合法,成本、交易费用和相关利息或股利的会计处理是否符合规定。②抽取可供出售金融资产减少的记账凭证,检查其原始凭证是否完整、合法,会计处理是否正确;注意出售可供出售金融资产时相应的资本公积有无调整。

(7) 复核可供出售金融资产的期末公允价值是否合理,检查会计处理是否正确。

(8) 如果可供出售金融资产的公允价值发生较大幅度的下降,并且预期这种下降趋势属于非暂时性的,应当检查被审计单位是否计提资产减值准备,计提金额和相关会计处理是否正确。

(9) 已确认减值损失的可供出售的金融资产,当公允价值回升时,检查其相关会计处理是

否正确。注意债券等债务工具应从“资产减值损失”账户转回,股票等权益工具则应从“资本公积”转回,而不得从当期损益转回。

(10) 若债券等债务工具类可供出售金融资产发生减值,检查相关利息的计算和会计处理是否正确。

(11) 检查可供出售金融资产出售时,其相关损益计算及会计处理是否正确,已记入“资本公积” 账户的公允价值累计变动额是否转入“投资收益”账户。

(12) 复核可供出售金融资产划转为持有至到期投资的依据是否充分,会计处理是否正确。

(13) 检查债券投资计入损益的利息收入的计算所采用的利率是否正确。

(14) 结合银行借款等账户,了解是否存在已用于债务担保的可供出售金融资产。如有,则应取证并进行相应的记录,同时提请被审计单位进行恰当披露。

(15) 确定可供出售的金融资产的披露是否恰当。

四、持有至到期投资的实质性程序

持有至到期投资是指到期日固定、回收金额固定或可确定,且企业有明确意图和能力持有至到期的非衍生金融资产。审计持有至到期投资的实质性程序一般包括:

(1) 获取或编制持有至到期投资明细表,复核加计正确,并与总账数和明细账合计数核对相符。

(2) 获取持有至到期投资对账单,与明细账核对,并检查其会计处理是否正确。

(3) 检查库存持有至到期投资,并与账面余额进行核对,如有差异,应查明原因,并进行记录或进行适当的调整。

(4) 向相关金融机构发函询证持有至到期投资期末数量,并记录函证过程。取得回函时,应检查相关签章是否符合要求。

(5) 对期末结存的持有至到期投资资产,核实被审计单位持有的目的和能力,检查“持有至到期投资”账户核算范围是否恰当。

(6) 抽取持有至到期投资增加的记账凭证,注意其原始凭证是否完整、合法,成本、交易费用和相关利息的会计处理是否符合规定。

(7) 抽取持有至到期投资减少的记账凭证,检查其原始凭证是否完整、合法,会计处理是否正确。

(8) 根据相关资料,确定债券投资的计息类型,结合“投资收益”账户,复核计算利息采用的利率是否恰当,相关会计处理是否正确,检查持有至到期投资持有期间收到利息的会计处理是否正确。检查债券投资票面利率和实际利率有较大差异时,被审计单位采用的利率及其计算方法是否正确。

(9) 结合“投资收益”账户,复核处置持有至到期投资的损益计算是否准确,已计提的减值准备是否同时结转。

(10) 检查当持有目的改变时,持有至到期投资划转为可供出售的金融资产的会计处理是否正确。

(11) 结合银行借款等账户,了解是否存在已用于债务担保的持有至到期投资。如有,则应取证并进行相应的记录,同时提请被审计单位进行恰当的披露。

(12) 当有客观证据表明持有至到期投资发生减值的,应当复核相关资产项目的预计未来现金流量现值，并与其账面价值进行比较，检查相关准备计提是否充分。

(13) 若发生减值，检查相关利息的计算及处理是否正确。

(14) 确定持有至到期投资的披露是否恰当，注意1年内到期的持有至到期投资是否已重分类至1年内到期的非流动资产。

五、长期股权投资的实质性程序

(1) 获取或编制长期股权投资明细表。该明细表按股票的类别分别列示，其内容包括股权投资种类及说明、年初余额、本年增加或减少数、年末余额和投资收益等。审计人员应将其与长期股权投资明细账和总账核对，确定其余额是否相符、数据计算是否正确。

(2) 验证长期股权投资的真实性。审计人员可以通过盘点企业所有股票，并对股票的股数、每股金额、股票序号及取得时的成本进行核对，并编制盘点表，将盘点表与明细账核对，以证实长期股权投资的真实存在。如果企业的股票是委托某些专门机构代为保管的，审计人员应向这些保管机构发出询证函，以证实长期股权投资的真实存在。

(3) 根据有关合同和文件，确认股权投资的股权比例和持有时间，检查股权投资核算方法是否正确。

(4) 对于应采用权益法核算的长期股权投资，获取被投资单位已由审计人员审计的年度财务报表；如果未经审计人员审计，则应考虑对被投资单位的财务报表实施适当的审计或审阅程序。

其一，复核投资收益时，应以取得投资时被投资单位各项可辨认资产等的公允价值为基础，对被投资单位的净利润进行调整后加以确认；被投资单位采用的会计政策及会计期间与被审计单位不一致的，应当按照被审计单位的会计政策及会计期间对被投资单位的财务报表进行调整，据以确认投资损益。

其二，将重新计算的投资收益与被审计单位所计算的投资收益相核对，如有重大差异，则查明原因，并作适当的调整。

其三，检查被审计单位按权益法核算的长期股权投资，在确认应分担被投资单位发生的净亏损时，应首先冲减长期股权投资的账面价值，其次冲减其他实质上构成对被投资单位净投资的长期权益账面价值(如长期应收款等)。如果按照投资合同和协议约定被审计单位仍需承担额外损失义务的，应按预计承担的义务确认预计负债，并与预计负债申的相应数字核对无误。被投资单位以后期间实现盈利的，被审计单位在其收益分享额弥补未确认的亏损分担额后，恢复确认收益分享额。审计时，应检查被审计单位会计处理是否正确。

其四，检查除净损益之外被投资单位所有者权益的其他变动，是否调整计入所有者权益。

(5) 对于采用成本法核算的长期股权投资，检查股利分配的原始凭证及分配决议等资料，确定会计处理是否正确。对被审计单位实施控制而采用成本法核算的长期股权投资，比照权益法编制变动明细表，以备编制合并报表时使用。

(6) 对于成本法和权益法相互转换的，检查其投资成本的确定是否正确。

(7) 确定长期股权投资增减变动的记录是否完整。

其一，检查本期增加的长期股权投资，追查至原始凭证及相关的文件或决议及被投资单位验资报告或财务资料等，确认长期股权投资是否符合投资合同、协议的规定，并已确实投资，会计处理是否正确。

其二，检查本期减少的长期股权投资，追查至原始凭证，确认长期股权投资的收回有合理的理由及授权批准手续，并已确实收回投资，会计处理是否正确。

(8) 期末对长期股权投资进行逐项检查，以确定长期股权投资是否已经发生减值。

其一，核对长期股权投资减值准备本期与以前年度计提方法是否一致，如有差异，查明政策调整的原因，并确定政策改变对本期损益的影响，提请被审计单位进行适当的披露。

其二，对长期股权投资逐项进行检查，根据被投资单位经营政策、法律环境的变化及市场需求的变化、行业的变化、盈利能力等各种情形予以判断长期股权投资是否存在减值迹象。确有导致长期股权投资可收回金额低于账面价值的，将可收回金额低于账面价值的差额作为长期股权投资减值准备予以计提，并与被审计单位已计提数相核对，如有差异，查明原因。

其三，将本期减值准备计提金额与利润表资产减值损失中的相应数字核对无误。

其四，长期股权投资减值准备按单项资产计提，计提依据充分，得到适当批准。减值损失一经确认，在以后会计期间不得转回。

(9) 结合银行借款等的检查，了解长期股权投资是否存在质押、担保情况。如有，则应详细记录，并提请被审计单位进行充分披露。

(10) 确定长期股权投资在资产负债表上已被恰当列报。与被审计单位人员讨论确定是否存在被投资单位由于所在国家或地区及其他方面的影响，向被审计单位转移资金的能力受到限制的情况。如存在，应详细记录受限情况，并提请被审计单位充分披露。

【技能操作】

【例 12-8】 A 股份公司和 B 公司为同一母公司所控制的两个子公司。根据双方协议，2018 年 3 月 1 日，A 公司以增发的权益性证券作为合并对价，取得 B 公司 90%的股权，A 公司增发的权益性证券为每股面值 1 元的普通股股票，共增发 2 000 万股，支付手续费及佣金等发行费用 200 000 元，同时取得 B 公司的控制权。当日 B 公司所有者权益总额为 40 000 000 元。审计人员在审查 A 股份公司会计凭证时，发现其当月会计凭证记录为：

借：长期股权投资——B公司	36 200 000	
贷：股本		20 000 000
银行存款		200 000
资本公积——股本溢价		16 000 000

[**存在问题**]根据会计准则规定，统一控制下的企业合并，合并方以发行权益性证券作为合并对价的，应当在合并日按照取得被合并方所有者权益账面价值的份额作为长期股权投资的初始投资成本，按照发行股份的面值总额作为股本，长期股权投资初始投资成本与所发行股份面值总额之间的差额应当调整资本公积；资本公积不足冲减的，调整留取收益。而该公司将手续费等相关费用也计入了长期股权投资成本，导致长期股权投资成本虚增，会计处理违反了有关规定。

[**审计处理**]审计人员应提请 A 公司将所支付的手续费等相关费用从长期股权投资中剔除，将贷方账户和借方“长期股权投资”账户的差额计入资本公积。

[**调整分录**]

借：资本公积——股本溢价	200 000	
贷：长期股权投资——B公司		200 000

六、投资收益的实质性程序

（1）获取或编制投资收益明细表。此表可以由审计人员编制，也可以由企业会计部门提供，对于投资收益明细表，审计人员应核对加计数是否正确，并与明细账合计数和总账数、报表数核对相符。

（2）实施分析程序。计算投资收益占利润总额的比例，分析被审计单位在多大程度上依赖投资收益，判断被审计单位盈利能力的稳定性；将当期确认的投资收益与从被投资单位实际获得的现金流量进行比较分析；将重大投资项目与以前年度进行比较，分析是否存在异常变动。

（3）与长期股权投资、交易型金融资产、交易型金融负债、可供出售金融资产、持有至到期投资等相关项目的审计结合，验证确定投资收益的记录是否正确，确定投资收益被计入正确的会计期间。

（4）确定投资收益已恰当列报。检查投资协议等文件，确定国外的投资收益汇回是否存在重大的限制，若存在重大的限制，应说明原因，并进行恰当披露。

第六讲　其他相关账户的审计

【知识要点】

一、其他应收款审计

其他应收款的审计目标为：确定其他应收款是否存在；确定其他应收款是否归审计单位所有；确定其他应收款增减变动的记录是否完整；确定其他应收款是否可收回；确定其他应收款期末余额是否正确；确定其他应收款的披露是否恰当。

其主要审计程序包括：

（1）获取或编制其他应收款明细表，复核加计正确，并与报表数、总账数和明细账合计数核对相符；检查其他应收款的账龄分析是否正确；分析有贷方余额的项目，查明原因，必要时作重分类调整；结合应收账款明细余额，查验是否有双方同时挂账的项目，必要时作出适当调整。

（2）对发出询证函未能收回及未发出的样本，采用替代审计程序，如查核下期明细账，或追踪至其他应收款发生时的原始凭证，特别注意是否存在抽逃资金、隐藏费用的现象。

（3）审核资产负债表日后的收款事项，确定有无未及时入账的债权。

（4）对非记账本位币结算的其他应收款，检查其采用的折算汇率是否正确。

（5）检查转作坏账损失项目，是否符合规定并办妥审批手续。

（6）验明其他应收款的披露是否恰当。

二、无形资产审计

无形资产的审计目标为：确定无形资产是否存在；确定无形资产是否归企业所有；确定无形资产增减变动及其摊销的记录是否完整；确定无形资产的摊销政策是否恰当；确定无形资产减值准备的计提是否正确；确定无形资产的期末余额是否正确；确定无形资产的披露是否恰当。

其审计程序主要包括：

（1）获取或编制无形资产明细表。复核加计正确，并与报表数、总账数和明细账合计数核对相符。

（2）获取有关协议和董事会纪要等文件、资料，检查无形资产的性质、构成内容和计价依据以及其所有权是否归被审计单位所有；检查无形资产各项目的摊销政策是否符合有关规定，是否与上期一致，若改变摊销政策，检查其依据是否充分。

（3）检查无形资产的增加。对投资者投入的无形资产，检查是否符合有关规定，并经过适当的检查批准；无形资产的入账价值是否与投资合同或协议约定等证明文件一致；会计处理是否正确。

对购入的无形资产，检查其原始凭证；确认其价值是否包括购买价款、相关税费以及直接归属于使该项资产达到预定用途所发生的其他支出；会计处理是否正确。

对自行开发的无形资产，企业内部研究开发项目研究阶段的支出，应当于发生时计入当期损益。企业内部研究开发项目开发阶段的支出，只有同时满足下列条件的，才能确认为无形资产：①完成该无形资产以使其能够使用或出售在技术上具有可行性。②具有完成该无形资产并使用或出售的意图。③无形资产产生经济利益的方式，包括能够证明运用该无形资产生产的产品存在市场或无形资产自身存在市场。无形资产将在内部使用的，应当证明其有用性。④有足够的技术、财务资源和其他资源支持，以完成该无形资产的开发，并有能力使用或出售该无形资产。⑤归属于该无形资产开发阶段的支出能够可靠地计量。其成本为自满足上述条件的规定后至达到预定用途前所发生的支出总额。

（4）检查无形资产处置和报废的会计处理是否正确，检查企业出售无形资产时，是否将取得的价款与该无形资产账面价值的差额计入当期损益。当企业无形资产预期不能为企业带来经济利益时，企业是否将该无形资产的账面价值予以转销。

（5）检查本期摊销额是否正确，会计处理是否正确。企业应当于取得无形资产时分析判断其使用寿命。对于使用寿命不确定的无形资产不进行摊销，对于使用寿命有限的无形资产，企业应当将其成本扣除预计残值后的金额在使用寿命内系统、合理地摊销。企业选择的无形资产摊销方法，应当反映与该项无形资产有关的经济利益的预期实现方式。无法可靠确定预期实现方式的，应当采用直线法摊销。审计人员应取得企业判断无形资产使用寿命的依据，分析其是否合理，摊销方法是否合理，本期摊销额的计算是否正确。

同时，审计人员还应关注企业是否在每年年度终了，对使用寿命有限的无形资产的使用寿命及摊销方法进行复核。无形资产的使用寿命及摊销方法与以前估计不同的，是否按规定改变摊销期限和摊销方法。

（6）检查无形资产减值准备的计提是否正确。审计人员应注意企业在资产负债表日是否对无形资产存在减值迹象作了判断。对于无形资产存在减值迹象的，无形资产的可收回金额低于其账面价值时，企业是否将无形资产的账面价值减计至可收回金额，减计的金额确认为无形资产减值损失，计提相应的无形资产减值准备。

对于使用寿命不确定的无形资产，审计人员应注意无论是否存在减值迹象，企业是否每年都进行了减值测试。

（7）检查无形资产的披露是否恰当。企业应当按照无形资产的类别在附注中披露与无形资产有关的信息，包括无形资产的期初和期末账面价值，累计摊销额及减值准备累计金额；使用寿命有限的无形资产，其使用寿命的估计情况；使用寿命不确定的无形资产，其使用寿命不确定的判断依据。

三、长期待摊费用审计

长期待摊费用的审计目标为:确定长期待摊费用的会计政策是否恰当;确定长期待摊费用入账和摊销的记录是否完整;确定长期待摊费用期末余额是否正确;确定长期待摊费用的披露是否恰当。

其审计程序主要包括:

(1) 获取或编制长期待摊费用明细表,复核加计是否正确,并与报表数、总账数和明细账合计数核对是否相符。

(2) 抽查重要的原始凭证,检查长期待摊费用增加的合法性和真实性,查阅有关合同、协议等资料和支出凭证,是否经授权批准,会计处理是否正确,是否存在应计入期间费用的支出。

(3) 检查摊销政策是否符合会计准则的规定,复核计算摊销额及相关的会计处理是否正确,前后期是否保持一致,是否存在随意调节利润的情况。

(4) 检查长期待摊费用的披露是否恰当。

四、应付股利审计

应付股利的审计目标为:确定应付股利的记录是否完整;确定应付股利的期末余额是否正确;确定应付股利的披露是否恰当。

其主要审计程序包括:

(1) 获取或编制应付股利明细表,复核加计是否正确,并与报表数、总账数和明细账合计数核对是否相符。

(2) 审阅公司章程、股东大会和董事会会议纪要中有关股利的规定,了解股利分配标准和发放方式是否符合有关规定并经法定程序批准。

(3) 检查应付股利的发生额,是否根据董事会或股东大会决定的利润分配方案,从税后可供分配利润中计算确定,并复核应付股利计算和会计处理的正确性。

(4) 检查股利支付的原始凭证的内容和金额是否正确;现金股利是否按公告规定的时间、金额予以发放结算;对无法结算及委托发放而长期未结的股利是否进行了适当的处理;股利宣布、结算和转账的会计处理是否正确、适当。

(5) 检查应付股利的披露是否恰当。

五、其他应付款审计

其他应付款的审计目标为:确定其他应付款的发生及偿还记录是否完整;确定其他应付款的期末余额是否正确;确定其他应付款的披露是否恰当。

其主要审计程序包括:

(1) 获取或编制其他应付款明细表,复核加计是否正确,并与报表数、总账数和明细账合计数核对是否相符。

(2) 分析有借方余额的项目,查明原因,必要时作重分类调整;结合应付账款、其他未交款明细账余额,查明有否双方同时挂账的项目,核算内容是否重复,必要时作重分类调整;标出应借关联方(包括持股5%以上的股东)的款项,并注明编制合并报表时应抵销的金额。

(3) 请被审计单位协助,在其他应付款明细表上标出截止审计日已支付的其他应付款项,抽查付款凭证、银行对账单等,并注意这些凭证发生日期的合理性。

(4) 判断选择一定金额以上和异常的明细余额，检查其原始凭证，并考虑向债权人发函询证。

(5) 对非记账本位币结算的其他应付款，检查其折算汇率是否正确。

(6) 审核资产负债表日后的付款事项，确定有无未及时入账的其他应付款。

(7) 检查长期未结的其他应付款，并进行妥善处理。

(8) 检查是否存在超标准的职工教育经费和工会经费，必要时进行应纳税所得额的调整。

(9) 检查其他应付款中关联方的余额是否正常，如数额较大或有其他异常现象，应查明原因，追查至原始凭证并进行适当披露。

(10) 检查其他应付款的披露是否恰当。

六、管理费用审计

管理费用是指企业为组织和管理本企业生产经营所发生的管理费用，包括企业的董事会和行政管理部门在企业的经营管理中发生的，或者应由企业统一负担的公司经费(包括行政管理部门职工工资、修理费、物料消耗、低值易耗品摊销、办公费和差旅费等)、工会经费、待业保险费、劳动保险费、董事会费(包括董事会成员津贴、会议费和差旅费等)、聘请中介机构费和咨询费(含顾问费)、诉讼费、业务招待费、房产税、车船税、土地使用税、印花税、技术转让费、矿产资源补偿费、无形资产摊销、职工教育经费、研究与开发费、排污费、存货盘亏或盘盈(不包括应计入营业外支出的存货损失)、计提的坏账准备和存货跌价准备等。其审计的主要内容是：审查管理费用组成项目是否合理；审查管理费用的记录是否完整；审查管理费用的计算是否正确；确定管理费用在财务报表中的披露是否恰当。

管理费用审计的步骤如下：

(1) 检查企业费用控制制度是否得到了严格遵守，有无制度虚设的现象。

(2) 获取或编制管理费用明细表，检查其明细项目的设置是否符合规定，并与明细账和总账核对相符。

(3) 分析管理费用的合理性，将本年度管理费用与上年度的管理费用进行比较，并将本年度各个月份的管理费用进行比较，如有重大波动和异常情况应查明原因。

(4) 审查重要或异常的管理费用项目，检查其原始凭证是否合法、会计处理是否正确。

(5) 实施截止日测试，检查有无跨期入账的现象，对于重大跨期项目，应作必要调整。

(6) 审查管理费用的结转是否符合规定。按照会计准则规定，管理费用应于期末全部结转到当期损益，结转后应无余额。审查管理费用时应注意是否有未按规定处理，分摊到产品成本中的情况。

七、营业外收入审计

营业外收入的审计目标是：确定营业外收入的记录是否完整；确定营业外收入的计算是否正确；确定营业外收入的披露是否恰当。

其主要审计程序包括：

(1) 获取或编制营业外收入明细表，复核加计是否正确，并与报表数、总账数及明细账合计数核对是否相符。

(2) 检查营业外收入的核算内容是否符合会计准则的规定。

(3) 抽查营业外收入中金额较大或性质特殊的项目，审核其内容的真实性和依据的充分性。

（4）对营业外收入中的各项目，包括处理固定资产净收益、处理无形资产净收益、固定资产盘盈、罚款净收入等相关账户记录核对是否相符，并追查至相关原始凭证。

（5）检查营业外收入的披露是否恰当。

八、营业外支出审计

营业外支出的审计目标是：确定营业外支出记录是否完整；确定营业外支出的计算是否正确；确定营业外支出的披露是否恰当。

其主要审计程序包括：

（1）获取或编制营业外支出明细表，复核加计是否正确，并与报表数、总账数及明细账合计数核对是否相符。

（2）检查营业外支出内容是否符合会计制度的规定。

（3）对营业外支出的各项目，包括处理固定资产、无形资产净损失、固定资产盘亏、债务重组净损失等，与“固定资产”“无形资产”等相关账户记录核对是否相符，并追查至相关原始凭证。

（4）检查是否存在非公益性捐赠支出、税收滞纳金、罚金、罚款支出和各种赞助会费支出，是否进行应纳税所得额调整。

（5）对非常损失应详细检查有关资料、企业实际损失和保险理赔情况及审批文件，检查有关会计处理是否正确。

（6）检查营业外支出的披露是否恰当。

九、所得税审计

所得税的审计目标为：确定企业所得税的数额是否正确、完整；确定企业所得税的计算依据和会计处理是否正确；确定企业所得税的披露是否恰当。

其主要审计程序包括：

（1）审查所得税计税依据的合法性和正确性。所得税的计税依据是应纳税所得额。按照国家规定，企业利润总额应按规定进行调整后，才能作为计征所得税的依据。审查时，应注意查明企业的利润总额是否真实正确，税前利润调整的计算是否合法正确。如纳税人向非金融机构借款的利息支出，凡不高于按照金融机构同类、同期贷款利率计算的数额以内的部分，准予扣除，其超过的部分，不准扣除；实行计税工资办法的企业，其发放工资在计税工资以内的，据实扣除，超过规定的部分，在计算应纳税所得额时不得扣除。审查时，要注意其扣除或应加项目是否按规定进行，重点查明应加项目是否加上，应扣除项目是否经税务机关批准等。

（2）审查所得税税率的合法性和正确性。我国税法明确规定了各类企事业单位适用的所得税税率。审查时，应根据税法的规定，结合企业的实际情况，查明企业选用的税率是否合法、正确。审计人员应查明企业在计算应纳税所得额时有无擅自降低税率的问题。

（3）审查所得税减免的合法性和正确性。企业所得税的减免必须按照税法规定的条件进行。审查时，应注意查明减免税的原因是否正当，批准文件是否合法，审批手续是否完备，企业减免所得税的使用是否合理、正确等。

（4）审查应纳所得税额计算与解缴的正确性和及时性。审查时，应在核实应纳税所得额和适用税率的基础上，复核企业的应纳所得税额，看其计算是否正确，有无多算、少算的情况，并通过“应交税费——应交所得税”明细账和银行存款日记账的记录，结合完税凭证等资料，审核企业是否按规定及时、足额缴纳所得税，有无欠缴、少缴或多缴的情况等。

(5) 检查所得税的会计处理是否正确。

(6) 检查所得税的披露是否恰当。

单元测试

1. 单项选择题

(1) 审计人员关注的下列现象中，(　　)应在筹资与投资循环中审计。

A. 分配给关联方的利润多于其应得利润　　B. 以不正常的低价向顾客开具账单

C. 支付不当的货款　　D. 为虚列的购货业务付款

(2) 企业不能接受投资者以(　　)方式进行的投资。

A. 无形资产　　B. 货币资金　　C. 实物资产　　D. 租赁资产

(3) 审计人员为了验证被审计单位在资产负债表日所列示的长期投资确实归被审计单位所有，而应实施的最佳审计程序是(　　)。

A. 将交易及会计记录进行核对，确定所有交易均经批准或授权

B. 抽查投资交易原始凭证，证实有关凭证是否已预先编号

C. 函证资产负债表日被托管的所有有价证券

D. 将明细账与总账进行核对

(4) 审计人员在审查长期债券投资的溢价摊销时，不应重点审查的是(　　)。

A. 摊销方法是否合规

B. 每期摊销额计算是否正确

C. 每期投资收益是否为应计利息与溢价摊销额之差

D. 长期债券投资是否采用权益法核算

(5) A 公司为建造厂房于 2018 年 4 月 1 日从银行借入 2 000 万元专门借款，借款期限为 2 年，年利率为 6%。2018 年 7 月 1 日，A 公司采取出包方式委托 B 公司为其建造该厂房，并预付了 1 000 万元工程款，厂房实体建造工作于当日开始。该工程因发生施工安全事故在 2018 年 8 月 1 日至 11 月 30 日中断施工，12 月 1 日恢复正常施工，至年末工程尚未完工。该项厂房建造工程在 2018 年度应予资本化的利息金额为(　　)万元。

A. 80　　B. 40　　C. 30　　D. 10

(6) 审查盈余公积时应注意，盈余公积用于转增资本或分配股利后，其余额不得低于(　　)。

A. 注册资本的 25%　　B. 注册资本的 50%

C. 盈余公积的 25%　　D. 税后利润的 25%

(7) 下列关于可供出售金融资产的实质性测试中，错误的是(　　)。

A. 向相关金融机构发函询证可供出售金融资产期末数量，并记录函证过程。取得回函时，应当检查相关签章是否符合要求

B. 注意出售可供出售金融资产时，相应的资本公积有无调整

C. 如果可供出售金融资产的公允价值发生较大幅度下降，并且预期这种下降趋势属于非

暂时性的，应当检查被审计单位是否计提资产减值准备，计提金额和相关会计处理是否正确

D. 已确认减值损失的可供出售金融资产。当公允价值回升时，债券等债务工具和股票等权益工具应从资本公积转回，不得从当期损益转回

(8) 按照有关规定，股本溢价应扣除相关发行费用减去(　　)方可计入资本公积。

A. 发行股票冻结期间所产生的利息收入　　B. 发行股票冻结期间所产生的利息支出

C. 发行股票期间所产生的利息收入　　D. 发行股票交易期间所产生的利息收入

(9) 在对短期借款实施相关审计程序后，需对所取得的审计证据进行评价。下列有关短期借款审计证据可靠性的论述中，不正确的是(　　)。

A. 从第三方获取的有关短期借款的证据比直接从Q公司获得的相关证据更可靠

B. 短期借款的控制风险为低水平时产生的会计数据比控制风险为高水平时产生的会计数据更为可靠

C. 短期借款的控制风险为高水平时产生的会计数据比控制风险为低水平时产生的会计数据更为可靠

D. Q公司提供的短期借款合同尽管有借、贷双方的签章，但如果没有其他证据佐证，也不可靠

(10) 审计人员确定长期投资是否已在资产负债表上恰当披露时，不正确的是(　　)。

A. 检查资产负债表上长期投资项目的数额与审定数是否相符

B. 检查长期投资超过其净资产的50%时，是否已在附注中恰当披露

C. 盘点股票、债券数量，并审查其账实是否相符

D. 检查1年内到期的长期投资项目的数额与审定数是否相符

2. 多项选择题

(1) 投资内部控制的控制测试一般不包括(　　)。

A. 了解投资内部控制制度　　B. 进行简易抽查

C. 审阅内部盘核报告　　D. 获取或编制有关明细表

(2) 对被审计单位通过非货币性交易换入的长期股权投资，审计人员应查实其入账价值是否考虑了(　　)。

A. 换出资产的公允价值　　B. 应支付的相关税费

C. 支付或收到的补价　　D. 溢价或折价部分的摊销额

(3) 审计人员通常可根据(　　)等标准对被审计单位长期投资入账价值加以确认。

A. 财产鉴定价值　　B. 实际支付的价款

C. 资产评估并经确认的价值　　D. 投资各方协议定价

(4) 为审查被审计单位的投资在资产负债表上的披露是否正确，审计人员常做的实质性测试有(　　)。

A. 查明库存股票是否已提供质押或受其他约束，取证并提请被审计单位做恰当的披露

B. 验明投资的披露是否恰当，注意1年内到期的长期投资是否列入流动资产

C. 向委托的专门保管机构函证

D. 检查长期债券投资的溢价和折价是否按有关规定摊销

(5) 审计人员应重点调查的与长期投资相关的内部控制制度有(　　)。

A. 职责分工制度 B. 资产保管制度 C. 记名登记制度 D. 定期盘点制度

(6) 对于长期投资与短期投资在分类上相互化转，审计人员应注意审查的有(   )。

A. 1 年内到期的长期债券投资是否已转列流动资产类下

B. 长期投资转化为短期投资的合理性

C. 检查有无长期投资性质的短期投资

D. 检查长期投资是否超过净资产的 50%

(7) 筹资与投资循环中，审计人员针对被审计单位实收资本的减少，应查明其是否(   )。

A. 事先通知所有债务人，债务人无异议

B. 事先通知所有债权人，债权人无异议

C. 经股东大会决议同意，并修改公司章程

D. 减资后的注册资本不得低于法定注册资本的最低限额

(8) 审计人员对被审计单位短期借款进行审查时，应根据(   )确定实质性测试的审计程序。

A. 年末短期借款余额的大小

B. 年末短期借款占负债额的比重

C. 以前年度发现问题的多少

D. 相关内部控制制度的强弱

(9) 审计人员审查无形资产的摊销时，应查实(   )。

A. 摊销的方法是否合理 B. 摊销的会计处理是否正确

C. 摊销的程序是否合理 D. 摊销额是否正确

(10) 权益法下，审计人员应重点审查“长期投资”账户(   )的问题。

A. 接受投资企业净资产增减变化额是否真实、准确

B. 投资企业投资额占被投资企业实收资本或股本的比例及按此比例分享的净资产增减额是否真实、准确

C. 长期投资转化为短期投资的合理性

D. 股票在资产负债表日市价与成本是否有显著变动

3. 判断题

(1) 审计人员审计某企业时，认同企业对自用房地产转换为以公允价值计量的投资性房地产的会计处理是：若转换日公允价值大于账面价值，差额就计入公允价值变动损益，若转换日公允价值小于账面价值，差额就计入资本公积。(   )

(2) 为确定“应付债券”账户期末余额的合法性，审计人员应直接向债务人及债券的承销人或包销人进行函证。(   )

(3) 审计人员在对所有者权益进行审计时，一般通过对其内部控制制度的控制测试来确定实质性测试的性质、时间和范围。(   )

(4) 审计人员对于负债项目的审计，主要是防止企业低估债务，低估债务经常伴随着高估成本费用，从而低估利润的目的。(   )

(5) 企业的长期投资资产，应定期由办理投资的人员进行盘点。(   )

(6) 企业发生的借款费用，可直接归属于符合资本化条件的资产的购建或生产的，应当予以资本化，计入成本费用；其他借款费用，应当在发生时根据其发生额予以资本化，计入相关资

产成本。 （ ）

（7）出售交易性金融资产结转成本时，原计入公允价值变动损益的需要调整至投资收益。 （ ）

（8）检查实收资本（股本）增减变动的原因时，对首次接受委托的客户，除取得验资报告外，还应检查并复印记账凭证及进账单。 （ ）

（9）如果能够对被审计单位的资产和负债进行充分审计，且能证实两者的期初余额、期末余额和本期发生额，审计人员可不必对所有者权益进行单独审计。 （ ）

（10）资本公积是非经营性因素形成的不能计入实收资本的所有者权益，主要包括投资者实际缴付的出资额超过其资本份额的差额（如股本溢价、资本溢价）和其他资本公积等。 （ ）

实务训练

1. 审计人员小刘在审计2018年度华泰公司财务报表时，发现以下问题：

问题一：实收资本与验资报告及营业执照不一致。

问题二："长期股权投资——甲公司"账面价值为200万元，甲公司已经破产且无财产可偿债。

问题三：长期债权投资300万元，2005年3月到期。

问题四："无形资产——专利技术"，专利期满且由于技术进步已无使用价值和转让价值，但因报当地税务部门核准损失尚未批准，仍挂在账上。

要求：

（1）针对问题一，审计人员应当如何处理？如果实收资本与验资报告及营业执照不一致的原因是2018年度华泰公司经董事会核准资本公积转增资本，没有办理变更手续导致的，审计人员提请依法办理相关手续。请列举出至少两种常见的公司资本公积转增资本的不合规情况。

（2）针对问题二，审计人员应当建议华泰公司如何处理？

（3）针对问题三，审计人员应当如何处理？

（4）针对问题四，审计人员能否认同华泰公司的处理？并简述理由。无论是否认同，审计人员应当获取什么证据对此予以确认？

2. 天一公司2018年度财务报表净利润为1 800万元，审计人员王斌审计天一公司2018年度财务报表时，发现：

（1）由于验资后天一公司长期占用被投资单位N公司的资金，公司根据占用资金数额冲减了"长期股权投资——N公司"的账面价值。

（2）E公司系天一公司于2018年1月1日在国外投资设立的联营公司，其2018年度财务报表反映的净利润为3 600万元。天一公司占E公司45%的股权比例，对其财务和经营政策具有重大影响，故在2018年度财务报表中采用权益法确认了该项投资收益1 620万元。E公司2018年度财务报表未经任何审计人员审计。

（3）天一公司拥有K公司一项长期股权投资，账面价值500万元，持股比例30%。2018年12月31日，天一公司与Y公司签署投资转让协议，拟以450万元的价格转让该项长期股权投资，已收到价款300万元。但尚未办理产权过户手续。天一公司以该项长期股权投资正在转让之中为由，不再计提减值准备。

(4) 天一公司2016年年初获得某高速公路20年收益权，于2018年12月31日以2 000万元的价格转让自2019年1月1日起未来10年的收益权。天一公司于当日开具发票并收到全部转让价款，并据此确认投资收益2 000万元。

(5) 天一公司于2015年9月1日和H公司签订并实施了金额为5 000万元、期限为3个月的委托理财协议，该协议规定H公司负责股票投资运作，天一公司可随时核查。2015年12月1日，天一公司对上述委托理财协议办理了展期手续，并于同日收到H公司汇来的标明用途为投资收益的3 000万元款项，天一公司据此确认投资收益3 000万元。

(6) 天一公司对Y公司长期股权投资（无市价）为5 000万元，Y公司在2016年8月已经进入清算程序。在编制2016年度财务报表时，Y公司对该项长期股权投资计提了1 000万元的减值准备。

要求：

(1) 针对事项一，审计人员王斌应当提出什么建议？

(2) 针对事项二，审计人员王斌应当考虑发表什么意见类型？为什么？

(3) 针对事项三，审计人员王斌下一步应当采取什么措施？

(4) 针对事项四，判断天一公司已经确认的投资收益能否确认，若尚不能确认，请列出调整分录。

(5) 针对事项五，判断天一公司已经确认的投资收益能否确认，若尚不能确认，请指出应进一步实施哪些审计程序。

(6) 针对事项六，请回答对天一公司所计提的该项长期投资减值准备应实施的审计程序。

(7) 假定审计人员王斌在确认天一公司所计提的长期投资减值准备，并出具无保留意见的审计报告后，发现审计报告日前Y公司已经清算完毕，其债务偿还率为60%。试述审计人员应采取的措施。

第十三单元　货币资金审计

导学目标

通过本单元课程教学，学生应该了解货币资金交易循环涉及的业务活动和凭证与记录；掌握货币资金的内部控制及测试的主要内容；掌握库存现金、银行存款及其他货币资金账户审计的程序和方法。

导学案例

货币资金风险评估与应对

甲公司系餐饮连锁企业，餐厅集中在一线城市。泰信会计师事务所的X注册会计师负责审计甲公司2019年度财务报表。甲公司店内收银使用POS系统，接受现金、银行卡和会员卡付款。

X注册会计师了解到甲公司以下情况：

情况一：2019年12月，甲公司董事会接到匿名举报，称总经理从甲公司银行账户挪用公司款项300万元。甲公司董事会已对此事展开调查，目前尚无定论。

情况一：2019年10月，甲公司投入1 000万元购入某银行推出的一款1年期非保本高收益理财产品。

X注册会计师获取了甲公司部分财务数据，如表13-1所示。

表13-1　　甲公司部分财务数据

项目	2019年未审数(万元)	2018年已审数(万元)
货币资金	3 600	2 600
现金	50	40
银行存款	2 800	2 560
银行理财产品	750	0

据此，X注册会计师作出以下分析：

情况一：总经理被举报有舞弊行为，管理层诚信出了问题，可能导致财务报表层次重大错报风险，而挪用资金可能导致货币资金（存在认定）出现重大错报风险。

情况二：非保本理财产品的年末价值难以计量，存在重大错报风险，与货币资金（存在）、持有至到期（计价）相关。

思考：

X注册会计师对重大错报风险的识别与评估是否合理？

第一讲 货币资金交易循环涉及的业务活动和凭证与记录

【知识要点】

货币资金包括库存现金、银行存款及其他货币资金。货币资金循环是指企业的现金、银行存款和其他货币资金各项目在生产经营过程中的收支流转过程。该循环具体包括从客户那里收款、将款送存银行或从银行获取存款入账通知单和按供应商要求付款等环节。体现在会计上，包括记录和处理现金收付日记账和银行存款收支日记账，定期与银行对账，保管和开具银行支票和汇票等环节。

一、货币资金交易循环涉及的凭证和会计记录

货币资金是企业流动性最强的资产，大部分的经济业务都需要通过货币资金的收付来实现，货币资金在企业的会计核算中占有重要的位置。货币资金审计涉及的凭证和会计记录主要有现金盘点表、银行对账单、银行存款余额调节表、有关账户的记账凭证和有关会计账簿。

（1）原始凭证。原始凭证是指货币资金支出授权和货币资金收支审核的记录，主要包括销售合同、收款单据、收款结算凭证和票据、采购合同、支出和报销单据、付款结算凭证和票据、交款单、库存现金日报表、银行存款余额调节表和现金盘点表等。

（2）现金日记账。现金日记账是对现金进行登记的账簿，也是该交易循环中的主要账簿。现金日记账通常是由出纳人员根据审核后的原始凭证进行逐日逐笔登记的。

（3）银行存款日记账。银行存款日记账通常由出纳员根据审核后的原始凭证，办理银行存款收付业务，并按照经济业务发生的顺序逐笔登记。

（4）现金总账和银行存款总账。现金总账和银行存款总账是用于汇总登记现金和银行存款收款金额、付款金额和余额的账簿。

（5）其他有关账户。由于货币资金循环涉及面广，因而在实施审计时，除涉及以上主要记录之外，还要涉及其他一些与审计有关的重要账目，如外币业务中的汇兑损益明细账、其他货币资金中的外埠存款以及银行本票明细账。

二、货币资金交易循环涉及的主要业务活动

在企业生产经营活动中，很多经济事项都会涉及货币资金的收付，如材料的采购、工薪的发放、税金的解缴以及股利的发放等。货币资金交易循环主要有处理单据、受理结算凭证、办理结算、收付款项、账务处理和银行存款余额调节表等业务，具体内容如下：

（1）处理单据。对于与货币资金业务相关的单据的处理涉及企业各个职能部门，包括销

售部门签订销售合同；零星收入由收款部门开具收款通知单；收发室受理汇款单；仓库部门填写请购单；零星支出部门填写差旅费报销单、备用金报销单等；劳动工资部门编制工资结算汇总表。这些单据处理后，交财会部门。

（2）受理结算凭证。从企业外部转来的结算凭证要先经过销售部门或采购部门等受理后再送交财会部门。销售部门受理由付款单位或开户银行转来的票据和收款结算凭证，采购部门受理由收款单位或开户银行转来的付款结算凭证。

（3）办理结算。出纳员根据销售合同、销售发票、提货单和运单等，编制代垫费用清算单，据以到银行办理收款转账或提取现金；根据采购合同、请购单、验收单和入库单等办理现金支票和转账支票结算，或在开户银行申请办理汇兑、银行汇票、银行本票、外埠存款和国际信用证存款结算；根据受理的付款结算凭证，到开户银行办理付款、拒付和多余款转账。

（4）收付款项。出纳员根据销售发票和收款通知单，办理收款业务；根据请购单、差旅费报销单、备用金报销单、付款凭单和工资结算汇总表及所附原始凭证，办理付款业务。每日终了，根据所收款项编制送款单，连同所收现金送存银行。

（5）账务处理。收到现金或银行存款时，财会人员根据原始凭证编制收款凭证，登记现金或银行存款账；支付现金或银行存款时，根据原始凭证编制付款凭证，登记现金账或银行存款账；涉及其他货币资金收付时，根据相关原始凭证进行账务处理。

（6）银行存款余额调节。货币资金循环中的另一重要业务就是银行存款余额调节。开户银行对于存款户，都照例在每月月初将上月的存款和付款情况，抄具一份银行存款对账单，连同注销的支票以及一些费用通知单交送存款户核对，企业需要对银行存款余额进行调节。

第二讲　货币资金的内部控制及测试

【知识要点】

一、货币资金的审计目标

货币资金是资产负债表的一个重要项目，它的审计目标主要有下列各点：

第一，确定货币资金的内部控制制度是否存在、有效并一贯被执行。

第二，确定财务报表所列金额是否真实，是否为被审计单位所拥有。

第三，确定货币资金的会计记录是否正确无误，金额是否正确，计量是否无误，明细账和总账是否一致，是否有被贪污或挪用现象。

第四，确定货币资金的收支是否真实，货币计价是否正确，是否符合《现金管理暂行条例》和《支付结算办法》的规定。

第五，确定货币资金在财务报表上的披露是否恰当。

二、货币资金的内部控制

货币资金流动性强，发生的弊端较多，因此，建立健全的内部控制制度极为重要。审计人员在审计货币资金时，要对货币收支业务进行验证，也要对企业的内部控制制度进行调查了解及研究评价，从而保证审计的质量。有效的货币资金内部控制制度的内容主要有以下各点。

1. 岗位分工及制授权批准

（1）单位应当建立货币资金业务的岗位责任制，明确相关部门和岗位的职责权限，确保办理货币资金业务的不相容岗位相互分离、制约和监督。出纳人员不得兼任稽核、会计档案保管和收入、支出、费用和债权债务账目的登记工作。单位不得由一人办理货币资金业务的全过程。

(2) 单位办理货币资金业务，应当配备合格的人员，并根据企业具体情况进行岗位轮换。办理货币资金业务的人员应当具备良好的职业道德，忠于职守，廉洁奉公，遵纪守法，客观公正，不断提高会计业务素质和职业道德水平。

(3) 单位应当对货币资金业务建立严格的授权批准制度，明确审批人对货币资金业务的授权批准方式、权限、程序、责任和相关控制措施，规定经办人办理货币资金业务的职责范围和工作要求。审批人应当根据货币资金授权批准制度的规定，在授权范围内进行审批，不得超越审批权限。经办人应当在职责范围内，按照审批人的批准意见办理货币资金业务。对于审批人超越授权范围审批的货币资金业务，经办人员有权拒绝办理，并及时向审批人的上级授权部门报告。

(4) 单位应当按照规定的程序办理货币资金支付业务。

第一，支付申请。单位有关部门或个人用款时，应当提前向审批人提交货币资金支付申请，注明款项的用途、金额、预算和支付方式等内容，并附有效经济合同或相关证明。

第二，支付审批。审批人根据其职责、权限和相应程序对支付申请进行审批。对不符合规定的货币资金支付申请，审批人应当拒绝批准。

第三，支付复核。复核人应当对批准后的货币资金支付申请进行复核，复核货币资金支付申请的批准范围、权限和程序是否正确，手续及相关单证是否齐备，金额计算是否准确，支付方式、支付单位是否妥当等。复核无误后，交由出纳人员办理支付手续。

第四，办理支付。出纳人员应当根据复核无误的支付申请，按规定办理货币资金支付手续，及时登记现金和银行存款日记账。

(5) 单位对于重要货币资金支付业务，应当实行集体决策和审批，并建立责任追究制度，防范贪污、侵占和挪用货币资金等行为。

(6) 严禁未经授权的机构或人员办理货币资金业务或直接接触货币资金。

2. 库存现金和银行存款的管理

(1) 单位应当加强现金库存限额的管理，超过库存限额的现金应及时存入银行。

(2) 单位必须根据《现金管理暂行条例》的规定，结合本单位的实际情况，确定本单位现金的开支范围。不属于现金开支范围的业务应当通过银行办理转账结算。

(3) 单位现金收入应当及时存入银行，不得用于直接支付企业自身的支出。因特殊情况需坐支现金的，应事先报经开户银行审查批准。单位借出款项必须执行严格的授权批准程序，严禁擅自挪用、借出货币资金。

(4) 单位取得的货币资金收入必须及时入账，不得私设“小金库”，不得账外设账，严禁收款不入账。

(5) 单位应当严格按照《支付结算办法》等国家有关规定，加强银行账户的管理，严格按照规定开立账户，办理存款、取款和结算。单位应当定期检查、清理银行账户的开立及使用情况，发现问题，及时处理。单位应当加强对银行结算凭证的填制、传递及保管等环节的管理与控制。

(6) 单位应当严格遵守银行结算纪律，不准签发没有资金保证的票据或远期支票，套取银行信用；不准签发、取得和转让没有真实交易和债权债务的票据，套取银行和他人资金；不准无理拒绝付款，任意占用他人资金；不准违反规定开立和使用银行账户。

（7）单位应当指定专人定期核对银行账户，每月至少核对一次，编制银行存款余额调节表，使银行存款账面余额与银行对账单调节相符。如调节不符，证查明原因，及时处理。

（8）单位应当定期和不定期地进行库存现金盘点，确保库存现金账面余额与实际库存相符。发现不符，及时查明原因，进行处理。

3. 票据及有关印章的管理

（1）单位应当加强与货币资金相关的票据的管理，明确各种票据的购买、保管、领用、背书转让以及注销等环节的职责权限和程序，并专设登记簿进行记录，防止空白票据的遗失和被盗用。

（2）单位应当加强银行预留印鉴的管理。财务专用章应由专人保管，个人名章必须由本人或其授权人员保管。严禁一人保管支付款项所需的全部印章。按规定需要有关负责人签字或盖章的经济业务，必须严格履行签字或盖章手续。

4. 监督检查

单位应当建立对货币资金业务的监督检查制度，明确监督检查机构或人员的职责权限，定期和不定期地进行检查。对监督检查过程中发现的货币资金内部控制中的薄弱环节，应当及时采取措施，加以纠正和完善。货币资金监督检查的内容主要包括：

（1）货币资金业务相关岗位及人员的设置情况。重点检查是否存在货币资金业务不相容职务混岗的现象。

（2）货币资金授权批准制度的执行情况。重点检查货币资金支出的授权批准手续是否健全，是否存在越权审批行为。

（3）支付款项印章的保管情况。重点检查是否存在办理付款业务所需的全部印章交由一人保管的现象。

（4）票据的保管情况。重点检查票据的购买、领用和保管手续是否健全，票据保管是否存在漏洞。

三、货币资金内部控制测试

审计人员对企业进行审计时，首先要对企业的内部控制制度进行调查了解，看内部控制制度是否存在、有效和一贯地被执行，是否可以加以依赖。符合性测试就是通过一定的程序，采用抽样的方式，对内部控制制度运行效果进行的测试。其目的就是要验证其是否可以信赖，有哪些严重缺陷，然后根据测试结果，确定或修正实质性测试的程序。

执行符合性测试的时间，一般被安排在企业会计年度决算之前，通常称为预审或期中审计。其目的是为了加快审计进度，尽早发现内部控制制度的薄弱环节，督促企业尽快采取措施，改进工作。

货币资金内部控制制度的符合性测试一般分为三个步骤。

1. 了解和描述货币资金内部控制制度的内容

审计人员在进行货币资金的控制测试时，首先要通过查阅被审计单位的有关规章制度等重要文件，现场观察被审计单位的有关业务活动，询问被审计单位有关人员等方法以获取被审计单位内部控制的资料（如为连续审计，还可以查阅以前年度有关的审计工作底稿），以掌握被审计单位有关内部控制的情况，对内部控制制度的内容从三个方面加以描述：

（1）书面说明。将调查所得用文字逐条说明。

(2) 编制调查表。将内部控制中每一项内容用表格列示出来，逐条说明其执行情况，如“现金出纳和现金账是否规定分别管理”“现金支票与支票印鉴是否规定分别保管”“支付现金是否有规定审批手续”等。

(3) 编制流程图。货币资金的业务处理程序用图解形式表达出来。可以通过流程图，采用一定符号，将业务处理程序和凭证进行联结，并用简要的文字说明将内部控制制度表述出来。其主要优点是形式简明，便于找出薄弱环节，也便于评审。但绘制需要一定技术，有一定难度，所以评价时要与其他两种方法相互结合，对不同业务环节，也可使用不同的方法。

流程图的绘制可以是对一项业务进行单独绘制，也可以将几项业务结合起来绘制。

2. 抽取并检查收款凭证

为测试货币资金收款的内部控制，审计人员应选取适当样本的收款凭证，进行如下检查：

(1) 核对收款凭证与存入银行账户的日期和金额是否相符。

(2) 核对货币资金、银行存款日记账的收入金额是否正确。

(3) 核对收款凭证与银行对账单是否相符。

(4) 核对收款凭证与应收账款等相关明细账的有关记录是否相符。

(5) 核对实收金额与销售发票等相关凭据是否一致。

3. 抽取并检查付款凭证

为测试货币资金付款的内部控制，审计人员应选取适当样本的付款凭证，进行如下检查：

(1) 检查付款的授权批准手续是否符合规定。

(2) 核对现金、银行存款日记账的支出金额是否正确。

(3) 核对付款凭证与银行对账单是否相符。

(4) 核对付款凭证与应付账款等相关明细账的记录是否一致。

(5) 核对实付金额与购货发票等相关凭据是否相符。

4. 抽取一定期间的现金、银行存款日记账与总账核对

首先，审计人员应抽取一定期间的现金、银行存款日记账，检查其有无计算错误，加总是否正确。如果检查中发现问题较多，说明被审计单位货币资金的会计记录不够可靠。其次，审计人员应根据日记账提供的线索，核对总账中的“库存现金”“银行存款”“应收账款”“应付账款”等有关账户的记录。

5. 抽取一定期间的银行存款余额调节表，查验其是否按月正确编制并经复核

为证实银行存款记录的正确性，审计人员必须抽取一定期间的银行存款余额调节表，将其同银行对账单、银行存款日记账及总账进行核对，确定被审计单位是否按月正确编制并复核银行存款余额调节表。

6. 检查外币资金的折算方法是否符合有关规定，是否与上年度一致

对于有外币库存现金、外币银行存款的被审计单位，审计人员应检查外币现金日记账、外币银行存款日记账及“财务费用”“在建工程”等账户的记录，确定企业有关外币库存现金、外币银行存款的增减变动是否按业务发生时的市场汇率或业务发生当期期初的市场汇率折合为记账本位币，选用方法是否前后期保持一致。检查企业的“外币库存现金”“外币银行存款”账户的余额是否按期末市场汇率折合为记账本位币金额，有关汇兑损益的计算和记录是否正确。

7. 评价货币资金的内部控制制度

对内部控制制度进行测试以后，审计人员就可以有条件提出评审的意见。主要应从三个方面评价：一是评价内部控制制度的弱点，应把薄弱的环节作为控制的重点；二是评价内部控

制制度的合理性，考虑现有内部控制制度的效果，有否影响工作效率；三是评价内部控制制度的有效性，考虑贯彻得是否有力。

第三讲　库存现金审计

【知识要点】

一、库存现金盘点

库存现金盘点应该由企业财务负责人、审计人员和现金经管人员共同进行，一般选择在出纳业务结束以后进行，但不事先通知日期。清点时，要求出纳人员将全部现金收付凭证登记入账，结出库存现金余额，同时将全部现金分类清点后存入保管箱中等待清查。然后要填列现金清点清单，对于尚未入账的临时性借条，均应核对清楚，查明原因，暂存的未领工资或寄存现金均不得计入实存数中。对不同地点的现金（包括备用金）均应同时盘点，盘点结束以后应填列库存现金盘点表，如表 13-2 所示。

表 13-2　　　　**库存现金盘点表**

年　　月　　日

项　　目	金　额	备　注
1. 实点库存现金金额		
加：白条抵库数		
加：代保管现金		
2. 实现库存现金金额		
3. 库存现金账面余额		
加：已收款尚未入账的收入凭证		
减：已付款尚未入账的付款凭证		
4. 库存现金实际账面余额		
5. 库存现金溢余或短缺		
6. 银行规定库存现金限额		
7. 存在问题：		
（1）白条顶库数		
（2）代保管现金		
（3）超出库存现金限额		

财务主管　　　　出纳保管人　　　　审计人员

二、库存现金审计的实质性程序

1. 盘点库存现金

盘点库存现金是证实资产负债表所列金额是否存在的一项重要程序。盘点的时间和参加盘点的人员应视被审计单位的具体情况而定，但必须有出纳和被审计单位主管会计参加，并由审计人员进行监盘。盘点库存现金的步骤如下：

（1）制定库存现金盘点程序，实施突击性检查。盘点时间最好选择在上午上班前或下午下班后，盘点的范围一般包括企业各部门经管的库存现金。在盘点前，应由出纳人员将全部库存现金集中起来放入保险柜。必要时加以封存，然后由出纳人员将已办妥现金收付手续的收付款凭证登记现金日记账。如果企业库存现金存放部门有两处或两处以上，应同时进行盘点。

（2）审阅现金日记账，并与现金收付凭证相核对。一方面，检查日记账的记录与凭证的内容和金额是否相符，并着重检查凭证有无刮、擦、勾、抹、涂等现象；另一方面，了解凭证日期和日记账记账日期是否相符或接近。

（3）由出纳人员根据现金日记账进行加计累计数额，给出库存现金结余额。

（4）盘点保险柜的现金实存数，同时编制库存现金盘点表。

（5）如在资产负债表日后进行盘点，则应将根据盘点日确定盘点余额调整至资产负债表日的金额。

（6）将盘点金额与现金日记账进行核对，如有差异，应查明原因，并进行记录或适当调整。

（7）若有充抵库存现金的借条、代保管的工资、未提现支票和未作报销的原始凭证，应在库存现金盘点表中注明或进行必要的调整。

2. 审查现金收付业务是否合法、合规

其内容包括：

（1）现金收支是否符合规定范围，有否属于非业务范围的大额现金收支，应经审批的费用支出是否经过批准。

（2）现金收入是否全部存入银行，是否有坐支行为。

（3）审查现金收支的正确截止期。被审计单位资产负债表的库存现金数额，应以结账日实有数为准。通常，审计人员根据对结账日前后一段时期内现金收支凭证进行审计，以确定是否存在跨期事项。

（4）会计与出纳是否进行分工，是否职权分离，手续是否清楚。

3. 审查现金账务是否真实正确

其内容包括：

（1）现金收支凭证是否与原始凭证相符，现金日记账是否与总分类账相符，总分类账是否与资产负债表相符，是否有跨期入账事项。

（2）记账凭证是否符合填写要求，金额计算是否正确，凭证账册保管是否严密，有否遗失。

（3）现金保管设备是否安全，有否定期检查核对制度。按照《现金管理暂行条例》的规定，现金结算应该是少量的和有限制的。但是，近年来由于管理不严，企业使用现金情况很不正常，巨额现金结算十分普遍，白条顶库、坐支现金、公款私存和企业之间相互拆借现金几乎公开化，其原因有制度本身与现实不相适应的问题，有放松监管的问题，也有思想认识上的偏差，促使管理失控。在审计工作中，应该分清是非，坚持原则。如确因业务需要而扩大现金使用，应经开户银行审核同意；对非法使用现金和建立小金库等，应予以揭露并依法进行监督管理。

（4）审查外币现金的折算是否正确。对于有外币现金的被审计单位，审计人员应审查被审计单位对外币现金的收支是否按所规定的汇率折合为记账本位币；外币现金期末余额是否按期末市场汇率折合为记账本位币金额；外币折算差额是否按照规定记入相关账户。

（5）检查库存现金在资产负债表上的披露是否恰当。根据有关的规定，库存现金在资产负债表的“货币资金”项目中反映。审计人员在实施上述审计程序后，确定“库存现金”账户的期末余额是否正确，据以确定货币资金是否在资产负债表上恰当披露。

【技能操作】

【例 13-1】 2019 年 1 月 10 日，审计人员王某、李某对某企业 2018 年 12 月 31 日资产负债表审计中，查得“货币资金”项目中的库存现金额为 1 062.10 元。1 月 11 日上午 8 时，王某、李某对该企业出纳员张某所经管的现金进行了清点。该企业 1 月 10 日现金日记账余额是 832.10 元，清点结果如下：

(1) 现金实有数 627.34 元。

(2) 在保险柜中有下列单据已收、付款但未入账：①职工刘文 6 月 4 日预借差旅费 200 元，已经领导批准。②职工李钢借据 1 张，金额 140 元，未经批准，也没有说明用途。③在保险柜中，有已收款但未记账的凭证共 4 张，金额 135.24 元。

(3) 银行核定该企业现金限额为 800 元。

(4) 经核对 1 月 1～10 日的收付款凭证和现金日记账，核实 1 月 1 日至 10 日收入现金数为 2 350 元，支出现金数为 2 580 元正确无误。

[**存在问题**] 该企业的库存现金情况表，如表 13-3 所示。

表 13-3　　库存现金情况表

×××企业　　编制：王某　　日期：2019.1.11

币别：人民币　　复核：李某　　日期：2019.1.12

项　　目	工作底稿	金额	备注
实点库存现金金额		627.34	
加：已付讫未入账的支出凭证　1 份		200.00	
加：白条抵库数　1 份		140.00	
减：已收入未入账的收入凭证　4 份		135.24	
减：代保管现金情况　份			
库存现金实际占用额		832.10	
库存现金账面金额(2018 年 1 月 10 日)		832.10	
银行核定库存现金限额		800.00	
现金管理人：张某　会计主管：牟某			

根据表 13-3 资料可知：

(1) 该企业库存现金没有发生短缺。按会计准则规定调整后，账面余额应为 767.34 元(832.10＋135.24－200)；现金实有数为 627.34 元，加上白条抵库数(应由出纳员退回)140 元，与账面余额相符。

(2) 2018 年 12 月 31 日，库存现金应有数为 997.34 元(767.34－2 350＋2 580)，与 2018 年度资产负债表中“货币资金”项目的库存现金数 1 062.10 元不相符，说明该库存现金数 1 062.10元是不真实的，应调整为 997.34 元。

(3) 该企业库存现金收支、留存中存在不合法现象：一是有白条抵库数 140 元，违反现金管理制度；二是超现金限额留存现金，2018 年 12 月 31 日超限额 197.34 元，违反现金限额的有关规定。

第四讲　银行存款审计

【知识要点】

银行存款的实质性测试主要从四个方面着手。

一、验收结算日银行存款调节表

银行存款余额必须与银行对账单核对相符，但是往往由于双方存在未达账项或者记账错误，需要由会计人员编制调节表进行调整后才能核对相符。审计时，审计人员应向会计人员索取最近月份的调节表，分币种、分户头逐户逐笔核对，查明银行对账单的每笔收付金额是否与银行存款日记账相等，是否有收付同时增加或同时遗漏等情况，调整后余额是否相符，计算有否错误。要对银行已收或已付而企业尚未入账或企业已收或已付而银行尚未入账的金额逐笔查明原因，并检查是否于下月月初自动调整。检查后填表说明，银行存款调节查验表，如表13-4所示。如发现差错或有意挪用款项或出借银行账户等违法行为，应认真做好记录。

表 13-4　　银行存款调节查验表

年　　月　　日

被审计单位：　　　开户银行：　　　银行账号：　　　币种：

项　　目	会计人员填制	查　验
银行对账单余额（　年　月　日）		
加：银行已付，企业尚未入账金额		
其中：1.		
2.		
3.		
减：银行已收，企业尚未入账金额		
其中：1.		
2.		
3.		
调整后银行对账单余额		
银行存款日记账余额（　年　月　日）		
加：企业已付，银行尚未入账金额		
其中：1.		
2.		
3.		
减：企业已收，银行尚未入账金额		
其中：1.		
2.		
3.		
银行存款日记账余额（　年　月　日）		
经办会计人员：　（签章）　　会计主管：　（签章）		

编制：　　　日期：　　　审计人员：　　　日期：

二、函证银行存款余额

银行存款数额虽然可与银行的对账单相核对，但有的账户由于长期未用，或者存款余额已经为零，对此，银行一般不发对账单，所以仍需向银行函证，确认其正确性。函证信格式，如表13-5所示。

表 13-5 **函 证 信**

(被询单位名称)： ××字第×××号

本公司聘请××会计师事务所正在对本公司财务报表进行审计，按照《中国注册会计师独立审计准则》的要求，应当询证本公司与贵单位的业务往来款项。下列数额出自本公司账簿记录，特函请证明。现附上回执联一件，请直接寄××会计师事务所核对。

地址__________ 邮编__________ 电话__________ 传真__________

会计账户名称	截止日期	经济事项摘要	账面余额

会计师事务所盖章__________ 委托人盖章 日期__________

回 执 联

××会计师事务所：

××公司××字第×××号函证信收到，根据本单位账户记录，××公司与本单位的往来款项截至年 月 日止的金额为 元，与来函所列数字相(不)符。不符原因如下：

单位及经办人签章__________

年 月 日

三、审查银行存款收支业务是否合法、合规

审查内容包括：

(1) 审查银行存款的收支事项是否以规定的合法凭证为依据，应按规定审批的支款事项是否经过审批。

(2) 对大额银行存款收支事项进行审查，看其是否有不符合规定的收入和支出。

(3) 审查开发支票与加盖印鉴是否分别管理，是否按规定签发不填金额的空白支票，有否签发远期支票和收支跨期入账情况，有否出借账户的行为。

四、审查银行存款账务是否真实正确

审查内容包括：

(1) 审查银行日记账的收支发生额及结存额是否与总账相符，总账与资产负债表余额是否相符。

(2) 审查外币收付账项的汇兑结算是否正确，使用汇率是否符合规定。

【技能操作】

【例 13-2】 某民间审计组织接受大华纺织公司的委托，对其 2018 年 12 月 31 日的资产

负债表进行审计。在审查资产负债表“货币资金”项目时，发现该公司2018年12月31日的银行存款数额为43 500元，银行存款账面余额为45 000元。派审计人员向开户银行取得对账单一张，2018年12月31日的银行存款余额为52 000元。另外，查有下列未达账款和记账差错：

(1) 12月23日，公司送存转账支票6 800元，银行尚未入账。

(2) 12月24日，公司开出转账支票6 300元，持票人尚未到银行办理转账手续。

(3) 12月25日，委托银行收款10 300元，银行已收妥入账，但收款通知尚未达到公司。

(4) 12月30日，代付水费3 150元，但银行付款通知单尚未到达该公司。

(5) 12月15日，收到银行收款通知单金额为3 850元，公司入账时将银行存款增加数错记成3 500元。

[**存在问题**] 审计人员编制的银行存款余额调节表，如表13-6所示。

表13-6 银行存款余额调节表

单位名称：大华纺织公司 2018年12月31日 金额单位：元

项目	金额	项目	金额
公司银行存款账面余额	45 000	开户银行对账单余额	52 000
加：银行已收，公司未收的款项	10 300	加：公司已收，银行未收的款项	6 800
减：银行已付，公司未付的款项	3 150	减：公司已付，银行未付的款项	6 300
加：企业记账差错数	350		
调节后的存款余额	52 500	调节后的存款余额	52 500

审计负责人：李明 审计员：黄忠 会计主管：张建 会计员：张平

从银行存款余额调节表可以看出，大华纺织公司2008年12月31日银行存款的数额两方都为52 500元，从而证明公司银行存款账面余额45 000元基本属实。可见，资产负债表上的“货币资金”项目中的银行存款数43 500元的真实度很低，应加以调整。

[**审计处理**] 对于企业和银行的未达账项，不要满足于调整后的平衡，要对所有的未达账项进行调查；如果未达账项已全部查清，记账等技术性的错误也调整了，但两者余额仍不相符，应反复查对，直到把问题完全查清为止；要注意一收一付金额相等且日期相距较近的银行已入账企业未入账的未达账款，审查有无套取现金或出租、出借银行账号，为非法经营者代收代付的现象。

第五讲 其他货币资金审计

【知识要点】

其他货币资金是指企业除现金、银行存款以外的其他各种货币资金，包括外埠存款、银行汇票存款、银行本票存款、在途货币资金和信用证存款等。它们与银行存款的不同，主要在于存放地点和用途不同，而具体审计程序与银行存款审计基本相同，主要包括以下几个方面：

(1) 核对外埠存款、银行汇票存款、银行本票存款和在途货币资金等各明细账期末合计数与总账数是否相符。

(2) 函证外埠存款户、银行汇票存款户和银行本票存款户等的期末余额。

(3) 对于非记账本位币的其他货币资金，检查其是否按规定的折算汇率折算为记账本位币金额，是否将其期末余额折合为记账本位币金额。

(4) 抽查一定样本量的原始凭证进行测试,检查其经济内容是否完整,有无适当的审批授权,并核对相关账户的入账情况。

(5) 抽取资产负债表日后的大额收支凭证进行截止测试,如有跨期收支事项,应进行适当调整。

(6) 检查其他货币资金在资产负债表上的披露是否恰当。

单元测试

1. 单项选择题

(1) 审计人员对库存现金监盘,通常采用(　　)方式进行。

A. 编制盘点计划　　B. 编制盘点问卷调查

C. 预告　　D. 突击

(2) 审计人员对被审计单位现金进行盘点,其范围描述最恰当的是(　　)。

A. 出纳员保管的现金　　B. 财务部门保管的现金

C. 各部门保管的现金　　D. 存入银行的现金

(3) 审计人员应抽取一定期间的(　　)进行审查。以证实银行对账单、银行存款日记账及总账记录的正确性。

A. 内部控制流程图　　B. 收款凭证

C. 付款凭证　　D. 银行存款余额调节表

(4) 货币资金内部控制的下列关键环节中,存在重大缺陷的是(　　)。

A. 财务专用章由专人保管,个人名章由本人或其授权人员保管

B. 对重要货币资金支付业务,实行集体决策

C. 现金收入及时存入银行,特殊情况下,经主管领导审查批准方可坐支现金

D. 指定专人定期核对银行账户,每月核对一次,编制银行存款余额调节表,使银行存款账面余额与银行对账单调节相符

(5) 审计人员测试现金余额的起点是(　　)。

A. 检查所有现金支出凭证和已开出支票

B. 核对现金、银行存款日记账的余额是否与总账相符

C. 检查所有的收款凭证,包括现金收款凭证及银行存款收款通知

D. 将现金、银行存款账户的有关凭证与现金、银行存款日记账核对相符

(6) 审计人员实施的下列各项审计程序中,能够证实银行存款是否存在的是(　　)。

A. 分析定期存款占银行存款的比例　　B. 检查银行存款余额调节表

C. 函证银行存款余额　　D. 检查银行存款收支的正确截止

(7) 如果在资产负债表日后对现金进行盘点,应根据盘点数,将资产负债表日至(　　)的现金收支数,倒轧计算资产负债表上所包含的现金数是否正确。

A. 审计报告日　　B. 资产负债表日

C. 盘点日　　D. 外勤工作结束日

(8) 在进行年度财务报表审计时,为了证实被审计单位在临近 12 月 31 日签发的支票未予入账,审计人员实施的最有效实质性程序是(　　)。

A. 审查12月31日的银行存款余额调节表　　B. 函证12月31日的银行存款余额
C. 审查12月31日的银行对账单　　D. 审查12月份的支票存根

(9) N公司某银行账户的银行对账单余额与银行存款日记账余额不符,审计人员应当执行的最有效的审计程序是(　　)。
A. 重新测试相关的内部控制
B. 审查银行对账单中记录的该账户资产负债表日前后的收付情况
C. 审查银行存款日记账中记录的该账户资产负债表日前后的收付情况
D. 审查该账户的银行存款余额调节表

(10) 审计人员对被审计单位库存现金进行盘点时,如果发现有冲抵库存现金的借条、未作报销的原始凭证等,应在(　　)中注明或进行必要的调整。
A. 现金日记账　　B. 库存现金盘点表
C. 其他货币资金日记账　　D. 会计报表附注

2. 多项选择题

(1) 监盘库存现金是审计人员证实资产负债表所列现金是否存在的一项重要程序,被审计单位非必须参加盘点的人员有(　　)。
A. 会计主管人员和内部审计师　　B. 出纳员和会计主管人员
C. 现金出纳员和银行出纳员　　D. 出纳员和内部审计人员

(2) 下列各项中,属于货币资金内部控制测试的程序有(　　)。
A. 了解货币资金内部控制
B. 抽取并检查收款凭证
C. 检查外币资金的折算方法是否符合有关规定,是否与上年度一致
D. 抽取一定期间银行存款余额调节表,查验其是否按月正确编制并经复核

(3) 被审计单位银行存款通常应列示在资产负债表的流动资产项内,除非其为(　　)。
A. 1年以上的定期存款　　B. 外埠存款
C. 限定用途的存款　　D. 投资者缴入的投资款

(4) 关于库存现金的盘点,下列说法正确的有(　　)。
A. 盘点库存现金是证实收到的现金收入是否已全部登记入账的一项重要程序
B. 盘点对象通常包括已收到但未存入银行存款的现金
C. 通常实施突击性检查
D. 如果企业现金存放部门有两处或两处以上者,应同时进行盘点

(5) 为确保银行存款正确截止,审计人员应确定最后一张支票号码,并且查证(　　)。
A. 小于该号码的已开出支票均应入本期账
B. 小于该号码的未开出支票不应入本期账
C. 大于该号码的已开出支票不应入本期账
D. 大于该号码的未开出支票不应入本期账

(6) 为了做到银行存款在财务报表上正确截止,对于(　　),审计人员应当要求被审计单位编制会计分录调整。
A. 银行已付,企业未入账的支出　　B. 银行已收,企业未入账的收入
C. 企业已付,银行未入账的支出　　D. 企业已收,银行未入账的收入

(7) 货币资金内部控制的以下关键环节中,不存在重大缺陷的有( )。

A. 财务专用章由专人保管,个人名章由本人或其授权人员保管

B. 对重要货币资金支付业务,实行集体决策

C. 现金收入及时存入银行,特殊情况下,经主管领导审查批准方可坐支现金

D. 指定专人定期核对银行账户,每月核对一次,编制银行存款余额调节表,使银行存款账面余额与银行对账单调节相符

(8) 下列情况下,审计人员仍需函证被审计单位银行存款的有( )。

A. 企业"银行存款"账户余额为零

B. 信用证存款

C. 注册会计师直接从某一银行取得对账单和所有已付支票

D. 外埠存款

(9) 如果在资产负债表日后对库存现金进行盘点,根据盘点数、资产负债表日至( )的现金数,倒轧计算资产负债表上所包含的现金数是不正确的。

A. 审计报告日　　B. 资产负债表日

C. 盘点日　　D. 外勤工作结束日

(10) 下列交易中,可以通过调节银行存款来揭示的有( )。

A. 12 月 31 日前,银行已付的某项支出,企业未入账

B. 将资产负债表日后收到的银行存款计入被审计年度

C. 12 月 31 日开出支票但未入账,并要求顾客年后办理转账手续

D. 应付票据已由银行付讫,但被审计单位并未入账

3. 判断题

(1) 被审计单位资产负债表上的库存现金数额,应当以结账日现金日记账余额为准。 ( )

(2)"银行存款"账户余额为零,但只要存在本期发生额,审计人员应进行函证。 ( )

(3) 审计人员审计了 R 公司提供的相关银行存款余额调节表中的调节事项,对其中应予以调整的事项提出了审计调整建议。在 R 公司接受调整建议后,助理人员得出其不再存在未入账银行存款收支业务的审计结论。 ( )

(4) 如果现金盘点不是在资产负债表日进行的,审计人员应将资产负债表日至盘点日的收付金额调整至盘点日金额。 ( )

(5) 某公司为加强货币资金支付管理,货币资金支付审批实行分级管理办法:单笔付款金额在 10 万元以下的,由财务部经理审批;单笔付款金额在 10 万元以上、50 万元以下的,由财务总监审批;单笔付款金额在 50 万元以上的,由总经理审批。这种办法符合内部控制的要求。 ( )

(6) 企业的其他货币资金业务通常较少,审计人员可以直接实施其他货币资金的实质性程序。 ( )

(7) 企业资产负债表上银行存款数字应当包括当年最后一天收到的所有存放于银行的款项,而不包括其后收到的,同样,企业年终前开出的支票,不得在年后入账。 ( )

(8) 函证银行存款余额,审计人员只可以证实银行存款是否存在。 ( )

(9) 审查银行存款时,应当注意资产负债表上银行存款数字是否已经包括银行当年最后

一天收到或付出的款项。　　　　（　　）

（10）被审计单位资产负债表上的银行存款数额，应以编制或取得银行存款余额调节表日银行存款账户数额为准。　　　　（　　）

实务训练

1. 审计人员在对P公司2018年度财务报表进行审计时，对P公司的银行存款实施的部分审计程序为：

（1）取得2018年12月31日银行存款余额调节表。

（2）向开户银行寄发银行询证函，并直接收取寄回的询证函回函。

（3）取得开户银行2019年1月31日的银行对账单。

要求：（1）请问乙审计人员向开户银行询证的作用有哪些？

（2）请问乙审计人员应采取什么方式才能直接收回开户银行的询证函回函？目的是什么？

（3）请问乙审计人员取得银行存款余额调节表后，应检查哪些内容？

（4）请问乙审计人员索取开户银行2019年1月31日的银行对账单，能证实2018年12月31日银行存款余额调节表的哪些内容？

2. 2019年3月5日，审计人员对N公司全部现金进行监盘后，确认实有现金数额为1 000元。N公司3月4日账面库存现金余额为2 000元；3月5日发生的现金收支全部未登记入账，其中收入金额为3 000元、支出金额为4 000元；2019年1月1日至3月4日现金收入总额为165 200元、现金支出总额为165 500元。请推断2018年12月31日库存现金余额应为多少元？并编制库存现金盘点表工作底稿。

第十四单元　审计报告

导学目标

通过本单元课程教学，学生应该理解审计报告的含义、作用和类型；掌握无保留意见审计报告的出具条件与格式；掌握非无保留意见审计报告的类型、各自的出具条件与格式。

导学案例

出具审计报告前的复核

甲公司是泰信会计师事务所的常年审计客户，主要从事大型机械设备的生产和销售。X注册会计师负责审计甲公司2019年度财务报表。他分派助理人员E审计应付账款。对于大型设备制造企业来说，应付账款是重要的审计领域，对应付账款应执行检查期后付款等程序以验证负债记录是否恰当。E在预定时间完成了份内工作，在审计即将完成前辞职了。

X复核了每张审计工作底稿，看到E在底稿上对每笔应付账款都用“√”作了标记并加以解释，表明E对有关账证、数据已详细检查，并认为客户应付账款记录是正确的。

完成审计工作时，会计师事务所的合伙人A复核了相关底稿。A对设备制造业及甲公司都非常熟悉，复核底稿后感觉应付账款不太合理。A要求X进一步测试应付账款。X又检查了复核过的底稿中E提到的所有账簿与凭证，吃惊地发现E没有认真地检查或者根本没有检查账簿与凭证，X查出甲公司漏计负债200万元。

合伙人A的复核使会计师事务所避免了一次审计失败。

思考：

在按照业务循环完成各财务报表项目的审计测试后，注册会计师能否直接出具审计报告？为什么？

第一讲　审计报告概述

【知识要点】

一、审计报告的含义

审计报告是指注册会计师根据中国注册会计师审计准则的规定，在实施审计工作的基础上，对被审计单位财务报表发表审计意见的书面文件。

审计报告是注册会计师在完成审计工作后，向委托人提交的最终产品，具有以下特征：

(1) 注册会计师应当按照中国注册会计师审计准则的规定执行审计工作。审计准则是用以规范注册会计师执行审计业务的标准，包括一般原则与责任、风险评估与应对、审计证据、利用其他主体的工作、审计结论与报告以及特殊领域审计六个方面的内容，涵盖了注册会计师执行审计业务的整个过程和各个环节。

(2) 注册会计师在实施审计工作的基础上，才能出具审计报告。注册会计师应当实施风险评估程序，以此作为评估财务报表层次和认定层次重大错报风险的基础。风险评估程序本身并不足以为发表审计意见提供充分、适当的审计证据，注册会计师还应当实施进一步审计程序，包括实施控制测试(必要时或决定测试时)和实质性程序。注册会计师通过实施上述审计程序，获取充分、适当的审计证据，得出合理的审计结论，作为形成审计意见的基础。

(3) 注册会计师通过对财务报表发表意见履行业务约定书约定的责任。财务报表审计的目标是注册会计师通过执行审计工作，对财务报表的合法性和公允性发表审计意见。因此，在实施审计工作的基础上，注册会计师需要对财务报表形成审计意见，并向委托人提交审计报告。

(4) 注册会计师应当以书面形式出具审计报告。审计报告具有特定的要素和格式，注册会计师只有以书面形式出具报告，才能清楚地表达对财务报表发表的审计意见。

注册会计师应当根据由审计证据得出的结论，清楚表达对财务报表的意见。财务报表是指对企业财务状况、经营成果和现金流量的结构化表述，至少应当包括资产负债表、利润表、所有者(股东)权益变动表、现金流量表及附注。无论是出具标准审计报告，还是非标准审计报告，注册会计师一旦在审计报告上签名并盖章，就表明对其出具的审计报告负责。

注册会计师应当将已审计的财务报表附于审计报告后。审计报告是注册会计师对财务报表合法性和公允性发表审计意见的书面文件，因此，注册会计师应当将已审计的财务报表附于审计报告之后，以便于财务报表使用者正确理解和使用审计报告，并防止被审计单位替换、更改已审计的财务报表。

二、审计报告的作用

注册会计师签发的审计报告，主要具有鉴证、保护和证明三方面的作用。

1. 鉴证作用

注册会计师签发的审计报告，不同于政府审计和内部审计的审计报告，是以超然独立的第三者身份，对被审计单位财务报表合法性和公允性发表意见。这种意见，具有鉴证作用，得到了政府及其各部门和社会各界的普遍认可。政府有关部门，如财政部门、税务部门等了解、掌握企业的财务状况和经营成果的主要依据是企业提供的财务报表。财务报表是否合法、公允，主要依据注册会计师的审计报告作出判断。股份制企业的股东，主要依据注册会计师的审计报告来判断被投资企业的财务报表是否公允地反映了财务状况和经营成果，以进行投资决策等。

2. 保护作用

注册会计师通过审计，可以对被审计单位财务报表出具不同类型审计意见的审计报告，以提高或降低财务报表信息使用者对财务报表的信赖程度，能够在一定程度上对被审计单位的财产、债权人和股东的权益及企业利害关系人的利益起到保护作用。如投资者为了减少投资风险，在进行投资之前，必须要查阅被投资企业的财务报表和注册会计师的审计报告，了解被投资企业的经营情况和财务状况。投资者根据注册会计师的审计报告作出投资决策，可以降低其投资风险。

3. 证明作用

审计报告是对注册会计师审计任务完成情况及其结果所进行的总结，它可以表明审计工作的质量并明确注册会计师的审计责任。因此，审计报告可以对审计工作质量和注册会计师的审计责任起到证明作用。通过审计报告，可以证明注册会计师在审计过程中是否实施了必要的审计程序，是否以审计工作底稿为依据发表审计意见，发表的审计意见是否与被审计单位的实际情况相一致，审计工作的质量是否符合要求。通过审计报告，以证明注册会计师审计责任的履行情况。

第二讲　审计意见的形成和审计报告的类型

【知识要点】

一、审计意见的形成

注册会计师应当评价根据审计证据得出的结论，以作为对财务报表形成审计意见的基础。在对财务报表形成审计意见时，注册会计师应当根据已获取的审计证据，评价是否已对财务报表整体不存在重大错报获取合理保证。

审计证据是指注册会计师为了得出审计结论、形成审计意见而使用的所有信息，包括财务报表依据的会计记录中含有的信息和其他信息。因此，注册会计师应当获取充分、适当的审计证据，以得出合理的审计结论，作为形成审计意见的基础。

注册会计师对审计结论的评价贯穿于审计的全过程：

（1）注册会计师应当根据实施的审计程序和获取的审计证据，评价对认定层次重大错报风险的评估是否仍然适当。

（2）财务报表审计是一个累积和不断修正信息的过程。随着计划的审计程序的实施，如果获取的信息与风险评估时依据的信息有重大差异，注册会计师应当考虑修正风险评估结果，并据以修改原计划的其他审计程序的性质、时间和范围。

（3）在实施控制测试时，如果发现被审计单位控制运行出现偏差，注册会计师应当了解这些偏差及其潜在后果，并确定已实施的控制测试是否为信赖控制提供了充分、适当的审计证据，是否需要实施进一步的控制测试，或实施实质性程序以应对潜在的错报风险。

（4）注册会计师不应将审计中发现的舞弊或错误视为孤立发生的事项，而应当考虑其对评估的重大错报风险的影响。在完成审计工作前，注册会计师应当评价是否已将审计风险降至可接受的低水平，是否需要重新考虑已实施审计程序的性质、时间和范围。

（5）在形成审计意见时，注册会计师应当从总体上评价是否已经获取充分、适当的审计证据，以将审计风险降至可接受的低水平。

二、审计报告的类型

审计报告分为标准审计报告和非标准审计报告。当注册会计师出具的无保留意见的审计报告不附加说明段、强调事项段或任何修饰性用语时，该报告称为标准审计报告。标准审计报告包含的审计报告要素齐全，属于无保留意见，且不附加说明段、强调事项段或任何修饰性用语。否则，不能称为标准审计报告。

非标准审计报告是指标准审计报告以外的其他审计报告,包括带强调事项段的无保留意见的审计报告和非无保留意见的审计报告。非无保留意见的审计报告包括保留意见的审计报告、否定意见的审计报告和无法表示意见的审计报告。

第三讲 审计报告的基本内容

【知识要点】

一、审计报告的要素

审计报告应当包括:①标题。②收件人。③引言段。④管理层对财务报表的责任段。⑤注册会计师的责任段。⑥审计意见段。⑦注册会计师的签名和盖章。⑧会计师事务所的名称、地址及盖章。⑨报告日期。

二、标题

审计报告的标题应当统一规范为"审计报告"。

考虑到这一标题已广为社会公众所接受,因此,我国注册会计师出具的审计报告标题中没有包含"独立"二字,但注册会计师在执行财务报表审计业务时,应当遵守独立性的要求。

三、收件人

审计报告的收件人是指注册会计师按照业务约定书的要求致送审计报告的对象,一般是指审计业务的委托人。审计报告应当载明收件人的全称。

注册会计师应当与委托人在业务约定书中约定致送审计报告的对象,以防止在此问题上发生分歧或审计报告被委托人滥用。针对整套通用目的财务报表出具的审计报告,审计报告的致送对象通常为被审计单位的全体股东或董事会。

四、引言段

审计报告的引言段应当说明被审计单位的名称和财务报表已经过审计,并包括下列内容:

(1) 指出构成整套财务报表的每张财务报表的名称。

(2) 提及会计报表附注。

(3) 指明财务报表的日期和涵盖的期间。

根据《企业会计准则》的规定,整套财务报表中每张报表的名称分别称为资产负债表、利润表、所有者(股东)权益变动表和现金流量表。此外,由于附注是财务报表不可或缺的重要组成部分,因此,也应提及。财务报表有反映时点的,也有反映期间的,注册会计师应在引言段中指明财务报表的日期和涵盖的期间。

引言段举例如下:

"我们审计了后附的ABC股份有限公司(以下简称ABC公司)财务报表,包括20×1年12月31日的资产负债表,20×1年度的利润表、股东权益变动表和现金流量表以及会计报表附注。"

五、管理层对财务报表的责任段

管理层对财务报表的责任段应当说明,按照适用的会计准则和相关会计制度的规定编制财务报表是管理层的责任。这种责任包括：

（1）设计、实施和维护与财务报表编制相关的内部控制，以使财务报表不存在由于舞弊或错误而导致的重大错报。

（2）选择和运用恰当的会计政策。

（3）作出合理的会计估计。

在审计报告中指明管理层的责任，有利于区分管理层和注册会计师的责任，降低财务报表使用者误解注册会计师责任的可能性。

管理层对财务报表的责任段举例如下：

"一、管理层对财务报表的责任

按照企业会计准则和《××会计制度》的规定编制财务报表是ABC公司管理层的责任。这种责任包括：(1)设计、实施和维护与财务报表编制相关的内部控制，以使财务报表不存在由于舞弊或错误而导致的重大错报。(2)选择和运用恰当的会计政策。(3)作出合理的会计估计。"

六、注册会计师的责任段

注册会计师的责任段应当说明下列内容：

（1）注册会计师的责任是在实施审计工作的基础上对财务报表发表审计意见。注册会计师按照中国注册会计师审计准则的规定执行了审计工作。中国注册会计师审计准则要求注册会计师遵守职业道德规范，计划和实施审计工作以对财务报表是否不存在重大错报获取合理保证。

（2）审计工作涉及实施审计程序，以获取有关财务报表金额和披露的审计证据。选择的审计程序取决于注册会计师的判断，包括对由于舞弊或错误导致的财务报表重大错报风险的评估。在进行风险评估时，注册会计师考虑与财务报表编制相关的内部控制，以设计恰当的审计程序，但目的并非对内部控制的有效性发表意见。审计工作还包括评价管理层选用会计政策的恰当性和作出会计估计的合理性，以及评价财务报表的总体列报。

（3）注册会计师相信已获取的审计证据是充分、适当的，为其发表审计意见提供了基础。

如果接受委托，结合财务报表审计对内部控制有效性发表意见，注册会计师应当省略第(2)项中"但目的并非对内部控制的有效性发表意见"的术语。

理解注册会计师的责任段内容时，应当注意以下几点：

第一段，内容阐明注册会计师的责任、注册会计师执行审计业务的标准以及审计准则对注册会计师提出的核心要求。同时，向财务报表使用者说明，注册会计师应当计划和实施审计工作以对财务报表是否不存在重大错报获取合理保证。不存在重大错报是指注册会计师认为已审计的财务报表不存在影响财务报表使用者决策的错报。合理保证是指注册会计师通过不断修正的、系统的执业过程，获取充分、适当的审计证据，对财务报表整体发表审计意见，提供的是一种高水平但非百分之百的保证。

第二段，内容阐明注册会计师执行审计工作的主要过程，包括运用职业判断实施风险评估程序、控制测试(必要时或决定测试时)以及实质性程序。同时，向财务报表使用者说明，注册会计师的审计是建立在风险导向审计基础上的。在进行风险评估时，注册会计师考虑与财务报表编制相关的内部控制，设计恰当的审计程序，但目的并非对内部控制的有效性发表意见。因此，审计报告对内部控制不提供任何保证。

第三段，内容阐明注册会计师通过实施审计工作，获取了充分、适当的审计证据，具备了发表审计意见的基础。

注册会计师的责任段举例如下：

“二、注册会计师的责任

我们的责任是在实施审计工作的基础上对财务报表发表审计意见。我们按照《中国注册会计师审计准则》的规定执行了审计工作。中国注册会计师审计准则要求我们遵守职业道德规范，计划和实施审计工作以对财务报表是否不存在重大错报获取合理保证。

审计工作涉及实施审计程序，以获取有关财务报表金额和披露的审计证据。选择的审计程序取决于注册会计师的判断，包括对由于舞弊或错误导致的财务报表重大错报风险的评估。在进行风险评估时，我们考虑与财务报表编制相关的内部控制，以设计恰当的审计程序，但目的并非对内部控制的有效性发表意见。审计工作还包括评价管理层选用会计政策的恰当性和作出会计估计的合理性，以及评价财务报表的总体列报。

我们相信，我们获取的审计证据是充分、适当的，为发表审计意见提供了基础。”

七、审计意见段

1. 审计意见段的内容

审计意见段应当说明，财务报表是否按照适用的会计准则和相关会计制度的规定编制，是否在所有重大方面公允反映了被审计单位的财务状况、经营成果和现金流量。

2. 无保留意见的审计报告

如果认为财务报表符合下列所有条件，注册会计师应当具无保留意见的审计报告：

(1) 财务报表已经按照适用的会计准则及相关会计制度的规定编制，在所有重大方面公允反映了被审计单位的财务状况、经营成果和现金流量。

(2) 注册会计师已经按照中国注册会计师审计准则的规定计划和实施审计工作，在审计过程中未受限制。

当出具无保留意见的审计报告时，注册会计师应当以“我们认为”作为意见段的开头，并使用“在所有重大方面”“公允反映”等术语。

无保留意见的审计报告意味着，注册会计师通过实施审计工作，认为被审计单位财务报表的编制符合合法性和公允性的要求，合理保证财务报表不存在重大错报。

3. 标准审计报告

当注册会计师出具的无保留意见的审计报告不附加说明段、强调事项段或任何修饰性用语时，该报告称为标准审计报告。

标准审计报告包含的审计报告要素齐全，属于无保留意见，且不附加说明段、强调事项段或任何修饰性用语。否则，不能称为标准审计报告。

八、注册会计师的签名和盖章

审计报告应当由注册会计师签名并盖章。注册会计师在审计报告上签名并盖章，有利于明确法律责任。《财政部关于注册会计师在审计报告上签名盖章有关问题的通知》(财会〔2001〕1035 号)明确规定：

“一、会计师事务所应当建立健全全面质量控制政策与程序以及各审计项目的质量控制程序，严格按照有关规定和本通知的要求在审计报告上签名盖章。

二、审计报告应当由两名具备相关业务资格的注册会计师签名盖章并经会计师事务所盖章方为有效。

（一）合伙会计师事务所出具的审计报告，应当由一名对审计项目负最终复核责任的合伙人和一名负责该项目的注册会计师签名盖章。

（二）有限责任会计师事务所出具的审计报告，应当由会计师事务所主任会计师或其授权的副主任会计师和一名负责该项目的注册会计师签名盖章。”

九、会计师事务所的名称、地址和盖章

审计报告应当载明会计师事务所的名称和地址，并加盖会计师事务所公章。

十、报告日期

审计报告应当注明报告日期。审计报告的日期不应早于注册会计师获取充分、适当的审计证据（包括管理层认可对财务报表的责任且已批准财务报表的证据），并在此基础上对财务报表形成审计意见的日期。

注册会计师在确定审计报告日期时，应当考虑：①应当实施的审计程序已经完成。②应当提请被审计单位调整的事项已经提出，被审计单位已经作出调整或拒绝作出调整。③管理层已经正式签署财务报表。

标准审计报告参考格式，如表 14-1 所示。

表 14-1

审 计 报 告

ABC 股份有限公司全体股东：

我们审计了后附的 ABC 股份有限公司（以下简称 ABC 公司）财务报表，包括 20×1 年 12 月 31 日的资产负债表，20×1 年度的利润表、股东权益变动表和现金流量表以及会计报表附注。

一、管理层对财务报表的责任

按照企业会计准则和《××会计制度》的规定编制财务报表是 ABC 公司管理层的责任。这种责任包括：(1)设计、实施和维护与财务报表编制相关的内部控制，以使财务报表不存在由于舞弊或错误而导致的重大错报。(2)选择和运用恰当的会计政策。(3)作出合理的会计估计。

二、注册会计师的责任

我们的责任是在实施审计工作的基础上对财务报表发表审计意见。我们按照《中国注册会计师审计准则》的规定执行了审计工作。中国注册会计师审计准则要求我们遵守职业道德规范，计划和实施审计工作以对财务报表是否不存在重大错报获取合理保证。

审计工作涉及实施审计程序，以获取有关财务报表金额和披露的审计证据。选择的审计程序取决于注册会计师的判断，包括对由于舞弊或错误导致的财务报表重大错报风险的评估。在进行风险评估时，我们考虑与财务报表编制相关的内部控制，以设计恰当的审计程序，但目的并非对内部控制的有效性发表意见。审计工作还包括评价管理层选用会计政策的恰当性和作出会计估计的合理性，以及评价财务报表的总体列报。

我们相信，我们获取的审计证据是充分、适当的，为发表审计意见提供了基础。

三、审计意见

我们认为，ABC 公司财务报表已经按照企业会计准则和《××会计制度》的规定编制，在所有重大方面公允反映了 ABC 公司 20×1 年 12 月 31 日的财务状况以及 20×1 年度的经营成果和现金流量。

××会计师事务所	中国注册会计师：×××
（盖章）	（签名并盖章）
中国××市	中国注册会计师：×××
	（签名并盖章）
	20××年×月×日

第四讲　非标准审计报告

【知识要点】

一、审计报告的强调事项段

1. 强调事项段的含义

审计报告的强调事项段是指注册会计师在审计意见段之后增加的对重大事项予以强调的段落。

强调事项应当同时符合下列条件：

(1) 可能对财务报表产生重大影响，但被审计单位进行了恰当的会计处理，且在财务报表中进行充分披露。

(2) 不影响注册会计师发表的审计意见。

2. 增加强调事项段的情形

(1) 对持续经营能力产生重大疑虑。当存在可能导致对持续经营能力产生重大疑虑的事项或情况，但不影响已发表的审计意见时，注册会计师应当在审计意见段之后增加强调事项段对此予以强调。

(2) 重大不确定事项。当存在可能对财务报表产生重大影响的不确定事项(持续经营问题除外)，但不影响已发表的审计意见时，注册会计师应当考虑在审计意见段之后增加强调事项段，对此予以强调。

(3) 其他审计规定增加强调事项段的情形。除上述两种情形以及其他审计准则规定的增加强调事项段的情形外，注册会计师不应在审计报告的审计意见段之后增加强调事项段或任何解释性段落，以免财务报表使用者产生误解。

有关增加强调事项段的其他审计准则包括：

《中国注册会计师审计准则第 1324 号——持续经营》第三十五条第二款规定，如果认为管理层选用的其他编制基础是适当的，且财务报表已作出充分披露，注册会计师可以出具无保留意见的审计报告，并考虑在审计意见段之后增加强调事项段，提醒财务报表使用者关注管理层选用的其他编制基础。

《中国注册会计师审计准则第 1332 号——期后事项》第十七条规定，如果管理层修改了财务报表，注册会计师应当根据具体情况实施必要的审计程序，复核管理层采取的措施能否确保所有收到原财务报表和审计报告的人士了解这一情况，并针对修改后的财务报表出具新的审计报告。新审计报告应增加强调事项段，提请财务报表使用者注意会计报表附注中对修改原财务报表原因的详细说明，以及注册会计师出具的原审计报告。

《中国注册会计师审计准则第 1511 号——比较数据》第十条规定，当以前针对上期财务报表出具的审计报告为非无保留意见的审计报告时，如果导致非无保留意见的事项虽已解决，但对本期仍重要，注册会计师可在审计报告中增加强调事项段提及这一情况。

另外，《中国注册会计师审计准则第 1511 号——比较数据》第十一条规定，注册会计师在对本期财务报表进行审计时，可能注意到影响上期财务报表的重大错报，而以前未就该重大错报出具非无保留意见的审计报告。如果上期财务报表未经更正，也未重新出具审计报告，但比较数据已在财务报表中恰当重述和充分披露，注册会计师可以在审计报告中增加强调事项段，说明这一情况。

《中国注册会计师审计准则第1521号——含有已审计财务报表的文件中的其他信息》第十三条第一款规定，如果需要修改其他信息而被审计单位拒绝修改，注册会计师应当考虑在审计报告中增加强调事项段说明该重大不一致，或采取其他措施。

由于增加强调事项段是为了提醒财务报表使用者关注某些事项，并不影响注册会计师的审计意见，为了使财务报表使用者明确这一点，注册会计师应当在强调事项段中指明，该段内容仅用于提醒财务报表使用者关注，并不影响已发表的审计意见。

二、非无保留意见的审计报告

1. 影响发表非无保留意见的情形

（1）注册会计师与管理层的分歧。注册会计师与管理层在财务报表披露方面的分歧，主要体现在：管理层没有按照适用的会计准则和相关会计制度的要求披露所有的信息，或者没有充分、清晰地披露所有信息，使财务报表使用者不能了解重大交易和事项对被审计单位财务状况、经营成果和现金流量的影响（保留意见或否定意见）。

（2）审计范围受到限制（保留意见或无法表示）。

审计范围可能受到下列两方面的限制：

第一，客观环境造成的限制。例如，由于被审计单位存货的性质或位置特殊等原因导致注册会计师无法实施存货监盘等。在客观环境造成限制的情况下，注册会计师应当考虑是否可能实施替代审计程序，以获取充分、适当的审计证据。

第二，管理层造成的限制。例如，管理层不允许注册会计师观察存货盘点，或者不允许对特定账户余额实施函证等。在管理层造成限制的情况下，注册会计师应当提请管理层放弃限制。如果管理层不配合，注册会计师应当考虑这一事项对风险评估的影响以及是否可能实施替代审计程序，以获取充分、适当的审计证据。

2. 保留意见的审计报告

如果认为财务报表整体是公允的，但还存在下列情形之一，注册会计师应当出具保留意见的审计报告：

（1）会计政策的选用、会计估计的作出或财务报表的披露不符合适用的会计准则和相关会计制度的规定，虽影响重大，但不至于出具否定意见的审计报告。

（2）因审计范围受到限制，不能获取充分、适当的审计证据，虽影响重大，但不至于出具无法表示意见的审计报告。

当出具保留意见的审计报告时，注册会计师应当在审计意见段中使用“除……的影响外”等术语。如果因审计范围受到限制，注册会计师还应当在注册会计师的责任段中提及这一情况。

应当指出的是，只有当注册会计师认为财务报表就其整体而言是公允的，但还存在对财务报表产生重大影响的情形，才能出具保留意见的审计报告。

3. 否定意见的审计报告

如果认为财务报表没有按照适用的会计准则和相关会计制度的规定编制，未能在所有重大方面公允反映被审计单位的财务状况、经营成果和现金流量，注册会计师应当出具否定意见的审计报告。

当出具否定意见的审计报告时，注册会计师应当在审计意见段中使用“由于上述问题造成的重大影响”“由于受到前段所述事项的重大影响”等术语。

应当指出的是，只有当注册会计师认为财务报表存在重大错报会误导使用者，以至于财务报表的编制不符合适用的会计准则和相关会计制度的规定，未能从整体上公允反映被审计单位的财务状况、经营成果和现金流量，注册会计师才出具否定意见的审计报告。

4. 无法表示意见的审计报告

如果审计范围受到限制可能产生的影响非常重大和广泛，不能获取充分、适当的审计证据，以至于无法对财务报表发表审计意见，注册会计师应当出具无法表示意见的审计报告。

当出具无法表示意见的审计报告时，注册会计师应当删除注册会计师的责任段，并在审计意见段中使用“由于审计范围受到限制可能产生的影响非常重大和广泛”“我们无法对上述财务报表发表意见”等术语。

只有当审计范围受到限制可能产生的影响非常重大和广泛，不能获取充分、适当的审计证据，以至于无法确定财务报表的合法性与公允性时，注册会计师才应当出具无法表示意见的审计报告。无法表示意见不同于否定意见，它通常仅仅适用于注册会计师不能获取充分、适当的审计证据的情形。如果注册会计师发表否定意见，必须获得充分、适当的审计证据。无论是无法表示意见还是否定意见，都只有在非常严重的情形下采用。

5. 审计报告的说明段

当出具非无保留意见的审计报告时，注册会计师应当在注册会计师的责任段之后、审计意见段之前增加说明段，清楚地说明导致所发表意见或无法发表意见的所有原因，并在可能情况下，指出其对财务报表的影响程度。

审计报告的说明段是指审计报告中位于审计意见段之前用于描述注册会计师对财务报表发表保留意见、否定意见或无法表示意见理由的段落。

非标准审计报告的格式如下：

(1) 带强调事项段的无保留意见的审计报告。报告格式列示，如表 14-2 所示。

表 14-2

审 计 报 告

ABC 股份有限公司全体股东：

我们审计了后附的 ABC 股份有限公司(以下简称 ABC 公司)财务报表，包括 20×1 年 12 月 31 日的资产负债表，20×1 年度的利润表、股东权益变动表和现金流量表以及会计报表附注。

一、管理层对财务报表的责任

按照企业会计准则和《××会计制度》的规定编制财务报表是 ABC 公司管理层的责任。这种责任包括：(1)设计、实施和维护与财务报表编制相关的内部控制，以使财务报表不存在由于舞弊或错误而导致的重大错报。(2)选择和运用恰当的会计政策。(3)作出合理的会计估计。

二、注册会计师的责任

我们的责任是在实施审计工作的基础上对财务报表发表审计意见。我们按照《中国注册会计师审计准则》的规定执行了审计工作。《中国注册会计师审计准则》要求我们遵守职业道德规范，计划和实施审计工作以对财务报表是否不存在重大错报获取合理保证。

审计工作涉及实施审计程序，以获取有关财务报表金额和披露的审计证据。选择的审计程序取决于注册会计师的判断，包括对由于舞弊或错误导致的财务报表重大错报风险的评估。在进行风险评估时，我们考虑与财务报表编制相关的内部控制，以设计恰当的审计程序，但目的并非对内部控制的有效性发表意见。审计工作还包括评价管理层选用会计政策的恰当性和作出会计估计的合理性，以及评价财务报表的总体列报。

我们相信，我们获取的审计证据是充分、适当的，为发表审计意见提供了基础。

三、审计意见

我们认为，ABC 公司财务报表已经按照企业会计准则和《××会计制度》的规定编制，在所有重大方面公允反映了 ABC 公司 20×1 年 12 月 31 日的财务状况以及 20×1 年度的经营成果和现金流量。

四、强调事项

我们提醒财务报表使用者关注，如会计报表附注×所述，ABC 公司在 20×1 年发生亏损××万元，在 20×1 年 12 月 31 日，流动负债高于资产总额××万元。ABC 公司已在会计报表附注×充分披露了拟采取的改善措施，但其持续经营能力仍然存在重大不确定性。本段内容不影响已发表的审计意见。

××会计师事务所　　　　　　　　　　　　中国注册会计师：×××
（盖章）　　　　　　　　　　　　　　　（签名并盖章）
　　　　　　　　　　　　　　　　　　　中国注册会计师：×××
　　　　　　　　　　　　　　　　　　　（签名并盖章）

中国××市　　　　　　　　　　　　　　　20×2 年×月×日

（2）保留意见的审计报告（审计范围受到限制）。报告格式列示，如表 14-3 所示。

表 14-3

审 计 报 告

ABC 股份有限公司全体股东：

我们审计了后附的 ABC 股份有限公司（以下简称 ABC 公司）财务报表，包括 20×1 年 12 月 31 日的资产负债表，20×1 年度的利润表、股东权益变动表和现金流量表以及会计报表附注。

一、管理层对财务报表的责任

按照企业会计准则和《××会计制度》的规定编制财务报表是 ABC 公司管理层的责任。这种责任包括：(1)设计、实施和维护与财务报表编制相关的内部控制，以使财务报表不存在由于舞弊或错误而导致的重大错报。(2)选择和运用恰当的会计政策。(3)作出合理的会计估计。

二、注册会计师的责任

我们的责任是在实施审计工作的基础上对财务报表发表审计意见。我们按照《中国注册会计师审计准则》的规定执行了审计工作。中国注册会计师审计准则要求我们遵守职业道德规范，计划和实施审计工作以对财务报表是否不存在重大错报获取合理保证。

审计工作涉及实施审计程序，以获取有关财务报表金额和披露的审计证据。选择的审计程序取决于注册会计师的判断，包括对由于舞弊或错误导致的财务报表重大错报风险的评估。在进行风险评估时，我们考虑与财务报表编制相关的内部控制，以设计恰当的审计程序，但目的并非对内部控制的有效性发表意见。审计工作还包括评价管理层选用会计政策的恰当性和作出会计估计的合理性，以及评价财务报表的总体列报。

我们相信，我们获取的审计证据是充分、适当的，为发表审计意见提供了基础。

三、导致保留意见的事项

ABC 公司 20×1 年 12 月 31 日的应收账款余额××万元，占资产总额的×%。由于 ABC 公司未能提供债务人地址，我们无法实施函证以及其他审计程序，以获取充分、适当的审计证据。

四、审计意见

我们认为，除了前段所述未能实施函证可能产生的影响外，ABC 公司财务报表已经按照企业会计准则和《××会计制度》的规定编制，在所有重大方面公允反映了 ABC 公司 20×1 年 12 月 31 日的财务状况以及 20×1 年度的经营成果和现金流量。

××会计师事务所　　　　　　　　　　　　中国注册会计师：×××
（盖章）　　　　　　　　　　　　　　　（签名并盖章）
中国××市　　　　　　　　　　　　　　中国注册会计师：×××
　　　　　　　　　　　　　　　　　　　（签名并盖章）
　　　　　　　　　　　　　　　　　　　　　　20×2 年×月×日

（3）否定意见的审计报告。报告格式列示，如表 14-4 所示。

表 14-4

审 计 报 告

ABC 股份有限公司全体股东：

我们审计了后附的 ABC 股份有限公司(以下简称 ABC 公司)财务报表，包括 20×1 年 12 月 31 日的资产负债表，20×1 年度的利润表、股东权益变动表和现金流量表以及会计报表附注。

一、管理层对财务报表的责任

按照企业会计准则和《××会计制度》的规定编制财务报表是 ABC 公司管理层的责任。这种责任包括：(1)设计、实施和维护与财务报表编制相关的内部控制，以使财务报表不存在由于舞弊或错误而导致的重大错报。(2)选择和运用恰当的会计政策。(3)作出合理的会计估计。

二、注册会计师的责任

我们的责任是在实施审计工作的基础上对财务报表发表审计意见。我们按照《中国注册会计师审计准则》的规定执行了审计工作。中国注册会计师审计准则要求我们遵守职业道德规范，计划和实施审计工作以对财务报表是否不存在重大错报获取合理保证。

审计工作涉及实施审计程序，以获取有关财务报表金额和披露的审计证据。选择的审计程序取决于注册会计师的判断，包括对由于舞弊或错误导致的财务报表重大错报风险的评估。在进行风险评估时，我们考虑与财务报表编制相关的内部控制，以设计恰当的审计程序，但目的并非对内部控制的有效性发表意见。审计工作还包括评价管理层选用会计政策的恰当性和作出会计估计的合理性，以及评价财务报表的总体列报。

我们相信，我们获取的审计证据是充分、适当的，为发表审计意见提供了基础。

三、导致否定意见的事项

如会计报表附注×所述，ABC 公司的长期股权投资未按企业会计准则的规定采用权益法核算。如果按权益法核算，ABC 公司的长期投资账面价值将减少××万元，净利润将减少××万元，从而导致 ABC 公司由盈利××万元变为亏损××万元。

四、审计意见

我们认为，由于受到前段所述事项的重大影响，ABC 公司财务报表没有按照企业会计准则和《××会计制度》的规定编制，未能在所有重大方面公允反映 ABC 公司 20×1 年 12 月 31 日的财务状况以及 20×1 年度的经营成果和现金流量。

××会计师事务所　　　　　　　　中国注册会计师：×××
（盖章）　　　　　　　　　　　　（签名并盖章）
中国××市　　　　　　　　　　　中国注册会计师：×××
　　　　　　　　　　　　　　　　（签名并盖章）
　　　　　　　　　　　　　　　　20×2 年×月×日

（4）无法表示意见的审计报告。报告格式列示，如表 14-5 所示。

表 14-5

审 计 报 告

ABC 股份有限公司全体股东：

我们审计了后附的 ABC 股份有限公司(以下简称 ABC 公司)财务报表，包括 20×1 年 12 月 31 日的资产负债表，20×1 年度的利润表、股东权益变动表和现金流量表以及会计报表附注。

一、管理层对财务报表的责任

按照企业会计准则和《××会计制度》的规定编制财务报表是 ABC 公司管理层的责任。这种责任包括：(1)设计、实施和维护与财务报表编制相关的内部控制，以使财务报表不存在由于舞弊或错误而导致的重大错报。(2)选择和运用恰当的会计政策。(3)作出合理的会计估计。

二、导致无法表示意见的事项

ABC 公司未对 20×1 年 12 月 31 日的存货进行盘点，金额为××万元，占期末资产总额的 40%。我们无法实施存货监盘，也无法实施替代审计程序，以对期末存货的数量和状况获取充分、适当的审计证据。

三、审计意见

由于上述审计范围受到限制可能产生的影响非常重大和广泛，我们无法对ABC公司财务报表发表意见。

××会计师事务所　　　　　　　　中国注册会计师：×××
（盖章）　　　　　　　　　　　（签名并盖章）
中国××市　　　　　　　　　　中国注册会计师：×××
（签名并盖章）
20×2年×月×日

【技能操作】

【例14-1】 A注册会计师作为ABC会计师事务所审计项目负责人，在审计以下单位2018年度财务报表时分别遇到以下情况：

(1) 甲公司拥有一项长期股权投资，账面价值500万元，持股比例30%。2018年12月31日，甲公司与K公司签署投资转让协议，拟以350万元的价格转让该项长期股权投资，已收到价款300万元，但尚未办理产权过户手续，甲公司以该项长期股权投资正在转让之中为由，不再计提减值准备。

(2) 乙公司于2017年5月为L公司1年期银行借款1 000万元提供担保，因L公司不能及时偿还，银行于2008年11月向法院提起诉讼，要求乙公司承担连带清偿责任。2018年12月31日，乙公司在咨询律师后，根据L公司的财务状况，计提了500万元的预计负债。对上述预计负债，乙公司已在会计报表附注中进行了适当披露。截至审计工作完成日，法院未对该项诉讼作出判决。

(3) 丙公司于2018年11月20日发现，2005年漏计固定资产折旧费用200万元。丙公司在编制2018年度财务报表时，对此项会计差错予以更正，追溯重述了相关财务报表项目，并在会计报表附注中进行了适当披露。

(4) 丁公司于2018年年末更换了大股东，并成立了新的董事会，继任法定代表人以刚上任不了解以前年度情况为由，拒绝签署2018年度已审财务报表和提供管理当局声明书。原法定代表人以不再继续履行职责为由，也拒绝签署2018年度已审计财务报表和提供的管理当局声明书。

［**要求**］

假定上述情况对各被审计单位2018年度财务报表的影响都是重要的，且各被审计单位均拒绝接受A注册会计师提出的审计处理建议（如有）。在不考虑其他因素影响的前提下，请分别针对上述四种情况，判断A注册会计师应对2018年度财务报表出具何种类型的审计报告，并简要说明理由。

［**答案**］

(1) 保留意见或否定意见的审计报告。由于对该项长期股权投资转让交易尚未完成，甲公司应计提而未计提减值准备，不符合企业会计准则和相关会计制度的规定。

(2) 带强调事项段的无保留意见的审计报告（或标准无保留意见）。因担保而产生的诉讼可能给乙公司带来损失，属于重大不确定事项，应当考虑在意见段之后增加强调事项段（或对未决诉讼已经进行适当的会计处理，且已适当披露，基本上确定该事项带来的损失，无需增加强调事项段）。

(3) 标准无保留意见的审计报告。丙公司对重大会计差错进行了追溯重述，并进行了适当披露，符合企业会计准则和相关制度的规定。

(4) 无法表示意见的审计报告。由于管理当局对已审计财务报表未予认定，也未能提供管理当局声明书，注册会计师的审计范围受到极大限制。

【技能操作】

【例 14-2】 公开发行 A 股的 X 股份有限公司(以下简称 X 公司)系 ABC 会计师事务所的常年审计客户。A 和 B 注册会计师负责对 X 公司 2018 年度财务报表进行审计，并确定财务报表层次的重要性水平为 1 200 000 元。X 公司 2018 年度财务报告于 2019 年 2 月 25 日获董事会批准，并于同日报送证券交易所。X 公司适用的增值税税率为 17%。其他相关资料如下所述：

资料一：X 公司未经审计的 2018 年度财务报表部分项目的年末余额或本年发生额，如表 14-6 所示。

表 14-6

项　目	金额（万元）
资产总额	21 000
股本	7 500
资本公积——股本溢价	4 000
法定盈余公积	1 000
未分配利润	900
主营业务收入	18 000
利润总额	300
净利润	200

资料二：在对 X 公司的审计过程中，A 和 B 注册会计师注意到以下事项：

(1) A 和 B 注册会计师在审计 X 公司 2007 年度财务报表时，通过实施销售截止测试发现，2018 年 1 月，X 公司主营业务收入明细账和主营业务成本明细账上记载的一批甲产品的销售业务，在 2017 年 12 月已收妥款项，并符合销售收入确认条件，但在当月未作任何会计处理，而在 2018 年 1 月作了如下会计处理：借记“银行存款”账户 11 700 000 元，贷记“主营业务收入”账户 10 000 000 元、“应交税费——应交增值税(销项税额)”账户 1 700 000 元；同时结转相应的主营业务成本，借记“主营业务成本”账户 8 700 000 元，贷记“存货——甲产品”账户 8 700 000 元。在对 2017 年度财务报表审计时，A 和 B 注册会计师建议将上述会计处理作为审计调整分录，调整 X 公司 2017 年度财务报表。X 公司调整了 2017 年度财务报表，但未调整 2018 年度相关账户和财务报表。

(2) 2018 年 12 月 28 日，X 公司将到期日为 2019 年 4 月 5 日的 6 000 000 元商业承兑汇票贴现，贴现利息为 180 000 元，贴现银行保留对 X 公司的追索权。X 公司作了如下会计处理：借记“银行存款”账户 5 820 000 元、“财务费用”账户 180 000 元，贷记“应收票据”账户 6 000 000 元。

(3) 为建造厂房和生产线，X公司于2018年6月1日分别向F银行借入年利率为5%的专项长期借款9 000 000元，向H银行借入年利率为6%的专项长期借款6 000 000元。该工程预计建造期为1年6个月，采用出包方式，按照工程进度于每月月初支付当月工程进度款。2018年6～12月，每月月初实际支付的工程进度款分别为8 000 000元、2 500 000元、500 000元、500 000元、1 000 000元、200 000元和1 000 000元。X公司2018年12月31日未经审计的该项在建工程余额为14 172 500元，其中，包括利息费用472 500元。

(4) X公司会计政策规定，对应收款项采用账龄分析法计提坏账准备。根据债务单位的财务状况、现金流量等情况，确定坏账准备计提比例分别为：账龄1年以内的(含1年，以下类推)，按其余额的10%计提；账龄1～2年的，按其余额的30%计提；账龄2～3年的，按其余额的50%计提；账龄3年以上的，按其余额的80%计提。X公司2018年12月31日未经审计的应收账款账面余额为51 929 000元，相应的坏账准备余额为6 364 900元。应收账款账面余额明细情况，如表14-7所示。

表14-7　应收账款账面余额明细情况表

单位：元

客户名称＼账龄	1年以内	1～2年	2～3年	3年以上
应收账款——A公司	35 150 000	500 000	932 000	
应收账款——B公司	2 000 000	15 100 000	54 000	
应收账款——C公司	600 000		25 000	
应收账款——D公司	9 500 000	−12 000 000		
应收账款——E公司				68 000
小　计	47 250 000	3 600 000	1 011 000	68 000

(5) X公司根据企业会计准则的规定，按照“成本与可变现净值孰低”对期末存货进行计价。2018年11月月末，X公司持有的500千克乙产品的账面成本总额为9 000 000元，由于市场价格下跌，预计可变现净值为8 000 000元，由此计提了存货跌价准备1 000 000元。2018年12月，乙产品的数量未发生增减变动，但X公司与Z公司于2018年12月5日签订了购销合同，约定于2019年1月以每千克12 400元的价格(不含增值税，下同)向Z公司销售乙产品400千克。2018年12月31日，由于市场价格上升，乙产品的单位可变现净值为每千克18 500元。对此，X公司未作任何会计处理，仍保留1 000 000元的存货跌价准备。

(6) 2018年1月，X公司为G公司向银行借款40 000 000元提供信用担保。2018年12月，因G公司未能偿还到期债务，银行向法院起诉，要求X公司承担连带责任，支付借款本息42 400 000元。2019年1月20日，法院终审判决银行胜诉，并于2019年1月25日执行完毕。考虑到G公司已宣告破产清算，无法向其追偿债务，X公司在2008年度作了如下会计处理：借记“营业外支出”账户42 400 000元，贷记“预计负债” 账户42 400 000元。这一事项使得X公司2018年年末的营运资金和2019年1月的经营活动产生的现金流量净额均出现负数。针对可能导致对持续经营能力产生重大疑虑的上述事项，X公司提出了拟采取的改善措施。A和B注册会计师实施了必要的审计程序，认为X公司编制2018年度财务报表所依据的持续经营假设是合理的，但持续经营能力仍存在重大不确定性。

［要求］

(1) 在资料一的基础上，如果不考虑审计重要性水平，针对资料二中事项(1)至事项(6)，请分别回答A和B注册会计师是否需要提出审计处理建议？若需提出审计调整建议，请直接列示审计调整分录(审计调整分录均不考虑对X公司2017年度的企业所得税、期末结转损益及利润分配的影响，下同)。

(2) 在资料一的基础上，如果考虑审计重要性水平，假定X公司分别只存在资料二的6个事项中的一个事项，X公司拒绝接受A和B注册会计师针对事项(1)至事项(5)提出的审计处理建议(如果有)，接受针对事项(6)提出的审计处理建议(如果有)。在不考虑其他条件的前提下，请指出A和B注册会计师应当针对该六个独立存在的事项分别出具何种意见类型的审计报告。

(3) 在资料一的基础上，如果考虑审计重要性水平，假定X公司同时存在资料二中的事项(5)和事项(6)，并且拒绝接受A和B注册会计师对事项(5)提出的审计处理建议(如果有)，但接受对事项(6)提出的审计处理建议(如果有)。在不考虑其他条件的前提下，请指出A和B注册会计师应当出具何种意见类型的审计报告，并请代为续编以下审计报告，如表14-8所示。

表14-8

审 计 报 告

X股份有限公司全体股东：

我们审计了后附的X股份有限公司(以下简称X公司)财务报表，包括2018年12月31日的资产负债表，2018年度的利润表、股东权益变动表和现金流量表以及会计报表附注。

一、管理层对财务报表的责任

按照企业会计准则的规定编制财务报表是X公司管理层的责任。这种责任包括：(1)设计、实施和维护与财务报表编制相关的内部控制，以使财务报表不存在由于舞弊或错误而导致的重大错报。(2)选择和运用恰当的会计政策。(3)作出合理的会计估计。

二、注册会计师的责任

我们的责任是在实施审计工作的基础上对财务报表发表审计意见。我们按照中国注册会计师审计准则的规定执行了审计工作。中国注册会计师审计准则要求我们遵守职业道德规范，计划和实施审计工作以对财务报表是否不存在重大错报获取合理保证。

审计工作涉及实施审计程序，以获取有关财务报表金额和披露的审计证据。选择的审计程序取决于注册会计师的判断，包括对由于舞弊或错误导致的财务报表重大错报风险的评估。在进行风险评估时，我们考虑与财务报表编制相关的内部控制，以设计恰当的审计程序，但目的并非对内部控制的有效性发表意见。审计工作还包括评价管理层选用会计政策的恰当性和作出会计估计的合理性，以及评价财务报表的总体列报。

我们相信，我们获取的审计证据是充分、适当的，为发表审计意见提供了基础。

ABC会计师事务所(盖章)　　　　中国注册会计师：A(签名并盖章)
中国××市　　　　　　　　　　中国注册会计师：B(签名并盖章)
2019年2月25日

［答案］

(1) 针对事项(1)，A和B注册会计师应提请X公司作以下调整分录：

借：主营业务收入	10 000 000
贷：主营业务成本	8 700 000
未分配利润	1 300 000

针对事项(2)，A和B注册会计师应提请X公司作以下调整分录：

借：应收票据　6 000 000
　　贷：短期借款　6 000 000

针对事项(3)，处理正确，A和B注册会计师不应提请X公司作调整。

针对事项(4)，A和B注册会计师应提请X公司作以下报表重分类调整分录：

借：应收账款——d公司　12 000 000
　　贷：预收账款——d公司　12 000 000

针对事项(4)，A和B注册会计师还应提请X公司作以下审计调整分录：

借：资产减值损失——计提的坏账准备　3 600 000
　　贷：应收账款——坏账准备　3 600 000

针对事项(5)，A和B注册会计师应提请X公司作以下审计调整分录：

借：资产减值损失　1 440 000
　　贷：存货——存货跌价准备　1 440 000
借：存货——存货跌价准备　200 000
　　贷：资产减值损失　200 000

或：

借：资产减值损失　1 240 000
　　贷：存货——存货跌价准备　1 240 000

针对事项(6)，A和B注册会计师应当建议X公司在其2017年度会计报表中，适当披露导致对持续经营能力产生重大疑虑的事项或情况以及持续经营能力存在重大不确定性的事实，并充分披露拟采取的改善措施。

(2) 就事项(1)，A和B注册会计师应当出具保留意见的审计报告。

就事项(2)，A和B注册会计师应当出具保留意见的审计报告。

就事项(3)，A和B注册会计师应当出具无保留意见的审计报告。

就事项(4)，A和B注册会计师应当出具否定意见的审计报告。

就事项(5)，A和B注册会计师应当出具保留意见的审计报告。

就事项(6)，A和B注册会计师应当出具带强调事项段的无保留意见的审计报告。

(3) A和B注册会计师应当出具带强调事项段的保留意见的审计报告。续编报告格式如下：

审 计 报 告

如会计报表附注×所述，X公司2018年12月31日的存货未按企业会计准则规定，采用“成本与可变现净值孰低”计价。如果采用“成本与可变现净值孰低”计价，X公司存货跌价准备将增加124万元，存货账面价值将相应减少124万元，利润总额也将相应减少124万元。

我们认为，除了期末存货未采用“成本与可变现净值孰低”计价对财务报表产生的影响外，上述财务报表符合国家颁布的企业会计准则和《企业会计制度》的规定，在所有重大方面公允反映了X公司2018年12月31日的财务状况以及2018年度的经营成果和现金流量。

我们提醒财务报表使用人关注，如会计报表附注×所述，X公司为G公司向银行借款4 000万元提供了信用担保。因G公司未能偿还到期债务，银行起诉X公司承担连带责任，支付借款本息4 240万元。2019年1月20日，法院终审判决银行胜诉，并于2019年1月25日执行完毕。考虑到G公司已宣告破产清算，无法向其追偿债务，X公司在2018年度财务报表中按规定预计了该项负债并将其确认为损失。这一事项使得X公司2018年年末的营运资金和2019年1月的经营活动产生的现金流量净额均出现负数。X公司已在会计报表附注×中充分披露了拟采取的改善措施，但其持续经营能力仍然存在重大不确定性。本段内容并不影响已发表的审计意见。

单元测试

1. 单项选择题

(1) 注册会计师出具否定意见的审计报告时，需要在(　　)增加说明段解释出具该意见类型的理由。

A. 意见段之后　　B. 会计报表附注中
C. 在范围段之前　　D. 在意见段之前

(2) 注册会计师在出具关于特殊编制基础的会计报表的审计报告时，应在意见段说明(　　)。

A. 所审计会计报表是否符合企业会计准则和国家其他有关财务会计法规的规定
B. 所审计会计报表在所有重大方面是否按照该基础进行了公允表达
C. 所审计会计报表的合法性和公允性
D. 所审计会计报表数据的合理性

(3) 审计报告的引言段内容包括(　　)。

A. 已审会计报表的名称、反映的日期或期间
B. 会计责任
C. 审计责任
D. 审计依据

(4) 在对会计报表组成部分出具审计报告时，为了避免会计报表使用者产生误解，注册会计师应当提请被审计单位不应在会计报表组成部分的审计报告后附送(　　)。

A. 合并会计报表
B. 汇总会计报表
C. 组成部分的会计报表
D. 整体会计报表

(5) 下列情况下，注册会计师应该出具带有强调事项段的无保留意见审计报告的是(　　)。

A. 注册会计师认为被审计单位编制会计报表所依据的持续经营假设是合理的，但存在可能导致对其持续经营能力产生重大疑虑的事项或情况，管理当局已经在会计报表中作了适当披露
B. 重要会计政策的选用不符合国家颁布的企业会计准则和相关会计制度的规定
C. 重要报表项目的披露不符合国家颁布的企业会计准则和相关会计制度的规定
D. 审计范围受到严重限制，无法取得充分适当的审计证据

(6) 如果注册会计师发现被审计单位有总金额超过重要性水平、账龄长达 3 年的应收账款，且被审计单位对此进行了适当的披露，则这部分应收账款的收回与否导致对被审计单位的持续经营假设合理性产生重大影响时，注册会计师应当(　　)。

A. 发表保留意见
B. 发表无法表示意见
C. 出具否定意见
D. 在意见段后增设强调事项段

(7) 注册会计师认定被审计单位连续出现巨额营业亏损时，下列观点中不正确的是(　　)。

A. 应提请被审计单位在会计报表附注中予以披露

B. 若被审计单位拒绝披露，应出具保留意见或否定意见

C. 若被审计单位充分披露，则应在意见段后增加强调事项段予以说明

D. 无论被审计单位是否作了披露，都不在审计报告中提及

(8) 注册会计师于 2019 年 2 月 15 日开始对昌盛公司 2008 年度财务报表进行审计，2019 年 2 月 28 日，完成审计工作应当实施的程序，3 月 12 日，经董事会批准对外报出，3 月 14 日，完成审计工作并得到被审单位认可，3 月 16 日，对外公布。则审计报告的日期应当为(　　)。

A. 2019 年 2 月 28 日　　B. 2019 年 3 月 14 日

C. 2019 年 3 月 12 日　　D. 2019 年 3 月 16 日

(9) 如果需要修改其他信息而被审计单位拒绝修改，注册会计师不应当考虑(　　)。

A. 在审计报告中增加强调事项段说明该重大不一致

B. 不出具审计报告

C. 出具保留意见审计报告

D. 解除业务约定

(10) 如果审计范围受到限制可能产生的影响非常重大和广泛，不能获取充分、适当的审计证据，以致无法对会计报表是否公允反映形成审计意见，注册会计师应当出具(　　)。

A. 拒绝表示意见的审计报告

B. 无法表示意见的审计报告

C. 保留意见或无法表示意见的审计报告

D. 否定意见或无法表示意见的审计报告

2. 多项选择题

(1) 如果注册会计师的审计范围受到严重限制，应出具(　　)的审计报告。

A. 保留意见　　B. 无法表示意见

C. 无保留意见　　D. 否定意见

(2) 如果被审计单位的财务报表中存在注册会计师认为应该调整，但被审计单位管理当局拒绝调整的重要事项，注册会计师应出具(　　)的审计报告。

A. 保留意见　　B. 无法表示意见

C. 无保留意见　　D. 否定意见

(3) 审计报告的注册会计师的责任段应当说明(　　)。

A. 已审会计报表的名称、反映的日期或期间

B. 会计责任与审计责任

C. 审计依据

D. 已实施的主要审计程序

(4) 注册会计师在出具关于简要会计报表的审计报告时，应当在审计报告中指明(　　)。

A. 已经按照独立审计准则的规定审计了简要会计报表所依据的会计报表

B. 简要会计报表所依据的会计报表的审计意见类型和审计报告日期

C. 简要会计报表是否在所有重大方面与其所依据的已审会计报表一致

D. 简要会计报表应与已审会计报表一并阅读

(5) 某位注册会计师在其出具的审计报告的注册会计师的责任段与意见段之间增加了对某个重要事项的说明，一般来说，该审计报告的意见类型可能有(　　)。

A. 无保留意见　　B. 保留意见

C. 否定意见　　D. 无法表示意见

(6) 下列情况下，注册会计师应当在审计报告的意见段后增加强调事项段的有(　　)。

A. 存在可能导致对持续经营能力产生重大疑虑的事项或情况

B. 存在可能对财务报表产生重大影响的或有事项

C. 会计政策、会计估计发生变更且对财务报表产生重大影响

D. 强调重大的关联方交易、重大的期后事项及重大的会计差错更正

(7) 审计报告分为标准审计报告和非标准审计报告。非标准审计报告包括(　　)。

A. 带强调事项段的无保留意见的审计报告

B. 保留意见的审计报告

C. 否定意见的审计报告

D. 无法表示意见的审计报告

(8) 下列关于审计报告的叙述中，不正确的有(　　)。

A. 审计报告的收件人是指被审计单位

B. 审计报告的日期是指出具审计报告的日期

C. 审计报告内容中应包括附件已审计财务报表，而不能有其他资料

D. 注册会计师如果出具非无保留意见的审计报告时，应在意见段之前增加说明段

3. 判断题

(1) 注册会计师在出具关于法规、合同遵循情况的审计报告时，应当在审计报告的范围段中说明已经对法规、合同所涉及的财务会计规定的遵循情况进行了审计。(　　)

(2) 如果注册会计师对会计报表整体出具的是否定意见或无法表示意见的审计报告，对会计报表组成部分就不能出具无保留意见的审计报告。(　　)

(3) 被审计单位管理当局声明书注明的日期应为审计报告日，以确保其具有与期后事项和或有损失审计相关的声明。(　　)

(4) 无论是建议调整的不符事项、未调整不符事项还是重分类误差，在审计工作底稿中通常都是以文字叙述的形式反映的。(　　)

(5) 律师声明书通常可提供有利的证据，帮助注册会计师解释并报告有关的期后事项和或有损失，从而减少注册会计师对上述事项出错或误解的可能性，同时，可对注册会计师形成审计意见提供基本理由。(　　)

(6) 如被审计单位管理当局拒绝准备声明书并拒绝签名，注册会计师就应考虑发表保留或否定意见的审计报告。(　　)

(7) 如果发表无保留意见的各项条件不完全具备，则注册会计师应发表保留意见审计报告。(　　)

(8) 如重大不确定事项发生的可能性较大，即使被审计单位已在会计报表的附注中作了充分披露，注册会计师也应在审计报告的意见段后增加强调事项段，对该不确定事项进行说明。(　　)

(9) 无法表示意见的审计报告就是注册会计师对被审计单位财务报表不发表审计意见。 ( )

实务训练

ABC会计师事务所接受委托，委派A和B注册会计师负责对Y股份有限公司2008年度财务报表进行审计，于2019年2月20日完成审计工作。Y公司2018年度财务报告于2019年2月28日对外提供，其未经审计的财务报表中的部分会计资料如下：

项　目	金额(万元)
2018年度利润总额	3 000
2018年度净利润	2 010
2018年12月31日资产总额	42 000
2018年12月31日股东权益	25 000

A和B注册会计师确定Y公司2008年度财务报表层次的重要性水平为350万元，并且将该重要性水平分配至各财务报表项目，其中部分财务报表项目的重要性水平如下：

财务报表项目	重要性水平(万元)
短期投资	20
应收账款	80
预付账款	10
存货	50
固定资产原价	100
累计折旧	30
应付账款	10
营业外收入	50

A和B注册会计师经审计发现Y公司存在以下五个事项：

(1) Y公司原采用余额百分比法核算坏账，坏账准备按应收款项(包括应收账款和其他应收款)余额的5%计提。2018年度，为更合理地核算坏账，Y公司董事会决定改按账龄分析法核算坏账，根据债务单位的财务状况、现金流量等情况，确定对应收款项提取坏账准备的比例分别为：账龄1年(含1年，以下类推)以内的，按其余额的10%计提；账龄1～2年的，按其余额的30%计提；账龄2～3年的，按其余额的40%计提；账龄3年以上的，按其余额的50%计提。2018年年末未经审计的资产负债表反映的"应收账款"项目为借方余额13 300万元(应收账款账面价值)，其中，"应收账款"账面余额为借方余额14 000万元，"坏账准备"账面余额为贷方余额700万元(原经审计的年初余额为贷方余额500万元)；其他应收款项目的年末余额和经审计的年初余额均为0。Y公司尚未根据董事会的决定按账龄分析法核算坏账。应收账款相关的账龄资料如下：

账龄	年初账面余额(万元)	年末账面余额(万元)
1年以内	12 000	4 000
1～2年		10 000
合计	12 000	14 000

(2) 2019年1月,P公司以Y公司所生产的产品侵犯其专利权为由,对Y公司提起诉讼,索赔金额达1 500万元。Y公司正积极应诉,由于情况较为复杂,该诉讼胜负难料。

(3) 2018年年末,未经审计的资产负债表反映的“预付账款”项目为借方余额600万元,其明细组成列示如下:

预付账款——A公司	400万元
预付账款——B公司	187万元
预付账款——C公司	5万元
预付账款——D公司	−2万元
预付账款——E公司	10万元
合　计	600万元

其中,对C公司的5万元系2008年2月为采购C公司产品的预付款,事后获悉C公司因转产已不能再提供该产品。

(4) Y公司会计政策规定,采用平均年限法计提固定资产折旧,每年年度终了对固定资产进行逐项检查,考虑是否计提固定资产减值准备。2016年12月,Y公司引进安装完成一条生产线,由于转产在交付使用时即转入不需用设备。该生产线原值4 000万元,预计使用年限为20年,预计净残值400万元。2017年12月31日,对该项固定资产计提了150万元的减值准备。2018年Y公司即未对该生产线计提折旧(假定折旧费用计入管理费用)。

(5) Y公司与Z公司均系X公司的子公司,但Y公司与Z公司之间并无投资关系,也不拥有共同的关键管理人员。经批准,Y公司与Z公司于2018年8月1日签订协议,Z公司同意Y公司以其持有的短期股票投资支付所欠800万元货款。交易双方已于当月办妥相关的法律手续。Y公司短期股票投资的账面余额为500万元,当日市价为400万元,已提跌价准备60万元。假定不考虑该交易应支付的相关税费,Y公司对该交易作了如下会计处理:借记“应付账款——Z公司”账户800万元、“短期投资跌价准备”账户60万元,贷记“短期投资”账户500万元、贷记“资本公积——其他资本公积”账户360万元。

要求:

(1) 如果不考虑审计重要性水平,针对审计发现的上述五个事项,A和B注册会计师分别应提出何种审计处理建议?若需提出调整建议,请列示审计调整分录(包括报表重分类分录)。审计调整分录均不考虑对2008年度的所得税、期末结转损益及利润分配的影响。

(2) 如果考虑审计重要性水平,注册会计师应对哪些事项提出调整建议?哪些事项可不建议调整?

(3) 如果考虑审计重要性水平,Y公司同时存在上述五个事项,并且接受A和B注册会计师对第(1)(2)和(4)这三个事项提出的相应的处理建议,但拒绝接受对第(3)和第(5)这两个事项提出的相应的处理建议,A和B注册会计师应发表何种审计意见?

(4) 针对事项(3),A和B注册会计师出具如下审计报告,如表14-9所示。请指出问题所在。

表 14-9

审 计 报 告

Y股份有限公司:

我们审计了后附的Y股份有限公司(以下简称Y公司)财务报表,包括2008年12月31日的资产负债表、利润表、股东权益变动表和现金流量表以及会计报表附注。

一、管理层对财务报表的责任

按照企业会计准则的规定编制财务报表是X公司管理层的责任。这种责任包括:(1)设计、实施和维护与财务报表编制相关的内部控制,以使财务报表不存在由于舞弊或错误而导致的重大错报。(2)选择和运用恰当的会计政策。

二、注册会计师的责任

我们的责任是在实施审计工作的基础上对财务报表发表审计意见。我们按照中国注册会计师审计准则的规定执行了审计工作。中国注册会计师审计准则要求我们遵守职业道德规范,计划和实施审计工作以对财务报表是否不存在重大错报获取合理保证。

审计工作涉及实施审计程序,以获取有关财务报表金额和披露的审计证据。选择的审计程序取决于注册会计师的判断,包括对由于舞弊或错误导致的财务报表重大错报风险的评估。在进行风险评估时,我们考虑与财务报表编制相关的内部控制,以设计恰当的审计程序,但目的并非对内部控制的有效性发表意见。审计工作还包括评价管理层选用会计政策的恰当性和作出会计估计的合理性,以及评价财务报表的总体列报。

三、审计意见

我们认为,Y公司财务报表按照企业会计准则和《××会计制度》的规定编制,在所有重大方面公允反映ABC公司2018年12月31日的财务状况以及2017年度的经营成果和现金流量。

中国注册会计师:A(签名、盖章)

中国××市

中国注册会计师:B(签名、盖章)

报告日期:2019年2月25日

参考答案

第一单元

1. 单项选择题

(1) C (2) A (3) D (4) C (5) B (6) A (7) D (8) B (9) D (10) A (11) C

2. 多项选择题

(1) AC (2) ACD (3) AD (4) ACD (5) ACD (6) ABC (7) ACD (8) AC (9) ABCD (10) ABCD (11) AD

3. 判断题

(1) × (2) √ (3) × (4) × (5) √ (6) × (7) × (8) × (9) √ (10) √ (11) ×

第二单元

1. 单项选择题

(1) B (2) A (3) D (4) A (5) B (6) B (7) C (8) D (9) A (10) A (11) D (12) B (13) D (14) D

2. 多项选择题

(1) ABD (2) BC (3) AD (4) ABD (5) ABD (6) BC (7) ABCD (8) ABC (9) ACD (10) ABD (11) ACD

3. 判断题

(1) × (2) × (3) × (4) √ (5) × (6) × (7) √ (8) × (9) × (10) × (11) × (12) × (13) √ (14) × (15) ×

第三单元

1. 单项选择题

(1) A (2) B (3) B (4) D (5) B (6) D (7) D (8) C (9) D (10) D

2. 多项选择题

(1) BCD (2) ABC (3) ABCD (4) BD (5) ABCD (6) ABCD (7) ABC (8) ABCD (9) ABD (10) AD

3. 判断题

(1) × (2) × (3) √ (4) √ (5) √ (6) × (7) × (8) √ (9) × (10) × (11) × (12) × (13) × (14) × (15) × (16) √ (17) × (18) ×

第四单元

1. 单项选择题

(1) C (2) A (3) B (4) D (5) B (6) A (7) A (8) D (9) B

2. 多项选择题

(1) ABC (2) AB (3) ABD (4) ABCD (5) ABCD (6) ABD (7) ABCD (8) BD (9) BC (10) ACD (11) ABD

3. 判断题

(1) × (2) × (3) × (4) √ (5) × (6) √ (7) × (8) × (9) √ (10) × (11) √ (12) √ (13) × (14) ×

第五单元

1. 单项选择题

(1) B (2) A (3) A (4) A (5) A (6) C (7) B (8) C (9) B (10) A (11) A (12) C

2. 多项选择题

(1) ACD (2) ABC (3) BC (4) ABC (5) ABCD (6) ABC (7) AC (8) BCD

3. 判断题

(1) × (2) √ (3) √ (4) × (5) × (6) √ (7) √ (8) √ (9) ×

第六单元

1. 单项选择题

(1) A (2) B (3) D (4) B (5) D (6) B (7) D (8) C (9) D (10) D

2. 多项选择题

(1) ABCD (2) ABC (3) ABCD (4) AC (5) ABCD (6) AC (7) ABC

3. 判断题

(1) √ (2) √ (3) √ (4) √ (5) × (6) × (7) × (8) × (9) × (10) ×

第七单元

1. 单项选择题

(1) B (2) B (3) D (4) C

2. 多项选择题

(1) ABC (2) AC (3) ACD (4) ABCDE (5) ABCD

3. 判断题

(1) × (2) √ (3) × (4) × (5) √ (6) √ (7) × (8) × (9) × (10) × (11) ×

第八单元

1. 单项选择题

(1) C (2) C (3) B (4) D (5) C (6) A (7) D

2. 多项选择题

(1) ABCD (2) ABC (3) ABCD (4) BCD (5) AC (6) AD

3. 判断题

(1) × (2) × (3) × (4) × (5) √ (6) √ (7) ×

第九单元

1. 单项选择题

(1) A (2) A (3) B (4) D (5) D (6) B (7) D (8) B (9) D (10) C

2. 多项选择题

(1) BCD (2) AC (3) ACD (4) ABD (5) ABCD (6) ABC (7) BC (8) ABD (9) ACD

3. 判断题

(1) √ (2) × (3) × (4) × (5) × (6) × (7) √ (8) × (9) √ (10) √

第十单元

1. 单项选择题

(1) B (2) D (3) A (4) A (5) C (6) D (7) B (8) B (9) A (10) D

2. 多项选择题

(1) AC (2) CD (3) BC (4) ABC (5) BC (6) BCD (7) ACD (8) ABC (9) BC (10) BD (11) ABC (12) ABCD

3. 判断题

(1) √ (2) √ (3) √ (4) × (5) × (6) × (7) √ (8) × (9) √ (10) √

第十一单元

1. 单项选择题

(1) D (2) B (3) B (4) C (5) A (6) B (7) B (8) D (9) B (10) D

2. 多项选择题

(1) ABD (2) ABC (3) ABC (4) ABCD (5) BC (6) ABCD (7) ABC (8) AD (9) BC (10) A

3. 判断题

(1) × (2) √ (3) √ (4) × (5) × (6) √ (7) √ (8) √ (9) × (10) √

第十二单元

1. 单项选择题

(1) A (2) D (3) C (4) D (5) D (6) A (7) D (8) A (9) C (10) C

2. 多项选择题

(1) AD (2) ABC (3) BCD (4) AB (5) ABD (6) ABC (7) BCD (8) ABCD (9) ABD (10) AB

3. 判断题

(1) × (2) × (3) × (4) × (5) × (6) × (7) √ (8) √ (9) × (10) √

第十三单元

1. 单项选择题

(1) D (2) C (3) D (4) C (5) D (6) C (7) C (8) D (9) D (10) B

2. 多项选择题

(1) ACD (2) BCD (3) AC (4) BCD (5) ABCD (6) AB (7) ABD (8) ABCD (9) ABD (10) ABD

3. 判断题

(1) × (2) √ (3) × (4) × (5) × (6) √ (7) √ (8) × (9) √ (10) ×

第十四单元

1. 单项选择题

(1) D (2) B (3) D (4) D (5) A (6) D (7) D (8) B (9) C (10) B

2. 多项选择题

(1) AB (2) AD (3) CD (4) ABCD (5) BC (6) AB (7) ABCD (8) ABC

3. 判断题

(1) √ (2) × (3) × (4) × (5) √ (6) × (7) × (8) √ (9) ×

参考文献

[1] 张世体.审计学原理[M].上海:立信会计出版社,2016.
[2] 丁瑞玲,吴溪.审计学[M].北京:经济科学出版社,2018.
[3] 马春静.审计:原理与实务[M].北京:中国人民大学出版社,2019.
[4] 秦荣生,卢春泉.审计学[M].北京:中国人民大学出版社,2019.